북한정치 변천

신정(神政)체제의 진화과정

북한정치 변천

신정(神政)체제의 진화과정

초판 1쇄 발행: 2014년 3월 17일
초판 3쇄 발행: 2017년 8월 8일

지은이: 이상우
발행인: 부성옥
발행처: 도서출판 오름
등록번호: 제2-1548호(1993. 5. 11)

주 소: 서울시 중구 퇴계로 180-8 서일빌딩 4층
전 화: (02) 585-9122, 9123 / 팩 스: (02) 584-7952
E-mail: oruem9123@naver.com
ISBN 978-89-7778-420-8 93340

이 도서의 국립중앙도서관 출판예정도서목록(CIP)은 서지정보유통지원시스템
홈페이지(http://seoji.nl.go.kr)와 국가자료공동목록시스템(http://www.nl.go.
kr/kolisnet)에서 이용하실 수 있습니다. (CIP제어번호: CIP2014008083)

북한정치 변천

신정(神政)체제의 진화과정

이상우 지음

Evolution of North Korean Theocracy

Rhee Sang-Woo

ORUEM Publishing House
Seoul, Korea
2017

양호민(梁好民) 선생님 영전에

책머리에

북한을 안고 살아야 하는 것은 이 시대에 살고 있는 우리 한국민의 숙명이다. 북한에서 살고 있는 2천4백만 동포는 우리의 일부이기 때문이다. 그들은 언젠가는 우리와 함께 자랑스러운 〈대한민국〉을 키워나가야 할 동포들이다.

우리는 북한을 너무 모른다. 특히 분단 이후에 태어난 한국민의 북한에 대한 이해는 아주 제한적이다. 특이한 나라이기 때문이다. 하늘 아래 하나밖에 없는 '신정체제 국가'인 북한의 실체를 바로 알아야 우리는 북한을 안을 수 있다.

이 책 『북한정치 변천: 신정(神政)체제의 진화과정』은 앞서 출간했던 『북한정치입문』(1997; 2000)과 『북한정치』(2008)의 후속서이다.

역사의 한 시점에서 북한정치의 한 단면(形)을 보여 주어서는 북한정치의 참모습을 헤아리기 어렵다고 생각하여 이번에는 시대 흐름 속에서 북한정치 체제가 어떻게 변천해왔는가(勢)에 초점을 맞추어 북한체제를 해설해 보았

다. 학생들에게 북한정치를 동태적으로, 그리고 입체적으로 이해시키고 싶
어서다.

〈조선민주주의인민공화국〉은 1948년 당시 북한을 점령하고 있던 구소련
군이 소련정치체제를 본으로 삼아 만들어준 국가였다. 그러나 이 나라는 흐
르는 세월 속에서 초대 수상으로 취임했던 김일성과 그 자손들이 세습하여 통
치하는 왕조국가로 변했다. 뿐만 아니라 이미 세상을 떠난 시조 김일성의 초
인간적 권위에서 통치권의 타당근거를 찾는 신정체제(神政體制)로 변질되었
다. 이제 북한의 국체(國體)는 민주주의도, 인민주권 및 공화주의도 부인하는
1인지배의 전제주의-전체주의 신정국가다. '민주주의인민공화국'과는 거리가
멀다.

나는 북한정권 수립 25년이 되던 지난 1973년부터 대학에서 북한정치를
강의하기 시작하였고, 2003년에는 그간 30년의 강의 경험을 바탕으로 북
한정치 교과서를 쓰기 시작했다. 그리고 강의를 마치고 다시 10년이 지나서
이 책을 탈고하게 되었다. 이제야 북한정치의 큰 그림이 조금 이해되어서
다. 처음으로 북한정치에 관심을 가지고 배우려는 대학생들을 염두에 두고
복잡하게 얽힌 북한정치의 참모습을 그 학생들이 이해하는 데 길잡이가 되
도록 책을 쉽게 써보았다.

1954년에 출간한 양호민(梁好民) 교수의 책『공산주의의 이론과 역사』는
내가 접한 최초의 공산주의 해설서였다. 1970년대 하와이대학교에 재직했

던 서대숙(徐大肅) 교수의 북한정치 관련 책들과 한국에서 공산권 연구를 주도하셨던 김준엽(金俊燁) 교수의 『한국공산주의운동사』 등이 한국에서 북한학 연구의 길을 열어준 책들이었다. 이 책을 이전에 썼던 교과서와 마찬가지로 "한국에서 북한-통일문제 연구의 길을 열어주신 양호민(梁好民) 선생님"께 바친다.

책 쓰는 데 필요한 북한 관련 자료를 구하는 일이 쉽지 않았다. 특히 김정은의 권력승계 이후에 크고 작은 정치적 변동이 많았는데 이와 관련된 문건을 구하기가 어려웠고, 특히 인사이동 자료도 때맞추어 얻으려면 많은 노력이 필요했다. 다행히 국방대학교 김연수 교수, 서강대학교 김영수 교수, 그리고 통일연구원 김규륜 박사와 수출입은행 김중호 박사 등의 도움으로 자료를 구했다. 이 자리를 빌어 감사드린다.

끝으로 출판계 사정이 어려움에도 기꺼이 이 책의 출간을 맡아준 도서출판 오름의 부성옥 대표에게 감사한다. 그리고 바쁜 업무 틈틈이 원고 타자를 깔끔하게 마쳐 준 (사)신아시아연구소 박정아 차장에게 고마움을 전한다.

'함께 사는 통일'이 이루어지는 날을 고대하며, …

2014년 1월
지은이 이상우 씀

3쇄를 내면서

북한은 2016년 5월 로동당 제6차 전당대회 후 36년 만에 제7차 전당대회를 열고 「조선로동당 규약」을 고쳤다. 김정은의 권력 승계를 공식화하기 위하여 김정일을 김일성과 함께 '영원한 수반'으로 격상하는 내용을 담기 위해서이다. 이어서 같은 해 6월 29일 최고인민회의 제13기 제4차 회의를 열어 「사회주의헌법」을 부분 개정하여 국가최고통치기구를 '국방위원회' 대신 '국무위원회'로 고치고 국무위원회 위원장을 '인민공화국 최고 영도자'로 만들었다.

또한 김정은체제가 안정되면서 북한은 핵무기 개발에 적극 나서면서 아울러 기업 관리 방법을 '자율화' 시키는 과감한 경제 개혁을 함께 추진하는 핵·경제 병진정책을 펴고 있다.

북한의 이러한 변화를 추가하기 위하여 이 책의 개정판을 낸다. 책의 틀을 놓아 둔 채 새로운 변화를 담다 보니 책의 구성이 산만해졌다. 시간을 두고 고쳐서 제4판을 낼 계획이다.

3쇄 원고작성과정에서 성신여자대학교 김열수 교수의 도움이 컸다. 그리고 이번에도 원고정리는 신아세아연구소의 박정아 차장이 맡았다. 고마운 마음을 전한다.

2017년 6월
지은이 이상우 씀

차 례

제*1*부 북한 신정체제의 진화과정

제2부　북한통치체제와 이념

제3부 기능영역별 체제와 정책

제4부   김정은체제의 변화 전망

부 록

표 차례

그림 차례

참고자료 차례

개관/북한정치 70년간의 변천

흐르는 시간 속에서 세상의 모든 것은 변한다. 정치체제도 변하는 시대 환경 속에서 진화한다. 북한의 정치체제는 구소련(舊蘇聯, 이하 '소련'으로)점 령군에 의하여 만들어졌던 '북조선인민위원회'로부터 마르크스-레닌주의 이념의 실천을 목표로 하여 1948년에 세웠던 조선민주주의인민공화국의 초기 소련식 소비에트 전체주의체제를 거쳐 '조선식 사회주의'체제의 1당 지배의 전제정치로 변질했다가 다시 '김일성 주체사상'을 이념으로 하는 1인 지배의 정치체제로 진화하였다.

그리고 김일성 사망 후에는 김일성의 초인간적인 권위를 통치의 타당 근 거로 하는 신정체제로 발전했고 김일성을 승계한 김정일의 통치기간에 '선 군정치'라는 군독재체제로, 그리고 김정일 사망 후에는 김정은의 권력승계 를 정당화하는 세습군주체제의 모양을 갖춘 특이한 정치체제로 굳어져 가고 있다.

역사의 한 시점에서 보여지는 정치체제의 모습(形)에 대한 단면적인 분석으로는 북한정치체제의 실체를 이해하기 어렵다. 시대 흐름 속에서 그 체제가 움직이면서 변해온 모습(勢)까지 함께 살펴보아야 북한정치체제를 입체적으로 이해할 수 있고, 이러한 체제 이해가 이루어져야 앞으로 북한정치체제가 어떻게 변화해갈지를 전망해 볼 수 있다.

서장에서는 북한정치체제가 지난 70년 동안 시대 환경에 맞추어 변화해온 모습을 개관하고 현재의 북한정치체제가 갖추게 된 체제 특성을 살피고 이어서 이러한 북한정치체제가 앞으로 어떻게 변화해나갈 수 있을까를 살펴본다. 이 서장은 이어질 제1부, 제2부, 제3부의 내용을 축약한 것으로 북한정치체제에 대한 큰 그림을 이해하도록 하는 길잡이가 되도록 쓴다.

1. 1인지배 전제체제의 형성과 변천

1) 해방 당시의 북한사회

해방 당시의 북한사회는 일제 식민통치 아래에서 시달렸던 가난한 농민으로 구성된 낙후된 사회였다. 문맹률이 80%를 웃도는 사회여서 사회를 이끌어갈 시민 계층이 형성이 되어 있지 않은 수동적 구성원으로 이루어져 있던 '정치적 공백지대'였다.

북한주민들은 한 번도 정치적 주체가 되어 본 경험을 가지지 못했었다. 북한주민은 20세기 초까지 존속했던 봉건적 군주국가의 전제정치를 경험했고, 이어서 일본 식민지로 전락한 나라에서 가혹한 일본의 식민통치 밑에서 살았던 경험밖에 없었다. 일본 총독부는 한국인의 정치조직 형성을 철저히 탄압하였으므로 주민들의 조직적 정치 활동을 이끌 수 있는 어떤 중심 세력도 자라나지 못하였다.

이러한 북한사회를 점령한 소련점령군은 점령과 동시에 북한사회를 공산주의 사회로 개편하는 작업에 착수하여 지주들의 농지를 무상몰수하여 소작인에 분배하는 농지개혁을 단행하여(1946.3) 많지 않은 '교육받은 중산층'을 붕괴시켰다. 농지를 몰수당하고 살던 집에서 추방당한 이들 '가난해진 지주' 들은 공산주의자들에 의한 정치탄압을 피해 미국군과 소련군의 점령지 분할 선이던 38도선을 넘어 남한으로 피난하였다. 수백만 명의 '교육받은 중산층' 의 대거 월남으로 북한은 거의 완전한 '정치적 공백지대'가 되어 버렸다.

조선왕조 시대 때부터 수도로 되었던 서울은 한국사회의 중심이었고 정 치, 경제, 사회, 교육, 교통 등의 모든 영역의 중심이어서 정치단체, 사회단 체, 주요 기업 등은 모두 서울에 집중되어 있었으며 변경이던 북한 땅에는 어떤 기능 단체나 집단도 없었다. 이와 함께 해방과 동시에 해외에서 귀국 하기 시작한 정치지도자들도 모두 서울에 모이게 됨에 따라 북한 땅에는 주민들을 이끌 수 있는 어떤 집단도 없었다. 이러한 정치적 공백지역에서 소련점령군은 자유롭게 공산정권을 만드는 작업을 해나갈 수 있었다.

2) '점령공산주의국가'로 출발

1917년 볼셰비키혁명의 성공으로 최초의 공산국가로 출발한 '소비에트사 회주의공화국연방(줄여서, 蘇聯: USSR)'은 2천3백만 평방킬로라는 광대한 영 토를 가진 연방국가로 제2차 세계대전에서 미국과 영국 등 연합군과 합세하 여 대독일 전쟁에 참여하여 전쟁이 끝나면서 승전국의 지위를 가지게 되었 다. 소련은 전쟁 종결 과정에서 동유럽 국가들을 점령하였고, 대일전에 참여 하여 만주와 북한 땅을 점령하게 되었다.

소련은 이러한 승전국의 지위를 최대한 활용하여 향후 미국 주도의 자본 주의 국가들과 맞설 수 있는 기초를 닦기 위해 점령지의 공산화부터 착수하 였다. 소련은 폴란드, 체코슬로바키아, 헝가리, 동독, 불가리아, 루마니아, 알바니아, 유고슬라비아 등 유럽지역 국가들의 공산화에 성공하였으며, 아 시아에서는 유일한 점령지역이던 한반도 북반부에 공산국가를 수립하는 데 성공하였다. '조선민주주의인민공화국'은 전후에 아시아에서 소련이 만들어 낸 유일의 전형적인 점령공산국가였다.

'점령공산국가' 창설 방법은 표준화되어 있었다. 우선 소련점령군은 점령지역의 유일한 군사력을 가진 지배자로 공산정권 수립에 반대할 수 있는 세력을 무력으로 제거하여 정권수립을 위한 정지 작업을 하였다. 그리고 정권수립을 주도할 지도자를 선정하여 세웠다. 소련군은 통제의 편의를 위하여 토착 공산주의 지도자를 배제하고 소련 등지에 망명 중이던 친소 지도자를 영입하였다. 그리고 이 지도자를 중심으로 집권공산당을 창당하여 키우고 이 정당을 앞장세워 친소 정권을 수립하였다. 소련은 소련공산당이 지배하는 1당 지배의 전제주의국가였다. 소련은 점령지역에서도 소련과 같은 공산당 1당 지배의 국가를 창설하고, 소련공산당이 점령지역 공산당을 지배통제하는 방식으로 모든 공산국가들을 소련의 통제 아래 묶어 '소련이 이끄는 공산진영'을 구축하였다.

공산주의자들은 세계 각국의 공산당을 국제공산당연합으로 결성하여 범세계적 공산혁명을 공동으로 추진하기로 하였는데 레닌(Vladimir Ilyich Lenin)은 소련혁명이 성공한 직후에 이를 소련공산당이 지배통제하는 기구로 개편하였으며 이것이 코민테른(Communist International: 제3기 국제공산당연합)이었다. 1919년 3월부터 1943년 5월까지 존속했던 코민테른은 서방 세계의 견제와 주목을 받게 됨으로써 이를 피하기 위해 제2차 세계대전 이후 해체하고 1947년에 다시 코민포름(Communist Information Bureau: 공산당정보국)을 창설하여 운영하다가 1956년 해체하였다. '점령공산국가'는 소련공산당이 직접 창설한 국가들이어서 굳이 '공산당연합'이라는 조직을 따로 둘 필요가 없었을 것이다.

아무튼 북한 소련점령군 지배지역에 세워진 조선민주주의인민공화국은 소련의 점령공산국가 창설 모형에 가장 잘 맞는 전형적 소련 위성국가였다. 소련점령군은 점령군의 지위를 이용하여 조만식(曺晩植) 선생이 만든 조선민주당(朝民黨)도 분쇄하고, 국내 토착 공산당 세력과 중국 공산당의 지원을 받는 공산주의자들도 모두 장악하여 새로 영입한 소련군 장교 출신의 김일성을 앞세운 '조선로동당'에 편입시켰다. 소련점령군은 점령 직후 '인민위원회'라는 이름으로 임시정부를 수립하고 인민군도 창설하여 국가로서의 체제를 갖춘 후 1948년 9월 9일 공식적으로 '조선민주주의인민공화국'을 수립하였다.

3) 체제 변천 과정

북한정치체제는 1948년 전형적인 점령공산국가로서 공산당 1당 지배의 소비에트식 인민민주주의국가로 출범했으나 점차로 1인 지배의 세습군주적 전제국가로 변화해 갔다.

(1) 인민민주주의 시대

1948년 9월 9일에 공식으로 출범한 조선민주주의인민공화국은 형식상 다당제의 의회민주주의체제를 갖춘 국가였다. 국민들이 직접 투표하여 선출한 최고인민회의에서 내각을 선출하여 정부를 구성하였으며 내각 수상에는 김일성을 앉혔다. 또한 국내 공산당의 영수인 박헌영, 홍명희 등을 부수상으로 선출하여 사회주의 제정당의 연합체와 같은 모양을 갖추었었다.

건국 초기에는 조선로동당 이외에 조선민주당, 신민당, 천도교 청우당 등을 내세우고 다당제의 모양을 갖추었으나 이 정당들을 개편하여 사실상 로동당의 하부 기관으로 흡수하여 1당 지배체제를 갖추었다.

(2) 김일성의 당권장악과 1당 지배체제 구축

소련점령군이 소련군 소속의 김일성 대위를 영입하여 건국사업을 이끌 지도자로 만들었으나 북한 정치권에는 1925년에 창당된 조선공산당 당원들, 중국 공산당에 소속되었던 무정(武亭), 최창익(崔昌益) 등 연안파 공산당원들이 있었고, 소련군이 북한에 진주하면서 점령군 요원으로 데리고 온 재소고려인(소련파)들도 있었다. 그 외에 김일성과 함께 들어온 중국 공산당 만주성위원회 산하 동북항일연군에서 투쟁하던 갑산파(甲山派)가 있었다. 이 갑산파는 중국 공산당의 항일 게릴라부대에 속하여 함께 투쟁하던 조선인들이었는데 전쟁 말기 일본군의 탄압을 피해 소련 연해주로 들어가 구소련극동군 제88정찰여단에 편입되었던 병사들이었다.

김일성은 1950년 6월 25일 남한을 무력 침공한 6·25전쟁 중에는 박헌영 등 구남로당 소속 당원들이 필요했고, 또한 중공군 참전으로 연안파 공산당원들의 세력도 무시할 수 없었으나 1953년 7월 27일 6·25전쟁이 휴전으로 끝나면서 김일성은 로동당 내의 여러 세력들을 제거하는 작업을 시작했다. 우선 1차로 박헌영 등 국내 토착 공산당 세력을 숙청하였다. 그리고 1953년 스탈린(J. Stalin)이 사망한 후 스탈린 격하운동이 벌어지는 것을 보면서 김일성은 북한에도 1인 독재에 항거하는 운동이 일어날 것을 예방하기 위하여 소련파와 연안파를 제거하는 일에 착수하였다.

이러한 배경에서 1956년 소련을 방문하고 귀국했던 김일성을 제거하려는 연안파의 움직임을 역이용하여 김일성은 연안파와 소련파를 일거에 제거하는 이른바 '8월 종파사건'을 벌였다. 김일성은 이를 계기로 로동당의 지배권을 완전히 장악하게 되었다. '8월 종파사건'을 끝낸 후 김일성은 본격적으로 당정풍 운동을 전개하여 반대파의 숙청을 마무리짓고 1970년 제5차 로동당 전당대회를 열어 당규를 개정하여 '김일성 주체사상'을 당의 지도지침으로 한다고 명문화하였다.

이런 과정을 통하여 김일성은 조선로동당을 김일성이 지배하는 1인 지배 정당으로 만들었으며 1972년 헌법을 개정하여 "조선로동당의 주체사상을 인민공화국의 지도지침으로 삼는다"고 규정함으로써 1인 지배 전제주의 통치체제를 완성하였다.

(3) 선군정치와 군사독재체제로의 전환

북한은 1970년에 이미 김일성 1인 지배체제를 완성하였으나 제도상으로는 로동당 지배의 인민민주주의라는 소비에트형의 의회민주주의체제를 유지하였다. 헌법상 인민이 선출한 대의원으로 구성된 최고인민회의가 최고 주권기관이었다. 다만 다른 공산주의 국가와 다르게 국가주석을 따로 두어 국가 주권을 대표하게 하고 중앙인민위원회를 국가주권의 최고지도기관으로 별도로 설치하고 국가주석이 이 위원회를 관장함으로써 행정권을 완전히 장악하게 함으로써 실질적으로 대통령 중심제와 같은 형태로 정부를 운영할 수 있게 만들었다.

1972년 사회주의 헌법체제에서는 다른 공산국가와 마찬가지로 당의 지배권을 간접으로만 정하고 형식적으로는 최고인민회의를 주권기관으로 존속시켰다. 1972년 헌법에서는 "조선로동당의 주체사상을 인민공화국의 지도지침"으로 규정함으로써 조선로동당을 헌법 기구로 명문화하였으나 당이 직접 통치하도록 규정하지는 않았다.

북한은 사회주의 헌법체제 아래서 김일성 1인 지배의 전제정치를 운영하였고 나아가서 김일성의 아들인 김정일을 주요 기구마다 김일성 다음의 제2인자로 임명하여 권력세습의 길을 닦아 놓았다.

북한은 김정일 세습을 확실하게 하기 위하여 1992년 헌법을 개정하여 국방위원회를 행정부에 해당하는 내각인민위원회에서 독립시켜 독자적으로 통치 행위를 할 수 있도록 권한을 부여하여 또 하나의 정부가 될 수 있도록 만들었다. 김일성 사망 시 국방위원회 위원장을 맡고 있는 김정일이 사실상 통치권을 행사할 수 있게 대비한 것이다. 실제로 1994년 7월 8일 김일성 사망 후 북한은 주석을 새로 선출하지 않고 그날부터 김정일이 국방위원장의 자격으로 인민공화국을 통치하였다.

북한은 승계 편의를 위하여 만든 국방위원장의 통치권을 합법화하기 위하여 1998년 9월 5일 최고인민회의 제10기 제1차 전원회의에서 헌법을 개정하여 인민군 지배체제를 정식으로 규정하였다. 그리고 이를 정당화하기 위하여 선군정치(先軍政治)라는 새로운 통치이념을 정립하여 헌법화하였다. 선군정치란 국내외의 체제 도전이 심각한 비상시기에 통치권을 임시로 군이 장악하고 행사하는 '비상계엄상태'를 선포하는 것과 같은 논리이다. 소련을 지도국으로 하던 공산진영의 붕괴라는 외부 환경의 변화, 그리고 김일성의 사망이라는 국내의 위기상황 등에 대처하기 위하여 군이 국가의 운영을 책임진다는 논리가 선군정치이다.

1998년의 개정헌법은 "김일성 헌법"이라고 부른다. 이 헌법은 북한의 정부 조직을 군사정부로 전환시켰다는 것 이상의 의미를 가진 헌법이다. 이 헌법은 북한의 중대한 정치체제 변혁을 담고 있기 때문이다. 북한은 이 헌법에서 국가지도이념을 마르크스-레닌주의에서 '김일성 주체사상'으로 바꾸었다. 헌법 개정을 통하여 북한은 공식적으로 공산국가가 아님을 분명히 하였다.

즉, 북한은 1998년 개정헌법을 통하여 북한을 "위대한 수령 김일성 동지의 사상과 영도를 구현하는 나라"라고 규정하였다. 북한의 통치권의 타당 근거를 김일성의 초인간적인 권위에 둔다는 이 규정으로 북한정치체제를 신정체제(神政體制: theocracy)로 전환시켰다. 북한은 이미 사망한 김일성에게 신성(神性)을 부여함으로써 북한을 유일신이 지배하는 종교국가로 바꾸어 놓았다. 이후 북한은 2009년에 헌법을 고쳐 그동안 현실적으로 실시해온 이러한 조처들을 명문화하였다.

(4) 지도자의 세습제를 갖춘 종교국가화

2011년 12월 17일 김정일(金正日) 국방위원장이 사망한 후 그의 아들 김정은(金正恩)이 통치권을 승계하였다. 김정일이 김일성을 승계한 것과 같은 논리로 '김일성을 가장 가까이 모시면서 그 뜻을 잘 아는 사람'인 아들이 '김일성의 이름으로 통치하는 체제'를 완성한 것이다.

북한은 이러한 변화를 제도화하기 위하여 2009년과 2012년 두 번에 걸쳐 헌법을 고쳐 북한의 신정체제를 헌법화하였다. 〈김일성-김정일 헌법〉이라고 공식으로 부르는 새 헌법은 다음과 같이 신정체제를 제도화하였다.

우선 통치이념에서 '공산주의'를 모두 삭제하고 김일성 주체사상으로 대체하였으며 "위대한 수령 김일성 동지를 공화국의 영원한 주석으로, 위대한 령도자 김정일 동지를 공화국의 영원한 국방위원장으로 높이 모시며 김일성 동지와 김정일 동지의 사상과 업적을 옹호고수한다"고 규정하여 북한이 공화국이 아닌 교조화한 김일성의 '가르침'을 실천하는 종교국가임을 확실히 하였다.

권력 구조에서도 세상에 존재하지 않는 김일성을 주석으로, 그리고 김정일을 국방위원장으로 명시하고 '국방위원회 제1위원장'직을 신설하여 김정은이 이를 맡아 통치하도록 하였다. 이 구조는 신의 이름으로 최고의 사제장이 통치하는 종교국가의 구조와 같다. 통치의 권위는 신성을 가진 김일성의 초인간적 권위이고 이 권위를 빌려 신성을 가지지 않은 그 자손이 통치하는 체제로 되었다.

　김정은은 권력 승계 후 몇 차례에 걸쳐 '도전 가능 세력'을 숙청하였다. 특히 2013년 12월 조선노동당을 사실상 주도하던 고모부 장성택을 숙청함으로써 당과 군을 완전 장악하여 김일성 가의 통치권 세습체제를 굳혔다. 그리고 김정은 집권 5년이 되던 2016년 6월 헌법을 개정하여 국방위원회 지배체제라는 비정상적인 통치체제를 일반 국가의 문민정부 형태로 환원하였다.

　새 헌법에서는 국방위원회를 폐지하고 국가주권의 최고정책 지도기관으로 국무위원회를 창설하여 김정은이 국무위원회 위원장의 이름으로 통치권을 행사하도록 고쳤다.

　북한은 반세기 전에 소비에트형 인민민주주의공화국으로 출범했으나 몇 차례의 개혁을 거쳐 세계 유일의 신정체제 국가로 진화했다. 북한정치의 앞날을 예측하기 위해서는 지나온 역사에서 변해온 북한정치체제의 진화 과정을 바로 이해해야 한다.

2. 통치구조의 변천

1) 소비에트형 통치구조

　해방 직후 소련점령군의 군정하에서 출범한 북한 정부는 소련식의 소비에트형 의원내각제 통치구조를 갖추었다. 인민들의 선거로 선출된 각급 인민회의가 최고의사결정기관이 되고 각급 인민회의에서 선출한 인민위원회가 행정을 맡아 수행하는 정부가 되는 형식이다.

　중앙정부는 전국의 인민들이 직접 선출하여 구성하는 최상급의 회의체인 최고인민회의와 이 최고회의에서 집행위원회 격으로 선출하여 구성하는 내각으로 구성되었다. 최고인민회의 상무위원회 의장이 국가원수가 되고 내각의 수반인 수상이 행정을 대표하는 형태의 정부였다.

외형상으로는 의회민주주의의 모양을 갖추었으나 북한정권은 소련과 마찬가지로 노동당 1당 지배의 전제정치체제로 운영되었다. 상명하복의 일사불란한 위계질서로 구성된 집권당이 정부의 각급 인민회의와 인민위원회를 관장하게 함으로써 외형상의 민주성과 관계없이 당의 위계질서로 정부를 전제적으로 통제하도록 만들었다.

2) 주석제와 중앙인민위원회제의 도입

북한은 1972년에 헌법을 개정하여 외형상의 의회민주주의체제를 중앙집권적 대통령책임제와 유사한 구조로 바꾸었다. 우선 최고인민회의의 수장이 국가원수직을 담당하던 제도를 고쳐 새로이 국가주석직을 창설하여 국가를 대표하는 국가원수 직능과 행정부의 수장직도 맡도록 하여 대통령책임제의 대통령이 가지는 모든 권한을 갖도록 하였다.

김일성은 정권 초기부터 북한을 통치하는 실질상의 수장이었으나 초기의 약 20년간은 내각 수상이라는 행정부 수장직만 유지했었으며, 1972년의 개헌으로 공화국 주석이 되어 명실상부한 최고 권력자가 되었다. 그러나 이 제도는 1994년 김일성 사망으로 유지할 수 없게 되었다. 그래서 김정일은 편법으로 김일성을 영원한 주석으로 규정함으로써 주석직을 공석으로 남겨 놓은 채 자기가 국방위원장 자격으로 파행적으로 정부를 운영하였다.

3) 선군정치와 국방위원회 통치체제의 도입

북한은 김정일의 권력승계를 무리 없이 이루며 1989년 구소련이 지배하던 공산진영의 해체로 당면하게 된 국내외 도전에 대응하기 위하여 1992년 헌법을 개정하여 실질적인 정부 기능을 담당하는 국방위원회를 설치하였다. 다른 어떤 나라에도 유례가 없는 국방위원회 중심의 통치구조를 정당화하기 위하여 북한은 선군정치(先軍政治)라는 새로운 지도이념을 창출하였다.

북한은 우선 국가주석이 인민군 최고사령관직과 국방위원회 위원장을 겸

임하게 된 조항을 헌법에서 삭제하여 김일성 생존 시에 김정일이 이 직들을
맡음으로써 군을 장악할 수 있게 하고 나아가서 국방위원회의 임무를 '사회
주의 제도의 보위'와 '근로인민의 이익옹호', '혁명 전취물의 보위' 등을 포함
하도록 하여 사실상 모든 행정을 담당할 수 있도록 국방위원회 기능을 강화
하고 국방위원회를 중앙인민위원회에서 독립시켜 독자적으로 정책 결정과
명령을 내릴 수 있도록 헌법을 고쳤다.

　1992년의 헌법 개정으로 북한통치구조는 최고인민회의 상설회의와 함께
국가주석, 국방위원회 및 중앙인민위원회 등 4개의 정부 기능을 하는 조직
을 가지게 되었다. 그러나 국가주석이 중앙인민위원회의 수장직을 맡게 되
어 사실상 국방위원장과 국가주석이 정부 조직을 장악할 수 있는 구조로
주석 사망 시 자동적으로 국방위원장이 통치권을 행사할 수 있는 '군사정부'
체제가 된 셈이다. 실제로 1994년 김일성 사망 이후 북한은 김정일 국방위
원장이 통치하였다.

4) 국방위원회 통치체제의 헌법화

　북한은 1998년에 헌법을 다시 개정하여 국방위원장 통치체제를 헌법화하
였다. 1998년의 개헌 과정에서 국가주석제를 폐지하고 국방 업무는 국방위
원회가 그리고 기타의 업무는 내각이 맡아 각각 독자적으로 행하는 사실상
의 2개의 정부체제로 만들었다. 여기서 국방 업무의 내용을 확대하면 얼마
든지 군이 행정을 전담하는 군지배체제로 전환할 수 있게 만들었다.

　주석직 철폐로 국가원수직은 다시 최고인민회의 상임위원장이 맡게 되었
으나 어디까지나 형식적인 국가원수였고 인민군, 인민무력부, 국가안전보위
부는 내각이 아닌 국방위원회에 속하도록 되어 있어 국방위원장이 사실상
북한 정부를 운영하여 왔다.

　1998년의 개헌에서 눈에 띄는 또 하나의 변화는 중앙인민위원회의 해체
이다. 국가주석이 행정권을 행사하는 행정부에 해당되는 이 위원회는 국가
주석직 철폐로 사실상 존재 가치가 없어졌고, 형식상 최고인민회의 상임위

원회가 이 기능의 일부를 흡수하여 수행하고 최고인민회의의 '행정적 집행기관'으로 내각을 두기로 했으며 국방위원회의 지위를 격상하여 '최고군사지도기관'으로 내각과 동급으로 만들었다.

5) 국무위원회체제로 전환

선군정치라는 군 지배통치체제를 헌법화했던 1998년 체제를 20년 만에 해체하고 2016년 6월 29일 최고인민회의 제13기 제4차 회의에서 새로 국무위원회를 설치하는 개헌을 단행하였다.

개정헌법에 의하면 인민이 직접선거로 선출하는 대의원으로 구성되는 최고인민회의가 국가의 최고 주권기관이 되고(제87조) 최고인민회의에서 선출하는 국무위원으로 구성되는 국무위원회가 국가 주권의 최고 정책적 지도기관이 된다. 그리고 국무위원회 위원장이 국가의 최고 영도자가 된다(제100조). 형식상 최고인민회의 상임위원회 위원장이 국가를 대표하나 국무위원회 위원장이 '국가의 전반 사업'을 지도하고, 국가의 주요 간부를 임명-해임하고 중요 조약의 비준-폐기권을 가지며 전시에 조직되는 국가방위위원회를 조직지도한다(제103조). 그리고 국무위원장이 전반적 무력의 최고사령관이 되고 모든 무력을 지휘통솔하는(제102조) 실질상의 국가원수이다.

이번 헌법 개정으로 조선민주주의인민공화국은 김일성 왕조의 세습제가 보장된 1인지배의 전체주의-전제주의체제가 완성된 셈이다. 다만 소비에트형 의원내각제의 모습을 갖추기 위하여 최고인민회의 상임위원회 위원장이 '국가 수장'의 자리를 유지하도록 했을 뿐이다.

6) 신정체제의 완성

2011년 김정일 사망으로 인민군 최고사령관직과 국방위원회 부위원장직을 맡고 있던 그의 아들 김정은 대장이 북한의 통치 권력을 승계했다. 헌법에 보장된 국방위원회의 권한에 기초하여 권력을 승계하였으나 최고 권력자

로서의 지위를 객관화하기 위해서는 헌법 개정으로 김정은 승계를 정당화할
필요가 있었다. 2012년 4월 13일에 채택한 북한의 새 헌법, "김일성-김정일
헌법"은 '김일성가'의 북한통치 권력 승계를 정당화시키기 위하여 만든 헌법
이다.

우선 이 헌법에서는 김일성을 '공화국의 영원한 주석'으로 그리고 김정일
을 '공화국의 영원한 국방위원회 위원장'으로 추대하였으므로 이에 따라 국
방위원회에는 이 세상에 존재하지 않게 된 국방위원장을 대신할 직위로 제1
위원장직을 창설하였다. 그리고 그 위상을 '공화국의 최고 령도자'로 격상시
켰다(제100조). 종전 헌법에는 국방위원장이 국방 업무만 관장하는 것으로
되어 있었으나 새 헌법에서는 제1위원장이 "국가의 전반 업무를 지도"하고
중요한 조약의 비준권을 행사하며 특사권을 행사(제103조)하도록 하여 명실
상부한 최고 통치자로 규정하였다.

또한 개정헌법에서는 김일성-김정일의 주체사상과 선군사상을 공화국의
활동지침으로 규정(제3조)하여 주체사상과 선군사상을 공화국의 존립 목적
과 일치시켰다. 이미 세상에 존재하지 않는 김일성과 김정일을 신격화하고
이들의 교시라는 사상들을 교리로 승화시켜 헌법화함으로써 논의의 대상에
서 벗어나게 함으로써 김일성 가계의 권력승계의 기초를 만들어 놓았다. 김
일성-김정일-김정은으로 이어오는 '백두가계(白頭家系)'만이 이 사상을 바로
지켜나갈 수 있다는 논리로 권력의 세습을 정당화하고 있다.

2016년 개정헌법에서는 2012년 헌법에서 굳혀 놓은 김일성-김정일 신격
화의 틀을 더 강화하여 통치사상의 교리화를 완성하여 놓았다. 김일성 동지
와 김정일 동지는 "민족의 태양이시며 조국통일의 구성(救星: 불행과 고통에
서 구해주는 사람을 뜻하는 북한말)", "김일성 동지와 김정일 동지의 위대한 사
상은 …… 조선혁명의 만년재보"라는 표현은 그대로 두고 거기에 더 보태서
"김일성 동지와 김정일 동지께서 생전의 모습으로 계시는 금수산 태양궁전
은 수령 영생의 대기념비이며 …… 영원한 성지이다"라고 김일성-김정일의
'영원성'을 더 강조하였다. 헌법 서문에서 "조선인민은 김일성 동지와 김정
일 동지의 사상을 계승발전할 것"을 다짐함으로써 주체사상은 종교적 신앙

대상으로 굳혀 놓아 북한정치의 신정성(神政性)을 규범화해놓았다.

지도자의 초인간적 권위를 국가통치의 정당화 근거로 하는 정치체제를 신정체제(神政體制)라 한다면 2012년 헌법과 이를 더 강화해 놓은 2016년 개정헌법 채택으로 북한의 신정체제는 완성된 셈이다. 북한정치체제는 소비에트형 의회민주주의체제에서 출발하여 국가주석 통치의 1인 지배형 전제체제로 진화했다가 다시 군지배의 군사정부체제를 거쳐 건국 지도자를 신격화하고 그 가계에서 권력을 세습화하는 신정체제로 진화해왔다. 70년에 걸친 통치체제 변화는 북한을 세계 유일의 세습군주식 전제국가인 신정국가로 만들어 놓았다.

북한은 이제 공화국도 아니고 인민민주주의국가도 아니다. 그리고 마르크스-레닌주의를 이념으로 하는 공산국가도 아니다. 통치권을 세습하는 1인 군사독재체제의 종교국가이다.

3. 정치이념의 변천: 주체사상의 형성과정

북한은 소련점령군이 만들어 준 김일성 1인 지배의 국가이다. 로동당과 군을 지배 도구로 하는 전제주의 국가이다. 북한에 있어서는 국가의 통치이념, 정부 운영의 기본 이념이 있고 이를 실천하기 위하여 제도를 만든 것이 아니라 1인 지배체제가 만들어지고 이를 정당화하기 위하여 이념을 다듬어 내세웠다.

북한정권이 공식적으로 탄생한 1948년의 헌법에서는 구소련 헌법에서 내세운 마르크스-레닌주의를 통치이념으로 채택하였다. 그러나 중소 분쟁이 격화되는 과정에서 북한의 자주성을 강조하기 위하여 지도이념 자체를 '자주적'으로 수정하는 작업이 시도되었다. 1955년의 '사상에서의 주체,' 1956년의 '경제에서의 자립,' 1957년의 '정치에서의 자주' 그리고 1962년의 '국방에서의 자위'로 이어지는 '독자성' 모색 운동은 모두 소련과 중국 등의 간섭을 배제하려는 목적이 강했던 이념투쟁이었다.

북한은 이러한 '자주화' 운동을 모두 묶어 하나의 통일된 독자적 사상체계로 만드는 작업을 전개하여 1967년에는 '주체사상'이라는 통합정치이념 체계를 완성하여 마르크스-레닌주의와 나란히 인민공화국의 근본이념으로 삼았다. 이 주체사상은 소련에서 전개된 스탈린 격하운동 등 공산권 내에서 시작되던 개인숭배 배척운동의 영향을 차단하여 북한의 김일성체제를 지키기 위하여 만들어낸 사상투쟁의 결과물이다.

북한은 김일성 사망 후 김정일 집권 시대에 들어서면서 '선군사상(先軍思想)'을 또 하나의 지도이념으로 추가하였다(2009년 헌법부터). 선군사상은 소련제국의 몰락, 중국 공산당의 탈사회주의화, 동유럽 공산국가들의 민주화 등의 급격한 국제환경 변화에 대응하여 국내의 인민 단합과 군사력 강화를 통한 외부 정치개입의 차단이라는 체제수호 목표로 제시된 것이다. 국내정치는 '전시 계엄상태'에 준하는 군부의 통제로 동요를 막고 외부 압력에 대해서는 핵무장을 추진하여 '신뢰할 수 있는 보복 능력'을 갖추어 개입을 억지하려는 목적에서 모든 것에 앞서 군을 강화하고 군의 역할을 확대하겠다는 일종의 결의 수준의 태도 천명이 '선군사상'이라고 이름 붙인 지도노선이다. 주체사상도 선군사상도 이론적으로 다듬어진 이념이라기보다는 김일성 가문의 독재체제 유지를 위한 지도노선이라고 볼 수 있다.

1) 주체사상

주체사상은 공산우방이 표방하는 마르크스-레닌주의의 기본을 수용하면서 김일성 1인 지배를 정당화하고 나아가서 다른 공산국들의 간섭을 배제하기 위하여 북한의 특이성을 강조하는 민족주의 요소를 가미한 종합적 이념 세트이다. 주체사상은 소련을 비롯한 공산국가 및 나치즘, 파시즘이 따르던 전체주의(totalitarianism), 레닌이 강조한 계급주의와 엘리티즘(elitism), 그리고 민족주의(nationalism) 등의 세 가지 요소를 내포하고 있으며 철학적 기초로는 사회유기체론에 바탕을 둔 '사회정치적 생명체론'을 제시하고 있다.

주체사상의 구조적 특성의 바탕이 된 '인간관'부터 짚어가면서 살펴보기로 한다.

우선 주체사상에서는 인간을 독자적인 '자기 완성적 존재'로 보지 않고 사회의 한 구성원으로만 존재할 수 있다는 '사회적 존재론(social being)'을 따른다. 인간은 벌이나 개미처럼 하나의 유기체처럼 작동하는 집단의 한 구성원으로만 살 수 있는 존재로, 이 집단을 떠나서는 존재할 수 없다고 본다. 그리고 이 집단은 하나의 유기체처럼 집단 생명을 가지고 존재하는데, 각 구성원은 유기체 내에서 주어진 기능을 성실히 수행하여 집단의 발전에 기여함으로써 집단의 생명을 공유하는 사회정치적 생명을 갖게 된다. 황장엽(黃長燁)의 창작 개념으로 알려진 '사회정치적 생명론'은 주체사상의 핵심 요소가 된다. 인간은 다른 동물과 달리 스스로 사회 내의 자기 본분을 알아서 할 일을 하는 자주성을 가지고 있으며 주어진 환경에 능동적으로 대응할 수 있는 창의성을 가지고 나아가서 전체 조직의 발전을 생각하는 의식성을 가진 존재이기 때문에 동물로서 가지는 육체적 생명 외에 의식 차원에서의 생명인 사회정치적 생명을 갖게 되며 이 생명은 육체적 생명과 별도로 영구히 존속할 수 있다고 주장한다.

사회정치적 생명론은 파시즘이나 나치즘과 같은 다른 전체주의 정치이념과 같은 '구성원의 통일된 이념이 형성되는' 논리 구조를 바탕으로 하고 있다. 사람들은 역사의 흐름, 집단의 환경 속에서의 지위 등을 잘 아는 엘리트들의 집단인 지배정당에 의해 지도될 때만 그 생명을 가질 수 있다는 논리다. 기독교에서 사제의 바른 지도를 받아야 영생을 얻을 수 있다고 하는 것과 같다.

레닌(V. I. Lenin)은 혁명의 주역은 인민대중이고 이 인민대중의 물리적 파괴력(physical destructive force)이 있어야 구체제를 파괴할 수 있는데 이들의 힘을 혁명의 목표에 바로 집중시키기 위해서는 엘리트로 구성된 정당의 지적 파괴력(intellectual destructive force)으로 교화시켜야만 가능하다고 했다. 이러한 엘리트주의를 한 단계 더 높인 것이 주체사상의 한 요소인 수령론(首領論)이다. 즉 엘리트 정당이 바른 방향을 찾기 위해서는 초인간적 능력을 갖춘 지도자의 지도를 받아야 된다는 논리다. 북한의 경우 위대한 수령 김일성 동지의 지도를 받을 때 조선로동당이 혁명을 바른 방향으로 이끌 수 있으며 조선로동당은 김일성 수령의 가르침을 충실히 따를 때 제 역할을 한다고 주장한다. 이 논리는 나치즘에서의 지도자(Führer), 파시즘에서의 두 체(Duce)의 지도를 받아야 당이 바른 방향을 잡을 수 있다는 논리와 같다. 그리고 나아가서 주체사상에서는 이미 사망한 김일성 수령 동지의 가르침은 김일성 주위에서 그 뜻을 가장 정확히 체득한 가족인 아들, 그리고 손자가 가장 잘 전달할 수 있으므로 김일성 가계인 백두가문의 수령직 승계가 바람 직하다는 논리를 추가하고 있다.

주체사상은 레닌의 계급독재 논리도 승계하고 있다. 개인이익만 추구하 는 자본가들은 혁명의 주체가 될 수 없으며 오직 근로인텔리에게만 혁명의 주역의 자격을 주어야 한다고 하는 인민민주 독재(people's democratic dicta- torship) 이론을 그대로 받아들이고 있다. 북한 헌법 제12조는 명문으로 "계 급로선을 견지하며 인민민주주의 독재를 강화할 것"을 규정하고 있다. 당의 영도는 헌법 제11조에, 그리고 집단주의 원칙은 헌법 제63조에 규정해놓고 있다.

2) 사회주의 이념

북한은 건국 초기부터 사회주의 국가임을 표방하고 있다(헌법 제1조). 사 회주의 국가로 생산 수단은 국가와 협동단체만이 소유할 수 있다고 규정하 고 있다(제20조). 그러나 소비 목적의 개인 소유를 인정하고(제24조), 그 소 유의 범위를 점진적으로 확대해 나가면서 중국처럼 시장경제체제의 부분도 입도 가능할 수 있게 길을 열어 놓고 있다. 특히 기업경영 방식에서 협동단 체의 단위를 가족 단위까지 줄여 나가면 사실상의 개인소유제로 전환시킬 수 있고 개인 소유물의 교환을 허용하게 되면 부분적으로 시장경제가 살아 날 수 있다.

북한은 이미 자립경제(autarky)가 불가능하다는 것을 깨닫고 있으며 중국 식 개혁개방의 길이 국가발전에 도움을 줄 것임도 잘 알고 있다. 아마도

북한은 필요하다면 사회주의 이념은 완화할 수도 있을 것이다. 북한체제에
서 이미 공산주의나 사회주의가 불가결(不可缺)한 통치이념이 아니기 때문
이다.

3) 선군사상

선군사상(先軍思想)을 북한은 2012년에 개정한 헌법에서 주체사상과 나란
히 공화국의 '자기 활동의 지도적 지침(제3조)'으로 규정하였다. 그러나 선군
사상은 통치이념이라기보다는 통치 방식의 한 가지 지침 정도로 이해해야
할 것 같다. 북한의 어떤 문건에서도 선군사상을 이념으로 해설하고 있지
않기 때문이다.

선군사상은 김정일이 소련제국의 붕괴, 김일성 사망으로 닥친 어려움을
이겨내던 '고난의 대행군' 시기에 현실적으로 위기극복을 위해 가장 신뢰할
수 있고 힘을 가진 인민군을 통치의 주된 도구로 활용하는 것을 정당화하기
위하여 '사상'의 차원으로 높여 놓은 것 같다. 선군사상은 그런 뜻에서 북한
체제 특성을 나타내는 특이한 사상은 아니고 북한이 당분간 유지해 나갈
군 중심 국가운영지침이라고 이해해야 할 것이다.

4. 북한정치체제의 현주소

북한정치체제는 지난 70여 년 동안 끊임없이 진화해왔다. 점령공산주의
정권으로 출범한 북한정권은 후원자였던 소련의 스탈린(J. Stalin) 독재체제
를 모방하여 철저한 통제사회(command society)로 발전하였으며 북한은 점
차로 스탈린체제를 능가하는 무서운 '수용소 국가(a country of camps)'로 진
화했다. 북한체제는 김일성체제를 비판하는 어떠한 표현도 허용하지 않는
철저한 '오웰리안 사회(Orwellian society: 조지 오웰의 소설 『1984년』에서 묘사
한 독재국가),' 그리고 외부 세계와 철저히 차단된 폐쇄국가, 정치범을 15만

명 이상을 수용소에 감금하고 있는 '수용소' 국가로 변질하여 왔다.

이러한 진화 과정을 거쳐 도착한 북한정치체제의 현주소는 '김일성 가족 지배의 세습전제정권'이다. 역사상 유례가 없는 독재적 신정국가(theocratic regime)로 공화국도 아니고 단순한 군사독재 국가도 아닌 특이한 정권으로 변질하였다.

이러한 변화 과정에서 변하지 않은 것은 '김일성가계의 집권'이다. 통치구조의 변화도 이념의 변화도 김일성가계 지배 구조(Kim family regime)의 성격은 변화시키지 못했으며 오히려 이를 강화해 왔다.

현재 북한정권은 당과 군의 강력한 통제 아래 안정을 누리고 있다. 어떠한 반대 세력도 조직적 저항을 할 수 없는 상태에서 북한정권은 통치 세력이 스스로 정권을 포기하거나 외부에서 힘으로 체제변화를 강요하기 전에는 그 안정성을 계속 유지할 수 있으리라고 본다.

앞으로 어떤 충격이 북한체제의 극적인 변화를 가져올지는 예측하기 어렵다. 철저히 외부와 차단된 사회에서 조직적인 세뇌 교육을 받고 자라난 북한 인민들은 사교(邪敎) 집단의 교도처럼 종교화된 정치에 순종하고 있어 인민의 집단 저항은 기대하기 어렵다. 또한 북한 지배엘리트들은 현재의 김정은 독재체제가 보장해주는 특권적 지위에 만족하고 있어 스스로 체제개혁을 시도할 가능성도 희박하다.

북한의 낙후한 경제가 가져오는 북한 인민들의 물질적 고통도 '체제저항'보다는 '체제영합'으로 인민들을 이끌 가능성이 더 높다. 남북교류를 통한 북한 인민의 의식 변화도 기대하기 어렵다. 순종에 길들여진 북한 인민의 능동적 정치개혁을 기대할 수 없기 때문이다.

북한정치체제는 김일성 일가의 지배체제 강화라는 부동의 목표 달성을 위하여 시대 여건에 맞추어 변화해왔다. 통치제도도, 이념도, 그리고 정치문화의 인위적 조작도 모두 하나의 목표 달성을 위해 진행하여 왔다. 그 종착점이 오늘의 신정체제라는 특이한 '종교적 독재체제'이다.

앞으로 지금의 신정체제가 당면하게 될 문제를 몇 가지 짚어본다.

첫째는, 통치체제의 비효율성이다. 란코프(Andrei Lankov) 교수는 북한정
치체제는 비효율성으로 더 이상 존속하기 어려운 한계에 도달했다고 진단하
고 있다.[1] 특히 북한은 다른 비능률적 전제체제 국가와 달리 대비되는 한국
이라는 '산업화와 민주화'에 성공한 같은 민족의 다른 분신을 가지고 있다.
똑같은 어려운 조건에서 출발한 한국이 국제사회에서 인정받는 성공한 나라
가 된 현실에서 북한의 체제 비능률성은 더욱 돋보이고 한국사회가 북한주
민에게는 선호하는 대안이 되기 때문에 북한 지도자들에게는 큰 체제위협이
되고 있다. 북한 인민들 대부분이 한국을 선택하게 되면 북한은 체제위기를
맞게 된다.

둘째는, 북한 사회 구조 자체의 변화이다. 북한은 근로대중이 지배하는
인민민주 독재국가로 출발했다. 전한반도에서 프롤레타리아트 계급혁명을
이루는 것을 국가의 존립 목표로 하고 출범한 국가이다. 그러나 프롤레타리
아트 혁명을 주도했던 북한의 지도층이 70년의 세월 속에서 가장 반동적인
'지배계급'이 되었다. 함께 혁명에 동참했던 대부분의 인민대중이 이들 계급
에 의해 착취당하는 모순된 현실을 어떻게 극복할 수 있을까가 큰 문제로
등장하고 있다. 북한은 현재 새로운 프롤레타리아트 혁명을 필요로 하는 상
태에 도달했다.

셋째로, 21세기 시대 환경에서는 어떤 국가도 고립된 상태에서는 살아남
을 수 없게 되었는데, 북한은 소련제국 붕괴 이후에는 중국을 제외한 어떤
나라로부터도 지원을 받을 수 없게 되었다. 북한과 같은 작은 나라는 국제
사회와 절연한 채 살아남을 수는 없다. 어떻게 개혁개방을 계속 거부하고
시대착오적 종교국가를 유지할 수 있을지가 문제다. 그리고 아무리 북한사
회를 국제사회로부터 차단한다고 하더라도 전 세계 인민이 정보를 공유하는
정보화 시대 환경에서 '인민들의 자각'을 끝까지 차단할 수도 없을 것이다.

북한체제는 이러한 새로운 시대 환경에서 또 한 번의 변신을 시도하지

---

1) Andrei Lankov, *The Real North Korea* (New York: Oxford University Press,
   2013), "introduction," p. xii.

않을 수 없을 것이다. 다만 그 변신의 방향을 예측하기가 어려울 뿐이다.

그동안의 북한체제의 변화는 지배층이 자기들의 기득권 보호를 위하여 계획적으로 추진한 정책의 결과였다. 그 변화는 아주 정교한 계획에 의한 것이었으며 무지해서 범한 실수의 결과가 아니었다. 정세 판단을 잘못해서라든가 잘못된 이념 정향 때문이 아니었다. 다만 추구하는 목적이 '정상국가'와 다르기 때문에 외부에서 잘못 이해하였을 뿐이다.

'정상국가'라면 국민의 복지 증진을 추구하는 데 1차적 국가 목표를 두고 그리고 최소한의 국제법규는 준수한다. 그리고 국가의 존립 목적으로 내세운 이상을 실현하기 위하여 최선을 다한다. 그러나 북한의 경우 모든 정책은 집권층의 기득권 보호에 맞추어져 왔고 국제법규는 편의에 따라 지키기도 하고 내세우기도 하였을 뿐 처음부터 지킬 생각을 가지지 않았다. '최종 목표달성'에 도움이 되면 어떠한 불법 행위도 선(善)이라고 생각해왔다.

북한정치체제는 '김일성 일가의 세습독재체제 수호'를 최고 목표로 하여 운영된다. 그리고 그 이유는 현재의 지배층의 기득권 보호에 도움이 되기 때문이다. 북한의 핵무장 계획을 포기시키려는 국제사회의 경제적 제재가 별 효과가 없었던 것도 북한이 '정상국가'가 아니기 때문이다. 북한 당국은 인민의 삶이 위협받고 수백만 명이 아사(餓死)하더라도 체제유지에 지장이 없으면 크게 신경쓰지 않는다.

북한은 앞으로도 계속 체제개혁을 시도할 것이다. 그러나 그 개혁은 인민의 복지 향상이나 민주주의 신장, 인민의 인권보장 등을 이루기 위한 것이 아니고 현재의 지배체제의 안정성을 높이기 위한 것이 될 것이다. 그런 뜻에서 오히려 북한체제의 변화를 예측하는 것은 어렵지 않을 것이다. 다만 북한의 의도와 관계없이 북한사회 내에서 쌓여온 부조리가 통제 불능의 상태를 가져오는 체제의 내부 붕괴(implosion)를 가져올 가능성은 항상 남아 있다. 약 300만의 지배층과 나머지 2,000만의 민중 간의 삶의 수준 격차가 폭발점에 이른다든가 지배층 내의 권력투쟁이 일어나 지배층의 체제관리 시스템이 붕괴될 수가 있을 것이다.

란코프 교수도 북한체제의 장래를 '내적 붕괴'에 비중을 두고 조심스럽게 내다보고 있다. 그리고 그런 '내적 붕괴'가 더 큰 혼란과 위험을 가져올 수 있으리라고 경고하고 있다. 그는 '공산체제보다 더 나쁜 것은 공산체제 붕괴 이후'라는 헝가리 시민들의 해학적 평가를 인용하면서 "김일성 일가 통치체제보다 더 나쁜 것은 그 뒤에 올 일들(What is worse than the Kim family regime? The things that come after it)"이라고 했다.[2]

한 가지 더 생각해 볼 수 있는 근본적인 변화 요소는 체제피로(system fatigue) 현상이다. 어떤 체제도 오랫동안 안정되게 유지되면 체제 내부의 기강이 해이해지게 된다. 체제를 만들었던 정신은 무너지고 권력을 가진 자가 체제를 사익(私益)을 위해 악용하는 사례가 늘어나면서 체제는 '정신이 뒷받침하지 않는 장치'로 전락하게 된다. 옛 왕조시대에도 이러한 피로 현상은 200년 정도 지속된 체제에서 극대화되어 체제의 자체붕괴를 가져왔었다. 이른바 왕조순환(dynastic cycle)이란 현상이었다.

오늘날의 변화 속도는 옛 왕조시대보다 빠르다. 북한의 왕조체제가 자리 잡은지 100년이 되는 21세기 중엽이면 이런 변화가 불가피하리라 본다. 북한체제 분석은 왕조순환의 시각에서 이루어져야 할 것 같다.

【참고문헌】

양호민. 『한반도의 격동 1세기 반』 상권과 하권. 춘천: 한림대학교 출판부, 2010.
이상우. 『북한정치』. 서울: 나남, 2008.
통일부 통일연구원. 『북한이해 2013』. 서울: 통일교육원 교육개발과, 2013.

Andrei Lankov. *The Real North Korea*. New York: Oxford University Press, 2013.

---

2) Andrei Lankov, 위의 책, p.xv.

제**1**부

북한 신정체제의 진화과정

개 요

1945년 8월 해방과 더불어 북한 땅에 진주한 소련점령군에 의하여 1948년 38도선 이북에 소련식 공산정권이 들어섰다. 소련점령군은 동구점령국에서 했던 것과 마찬가지로 '연립정권단계 — 사이비 연립정권단계 — 공산당 1당 지배체제'의 3단계를 거쳐 북한을 소련위성국으로 만들었다. 이렇게 공산화된 나라를 '점령공산주의' 국가라 부른다.

북한에서의 공산화는 다른 소련점령국에서보다 훨씬 순조로웠는데 그 이유는 조선시대부터 자리 잡아온 전체주의적 정치문화, 일본 식민지배로 인한 정치 공동화(空洞化), 분단으로 말미암은 중산층 이상의 중요 정치세력의 탈북 등 다른 나라에서 볼 수 없었던 특이한 역사적 환경 때문이었다.

북한에 성립된 공산 정권은 1920년대부터 국내에서 성장했던 토착 공산세력이 만든 것이 아니라 소련군에 의하여 새로 만들어진 정권이다. 토착 공산세력은 초기에 정권창출에 동원되었으나 정권수립 후에는 조직적으로 제거되었다. 해방 전에 중국에서 중국 공산당과 함께 항일전에 참가했던 연안파(延安派)도 마찬가지로 정권수립 초기에는 일정한 역할을 부여받았으나 후에 모두 제거되었다.

북한정권은 다른 공산 정권에서는 볼 수 없는 철저한 '1인 지배체제'로 발전해 왔다. 북한정권 창설 당시에 통치자로 선정된 김일성(金日成)은 1994년 사망할 때까지 계속 절대권을 가진 통치자로 군림하였을 뿐 아니라 사망 이후에도 '공화국의 영원한 주석'으로 숭앙되고 있다. 그리고 그의 아들 김정일(金正日)이 그를 승계하여 군왕보다 더한 절대권력을 행사하였었다. 그리고 2011년 김정일이 사망하자 다시 그 아들 김정은(金正恩)이 권력을 승계하였다. 김일성 일가의 권력세습제가 자리 잡은 셈이다.

북한정권은 반세기 전에 소련군 점령이라는 특이한 역사적 환경 속에서 공산정권으로 출범하였으나 점차로 1당 지배체제에서 1인 지배체제로, 다시 통치자의 통치권의 타당근거가 허구적 인민의 위임에서 통치자 개인의 초월적 권위로 바뀌어 이제는 다른 어떤 공산체제에서도 볼 수 없는 특이한 1인 지배 독재정권으로 변질하였다. 이러한 신정(神政)적 특성을 가진 북한정권을 더 이상 공산정권으로 부르기는 어려울 것이다.

제1부에서는 북한정권이 탄생하기까지의 과정(제1장)과 김일성 독재체제의 구축 과정(제2장), 북한정권을 창설부터 지금까지 운영해오고 있는 김일성 일가의 통치자인 김일성, 김정일, 김정은을 소개하고(제3장) 이어서 북한정권의 특성을 정리하여 소개한다(제4장).

전형적 점령공산국가의 탄생

북한 공산화 과정은 외형상으로 간단하나 뿌리를 찾아 들어가면 복잡한 배경을 발견하게 된다. 1945년 8월 15일 제2차 세계대전 종결과 더불어 승전국인 미국과 소련에 의하여 한반도가 북위 38도선을 경계로 남북으로 분단된 후 소련군 점령지역이던 북한에 소련군이 공산정권을 세움으로써 북한 공산화가 이루어졌다는 단순한 이해로는 오늘의 북한정권의 정체를 바로 이해할 수 없다. 북한공산화를 역사적 배경 속에서 조명해 보아야 비로소 북한공산화 과정의 전체 모습이 분명해진다.

이 장에서는 북한의 공산화가 용이하게 이루어지게 된 역사적 배경을 살피고, 이어서 해방 전의 여러 갈래로 진행되었던 공산주의운동과의 연계를 살펴본 후 조선민주주의인민공화국이 성립하게 된 과정을 해설한다.

1. 정권창출의 정치환경

1) 한국 전통 정치문화

한국 전통 정치문화는 해방 이후 북한에 새로운 정권이 등장할 때 전체주의 정권 등장을 손쉽게 하는 배경이 되었다. 조선조까지의 절대주의 및 전체주의 문화전통과 일본 식민지시대에 보강된 전체주의 정치의식은 해방된 북한에 공산 전체주의 정권이 등장하는 과정에서 민중적 저항을 약화시키는 데 크게 기여하였다. 북한주민들은 전체주의 이외의 정치형태를 경험하여 본 적이 없었기 때문에 새로운 전체주의 정권 등장에 대하여 당연시하는 경향이 있었다.

한 집단에서 사물에 대한 인식틀, 행위선택을 결정하는 가치체계 등이 오랫동안 지속성을 유지하면서 다른 집단과 다른 특이성을 갖추게 되면 우리는 이를 전통이라 부른다. 이러한 전통이 삶의 기본양식을 결정하는 틀로 정착하면 전통문화가 되는데 이러한 전통문화는 정치이념이나 제도를 수용하거나 이에 저항하는 집단적 성향과 연계되기 때문에 한 사회에 어떤 체제가 도입될 때는 이러한 정치문화적 전통을 살피지 않을 수 없다. 북한사회도 조선조부터 승계되어 내려오는 특이한 한국적 정치문화가 지배하던 사회였고 이러한 정치문화 환경 속에서 소련점령군에 의하여 공산체제가 도입될 때 북한사회 나름대로의 반응을 보였다.

조선조부터 이어져 내려오는 정치문화 전통에 대해서는 다양한 분석과 해석이 있으나 유교적 가치관의 교조적 특성과 절대군주 체제에서 배태된 전체주의적 특성에 대해서는 대부분의 학자들이 공통된 인식을 보여주고 있다.

김운태(金雲泰) 교수는 조선조 정치문화전통의 특성을 다음과 같이 추출하여 제시하고 있다. ① 공동체적 친화성(親和性)과 인본주의 전통, ② 권위주의와 윤리적 권위주의의 전통, ③ 분파성향과 파벌주의, ④ 숙명주의, ⑤ 계급주의, ⑥ 명분주의(名分主義)와 형식주의, ⑦ 민족적 주체의식, ⑧ 결벽성, ⑨ 평등사상 등이다.[1]

　여기서 제시된 특성들은 한국민들의 자기비하 성향을 반영한 과장된 것들도 포함하고 있으나 대체적인 그림은 나타내고 있다고 할 수 있다. 특히 '공동체 의식' 즉 전체를 개인에 앞세우는 정치문화 전통과 '윤리를 앞세우는 권위주의'에 대해서는 여러 연구들에서 지적하고 있어 '전통'이라고 이해해도 될 것 같다.

　한국 정치문화의 전통으로 인식되는 '권위주의'와 '집단주의' 및 '계급주의'에 대해서는 그러나 좀 더 깊은 통찰이 필요할 것 같다. 유교의 덕치주의(德治主義)가 내면화되어서 이루어진 한국의 전통 정치문화에서는 같은 개념일지라도 다른 의미를 가지게 되기 때문이다. 고병익(高柄翊) 교수는 유교의 덕치주의에 대하여 상세한 분석을 하면서 덕(德)이라고 표현되는 대자연의 섭리, 보편질서의 실현을 정치의 과업이라고 생각하는 유교에서 군주는 그 덕을 대표하는 지도자, 그리고 관리는 그 덕의 실천자라고 인식되고 백성들은 군주가 보편가치를 대변한다고 믿기 때문에 그의 지도를 따른다는 생각을 가졌을 뿐, 군주의 힘에 굴종하는 것은 아니라는 것을 논증하고 있다.[2] 즉 조선조 전통문화에서는 국가는 하나의 자연적인 사회유기체로 인식되고 개인은 이 공동체의 부분으로만 의미를 가지고, 통치자는 자연섭리를 공동체 내의 질서에 반영하는 의무와 권리를 가진 자이므로 절대적 권력을 행사한다고 보는 것이다. 획일주의, 계급주의, 형식주의는 모두 이 기본적인 민족유기체 사상에서 파생되는 것에 불과하다.

　조선조의 권위주의 정치체제에 대하여 함재봉 교수는 베버(Max Weber)의 권위분류상에서의 '전통적 권위' 즉 '가부장적 권위'에 바탕을 둔 체제라

---

1) 김운태 외 공저, 『한국정치론』 4정판(서울: 박영사, 1999)의 제2장 제4절 "한국정치의 역사적 맥락," pp.123-266. 현대의 한국인들이 스스로 생각하는 정치문화특성에 대해서는 한배호·어수영 공저, 『한국정치문화』(서울: 법문사, 1987)의 p.44 참조. 여기서는 7개의 특성을 제시하고 있는데 다음과 같다. ① 묵종성향, ② 의인주의 성향, ③ 형식주의 성향, ④ 평등의식, ⑤ 관용성, ⑥ 개인의 권리의식, ⑦ 신뢰.
2) 고병익, 『동아시아의 전통과 변용』(서울: 문학과 지성사, 1996)의 제4부 "유교의 전통" 중 "유교와 국가정치," pp.215-241을 볼 것. 여기서는 저자의 뜻을 재해석하여 인용하였다.

보고[3] 그 권위는 덕(德)에서 연유하는 복종자의 자발성을 이끌어내는 '옳음'이라는 것을 설득력 있게 제시하고 있다. 유가의 권위주의정치의 핵심은 "덕으로 이끄는 것(道之以德)"이라 할 수 있다.

여러 연구에서 제시하고 있는 조선조까지 지속해 온 한국 전통 정치문화의 특색을 간략하게 요약하면 다음과 같다.[4]

(1) 전체주의, 집단주의 정치의식

조선조 시대의 한국인들은 사회를 하나의 집(家)으로 인식하고 사회를 하나의 유기체처럼 받아들였으며 사회가 곧 삶의 단위, 명예의 단위, 가치의 단위라는 생각을 대체로 그대로 받아들였다. 이에 따라 모든 정치행위의 판단준거는 국가와 민족이었고 국가와 민족도 구분하지 않았다. 개인은 오직 국가와 민족의 부분으로만 의미를 가졌다. 개인주의, 자유주의 정치문화는 개화기 이전까지는 선각자들에 의하여 논의되기는 했으나 하나의 대안적(代案的) 정치이념으로 형성되지 않았다.

한국 정치문화의 특성을 이루는 '공동체 인식'은 개인의 사회적 지위 인식에서 가장 잘 나타난다. 자기완성적 존재로서의 개인(individual)이 계약에 의하여 국가 등 조직체를 이룬다는 서양식 사고와 달리 개인은 공동체 속에서의 지위에 의하여 의미를 부여받는 존재로 인식됨으로 개인의 권리보다 개인과 개인, 개인과 전체와의 관계(relation)가 역으로 개인을 규정짓는 것으로 인식되고 있다. 즉 개인은 누구의 아들, 어느 가문의 일원, 어느 지역 사람으로 인식된다. 이러한 의식은 정치체제 운영에서도 그대로 나타나 분파주의, 파벌주의를 낳게 되는 것이다.

---

3) 함재봉, 『탈근대와 유교』(서울: 나남, 1998)의 제10장 "한국정치와 유교전통," pp.299-319.

4) 북한체제특성에 영향을 준 조선조 정치문화에 대해서는 다음 글을 볼 것. 김영수, "북한의 정치문화: 주체문화와 전통정치문화"(서강대학교 박사학위논문, 1991), 제4장 "주체문화와 전통정치문화," pp.106-187. 유교전통의 일반적 고찰에 대해서는 고병익, 『동아시아의 전통과 변용』(서울: 문학과 지성사, 1996), 제4부 "유교의 전통," pp.215-298.

(2) 권위주의, 계급주의 전통

조선조 시대의 한국인 일반은 국가를 집(家)의 확장으로 보고 가족 내의 각인의 지위를 결정하는 격(格)을 중시하는 위계적 질서를 사회질서의 기본으로 인식하였다. 사회는 신분에 따른 철저한 계층사회로 구성되었으며 그 신분계층의 초월은 인정되지 않았다. 다만 주목할 것은 주어진 신분계층(ascribed) 내에서 성취한 지위(achieved)를 존중하는 전통이 있어 신분상승의 성취동기를 부여하고 성취기회를 지배자가 시혜적으로 배분함으로써 사회통제의 힘으로 활용하였다는 점이다. 양반은 신분에 의한 계층이고 벼슬은 성취에 의한 격이었다.

한국 전통 정치문화에 깊이 자리 잡고 있는 계급주의, 계층에 따른 신분구별 등은 서구 봉건사회의 계급주의, 위계구조와 본질적으로 다르다. 서양에서의 계급은 주로 혈통에 의하여 규정된 데 반하여 우리 사회에서의 위계는 지배이념에의 근접성으로 결정되었었다. 즉 덕(德)을 얼마나 갖추었는가, 얼마나 유가의 정치이념을 이해하고 있는가 하는 것으로 결정되었다. 그래서 자연히 이러한 덕목과 지식을 더 갖춘 문관이 무인(武人)보다 우대되었고, 과거라는 시험을 통하여 이러한 덕목과 지식을 갖추었음을 입증하게 되면 하루아침에 신분상승을 하게 되었던 것이다. 물론 조선왕조가 오랫동안 지속되면서 이 원리가 '관계'에 압도되어 붕괴되는 현상이 일어나 신분의 세습이 이루어지는 경향이 생겨났으나 기본은 어디까지나 '성취에 의한 신분'이라는 원리가 지배했었다. 지배계급에 대한 엄격한 도덕적, 윤리적 행위에 대한 기대는 여기서 비롯된 것이며 지배자가 실덕(失德)하면 그들의 권위를 아무도 존중하지 않는 특이한 정치문화가 형성된 것이다.

(3) 관료주의, 획일주의 전통

조선조 사회에서는 왕권(王權)이 대표하는 절대가치를 존중하는 획일적인 가치체계가 준수되었다. 국가관, 사회관, 심지어 예술관에 이르기까지 상대주의와 다원주의는 용납되지 않았다. 관(官)은 단순한 행정가가 아니라 절대주의 수호의 책임을 지고 백성이 바른 가치관을 가지도록 만드는 포괄적인 목민(牧民)의 책임과 교육자의 책임까지 지는 존재였으며 사회생활의 모든 영역에 관(官)이 개입하는 철저한 관권지배 사회였다. 권위의 분화(分化)가 이루어지지 않아 모든 영역에서 관(官)이 지배했다.

하늘(天)의 뜻, 즉 자연의 섭리라는 진리를 인간사회 질서에 반영한다는 유가(儒家)적 정치관에서는 상대주의 가치관이 용납될 수 없었다. 진리란 속성상 하나일 뿐 여러 개가 될 수 없기 때문이다. 지배가치에 대한 이단의 출현은 체제차원에서 억지하였다. 그리고 일사불란한 가치관을 지켜나가는 임무를 관리에게 부여하여 왔다. 그래서 관리는 진리와 진리에 기초한 정의의 수호자로 간주되었고 무엇이 정의인가를 판단하는 사법관, 정의를 보급하는 교육관, 정의의 실천을 책임지는 행정관의 모든 직능을 담당하였다. 관료주의와 획일주의는 덕치주의 정치체제에서는 당연한 것으로 여겨졌으며 이러한 사회질서에서 관존민비(官尊民卑)의 전통이 자리 잡게 되었다.

(4) 덕치주의, 문치주의 전통

조선조 정치문화의 핵심은 덕치주의(德治主義), 문치주의(文治主義) 전통이다. 흔히 전제정치체제에서는 사회통제의 수단으로 강제력을 앞세운다. 그러나 조선조의 경우는 강제력(coercive power)보다 권위(authority)를 질서유지의 주된 힘으로 삼았었다. 다스린다는 것(政)은 바른 것(正)을 내세워 백성이 스스로 따르게 하는 것이라는 유교적 사상에서 이러한 전통이 생긴 것이다. 정치란 곧 천리교화(天理敎化), 문화정치(文化政治)라는 생각이 그 바탕을 이루는 정의실천 행위였다. 그래서 아무리 절대권력을 가진 제왕일지라도 백성이 따르지 않으면 다스릴 수 없다는 생각(民所慾之, 天必從之)과 더불어 무신(武臣)보다 문신(文臣)을 중시하는 전통이 더불어 생겨났다.

조선조의 정치문화전통은 한마디로 "바른 통치자에 대한 절대적 충성심을 토대로 한 절대주의, 권위주의적 정치문화"라 할 수 있으며 이런 전통에서 백성들은 통치자에 대하여 도덕적 완전성을 기대하게 되고 통치자가 도덕적 흠결을 보이면 강한 저항을 보여 왔다.

이상에서 살펴본 조선조의 정치문화 전통은 해방 이후 새로운 국가창설과정에서 체제수용과 관련하여 많은 영향을 미쳤다.

북한사회에서 소련점령군에 의하여 소비에트식 1당 지배의 절대주의 전제정치가 도입될 때 북한주민들은 크게 저항하지 않았다. 유교적 덕목을 대신하는 마르크스-레닌주의 이념이 새로운 시대의 절대진리라고 소개될 때 북한주민들은 자연스럽게 이를 수용했으며 1당 지배의 전제정치체제도 왕조시대의 절대주의 전제정치체제에 친숙한 북한주민에게는 생소하지 않은 체제여서 그대로 순응하였다. 유교적 덕목을 마르크스-레닌주의의 이념으로 바꾸는 결정은 통치자가 하는 것이지 일반시민이 개입할 일이 아니라는 생각이 지배했기 때문이다.

반대로 남한사회에 미군에 의하여 자유민주주의 정치체제가 도입될 때에는 많은 저항에 부딪혔었다. 가치의 상대성에 기초한 다원주의 질서에 대하여 한국민은 친숙하지 않았기 때문이었다. 자유민주주의 정치체제는 시민들의 참여로 운영하는 체제인데 국민 대다수가 시민으로서의 자각이 되어있지 않은 상태에서는 뿌리내리기 어려웠고 신민형(臣民型) 정치문화가 지배하던 풍토는 독재자가 쉽게 전제정(專制政)을 펼 수 있는 풍토를 조성하여 주었다. 그래서 신생 대한민국에서도 민주정치의 파행적 운영이 한동안 지속되었던 것이다.

2) 일제 식민지 유산과 정치 공백

북한 전체주의 정권은 일본 식민정부가 물러난 자리에 세워진 정권이다. 동구의 다른 점령공산주의 국가들과 달리 북한에는 민주주의의 전통이 없었다. 주민들이 경험했던 가장 가까운 과거의 통치체제는 일본 식민시대 총독부가 실시했던 극단적 전제정치였다. 그리고 좀 더 앞선 경험이라면 조선조의 왕권통치였다.

일본 식민통치는 다른 서양제국의 식민통치와 마찬가지로 강압적인 전제정치였다. 거기에 더하여 철저한 전체주의 군국주의 국가였던 식민모국 일본의 통치이념이 그대로 강요되어 철저한 전체주의 정치문화가 획일적으로 강요되었다.

고병익 교수가 제시한대로 전통이 확립되려면 약 3대에 걸친 지속성과 민족단위의 고유성이 있어야 한다.[5] 일본 식민통치는 제도와 규범만 유산으로 남긴 것이 아니고 한국인의 정치문화에도 큰 영향을 끼쳤다. 일본 식민통치는 조선조까지 이어져 오던 전통 한국 정치문화를 부분적으로 단절·보강·왜곡시켰다. 이러한 일제 식민시대의 정치문화 유산도 감안하여야 북한의 전체주의 정권등장의 배경을 이해하는 데 도움을 얻을 수 있다. 일본 식민지 유산을 간략하게 요약 정리하면 다음과 같다.[6]

(1) 전통의 단절

일본의 식민통치는 해방 후 한국사회에서 새로운 정치체제를 구축하는 노력에 많은 어려움을 주었다. 그중에서도 가장 큰 어려움은 조선조까지 면면히 이어오던 문화전통의 단절에서 비롯된 것들이었다. 일제(日帝)는 한국민의 민족의식을 파괴하여 한국민이 주체의식을 상실하게 만들었고 전통가치를 파괴하여 한국 국민이 정체성(正體性)을 잃게 만들었다.

또한 사회의 골간을 이루던 여러 가지 제도를 파괴하고 사회를 이끌던 주도세력이던 양반(兩班)계층을 몰락시켜 해방된 이후 한국사회에 정치적 공백상태를 가져왔다. 사회의 중심세력이 건재하던 동유럽제국에서는 시민들이 공산화과정에서 강한 저항을 하였으나 북한에서는 저항할 중심세력이 없어서 소련점령군의 후원을 받은 김일성 집단이 비교적 쉽게 공산화를 이룰 수 있었다. 물론 해방 직후에는 북한에도 '교육받은 중산층'이 있었고 이들의 정치의식도 높았다. 이들은 조만식(曺晩植) 선생을 모시고 조선민주당을 만들어 건국과정에 참여하려 하였으나 소련점령군에 맞설 정도의 힘은 없었다. 이들은 소련군정 당국의 탄압으로 간부들이 전부 축출되었고 이들

5) 고병익, "전통의 단절과 연속," 한림대학교 한림과학원 수요강좌(1995년 8월 30일) 참조.
6) 김운태, 『일본 제국주의의 한국통치』(서울: 박영사, 1986) 참조. 여기서 제시하는 유산은 필자가 새로 정리 제시하는 것이다.

은 모두 남한으로 탈출하였다.

일제 식민통치가 만들어 낸 의식과 제도의 공백상태에 소련점령군은 새로운 이념과 제도를 손쉽게 도입할 수 있었으며 그 결과로 '점령 공산주의 국가'들 중에서 북한이 가장 철저한 공산국가로 될 수 있었다.

(2) 전체주의의 보강(補强)

일제는 통치의 편의를 위하여 조선조의 전제정치체제를 그대로 수용하고 왕에 대한 충성심을 천황에 대한 충성심으로 치환하여 통치하였다. 또한 일본의 천황중심의 전체주의 이념을 철저히 주입시켜 한국인들의 의식 속에 조선조-일제로 이어지는 전체주의 의식이 강하게 자리 잡도록 했다.

전체주의 정치의식이 이미 보편화되어 있던 북한사회에 또 다른 전체주의인 볼셰비즘이 주입되었기 때문에 자유민주주의에 노출되었던 동유럽사회와 달리 새로운 전체주의 사회건설이 상대적으로 용이하였다.

(3) 사회구심세력 붕괴

일제 식민통치로 말미암아 한국사회의 중심세력이던 양반계층은 완전히 몰락하여 사회 지도역량을 잃었고, 일제의 일반국민의 무지화(無知化)·궁핍화 정책으로 민중의 자치능력이 분쇄당했고 사회내의 협동조직들도 조직적으로 파괴당하여 사회가 파편화되었다.

파편화된 사회에 소련점령군이 새로운 통치체제를 도입하였으므로 큰 저항을 받지 않았다. 저항을 조직화할 힘이 없었고 상호불신과 패배주의가 국민들의 의식을 지배하고 있었기 때문이다.

(4) 반동적 민족주의 유발

일제하에서 새로 형성된 민중운동은 주로 일제에 저항하는 민족해방운동이었다. 민족해방운동은 해외에서의 무장투쟁, 국내에서의 식민통치에 대한 비협조 투쟁의 형태로 전개되었다. 저항투쟁으로 일관한 한국 민족주의는 방어적 민족주의(defensive nationalism)로 발전하였고 건설적인 융합적(integrative) 민족주의로 자리 잡지 못하였다. 뿐만 아니라 민족해방의 큰 뜻 앞에서 사상적 차이가 무시되었기 때문에 해방 후 북한에 공산정권이 수립될 때도 민족주의 세력이 조직적 저항을 하지 않았다. 오히려 민족주의 세력은 공산주의자들을 '저항의 동지'로 수용하려 하였다.

일제 통치는 정치혼란, 독재정치의 기반이 될 권위주의 정치문화 조장, 사회의 파편화 등을 가져와 북한공산화를 간접적으로 도왔다. 특히 일제 통치는 한국민의 주체적 정치발전을 저해하여 북한의 공산화를 촉진하였을 뿐만 아니라 남한에서의 민주주의 토착화도 어렵게 만들어, 한국이 나서서 북한의 공산화를 저지할 수 있는 역량을 발휘하지 못하게 하였다.

2. 남북분단과 냉전환경

만일 한국이 제2차 세계대전 종식과 더불어 분단되지 않은 채 그대로 하나의 국가로 남아 있었다면 공산화가 순탄하게 진행되었을까? 그렇게 순조롭지는 않았으리라 생각된다.

해방 당시 한국 국민들 중에는 공산주의 이념에 동조하던 사람은 극소수에 불과하였다. 그리고 해외에서 항일 독립운동을 전개했던 민족지도자들의 대부분도 공산주의자들은 아니었다. 특히 항일 독립운동의 중심적 지도기구였던 '대한민국 임시정부'는 주석이던 김구(金九)를 비롯하여 대부분의 지도자들이 비공산주의자들이었으며 임시정부의 초대 대통령을 역임했고 해방 당시까지 미국에서 항일운동을 지도했던 이승만(李承晩)은 철저한 자유민주주의자였다. 그리고 국내에서 국민들의 가장 큰 존경을 받았던 조만식(曺晩植)도 공산주의를 받아들일 수 없는 지도자였다.

이러한 지도층들이 정치를 주도하는 상황에서, 그리고 민중의 대다수가 공산주의에 노출된 적이 없는 상황에서 과연 공산전체주의가 쉽게 자리 잡을 수 있었을지는 의문이다. 북한에서의 공산화가 비교적 순탄하게 이루어지게 된 것은 남북한 분단으로 북한사회에 정치적 공백이 생겨났기 때문이었다.

한반도의 분단과 소련군의 북한점령은 북한을 정치공백 상태로 만들어 놓았다. 조만식 선생 이외의 거의 대부분의 항일 독립운동 지도자들은 모두 서울에 모였고 소련군의 진주와 탄압으로 교육받은 중산층 이상의 사회주도 세력은 사실상 모두 남쪽으로 옮겨 갔다. 특히 1946년 3월에 단행한 농지개혁으로 농지를 가지고 있던 계층인 중산층 이상은 남쪽으로 나올 수밖에 없었다(〈주 9〉 참조). 그리고 분단 이후 지속된 냉전으로 말미암아 남북한은 완전 단절되어 북한은 남쪽의 정치영향을 받지 않을 수 있었다. 이러한 풍토에서 북한공산주의정권은 순탄하게 자리 잡아갈 수 있었다. 분단이 북한 공산화를 손쉽게 만든 과정을 간단히 정리하면 다음과 같다.

1) 소련점령군의 역할

북한의 공산화는 소련점령군에 의하여 이루어졌다. 소련군은 점령군으로 군정(軍政)을 실시하는 지위를 이용하여 북한에 공산체제를 조직적으로 도입하였다. 다른 '점령공산주의체제'에서와 마찬가지로 북한에서도 소련군은 지도자 영입(김일성), 권력조직 구축, 반대세력 제압, 이념의 주입 등을 체계적으로 결행하여 빠른 시간 내에 공산체제를 안착시켰다.[7]

소련점령군은 분단을 막고 한반도에 단일정부를 세우려던 유엔의 노력을 차단시켜 북한의 공산화를 가능하게 하였다. 소련은 한반도에 단일정부를 세우려는 노력을 두 번에 걸쳐 막았다. 첫 번째는 1945년 12월 26일에 있었던 모스크바 삼상회의(三相會議)의 결정에 따른 '전조선 임시정부(全朝鮮臨時政府)' 수립을 위한 협정에 따라 열리게 된 '미소공동위원회'를 결렬시킴으로써 그 협정이 실현될 수 없도록 막았으며, 두 번째는 1947년 9월 23일 유엔 총회에서 채택한 단일정부수립안을 실천하기 위해 구성된 '유엔 임시한국위

---

[7] '점령공산주의'의 일반유형과 북한에서 소련군점령하에 공산화가 진행된 과정에 대해서는 다음 글을 볼 것. 양호민, "정치: 전체주의 1인 독재체제의 확립," 이상우 등 공저, 『북한 40년』(서울: 을유문화사, 1989), pp.31-109; 양호민, "북한의 소비에트화," 고대 아세아문제연구소 편, 『북한공산화과정 연구』(1972), pp.1-27.

원단(UNTCOK)'의 북한 내의 활동을 거부함으로써 단일정부 출현의 기회를 봉쇄하였다.[8]

2) 냉전의 영향

한국의 해방과 동시에 시작된 전 세계적 차원의 미소 냉전은 한반도의 분단을 고착시켰다. 남북한 분계선은 남북한 간 분계선이라기보다 전 세계적인 미-소 진영 구분선이라는 국제적 성격을 더 강하게 띠고 있었다. 신생 한국이 극복하기에는 너무 강한 힘에 의해 남북한의 분단이 유지되었다.

냉전시대에는 정치 이데올로기가 모든 것에 우선하는 정치풍토가 지배했다. 남북한 사회가 각자의 체제이념으로 수용한 자유민주주의와 공산주의 이념은 그 사회 내에서 모든 갈등을 초월하는 단일적 가치평가 기준이 되었다. 즉 한국에서는 자유민주주의가 체제 내의 모든 가치평가 기준이 되었으며 북한에서는 공산주의가 체제 작동의 기본 틀이 되었다. 또한 다른 어떤 사상의 출현도 억압하는 반다원주의(反多元主義) 정치풍토를 조성시켜 남북한 간의 이념갈등을 격화시키고 분단을 고착시키는 데 도움을 주었다. 결과적으로 이러한 냉전적 이념대립은 북한사회에서 공산정권을 안정화시키는 데 크게 기여하였다. 북한정권당국은 냉전을 앞세워 정치적 다원주의를 철저히 탄압할 수 있었기 때문이다.

소련은 소련군이 점령하고 있던 모든 지역에 공산당 1당 지배체제를 구축

---

8) 소진철, 『한국전쟁의 기원』(익산: 원광대학교 출판국, 1996), 제2장 "초기의 통한 노력과 남북단독정부의 출현," pp.21-41에 자세히 소개되어 있다. 모스크바에서 가졌던 세 나라 외무장관회의(미·영·소: 후에 중국이 참가)에서는 선거를 통하여 '조선임시정부'를 세운 후 5년간 신탁통치(미·영·중·소)를 실시한 후 완전 독립시키기로 합의하였는데 협정실천을 위한 미소공동위원회(점령군사령관 간의 회의)에서 소련은 한국 측 정당들이 신탁통치를 반대했다는 이유로 공산당계열의 정당만을 상대로 협의하겠다고 고집함으로써 '임시정부'안을 무산시켰다. 다시 유엔총회에서 유엔 감시하의 선거를 통하여 단일정부를 수립하도록 결의했을 때는 '유엔임시한국위원단'의 38도선 이북진입을 거부함으로써 역시 단일정부 출현을 못하게 하였다. 대한민국은 유엔의 새로운 결의에 의하여 '선거가능지역에서의 선거'를 실시하여 출범시킨 국가이다.

하고, 공산당 간의 국제적 연대를 내세워 소련 공산당이 각국 공산당을 직접 통제하는 방식으로 공산진영을 관리하였다. 냉전시대에는 공산진영 내에서는 공산주의 이외의 어떤 이념도 허용되지 않았다. 북한도 냉전시대에는 소련의 위성국가였고 소련의 지배와 통제를 벗어날 수 없었다. 냉전은 분단을 고착화하는 데 결정적 영향을 미쳤다.

3) 남북한 대결과 북한체제 안정

남북한의 대결심화로 북한에서 부유층과 중산층이 대거 남한으로 이주하는 인구이동이 일어났으며 결과적으로 북한사회는 프롤레타리아트 계층만이 남게 되어 북한통치자들은 손쉽게 공산화를 이룩할 수 있었다. 또한 분단이 가져온 남북한 사회의 계층구조변화는 분단 자체를 더욱 심화시키는 요소로 작용하였다. 남북한의 분단은 북한을 중산층이 없는 프롤레타리아트 계층만의 사회로, 그리고 남한을 중산층 이상이 두 배 이상으로 불어난 사회로 만들어 남북한 분단이 사회의 수평적 지역분단뿐 아니라 민족사회의 수직적 계층분화로 이어졌다.[9] 이에 따라 중산층이 없는 북한사회에 지적 공동화(知的 空洞化) 현상이 일어났고[10] 그 결과로 북한사회 내에서 공산화는 큰 저항을 받지 않았다. 저항할 세력이 없었기 때문이다. '프라하의 봄'에 비견할 만한 '평양의 봄'이 없었던 것은 이런 이유에서다.[11]

---

9) 분단 이후 1946년 3월 북한 정부는 토지개혁을 실시하여 5정보 이상의 농지를 가진 모든 지주의 땅을 무상몰수하고 집에서 추방하였다. 당시 기준으로 이때의 지주계층은 중산층으로 분류할 수 있다. 추방당한 지주들은 대부분 남한으로 이동하였다. 그리고 6·25전쟁 중에 다시 한번 대규모 인구이동이 있었다. 약 600만에 이르는 이들 '월남인'들의 이동으로 남북한사회는 중산층 이상이 중심이 된 남한사회와 무산층이 주류가 된 북한사회로 양분되어 남북한 대립을 계층갈등 요소까지 첨가한 갈등으로 더욱 심화시켰다. 참고로 1970년 내무부 통계에 의하면 가호적(假戶籍) 인구(북한에 주소를 가졌다 월남한 세대)는 546만 3천 명이었다. 『이북도민보』, 1999년 11월 1일자.
10) 하나의 예로, 분단 당시 북한의 최대 명문고등학교이던 '평양 제2고보'의 졸업생 중 2% 미만만 북한에 잔류했고 나머지는 모두 월남하였다.

3. 소련점령군에 의한 정권창출

1) 해방 이전의 공산주의운동

북한공산정권은 해방 전의 한국 내 공산주의운동을 계승한 것이 아니다. 동구의 점령 공산주의 국가들에서처럼 북한에서도 소련점령군이 소련에서 데려온 공산주의 지도자들이 주역이 되어 정권을 세웠다. 해방 당시를 기준으로 할 때 한국에는 네 가지 갈래의 공산세력이 있었다. 해방 전 국내에서 조선공산당을 창건(1925년)했던 '국내파,' 중국 공산당과 함께 중국에서 투쟁하던 '연안파,' 소련점령군이 북한통치에 활용하기 위해 소련에서 데려온 소련 국적의 한인들(허가이 등 수백 명: '깔로'라 부른다), 그리고 김일성을 지도자로 하는 소련 제25군 제88여단에 속해 있던 중국 동북항일연군(東北抗日聯軍)소속이었던 한인 장병들(후에 갑산파로 불림)이 그들이다(〈참고자료 1-1〉참조). 초기에는 이들 4개 파의 공산주의자들이 서로 협력하였으나 소련군이 지원하는 '갑산파'가 정권창출의 주역을 맡게 되면서 서로 갈등관계로 들어서게 되었다.[12]

해방 전의 공산주의 운동 전개양상을 간략히 소개하면 다음과 같다.[13]

---

11) '프라하의 봄'이란 1968년 봄의 체코슬로바키아인들의 반소-반공 봉기를 말한다. 제2차 세계대전 이후 소련점령군에 의해 공산화된 동구지역에서는 주민들의 대규모 항거가 잇달았다. 1953년의 동베를린 봉기, 1956년의 헝가리 봉기와 폴란드 봉기가 그 중에서도 가장 큰 규모였으며, 모두 소련군에 의하여 진압되었다. 이러한 저항의 이유와 전개과정에 대해서는 다음 글을 볼 것. Zbigniew Brzezinski, *The Grand Failure* (New York: Charles Scribner's Sons, 1989), chapter 3 "Organic Rejection," pp.103-144. 북한에서는 공산화 초기인 1945년부터 1947년 사이에는 '함흥학생사건', '신의주학생사건' 등의 집단저항사건이 있었으나, 공산정권 수립 후에는 대부분의 저항세력의 남하로 더 이상의 조직적 항쟁이 일어나지 않았다.

12) 해방 직후의 여러 공산주의파벌 간의 관계에 대해서는 다음 글을 참조할 것. 안드레이 란코프 저, 김광린 역, 『소련의 자료로 본 북한 현대정치사』(서울: 도서출판 오름, 1995), 제2장 "1945~48년의 북한," pp.57-102.

13) 해방 전 공산주의 운동에 대해서는 다음 책을 참조. 김준엽·김창순 공저, 『한국공산주의운동사』 전 5권(서울: 청계연구소, 1986); Dae-Sook Suh, *The Korean Commun-*

(1) 초기공산주의 운동

한국에서의 공산주의 운동은 독립운동의 일환으로, 그리고 해외 유학생의 지적(知的) 호기심에서 시작되었으며 국제 공산당조직인 코민테른(Comintern)의 지원에 의하여 전개되었다. 1917년 러시아에서 볼셰비키 혁명이 성공하여 역사상 최초의 공산국가인 소련이 탄생하자 다음해 초인 1918년 1월 22일 소련령 이르쿠츠크(Irukutsk)에서 김철훈(金哲勳), 오하묵(吳夏黙) 등이 소련 공산당 한인지부(韓人支部)를 결성하였으며, 이 지부를 1919년 9월 5일 전로한인공산당(全露韓人共産黨)으로 개칭하였다.

한편 1918년 6월 26일 하바로브스크(Khabarovsk)에서 독립운동을 하던 이동휘(李東輝), 박진순(朴鎭淳) 등이 한인사회당(韓人社會黨)을 결성하였으며 1919년 8월 30일 이동휘가 상해임시정부 국무총리로 취임함에 따라 한인사회당은 본부를 상해로 옮겼다. 이 당은 1920년 5월 여운형(呂運亨)의 신한청년당(新韓靑年黨)을 흡수하고 1921년 1월 10일 전로한인공산당을 통합하여 고려공산당(高麗共産黨)으로 되었다.

이르쿠츠크파와 상해파의 투쟁이 격렬해짐에 따라 코민테른에서 통합조정에 나서서 1923년 1월 코민테른 민족부 극동총국내의 '고려국(Korburo)'으로 통합흡수하였다. 그때의 책임자는 보이틴스키(Gregori Voitinsky)였다. 그 후 코민테른의 '조직국(Orgburo)'에 예속시켰다가 1925년 2월 조선공산당 창설에 맞추어 고려공산당은 해산했다.

(2) 조선공산당 창당

1925년 4월 17일 서울 아서원에서 조선공산당이 창당되었다. 이르쿠츠크파가 주력이던 화요회(火曜會)가 주축이 되어 상해파와 북풍회(北風會)를 포함하여 17명이 창당 당원이 되었으며 초대위원장에 김재봉(金在鳳), 초대 공산청년당 위원장에 박헌영(朴憲永)이 취임하였다.

---

ist Movement 1918~1948 (Princeton: Princeton University Press, 1967). 김일성 등의 항일투쟁과정에 대해서는 서대숙(서주석 역), 『북한의 지도자 김일성』(서울: 청계연구소, 1989)를 볼 것. 이 장의 해설은 주로 이 책을 근거로 했다.

그러나 조선공산당은 1925년 11월 '신의주사건'으로 일본 경찰에 의해 일망타진 당했으며 그 후 제2차 재건(1925년 12월), 제3차 재건(ML당), 제4차 재건(1928년 4월)을 거쳐 명맥을 유지하다가 1928년 7월 코민테른의 승인 취소로 해체되고 일부 당원들은 지하당을 조직하여 잠복하였다. 박헌영은 신분을 감추고 광주의 한 벽돌 공장에서 직공으로 일했다.

(3) 재중(在中) 공산주의운동

산발적으로 항일무장투쟁을 하던 중국 동북부지역(만주지역) 항일운동가들의 일부는 1926년 5월 조선공산당 만주총국이 설치된 후 이에 가담하여 좌경화하였다. 그리고 1928년 조선공산당이 해체됨에 따라 이들은 1930년 중국 공산당 만주성(滿洲省)위원회 소수민족운동위원회에 흡수되었다.

1932년 코민테른 동방회의(東方會議)의 결정으로 이들은 중국 공산당 산하의 동북인민혁명군(東北人民革命軍)에 편입되어 항일전에 참가하기 시작했으며 이 부대가 1936년에 '동북항일연군(東北抗日聯軍)'으로 개편되었다. 김일성(金日成)은 동북인민혁명군 제2군에 소속되어 지대장을 역임했으며 1936년에 동북항일연군 제3사장(師長)이 되었다. 그때 같은 부대에 최용건(崔庸健), 최현(崔賢), 김일(金一), 김광협(金光俠), 박금철(朴金喆) 등이 있었다. 이들이 해방 후 '갑산파(甲山派)'라 불리게 된 집단이다. 1941년 동북항일연군은 일본군의 소탕작전에 밀려 소련으로 탈출하여 소련 육군 특수정찰부대인 제88여단에 편입되었다. 중국인 부대원과 함께 소련군에 편입되었던 김일성 등 갑산파의 주류는 해방 후 소련군과 함께 북한으로 진주하였다. 이들 이외에 중국 내에서 별도로 독립운동을 하던 '조선독립동맹' 소속원들이 중국공산당과 합세하여 투쟁하였는데 이들을 〈연안파〉라 부른다.

2) 소련점령군에 의한 군정

1917년 구러시아에서 레닌(Vladimir I. Lenin) 등에 의하여 최초의 공산정권이 들어선 이래 1989년 공산정권이 해체되기까지 약 70년간에 전 세계적으로 16개의 공산정권이 들어섰는데 이 중에서 국내의 혁명세력이 주도하여 공산혁명을 성공시킨 예는 소련을 비롯하여 유고슬라비아, 알바니아, 중국, 베트남, 쿠바, 캄푸치아 등 7개국이고 나머지 9개국 즉 몽골, 북한, 폴란드, 불가리아, 헝가리, 체코슬로바키아, 루마니아, 동독, 월남(남베트남)은 모두 공산점령군에 의하여 공산화가 이루어졌다. 이 중에서 북베트남(월맹)에 의하여 점령당한 남베트남(월남) 이외의 8개국은 모두 소련점령군에 의하여 공산화되었다는 공통점을 가지고 있다.

소련점령군에 의한 공산화는 정해진 수순에 의한 일정한 유형을 보여주고 있어 통칭 '점령 공산주의' 정권으로 분류한다.[14] 소련에 의한 공산화는 대체로 3단계를 거친다. 제1단계는 순수 연립정부 수립단계이다. 이 단계에서는 공산당 이외의 다른 당도 참가하는 연립정부를 세워 모든 정치세력을 정치체제에 편입시킨다. 그리고 아울러 소련에서 훈련된 공산지도자를 부각시켜 정치주도권을 장악하도록 만든다. 제2단계는 '사이비 연립정부 단계'이다. 공산당이 주도하는 연립정부에 다른 당도 참여시키나 이러한 당의 내부에 공산당원을 투입하여 내부적으로 공산당에 예속된 형식적 독립정당으로 개편시키는 단계이다. 제3단계는 공산당 1당 지배의 통일전선(United Front)만을 남기는 단계이다. 북한은 소련군에 의한 점령공산화의 전형적인 형태로 치밀하게 계획된 공산화 수순을 밟아 공산화를 이룬 공산정권이라고 할 수 있다.

북한에 진주한 소련점령군은 1945년 8월 26일 해방과 더불어 출현한 평안남도 건국준비위원회를 '연립정부 형태'로 개편시켜 토착 민족주의 세력을 대표하던 조만식 선생의 '조선민주당'과 소련군과 함께 북한에 들어온 김

14) 점령공산주의 유형에는 라트비아, 에스토니아, 리투아니아 등 발틱 3개국, 벨라루스, 우크라이나 및 중앙아시아의 5개국 즉 카자흐스탄, 우즈베키스탄, 투르크메니스탄, 타지키스탄, 키르기스스탄 등도 포함할 수 있으나 이들 국가들은 모두 소련연방에 편입되어버려 다른 점령공산국들과 구분한다. 소련에 의한 공산화과정에 대하여는 다음 글을 참조할 것. 김갑철, "북한의 소비에트화 과정," 북한연구소 편, 『북한정치론』(1984), pp.72-106.

일성 등 공산세력과의 좌우연립 정권인 '평남 인민정치위원회'를 조직하였으며 이 위원회 밑에 '북조선 5도 행정위원회'라는 정부조직을 발족시켰다. 이렇게 함으로써 대체로 제1단계 과업을 마쳤다.

소련점령군은 이어서 다음 해 초(1946년 1월 5일) 조만식 선생을 감금하고 2월 5일 조선민주당을 개편하여 공산당원을 대거 입당시킨 후 김일성파의 최용건(崔庸健)이 부당수직을 맡아 당을 장악하도록 하였다. 이렇게 제2단계는 쉽게 마무리지어졌다. 소련점령군은 곧이어 여러 갈래의 공산주의 정당들을 모두 김일성 주도의 공산당에 합당시켜 1당 지배체제를 구축하면서 이름뿐인 여러 정당들을 1946년 7월 22일에 결성한 '북조선 민주주의 민족통일 전선'에 편입함으로써 제3단계 공산화도 성공적으로 끝내고 1946년 가을부터는 명실공히 1당 지배체제가 지배하도록 만든 후 군정종식과 더불어 1948년 9월 9일 완벽한 공산당 1당 지배 정권인 '조선민주주의인민공화국'을 출범시켰다.[15]

소련은 3년에 걸친 북한공산화 과정을 직접 지휘하였는데 모든 과정을 총괄 지휘하는 책임은 점령 초기에는 로마넨코(Andrei A. Romanienko) 소장이, 그리고 1946년부터는 주북한대사로 파견된 쉬티코프(Terentii Shtykov) 상장이 맡았으며 실제 작업은 이그나체프(Alexandre M. Ignatiev) 대령 등 소련군 정치장교 및 소련이 파견한 한국인 2세('깔로'라 호칭)들이 담당했다. 이들은 국가관리의 핵심을 이루는 200개의 부처에서 고문관, 또는 부책임자의 직위를 가지고 직접 정권창출의 업무를 관장하였다. 이들 중 대부분은 정권출범과 더불어 소련으로 귀국했으나 허가이(許哥而) 등 일부는 계속 남아서 인민군 건설 등에 참여하였으며 남아 있던 깔로의 대부분은 1958년부터 1962년 사이에 김일성에 의하여 숙청되었거나 소련으로 축출되었다.

---

15) 서대숙 교수는 북한 공산화과정을 3단계로 나누는데는 동의하나 그 시기 구분에 있어서는 조금 다른 견해를 보이고 있다. 즉 제1단계: 순수협력단계를 1945년 8월부터 1946년 1월까지, 그리고 제2단계: 사이비연립단계를 1946년 1월부터 1948년 2월까지, 마지막인 제3단계: 단일체제수립단계를 1948년 2월부터 그해 9월까지로 나눈다. 그의 책, 『북한의 지도자 김일성』(서주석 역) (서울: 청계연구소, 1989), p.59 참조.

3) 집권정당 조선로동당의 창당

북한정권의 모체는 '조선로동당'이다. 조선로동당은 해방 당시의 여러 갈래의 공산주의자들의 연합체로 출발하였다. 나아가서 통일전선전략에 따라 공산주의에 동조하는 다른 당까지 흡수하기로 하여 명칭도 '공산당' 아닌 '로동당'을 사용하였다. 조선로동당 창건과정을 간략히 소개하면 다음과 같다.[16]

〈참고자료 1-1〉 4개의 공산당 파벌

해방 당시 4개의 공산주의자들의 파벌이 있었다. 이들은 서로 격리된 상태에서 활동하였으므로 해방될 때까지는 서로 다른 파벌의 존재를 잘 몰랐다. 이 4개 파벌은 국내파, 연안파, 소련파 및 갑산파(빨치산파)였다.

(1) 국내파

해방 전 일본 식민지통치하에서 한반도 내에서 지하활동을 하던 공산주의자들이다. 1925년 서울에서 창당되었던 조선공산당원들이 주축을 이루었는데 이들은 일본 정부의 탄압으로 거의 대부분 구속되거나 전향하였고 극소수만이 지하활동을 하고 있었다. 이들은 해방 직후 서울에서 조선공산당을 재건하였다. 1925년 창당 때의 지도자 중 하나였던 박헌영(朴憲永)이 지도자로 선출되었다. 주요 인물로는 박헌영 외에 오기섭(吳琪燮), 현준혁(玄俊赫), 박정애(朴正愛), 이승엽(李承燁), 임화(林和), 이강국(李康國), 주영하(朱寧河) 등이 있었다. 이 중 북한에 있던 현준은 암살되고 오기섭은 숙청, 나머지 월북자들은 휴전 직후 1953년 8월에 재판을 통해 '미국간첩'으로 몰려 처형되었다. 박헌영은 1955년 처형되었다.

(2) 연안파

해방전 중국에서 활동하던 공산주의자들을 말한다. 중국 공산당이 섬서성

---

16) 이 과정에 대한 상세한 기록은 앞서 소개한 『북한 40년』 제2장 양호민 교수의 글을 참조. 조선신민당의 창설과 활동에 대해서는 다음 글을 볼 것. 심지연, 『조선신민당연구』(서울: 동녘, 1988).

연안(延安)으로 밀려났을 때 함께 따라가 연안을 근거로 활동했기 때문에 연안파라 부른다. 1940년에 결성된 조선독립동맹이 주축이 되었고 중국 공산당 군대였던 중화국군 제8로군과 신4군에 편입되어 투쟁하던 한인들이 다수 참여하였다. 국어학자 김두봉(金枓奉)이 지도하였다. 주요 인사로는 무정(武亭), 최창익(崔昌益), 김창만(金昌滿), 박일우(朴一禹), 한빈(韓斌), 윤공흠(尹公欽) 등이 있었다. 이들은 1956년 8월에 있었던 이른바 '8월 종파분쟁사건'으로 모두 숙청되었다. 윤공흠 등 연안파 핵심은 탈출하여 중국으로 되돌아갔다.

(3) 소련파

재소한인들 중에서 소련군이 북한에 진주(進駐)하면서 점령군 요원으로 데리고 들어온 사람들을 말한다. 이들은 소련국적의 한인들이어서 '까-로(까레이스키-로스키)'라고도 불렀다. 1945년 북한 주둔 소련군의 군정기구에서 활동하였으나 1946년부터는 새로 만든 북한 정부에 배치되었었다. 약 400명으로 추정되는 소련파는 대부분 소련 내에서 당, 군, 학교 등에서 활동하던 지도급 인사였다. 미하일 강 소련군 소좌, 오기창 대위, 허가이(許哥而, A. J. Hegai) 타슈켄트 부근 니즈니치르치크지역당 비서 등은 북한정권과 북한군 건설에 큰 역할을 했다. 그 밖의 주요 인사로는 박창옥(朴昌玉), 박의완(朴義琓), 김승화(金承化), 남일(南日) 등이 있다.

이들은 김일성에 의해 1958년부터 1962년 사이에 숙청되어 대부분 소련으로 돌아갔다. 허가이는 1953년 여름에 자택에서 살해당했다. 소련파의 지도자이던 박창옥 등은 1957년에 숙청되었다.

(4) 갑산파

김일성을 지도자로 하는 중국 공산당 만주성위원회 산하 동북항일연군 소속의 한인 군인들을 말한다. 빨치산파라고도 부른다. 이들은 일본군이 대대적인 소탕작전을 벌이던 1941년~1942년에 국경을 넘어 소련으로 탈출하였다. 소련극동군에서는 중국에서 넘어온 빨치산부대원들로 제88정찰여단(여단장 周保中)을 편성하였는데 이 여단 제1대대가 한인들로 구성된 부대였고 대대장이 소련군 대위로 임명된 김일성이었다. 그 밖에 소련에서 귀국한 주요 인사로는 최용건(崔庸健), 강건, 김일, 최현(崔賢), 안길, 서철, 임춘추, 김광협, 박성철, 허봉학, 김책(金策) 등이 있다. 김일성과 함께 귀국한 장병은 가족 포함 60여 명이었다.

이 중에서 최용건, 강건, 김책, 안길은 모두 88여단 소속 소련군 대위였다.

(1) 해방 당시의 공산세력

해방과 동시에 지하에 잠적했던 조선공산당이 재건되었다. 이것이 이승엽(李承燁) 등의 장안파(長安派) 공산당이다. 한편 중국 연안(延安)에서 중국공산당과 함께 무장 투쟁하던 조선의용군(朝鮮義勇軍)(1942년 창설: 전신인 조선의용대는 1938년 창설), 독립동맹(獨立同盟)(1942년 결성) 소속 공산주의자들이 귀국하여 1946년 3월 30일 서울에서 조선신민당(朝鮮新民黨)을 창당하였다. 이것이 통칭 연안파(延安派)이다. 한편 여운형(呂運亨)은 해방과 동시에 건국준비위원회를 조직하고 서울에서 9월 6일 인민회의를 소집하여 '조선인민공화국'을 선포하였는데 건국준비위원회 내의 친공세력, 즉 건준좌파(建準左派)가 또 한 갈래의 공산주의 집단을 이루었다.

소련군이 북한에 진주할 때 소련군은 소련 거주 한인(韓人) 400여 명을 동반하고 들어와 북한통치 조직의 요원으로 활용하였다. 이들이 '깔로'들이고 후에 소련파로 불리는 집단이다. 김일성은 김책, 최용건, 김일, 최현, 안길(安吉)과 함께 이 집단에 포함되어 귀국하였으나 재소한인(在蘇韓人)들로 구성된 '깔로'와는 연관이 없었고 그래서 별도로 '갑산파(甲山派)'라 불리게 되었다. 갑산파라는 이름은 1936년에 결성된 재만(在滿)한인 조국광복회의 갑산지부에 박금철 등 동북항일연군 소속 항일투사들이 주로 모여 있었던 데서 연유한다.

(2) 조선로동당 창당

해방과 더불어 서울에서 재건된 조선공산당은 1945년 10월 10일 평양에 '조선공산당 북조선분국'을 설치하였다. 이 분국에는 소련파의 김용범(金鎔範), 국내파의 오기섭(吳琪燮), 연안파의 무정(武亭) 등이 참여하였다. 1945년 12월 17일~18일에 열린 분국 제3차 확대집행위에서 김일성이 책임비서로 선출되었다. 분국은 1946년 7월 27일 북조선공산당이라는 이름으로 서울에 있던 조선공산당으로부터 분당하였고 동년 8월 28일 조선민주당, 신민당을 흡수하여 북조선로동당으로 개편되었다.

1946년 10월 서울에 있던 조선공산당도 인민당, 신민당 좌파를 흡수하여 남조선 로동당으로 개편되었으며 1949년 6월 30일 평양에서 남북로동당의 합당대회를 가지고 두 당을 통합하여 조선로동당을 창당하여 오늘에 이른다. 조선로동당의 초대 위원장은 김일성(金日成), 부위원장은 박헌영(朴憲永)이었다.

4) 조선민주주의인민공화국 창설

북한정권 창설은 북한로동당 창설에 뒤이어 사무적으로 처리되었다. 정권의 실체인 당이 창건됨에 따라 그동안 실질적으로 북한을 통치하는 정부이던 '임시 인민위원회'를 정부로 전환시켰다. 간략히 그 과정을 소개하면 다음과 같다.[17]

(1) 북조선임시인민위원회 결성

해방 직후 평양에는 서울에서 여운형(呂運亨) 등이 조직하였던 건국준비위원회의 지부로 평남인민정치위원회(平南人民政治委員會)가 결성되고 이어서 8월 26일까지는 북한의 다섯 도에 각각 인민위원회가 결성되었다. 동년 10월 28일 이 인민위원회를 총괄하는 5도 행정위원회(五道行政委員會)가 조직되었다. 5도 행정위는 1946년 2월 8일 북조선임시인민위로 개칭되고 사실상의 정부로 기능하기 시작하였다. 위원장에는 김일성이 취임하였다.

(2) 인민공화국 수립

1946년 11월 3일 선거를 실시, 1947년 2월 의회에 해당하는 인민회의(대의원 237명)와 행정부에 해당하는 인민위원회를 구성하였다. 인민위원회는 김일성을 위원장으로, 그리고 노동당 16명, 천도교 청우당(天道敎靑友黨)·조선민주당(朝民黨)·무소속 대표 각 2명으로 구성된 22명의 각료를 가진 연립정부로 출범하였다.

---

17) 정부수립과정에 대한 소련 측 기록은 안드레이 란코프, 앞의 책, 제2장 참조.

1948년 2월 8일 북조선인민위원회는 인민군을 창설하고 4월 29일 헌법 초안을 채택하고 8월 25일 최고인민회의의 대의원 선거를 실시하여 572명의 대의원을 선출(남한 대표 360명 포함)한 후 9월 2일부터 9일까지 최고인민회의 제1차 전원회의를 열어 정부 구성을 완료하고 9월 9일 '조선민주주의 인민공화국' 수립을 선포하였다. 초대 내각 수상에는 김일성, 부수상에는 박헌영, 김책(金策), 홍명희(洪命熹)가 취임하였다.

【참고문헌】——————————————————————————

김준엽·김창순 공저. 『한국공산주의운동사』 전 5권. 서울: 청계연구소, 1986.
서대숙. 『북한의 지도자 김일성』. 서울: 청계연구소, 1989.
안드레이 란코프 저, 김광린 역. 『소련의 자료로 본 북한 현대정치사』. 서울: 도서출판 오름, 1995.
양호민. 『한반도의 격동 1세기 반』 상권 제5편. 춘천: 한림대학교 출판부, 2010. pp.309-401.

Suh, Dae-Sook. *The Korean Communist Movement 1918~1948*. Princeton: Princeton University Press, 1967.

제2장

김일성 독재체제 구축

북한의 김일성 1인 독재체제는 해방 당시 북한을 점령했던 소련군의 비호와 김일성 자신이 전개한 치밀한 권력투쟁으로 이루어졌다.

해방 당시 한국에는 다양한 좌파세력이 있었다(〈참고자료 1-1〉 참조). 1925년 서울에서 창당했다 1928년 해산된 조선공산당의 잔존세력(국내파), 중국에서 중국 공산당 제8로군에 배속되어 무장투쟁을 하던 조선독립동맹 세력(연안파), 소련점령군과 함께 북한으로 들어온 한국계 러시아인(소련파), 그리고 소련극동군 제88정찰여단 소속 소련군 장교들(갑산파) 등 4개의 좌익정치세력이 있었다.

소련점령군은 국내에 뿌리가 없는 갑산파의 김일성을 선택하여 북한에 친소공산정권 창출 작업을 시작하였다. 그 결과로 김일성이 북한의 지도자로 등장할 수 있었다. 그러나 그 후 김일성은 소련점령군이 만들어준 기반을 딛고 계속 정치투쟁을 벌여 반대세력을 제거함으로써 공산체제를 버리고 김일성 1인 독재체제를 구축하였다.

1. 김일성의 당권 장악

소련점령군과 함께 북한에 들어온 소련군 소속 한인 장병들은 많지 않았다. 일찍이 만주에서 중국 공산당 동북지구에서 운영하던 게릴라부대이던 중국 동북항일연군에 참가하여 항일전을 하던 김일성 등 한인 무장부대원들은 중국 부대원들과 함께 1940년 겨울과 1941년 봄 사이에 일본군 토벌대에 쫓겨 국경을 넘어 소련 연해주로 들어갔다. 소련극동군은 장차 만주와 한반도에서 전개할 대일전에 대비하여 제88정찰여단을 편성하고 이들 중국 게릴라부대를 수용하였다. 여단장은 중국인 조우빠오중(周保中)이었고 4개 대대중 제1대대장에 김일성, 제4대대장에 강건, 최용건은 여단정치지도원, 김책과 안길이 정치부대대장에 임명되었다. 모두 소련군 대위였고 동여단 소속의 한인들은 부인들까지 합쳐 약 60명이었다.

소련군정 당국은 다양한 배경을 가진 공산주의 세력들을 하나로 결속시켜 통일된 공산당을 창설하기로 하고 해방과 동시에 서울에서 박헌영 등에 의해 재건된 조선공산당의 북조선분국을 1945년 10월 평양에 설치했다. 북한은 지금도 분국 설치를 위해 열렸던 '조선공산당 서북5도 책임자 및 열성자대회' 일자인 1946년 10월 10일을 조선로동당 창당기념일로 기념하고 있다. 북조선분국 제3차 회의(1945년 12월 17일~18일)에서 김일성은 당 책임비서에 선출되었다.

소련점령군은 모든 정치세력을 공산당으로 흡수하기 위하여 그 전에 소련과 동유럽에서 실천했던 통일전선 구축전술을 북한에서도 사용하였다. 다양한 정치세력들에게 정당을 창당하게 하고 그 당의 지도부를 장악하여 흡수 또는 제거 해나가는 방법이다. 소련점령군은 이 계획에 따라 해방 직후 한국민족주의 세력의 전폭적 지지를 받던 조만식(曺晩植) 선생을 앞세워 조선민주당(朝鮮民主黨)을 만들게 하고(1945년 11월 3일) 그 지도부에 최용건을 침투시켜 공산당 하위조직으로 개편했다. 같은 방법으로 1946년 2월 1일 천도교도들과 농민들을 기반으로 하는 천도교 청우당(天道敎靑友黨)을 창설하여 역시 공산당 예하 조직으로 만들었다.

연안파 공산주의자들은 귀국 후 서울에 백남운(白南雲)을 위원장으로 하는 '조선신민당'을 만들었고(1946년 7월 14일) 평양에는 1946년 2월 16일에 '조선국민당'을 창설하였다(후에 북조선신민당으로 개칭). 소련점령군은 우선 조선공산당과 조선국민당 등 두 좌익정당을 하나로 통합시켰다. 이것이 1946년 8월 28일에 발족한 북조선로동당이다. 당위원장에는 연안파의 김두봉, 부위원장에 김일성과 주영하(국내파)가 선출되었다. 한편 서울에서도 같은 합당 공작이 진행되어 1946년 11월 24일 조선공산당, 인민당, 신민당이 합당하여 남조선로동당을 만들었고 정부수립 후인 1949년 6월 30일에 남북로동당을 통합하여 조선로동당이 출현하였다. 통합된 조선로동당의 당위원장에 김일성, 부위원장에 박헌영(국내파), 허가이(소련파)가 선출되었다.

이름만 남은 정당인 조선민주당, 천도교 청우당, 조선신민당은 1946년 7월 22일 다른 15개 단체와 함께 묶어 "조선민주주의민족통일전선(민민전)"을 만들어 공산당이 외곽단체로 활용할 수 있도록 만들어 놓았다.

김일성은 1945년 가을 귀국해서 불과 2년 만에 모든 좌익세력을 망라한 조선로동당의 총수로 당권을 장악하는 데 성공하였다.

2. 6·25 남침과 국내파 숙청

조선공산당은 비록 일본 정부에 의해 탄압받아 조직이 많이 붕괴되었었으나 전국적 조직을 가진 한국 최대의 좌파세력의 대표였고, 김일성이 대표하는 갑산파는 국내에 전혀 기반이 없는 수십 명의 집단에 불과했다. 따라서 조선로동당을 창설운영하고 또한 인민공화국을 창설운영하는 데 있어서는 조선공산당 잔존세력이던 국내파가 주도권을 행사했다. 이러한 상황에서 김일성은 1950년 6월 25일 소련의 지원을 받아 '민족해방전쟁'을 시작했다(〈참고자료 2-1〉 참조). 남한 내의 남로당 세력의 봉기를 기대했던 북한은 남한 주민의 철저한 반공투쟁에 실망했다. 김일성은 남침계획이 실패로 돌아가고 전황이 역전되어 1950년 12월 한국군이 압록강과 두만강까지 진격하

〈참고자료 2-1〉 6·25전쟁

김일성은 1948년 9월 9일 북한에 조선민주주의인민공화국을 세운 후 곧 군사력 건설에 착수하고 무력으로 '남조선'을 해방하기로 결정하였다. 김일성은 1949년 12월 소련을 방문하여 스탈린에게 남침계획을 설명하고 지원을 요청하였다. 스탈린은 마오쩌뚱의 동의를 얻어 오라고 했다. 마오쩌뚱은 단기전으로 전쟁을 종결지으면 미군 개입은 없을 것이라고 평가하고 스탈린에게 그 뜻을 전했다. 소련은 1949년부터 1950년 6월 사이에 정찰기 10기, Yak전투기 100기, 폭격기 70기, T-34형 전차 100대, 중포 등을 지원하고 참모장교들을 파견하여 침공계획수립을 도왔다(흐루시초프 회고록).

1950년 6월의 한국군은 65,000명, 경찰 병력 약 5만 명이었으며 무장은 카빈 소총과 약간의 소구경 야포정도였다. 북한군은 1950년 6월 25일 북위 38도선 전분계선에서 동시에 공격을 개시하여 사흘 후인 6월 28일 서울을 점령하였다. 남침에 동원된 북한군은 정규군 13만 5천 명이었으며 이 중에는 1949년 5월 중국에서 북한으로 돌아온 중공군 제4야전군 소속의 2개 사단 병력의 한국인 병사들(인민군 제5사단과 제6사단)과 1950년 4월에 중공군에서 북한군으로 편입된 12,000명의 병력(인민군 제7사단)도 포함되어 있다(김학준, 『한국전쟁』).

전쟁발발 직후 미국은 국제연합안전보장이사회 소집을 요구했으며 안보리는 6월 25일 하오 3시 회의를 열고 '북한의 남침'을 비난하고 군대를 38도선 이북으로 철수시킬 것을 요구하는 결의안을 9 대 0으로 가결하였다. 이어서 6월 27일 안보리는 군사공격을 격퇴하고 안전을 회복하는데 필요한 원조를 대한민국에 지원할 것을 결의하고 7월 7일에는 국제연합군사령부를 설치하고 국제연합 회원국들의 파견부대를 미국 정부의 단일 지휘 아래 둘 것을 7 대 0으로 가결했다. 이렇게 하여 미국, 프랑스, 영국 등 16개 국제연합 회원국 군대가 국제연합군을 편성하여 6·25전쟁에 참전하게 되었다.

개전 후 2개월이 되던 9월초 북한군은 낙동강전선에서 국제연합군과 교착 상태에 들어섰으며 곧이어 9월 15일 국제연합군이 인천에 대규모 상륙전을 감행함으로써 북한군은 사실상 궤멸하였다. 같은 해 10월 1일 한국군이 앞장서서 38도선을 넘어 북진하여 10월 중순까지 북한 지역을 거의 모두 점령하였다.

1950년 10월 19일에 중국은 '인민 의용군'이라는 이름으로 13만 명의 병력을 투입하였다. 10월 25일 한국군과 중공군 간의 첫 교전이 이루어졌으며 중공군은 계속 남하하여 1951년 1월 4일 서울을 점령하였다. 그러나 국제연합군의 반격으로 3월 15일에 서울을 다시 탈환하였고 전선은 38도선 부근에서 교착되었다. 그 이후 한편으로 휴전협상이 진행되고 다른 한편으로는 전쟁이 지속되면서 1953년 7월 27일 휴전이 성립될 때까지 전쟁이 지속되었다. 이 휴전협정으로 현재의 경계선인 휴전선과 휴전선 남북 양측에 2km폭의 비무장지대(DMZ)가 설정되었다.

이 전쟁으로 한국군은 14만 7천 명이 전사하고 70만 9천 명이 부상했고 13만 1천 명이 실종되어 총 98만 7천 명의 인적 손실을 입었다. 그리고 민간인 피해는 피학살자 8만 4천532명, 사망 24만 4천663명, 부상자 22만 9천625명, 피납자 8만 4천532명, 행방불명자 33만 312명 등 140만 명이다. 한국은 이 전쟁을 통하여 총 230만 명의 인명 피해를 입었다.

한편 북한군은 52만 명이 사망하고 40만 6천 명이 부상했으며 북한주민은 약 200만 명이 희생되었다. 북한의 인명손실은 약 300만 명이 되는 셈이다. 남북한을 합치면 총 520만 명이 희생되어 전체 인구 중 15% 이상이 6·25전쟁으로 희생된 셈이다.

외국 참전군의 희생도 컸다. 미군은 전사 3만 5천 명, 부상 11만 5천 명, 실종 1,500명으로 총 15만 1천500명의 희생자를 내었고 중공군은 전사 18만 5천명, 부상 71만 6천 명, 실종 2만 2천 명으로 총 92만 명의 인명 손실을 입었다(통계: 김학준, 『한국전쟁』).

여 인민공화국이 괴멸 직전에 이르자 그 책임을 물어 박헌영 등 국내파를 숙청하기 시작하였다.

김일성은 전쟁이 종반에 접어든 1952년 말부터 국내파 요원을 체포하기 시작하여 1953년 7월 27일 6·25전쟁 휴전이 이루어진 직후인 8월 3일에 재판을 시작하여 국내파 간부 12명 중 10명에 사형을, 2명에게 징역형을 선고했다. 이들의 죄목은 "미 제국주의를 위하여 감행한 간첩행위"와 "공화국정부 전복을 위한 무장 폭력 음모행위"였다. 사형선고를 받고 처형된 사람은 이승엽, 조일명, 임화, 박승원, 이강국, 배철, 백형복, 조용복, 맹종호, 설정식 등 10명이고 윤순달 15년, 이원조가 12년형을 받았다. 박헌영은 2년 뒤인 1955년 12월에 위와 같은 죄목으로 사형을 선고받았는데 그 뒤 행방은 아는 사람이 없다. 재판장은 최용건이었다.

3. '8월 종파사건'과 연안파-소련파 숙청

김일성은 소련점령군에 의하여 영입된 지도자여서 소련점령군과 함께 북한 통치요원으로 입국한 소련파의 권력을 억지하기 어려운 처지에 있었다. 또한 6·25전쟁에서 공화국의 궤멸을 막아준 중국 인민 의용군의 주둔상태에서 연안파를 제거하기도 어려웠다.

소련에서 스탈린이 1953년 사망하고 그 뒤를 이은 치열한 정권투쟁 끝에 흐루시초프(Nikita Khrushchyov) 서기장이 소련공산당을 장악하는 정변이 일어나자 당과 당으로 연결된 전 세계의 공산국가 정치에 큰 파장을 미쳤다. 특히 소련의 후견으로 북한의 지도자가 된 김일성에게는 큰 충격을 주었다.

흐루시초프 서기장은 1956년 3월에 개최된 소련공산당 제20차 전당대회에서 개인숭배 배격, 1인 독재비판을 내세운 스탈린 격하(de-Stalinization)운동을 폈다. 그 여파로 헝가리, 폴란드 공산당에서도 개인숭배 배척운동이 거세게 일어났다. 그리고 북한에서도 연안파와 소련파가 손잡고 김일성 격하운동을 준비하고 있었다. 이들은 김일성이 동유럽순방 결과보고를 하기로 된 1956년 8월 30일의 조선로동당 중앙위원회에서 김일성의 개인숭배와 1인 독재행적을 비판하고 김일성을 당에서 축출하려고 준비하였다. 연안파의 윤공흠이 주동한 이 거사는 그러나 사전에 김일성에게 알려져 역전되었으며 김일성은 윤공흠 등 주모자를 체포하여 가택연금을 함으로써 불발로 그쳤다. 이 사건을 '8월 종파사건'이라고 부른다.[1)]

---

1) 〈8월 종파사건〉에 대한 상세한 내용에 대해서는 다음 책을 참조할 것. 백학순, 『북한 권력의 역사』 제3부(서울: 한울, 2010), pp.187-561.

김일성은 이 사건을 계기로 대대적인 숙청운동을 벌여 연안파와 소련파를 당요직에서 제거하는 데 성공한다. 1956년~57년 기간에 전개된 '종파근절을 위한 투쟁'으로 연안파는 사실상 거의 전원이 당에서 밀려났고 뒤이은 1958년~1960년 기간에 전개된 소련파 숙청도 순조롭게 진행되어 소련파는 대부분 소련으로 망명하였다. 중국과 소련이 각각 펑더화이(彭德懷)와 미코얀(Anastas Mikoyan)을 보내 사태를 수습하려 했으나 개입할 수가 없었다. 1957년 9월 박창옥과 최창익은 투옥되었다. '8월 종파사건'에서 김일성은 완전한 승리를 거두어 10년간 지속되었던 파벌투쟁을 종식시키고 완전히 당권을 장악하였다. 또한 소련과 중국의 개입을 차단하고 북한만의 독자 노선을 걸을 수 있는 계기를 마련했다. 그래서 북한 전문가들은 1945년이 아니라 1956년을 실질적인 김일성체제 탄생의 해로 부른다.

4. 김일성 1인 지배체제의 완성

김일성은 '8월 종파사건' 종결이후 본격적으로 당정풍운동을 전개하였다. 김일성은 1958년 5월 30일을 기해 '당 중앙집중지도사업'을 시작하면서 '반당 반혁명분자'의 색출을 본격화하여 당 내에 흩어져 있던 '반당분자'를 차례차례 제거하였다. 김두봉, 최창익, 한빈 등 연안파는 투옥되었고 김창만도 1966년 숙청되었다. 오기섭도 이때 숙청되었다. 숙청은 계속되어 갑산파까지 확대되었다. 1967년에는 박금철, 이효순이 숙청되었고 1969년에는 군 내부로 번져 허봉학, 김창봉, 최광 등이 숙청되고 1970년에는 부수상 김광협도 제거되었다.

김일성의 당권장악은 조선로동당의 중앙위원회와 중앙위원회상무회의의 구성에 선명하게 나타난다.

〈표 2-1〉에서 보는 바와 같이 1946년 조선로동당 제1차 전당대회 때는 소련파(8), 연안파(15), 갑산파(4), 국내파(10), 무파벌(6) 등으로 각 파가 고르게 중앙위원회에 선출되었으나 숙청이 끝난 1970년의 제5차 전당대회에

<표 2-1> 조선로동당 중앙위 정파별 구성(1946~1980)

	갑산파	연안파	소련파	국내파	무파벌	계
제1차 전당대회(1946)	2/4	6/15	3/8	2/10	0/6	13/43
제2차 전당대회(1948)	3/8	4/17	5/15	3/15	0/12	15/67
제3차 전당대회(1956)	5/11	2/18	2/10	1/24	1/8	11/71
제4차 전당대회(1961)	6/37	2/3	2/2	1/12	0/31	11/85
제5차 전당대회(1970)	16/41	0/0	0/2	1/12	1/62	18/117
제6차 전당대회(1980)	9/28	0/0	0/2	0/4	10/111	19/145

* 앞의 숫자는 상임위정치국위원수, 뒤의 숫자는 중앙위원수
* 자료: 란코프 저, 『북한현대정치사』(1995), p.151 〈표 4-1〉; 제5차, 제6차 대회 자료는
   최완규, 『북한은 어디로』(1996), p.337 〈표 5〉

서는 중앙위원 117명 중 무파벌이 62명, 갑산파(=김일성파) 41명으로 김일
성 추종세력이 103석을 차지하였으며 상임위는 총 18명 중 갑산파 16명,
국내파와 무파벌 각 1명으로 구성되었다. 김일성이 당을 완전히 장악했음을
보여준다.

   김일성은 국내에서 당권을 완전 장악하고 소련 및 중국 공산당과 이어진
인맥을 당에서 완전히 제거함으로써 소련과 중국의 간섭을 차단할 수 있게
되면서 권력기반을 완전하게 구축할 수 있었다. 그리고 중국과 소련의 당
차원의 개입을 차단하기 위하여 '주체사상'을 당지도이념으로 발전시켰다.
원래 김일성은 중국과 소련 두 공산당 간의 이념대립이 격화되기 시작한
1955년에 두 당 사이의 갈등에 휘말리지 않기 위하여 "당과 당 사이에는
큰 나라 당과 작은 나라 당이 있을 수 있지만 높은 당, 낮은 당은 있을 수
없다"는 것을 내용으로 하는 당의 대외자세의 표현으로 '주체'를 내세웠으나
점차로 주체를 이념화시켜 김일성의 1인 지배독재체제의 정당화 논리로 발
전시켰다.

  김일성은 1955년 12월 28일 '당 선전선동일군들' 앞에서의 연설에서 처음으로 '사상에서의 주체'를 제시한 후 주체의 이념화 작업을 계속하여 1970년 11월에 열렸던 제5차 전당대회에서 당규를 개정하면서 "김일성 주체사상"을 당의 지도지침으로 한다는 것을 명문화하고 이어 1972년 12월 27일 헌법을 개정하면서 '조선로동당의 주체사상'을 인민공화국의 지도지침'으로 삼는다고 규정하였다.

  주체사상은 제8장에서 다시 상세히 다루지만 1인 독재의 원리라는 정치적 논리로서의 주체는 단순하다. 사회 유기체설을 기본으로 하는 사상체계에서 개인은 자기가 속한 집단(사회)의 발전에 창조적으로 기여해야 하는데 바르게 기여하기 위해서는 당의 바른 지침을 받아야 하고, 당이 바른 지침을 주려면 전지전능한 초월적 지혜를 가진 김일성 수령의 교시를 바르게 따라야 한다는 논리다. 곧 인간능력을 초월한 신격을 갖춘 김일성 수령의 교시를 무조건 따르는 것이 인민의 의무라는 논리가 주체사상이 주장하는 논리이다.

  북한은 1980년 10월에 열린 로동당 제6차 전당대회에서 당규를 고쳐 과거 마르크스-레닌주의와 나란히 김일성 주체사상을 당의 지도이념으로 병렬시켰던 것을 "조선로동당은 오직 위대한 수령 김일성 동지의 주체사상, 혁명사상에 의해 지도된다"라고 규정하였다. 이로써 북한은 마르크스-레닌주의국가에서 김정일 주체사상을 신앙으로 삼는 신정체제(神政體制)국가로 변신하였다. 김일성 1당 지배체제는 1980년 이렇게 완성되었다.

【참고문헌】────────────────────────────

김준엽·김창순 공저. 『한국공산주의운동사』 제1~5권. 서울: 청계연구소, 1969.
김창순. "한국공산주의 운동의 역사적 배경." 및 김갑철. "북한의 소비에트화 과정."

북한연구소 간. 『북한정치론』. 1979.

박준영. 『북한정치론』. 서울: 박영사, 2004.

백학순. 『북한 권력의 역사』. 서울: 한울, 2010.

서대숙 저, 서주석 역. 『북한의 지도자 김일성』. 서울: 청계연구소, 1989.

안드레이 란코프 저, 김광린 역. 『북한 현대정치사』. 서울: 도서출판 오름, 1995. pp.57-132.

양호민. "전체주의 1인 독재체제의 확립." 이상우 외 공저. 『북한 40년』. 서울: 을유 문화사, 1988. pp.31-109.

Scalapino, Robert, A. & Chong-Sik Lee. *Communism in Korea.* Berkeley: University of California Press, 1972.

Suh, Dae-Sook. *The Korean Communist Movement 1918~1948.* Princeton: Princeton University Press, 1967.

김일성, 김정일, 김정은 3대 세습

    북한정권은 곧 '김일성 정권'이다. 건국과정에서부터 1994년 7월 8일 사망할 때까지 북한정권은 김일성에 의해 직접 지배되었으며 그가 사망한 후에는 그의 아들 김정일과 손자 김정은이 '김일성의 이름과 권위'로 다스리고 있기 때문에 그렇게 부를 수 있다.

    북한정권은 1998년 9월 5일 최고인민회의 제10기 1차 회의에서 채택한 '사회주의 헌법'에서 그전 헌법과 달리 서문을 넣고 이 서문을 통하여 인민공화국은 "김일성 동지의 사상과 영도를 구현한 조국"이라 규정하고 "인민공화국과 조선 인민은 김일성 동지를 공화국의 영원한 주석으로" 모신다고 선언하고, 헌법 자체를 김일성의 사상과 업적을 법제화한 '김일성 헌법'이라고 밝히고 있다(2012년에 개정한 헌법은 '김일성-김정일 헌법'이라 칭한다). 이 논리에 따른다면 김일성은 단순한 옛 지도자가 아니라 지금도 생명을 가지고 공화국을 다스리는 '주석'인 셈이다. 북한의 정치를 이해하기 위해서는 김일성과 김일성의 사상, 업적을 이해하지 않으면 안 되는 이유가 여기에 있다.

이 장에서는 북한이 내세우는 1인 지배체제 정당화 논리와 김일성과 김일성(金日成)의 승계자 김정일(金正日) 그리고 김정일을 이어 통치자가 된 김정은(金正恩)에 대한 개인 이력을 검토한다.

1. 북한의 엘리트주의

북한은 1인, 1당 지배의 전제주의 국가이다. 따라서 민주주의 국가와 달리 지배 엘리트가 곧 국가 지배세력이다. 레닌주의 국가의 특성 중 하나가 엘리트주의인데 북한의 경우는 일반 레닌주의 국가보다도 엘리트주의를 한 단계 더 높였다고 보면 된다.

레닌의 엘리트주의는 혁명의 성공과 혁명에서 얻은 전리품의 수호를 위하여 의도적으로 선택한 현실적인 논리이다. 레닌은 대중의 무지를 잘 알고 있었다. 대중은 눈앞의 이익은 알지만 눈에 보이지 않는 추상적인 이익은 볼 줄 모른다. 계급투쟁의 불가피성이라든가 계급해방의 의미라든가 자본주의체제가 계급착취의 도구가 된다라든지 하는 것은 일반 노동자와 농민은 알 수가 없다고 레닌은 생각했었다. 레닌은 정확하게 무엇을 해야하는지를 이해하는 지도자들이 다수의 대중을 지도하고 의식화(意識化)하여야 비로소 대중이 혁명의식을 가진다고 했다.[1]

레닌은 사회주의 혁명완성을 위해서는 혁명지도자들의 지적 파괴력(intellectual destructive force)과 대중의 물리적 파괴력(physical destructive

---

[1] 레닌은 프롤레타리아트가 계급의식을 자연발생적으로 가지게 된다는 마르크스주의 주장을 받아들이지 않았다. 근로자들은 오직 눈앞의 이익만 추구하는 노동조합적 의식을 가지게 될 뿐이며 이들이 계급의식을 가지게 하려면 의식화된 혁명지도자들의 교육이 있어야 한다고 믿었다. 레닌은 소수 엘리트로 구성된 혁명정당에 의한 지도가 있어야 혁명이 가능하다고 믿었다. 레닌의 혁명의식, 당의 역할에 대한 논의에 대해서는 다음 글을 참조할 것. Alfred G. Meyer, *Leninism* (New York: Praeger, 1957), Chap.1 "Class Consciousness," pp.19-36, Chap.2 "The Party and the Masses," pp.37-56.

force of the mass)이 함께 필요하다고 했다. 그리고 지적 파괴력은 소수 정예의 지식인으로 구성된 정당이 담당해야 한다고 생각했다. 이들의 지도를 받을 때 비로소 대중은 혁명 역량화된다고 했다. 이것이 레닌주의에서의 1당 독재의 논리이다.

북한의 주체사상에서는 레닌의 엘리트이론을 좀더 발전시켜 놓은 '수령론'을 제시하고 있다. 그 요지는 레닌주의와 같으나 당이 바른 의식을 가지기 위해서는 수령의 영도를 받아야 한다고 함으로써 1당 지배의 집단적 엘리트주의를 1인 지배의 절대적 엘리트주의로 가일층 발전시켰다는 점에서 다르다. 북한은 주체사상에 '수령론'을 핵심요소로 삽입하면서 다음과 같이 논리를 전개하고 있다.

> "인민대중이 역사의 주체로서의 지위를 차지하고 역할을 다하자면 반드시 지도와 대중이 결합되어야 합니다. …… 공산주의 운동은 …… 옳은 지도가 없이는 진행될 수 없습니다. …… 지도문제는 인민대중에 대한 당과 수령의 영도문제입니다. …… 수령은 혁명의 최고 영도자입니다."[2]

이러한 주장을 더 확대하여 공산혁명 과정을 수령의 지도와 완전 일치시키는 데까지 논리를 비약시키고 있다.

> "공산주의 사회는 곧 사회를 수령의 혁명사상으로 일색화하는 과정을 통하여 실현된다. …… 수령의 요구대로 사회의 모든 구성원을 교양 개조하여 수령에게 충실한 공산주의자로 만들며 …… 수령의 요구대로 경제와 문화를 비롯한 사회 생활의 모든 분야를 개조하여 공산주의 사회를 실현하며 …… 수령의 교시 가르침을 충직하게 실천하는 당에 의해 지도될 때만 노동 계급은 자주적 혁명 계급이 된다."[3]

---

2) 김일성, "주체사상에 대하여"(1982.3.31), 『조선중앙연감 1983』, p.131.
3) 『철학사전』 "김일성 혁명사상," p.115. 이러한 1인 지배논리는 김정일 시대에 와서 더 한층 강화되고 있다. 김정일은 "로동계급의 당은 수령에 의하여 창건되고 지도되며 수령의 사상을 실현하기 위하여 투쟁합니다"라고 규정하여, 당을 수령의 사상 실천을

북한이 내세우는 주체사상의 엘리트이론의 논리구조를 다시 정리하면 다음과 같다. 인간은 자유와 창의를 생명으로 하는데(인간중심주의), 그 자유는 개인을 집단의 요구에 맞출 때 생기는 것이며 혁명의지의 주체는 개인 아닌 계급이고(근로대중 집단주의), 계급의식은 교육을 통하여야만 생겨나는데(主意主義) 그 교육내용은 수령의 뜻의 내면화(內面化)로서만 가능하다(수령절대론). 결국 개인을 개조하여 수령 뜻에 맞추는 것이 곧 혁명이라는 이야기가 된다.

북한은 현재 이러한 내용의 '주체사상'을 지도이념으로 하는 체제를 유지하고 있다. 따라서 북한체제를 이해하기 위해서는 수령 자신을 이해하지 않으면 안 된다.

2. 정권 창시자 김일성

조선민주주의인민공화국은 건국부터 오늘에 이르기까지 김일성(金日成) 1인에 의하여 발전하고, 쇠퇴하여 온 나라이다. 그런 뜻에서 인민공화국＝조선로동당＝김일성이라고 해도 과언이 아니다. 김일성의 전기를 간추려 소개한다.[4]

김일성은 1912년 4월 15일 고향인 평안남도 대동군 고평면 남리(大同郡 古平面 南里)에서 조금 떨어진 외가 하리(下里)의 칠골(현재의 만경대)에서 김형직(金亨稷)과 강반석(康盤石)의 장남으로 태어났다. 본명은 성주(成柱)이며 동생 철주(哲柱)와 영주(英柱)가 있다. 일곱 살 때인 1919년 아버지를 따라

위한 '정치적 무기'로 격하하고 있다. 김남진 외, 『향도의 태양 김정일 장군』(평양: 평양출판사, 1995), p.146; '수령의 유일영도'의 논리는 2013년에 개정하여 제정한 조선로동당의 "유일적 령도체계 확립의 10대 원칙(〈부록 10〉에 전문 소개)"에 극명하게 나타나 있다.

4) 김일성의 전기는 허동찬·서대숙, 惠谷治(에야 오사무), 란코프의 책(참고문헌에 소개) 내용을 종합정리한 것이다.

당시 만주(滿洲)라 부르던 중국 동북지방의 요령성(遼寧省) 임강(臨江)으로 이주해서 1921년 그곳 바다오거우(八道溝) 소학교에 입학했다. 그러나 아버지의 뜻에 따라 혼자 1923년 고향으로 돌아와 창덕(彰德)소학교에 다녔다. 그러나 13살 되던 1925년에 다시 아버지를 찾아 중국으로 가서 푸쑹(撫松) 소학교에 입학했으며 한인학교이던 화성의숙(華成義塾)으로 옮겨 소학교 과정을 마쳤다. 현재 북한에서 "배움의 천리길"이라 하여 학생들에게 행군을 시키는 행사가 있는데 김일성이 어린 나이에 중국으로 가던 때의 행적에서 배움을 얻으라는 행사이다. 1926년 아버지가 죽고 김일성은 중국인 학교인 위원(毓文)중학에 입학한다. 그러나 1929년에 퇴교당한다. 이것이 김일성이 받은 학교교육의 전부이다.[5]

김일성은 19살 때인 1931년에 중국 공산당에 입당하고 1932년 중국 공산당의 조선인 부대인 이종낙(李鐘洛)부대에 입대하여 항일 무장투쟁의 첫발을 디딘다. 현재 북한에서는 이때를 조선인민군 창설 기념일(1932년 4월 25일)로 기념하고 있다. 그 후 1935년 중국 공산당 동북인민혁명군(東北人民革命軍)에 편입되어 제3지대장을 맡았으며 이 부대가 재편되어 동북항일연군(東北抗日聯軍)이 되면서 김일성은 제3사(第3師: 중대급 부대)장이 된다. 이때 같은 부대에 후일 북한정권 수립의 핵심 역할을 하게 되는 최용건, 최현, 김일, 박금철이 있었으며, 1937년 보천보(普天堡) 전투를 계기로 김일성은 이름 있는 게릴라 부대장으로 두각을 나타내게 된다. 그 후 일본군의 토벌작전에 견디지 못해 살아남은 대원 13명과 함께 1941년 1월 소련 땅으로 이동하여 하바로브스크 부근의 보병학교에 입학하여 청강생으로 1년을 보낸 후 소련극동군 제88정찰여단에 편입하여 훈련받다가 해방을 맞이하여 소련 육군소령으로 1945년 9월 19일 원산을 거쳐 북한으로 귀향하였다.[6]

김일성은 귀국 후 북한점령 소련군에 의하여 정권수립 지도자로 선정되

---

5) 서대숙 저, 서주석 역, 『북한의 지도자 김일성』(서울: 청계연구소, 1989), pp.3-5.

6) *Ibid.*, pp.14-50 참조. 김일성은 이 제88정찰여단에서 제1대대장으로 근무했으며 계급은 소련 육군 대위였다. 그의 부대는 블라디보스토크 근처의 오케얀스카야에 있었다. 해방 후 귀국 때 소련군은 김일성에게 소령계급을 주었다.

어 소련군의 후원 속에서 우선 당창건 사업에 착수하였다. 해방과 동시에 서울에서 재건된 '조선공산당'이 1945년 10월 10일 평양에 '북조선 분국'을 설치하자 김일성은 소련파의 김용범, 국내파의 오기섭, 연안파의 무정 등과 함께 이에 참여하였으며 그 해 12월 17~18일 양일 간에 열린 분국 제3차 확대집행위에서 책임비서로 선출되어 당권을 장악하였다. 김일성은 서울에 있던 조선공산당 본부에서 평양에 설치한 '조선공산당 북조선분국'을 '북조선 공산당'으로 개편한 후 1946년 8월 28일 조선민주당과 신민당을 흡수하여 '북조선로동당'을 만들었고 다시 1949년 6월 30일 남조선로동당을 흡수하여 '조선로동당'으로 통합하고 이 당의 위원장으로 취임하였다. 그 이후 김일성은 1994년 7월 8일 사망할 때까지 조선로동당의 총비서직을 지켜왔다.

김일성은 당 창건과 동시에 정부수립에도 착수하여 1946년 2월 8일 소련 점령군에 의하여 만들어진 '북조선임시인민위원회'를 인수받아 그 위원장에 취임하였다. 그리고 그 해 11월 3일 선거를 실시하여 1947년 2월 '북조선인민회의(우리의 국회)'와 '북조선인민위원회(우리의 정부)'를 구성하면서 그 위원장을 맡았다. 이 인민위원회를 바탕으로 1948년 9월 9일 '조선민주주의인민공화국'을 수립하여 초대내각 수상직을 맡았다. 그 이후 1994년 7월 8일 사망할 때까지 정부수반직을 계속 맡았고 1972년 헌법개정으로 국가주석직을 창설한 후 국가주석직도 맡았다.

김일성은 북한정권 수립 이후 사망할 때까지 집권당인 조선로동당의 총비서, 인민공화국의 국가주석을 맡았었을 뿐 아니라 1948년 2월 8일 인민군을 창설하여 총사령관직을 맡은 이래 1991년 자기 아들 김정일에게 그 자리를 물려줄 때까지 군을 직접 관장하였다. 조선민주주의인민공화국은 결국 김일성 1인이 만들어 지배해 온 개인집단인 셈이다.

김일성은 자기의 생각을 정리한 '김일성 주체사상'을 인민공화국의 지도이념으로 삼아 헌법에 이를 명시하고 모든 인민, 당, 정부가 이 지도이념에 따라 행동하도록 만들었다. 이렇게 함으로써 김일성은 사망 이후에도 북한 통치의 최고권위로 남아 있게 되었다. 이런 뜻에서 인민공화국은 시작부터 지금까지뿐만 아니라 앞으로도 존속하는 한 김일성 왕국으로 남아 있게 된 것이다. 김일성은 북한을 종교집단으로 만들었고 그 종교집단의 영원한 교주(敎主)로 군림하였으며 죽은 후에도 군림하고 있다.

3. 신정체제 구축자 김정일

김정일(金正日)은 1942년 2월 16일 소련 러시아공화국 프리몰스키주 블라디보스토크 부근 오케얀스카야의 하마탄 마을에서 김일성과 김정숙(金貞淑 후에 正淑으로 개명)의 장남으로 태어났다. 아명은 유라(Yura)였다. 4개월 후 소련군 제88특별저격정찰여단이 창설되어 김일성이 이 여단의 제1대대장으로 배속됨에 따라 하바로브스크 부근 브야츠크의 제88여단 사령부 막사로 이사하여 살았다. 이곳에서 1944년 동생 슈라(Shura)가 태어났다(1948년 사망).[7]

김정일은 1945년 11월 25일 어머니와 함께 웅기(雄基, 지금은 선봉이라 부름)에 상륙, 평양에 와서 살았으며 1946년에 동생 경희(敬姬, 아명 애라)가 태어났다. 그 후 1949년 9월 22일 어머니가 사망하였으며 김일성은 1951년 김성애(金聖愛)와 재혼하였다. 계모 김성애는 경숙(敬淑, 1951년생), 평일(平日, 1954년생), 영일(英日, 1955년생)과 막내 여동생 경일(京日)을 낳았으며 김일성은 정식 부인이 아닌 문성자(文成子)와 사이에서 성일(成日, 1951년생)을 낳았다. 계모 김성애는 당중앙위원으로 1983년부터 여성동맹위원장직을 맡았었다. 친여동생 경희는 당중앙위원회 경공업부장을 역임했고 김정일 사망 전해였던 2010년 9월 28일 조카 김정은과 함께 인민군대장 칭호를 받았다. 그녀의 남편 장성택(張成澤, 1945년생)은 당조직지도부 제1부부장직을 거쳐 비서국 행정부장, 인민군대장, 국방위원회 부위원장으로 승진했다가 〈12·12종파사건〉으로 2013년 12월 12일 처형되었다. 계모 김성애가 낳은 이복

---

7) 김정일 전기는 박규식, 에야 오사무(惠谷治)의 책과 『신동아』 1995년 1월호 부록, 〈김정일북한대백과〉의 내용을 종합 정리한 것이다.

여동생 경숙은 직업총동맹부위원장이었고 그 남편 김광섭(金光燮, 1952년생)은 주오스트리아 대사를 역임했다. 이복 남동생 평일은 인민군중장으로 폴란드 대사로 나가 있고 또 다른 이복동생 성일은 인민군중장으로 제5군단장직을 맡았었다.

김정일은 1948년 여섯 살 때 남산(南山)학교 인민반에 입학했으며 1950년 6·25전쟁이 일어나자 중국 지린(吉林)으로 피난가서 그곳 지린쉐위엔(吉林學院)에 다녔고 1952년 평양에 돌아와 만경대 혁명유자녀학원 4학년에 편입, 삼석(三石)인민학교와 평양 제4인민학교를 거쳐 1954년 9월 1일 평양 제1중학교 입학, 1957년 9월 남산고등중학교에 입학했고, 1960년 김일성종합대학에 입학하여 정치경제학을 전공하여 1964년 5월 18일 졸업했다.

김정일은 1966년 김철만 상장의 딸과 결혼했으나 1971년 이혼했으며, 1967년에 성혜림(成惠琳, 1937년생)과 결혼하여 1971년 장남 정남(正男)을 낳았으나 성혜림과도 곧 이혼했다. 1972년에 결혼한 홍일천(洪一天)은 딸 혜경(惠敬)을 낳은 직후 1974년에 이혼했으며, 1973년에 결혼한 부인 김혜숙(金惠淑, 김영숙이라고도 함, 1947년생)과 사이에서 1974년 딸 설송(雪松)과 춘송을 낳았다. 김정일의 맏아들인 김정남은 김정은이 김정일 사망 후 권력을 승계한 후 중국에 머물다가 2017년 2월 13일 말레이시아 수도 쿠알라룸푸르공항에서 김정은이 보낸 정보요원에 의하여 독살당하였다.

김정일의 다음 부인은 고영희(高英姬, 1953년생)이다. 고영희는 재일교포 고경택의 딸로 일본에서 출생했으며 1960년 초 아버지를 따라 북송선을 타고 평양으로 왔다. 고영희는 1970년대 말 만수대예술단 무용수로 있을 때 김정일을 만나 함께 살게 되었다. 정식 부인이 아니던 성혜림과는 달리 고영희는 김일성의 인정을 받은 며느리로서 퍼스트레이디로 대우받았다. 고영희는 2004년 5월 병사하였다.

고영희는 김정일의 차남 정철(正哲, 1981년생)과 3남 정은(正恩, 1984년 1월 8일생), 그리고 딸 여정(1987년생)을 낳았다.

김정일은 대학 졸업과 동시에 당중앙위원회 조직지도부 지도원으로 들어가 1967년 당 선전선동부장이 되었으며 1972년 12월 당 제5기 제6차 전원회의에서 비밀리에 후계자로 결정되었다. 다음해 1973년 당 제5기 7차 회의에서 당비서에, 그리고 1974년 2월 제8차 회의에서 정치위원에 선출되었고 1980년 10월 당 제6차 전당대회에서 정치국 상무위원, 비서, 중앙군사위원회 위원으로 선출되어 명실공히 제2인자의 자리를 굳혔다. 40세가 되던 1982년에는 그의 생일 2월 16일이 국경일로 지정되었다. 이어 1990년 최고인민회의 제9기 제1차 전원회의에서 공화국 국방위원회 제1부위원장에 취임했고 1991년 12월 24일 조선인민군 최고사령관에 취임하였으며 1993년 4월 김일성으로부터 국방위원회 위원장직을 이어받았다. 김정일은 당 총비서, 정치국 상무위원(1인뿐이었음), 공화국 국방위원회 위원장 및 인민군 최고사령관(원수)의 세 가지 직을 가지고 공화국과 당을 통치해 왔다.

한동안 김정일의 '권력승계' 문제가 많이 논의되었으나 김정일이 국가주석직이나 당주석직을 승계하는가 여부는 처음부터 문제될 수 없었다. 북한체제는 김일성을 신(神)으로 하는 신정체제이며 김일성만이 신성(神性)을 가지고 있기 때문에 누구도 김일성을 대신하거나 승계할 수 없다. 김정일은 신인 김일성의 아들로서 김일성의 권위를 김일성의 이름으로 행사할 뿐이었다.[8]

김정일은 2011년 12월 17일 70세로 병사하였다.

4. 제3대 승계자 김정은

북한정치체제는 다른 공산국가와 같은 1당 지배체제가 아니고 신격화된 김일성의 1인 지배체제였으며 김일성 사망 후에는 김일성의 장남인 김정일이 권력을 승계하고 다시 2011년 12월 17일 김정일이 사망한 후 김정일의

---

[8] 북한정권 내부구조 및 김정일에 대하여 가장 친숙한 황장엽은 김정일과 김일성의 관계에 대하여 다른 견해를 표시하고 있다. 김일성은 말년에 가서 김정일에게 오히려 잘 보이려 애쓸 정도로 김정일의 권력은 확고하였다고 했다. 그의 책, 『나는 역사의 진리를 보았다』(서울: 한울, 1999) 참조.

3남 김정은(金正恩)이 권력을 승계한 세습적 1인 지배체제다. 왕조시대의 왕위 세습과 같은 제도이다.

김일성은 생전에 본인이 환갑(61세)이 되었을 때 당시 31세이던 김정일을 승계자로 내정하고 승계 준비를 시작했다. 당 선전선동부장, 당조직부장을 거쳐 당중앙위원으로 승진시킨 후 김일성 후견하에 당을 관리하도록 하였으며 정부 내에서도 김일성은 본인이 위원장을 맡고 있던 실질상의 북한 최고 권력기구인 국방위원회의 부위원장직을 주어 군조직을 장악할 수 있도록 준비했다. 약 20년에 걸친 준비기간을 거쳐 1994년 7월 8일 김일성 사망 후 자연스럽게 김정일이 권력을 승계하였다.

제2대인 김정일이 김일성으로부터 승계하던 때와 달리 김정일로부터 제3대인 김정은으로 권력이 승계되는 과정에서는 충분한 준비 기간을 갖지 못했다. 마땅한 아들이 없었기 때문이다.

제2대 세습 때와 달리 제3대 세습에서는 '장자 우선'의 원칙이 지켜지지 않았다. 김정일의 장남 김정남(1971년생)은 성혜림이 낳은 아들이다. 영화배우 출신이며 월북작가 이기영의 맏며느리였던 성혜림을 김일성은 정식 며느리로 인정하지 않았던 것이 아마도 가장 큰 이유가 되어 승계자로 낙점되지 않았다.

성혜림 다음으로 김정일이 선택했던 여인이 고영희다. 1960년대 초 일본에서 북한으로 이주했던 북송재일교포인 고영희(고용희라고도 한다)는 만경대예술단의 무용수였었는데 김일성으로부터 며느리로 인정받은 부인이 되었다. 이 고영희가 김정철(1981년생)과 김정은(1984년생)을 낳았다.

제3대 세습지도자 선택에서 장남인 김정남이 탈락하면서 김정철과 김정은이 후보로 남았다. 김정철과 김정은은 동생 김여정과 함께 스위스의 한 공립학교에 다녔다. 이들은 1993년부터 2000년까지 국제학교, 기숙학교 등을 옮겨 다니며 스위스에서 공부하였다.

김정철은 김정은보다 세 살 위인데 성격이 내성적이고 연약한 성품이어서 김정일은 셋째인 김정은을 후계자로 선택한 것으로 알려졌다. 김정은은 형보다 외향적이고 아버지 김정일을 많이 닮아 김정일이 후계자로 낙점한 것 같다.

김정은은 귀국 후인 2002년부터 2007년까지 김일성군사종합대학에 다녔으며 이 학교 졸업 후 상위(한국군 중위와 대위 사이)에 임명된 후 육군 제5군단 포병부대에서 근무하였다.

김정은은 북한의 어떤 매체도 그 존재를 보도하지 않아 2010년까지는 외부에서는 그런 아들이 있는지조차 몰랐다. 그러나 2008년 8월 김정일이 뇌졸중으로 쓰러지면서 후계자의 권력승계 작업을 시작하지 않을 수 없었으며 김정은의 직위를 급속히 올리는 작업이 시작되었다.

김정은의 후계를 공식화한 보도는 2010년 9월 28일 김정은의 대장 진급 발표와 함께 이루어졌다. 김정일은 27세가 된 김정은을 자기의 여동생 김경희, 그리고 최용해 등과 함께 대장으로 진급시키고 이어서 다음날 제3차 조선노동당 대표자회의에서 노동당 중앙군사위원회 부위원장으로 선출하였다. 그리고 당중앙위원으로 만들었다.

김정일이 2011년 12월 17일 병사하면서 김정은 후계 작업은 속도를 더했다. 김정일 사망과 동시에 김정은은 인민군 최고사령관에 취임하였고 다음해(2012) 봄에 노동당 제1비서, 정치국 상무위원, 당군사위원장이 되었으며 헌법을 개정하여 국방위원회에 제1위원장직을 창설하고(김정일이 영원한 위원장이므로) 이 직에 취임하고 같은 해 여름 인민군 원수에 취임하였다.

김정은은 28세에 당, 군, 정부의 모든 최고위직을 차지하고 제3대 세습지도자가 되었다.

5. 〈12·12정변〉과 김정은체제 굳히기

2011년 12월 17일 김정일 사망으로 김일성가의 제3대 지도자로 북한의 최고 통수권자 지위를 세습받은 김정은은 2년간 북한통치체제의 모든 수장자리를 차례로 차지하면서 통치권을 확보하였다. 이 기간 동안 김정은은 북한 통치구조의 최고직인 국방위원회 제1위원장직과 조선로동당 제1비서직,

그리고 인민군 총사령관직을 모두 차지하였다.

김정은의 통치 권력을 안정화시키기 위해서 필요한 조직 개편도 마쳤다. 헌법을 고쳐 국방위원회 제1위원장의 지위도 격상시키고 당규약과 당의 "유일적 령도체계 확립의 10대 원칙"도 고쳐 "백두의 혈통으로 영원히 이어나가며 ······ 그 순결성을 철저히 고수"한다는 것을 당의 지도 원칙으로 명문화하였다. 2013년 여름까지 김정은으로의 3대 세습을 제도적으로 정당화하는 조치는 모두 마쳤다.

그러나 권력은 규정만으로 장악되지 않는다. 군을 장악하여야 하고 통치자금을 확보해야 하고 지배정당인 로동당의 조직을 장악하여야 한다. 김정일체제에서 실권을 가졌던 지배조직 인사들을 김정은 측근 인사들로 교체하여야 한다. 그 과정에서 권력 투쟁은 불가피하고 그 일단이 2013년 12월 12일에 행하여진 장성택(張成澤) 처형이라는 〈12·12정변〉이었다. 1956년 김일성이 소련파와 연안파의 핵심 세력을 제거하던 〈8월 종파사건〉과 거의 같은 절차로 이루어진 기성 지배세력의 제거 정변이었다.

장성택은 김정일의 매제이며 김정은의 '후견인'을 자처하던 사실상의 '제2인자'였다. 장성택은 북한통치기구의 최상급 조직인 국방위원회 부위원장이었으며 조선로동당 중앙위원, 중앙위원회 정치국 정위원, 비서국 행정부 부장 등의 직책을 맡고 있었다. 그리고 당, 군, 정부 내에 많은 지지자를 가지고 있었다. 특히 김정은의 통치 자금을 만들고 관리하는 조선로동당 비서국의 제38호실과 제39호실, 그리고 국방위원회 내의 54총국 등을 관리하면서 '외화벌이'를 통괄하였고 군수경제를 관리하는 제2경제위원회의 사업인 경제특구와 무역 업무도 당에서 관리하도록 이관받음으로써 인민군의 저항을 받고 있었다.

장성택은 경제·핵 병진정책에 비판적이었으며 인민생활 향상을 위한 경제발전에 주력할 것을 주장하였고 핵을 포기하고 중국식 개혁·개방을 추진하여 새로운 인민공화국으로 거듭나게 하자는 구상을 가지고 있었다고 보도되고 있다.9) 이러한 배경에서 김정은 집권 후 새로 교체되어 국가안전보위부, 인민군 총정치국 등의 군 요직을 장악한 소장 장교들 중심으로 군이 장악하고 있던 기득권을 지키기 위해 장성택을 제거하는 '친위 쿠데타'를 감행한 것으로 보여진다.

〈12·12정변〉은 김정은체제를 굳히는 계기가 될 수도 있지만 처형된 장성택 지지 세력의 저항으로 새로운 권력투쟁을 촉발시키는 사건이 될 수도 있다. 아무튼 김정은체제의 장래를 결정짓는 중요한 계기가 된 것만은 분명하다.

김일성가의 '백두혈통' 3대 세습이 이루어진지 2년 만에 김정은 정권 구축의 과업을 담당했던 장성택 국방위원회 부위원장을 제거하는 〈12·12정변〉을 감행한 인민군의 보안부대의 젊은 장교들이 김정은 정권의 안정화를 이룰 수 있을지는 의문이다.

장성택은 김정일-김정은이 대표하는 '핵·경제발전 병진정책'을 반대해왔다. 그 이유는 비현실적이기 때문이다. 핵보유국 지위를 인정받음으로써 외부 세력의 북한 내정간섭 가능성을 차단하고 '북한식 사회주의'를 심화시켜 경제를 재건하여 부강한 인민공화국을 건설하겠다는 김정일 시대의 '선군정치'는 북한의 유일한 보호자인 중국도 반대하고, 핵을 고집하는 한 미국을 위시한 국제사회에서의 제재도 피할 수 없는 상황에서 옳은 선택이 될 수 없기 때문이다.

'장성택의 계획'은 핵을 포기하는 대가로 미국의 국가승인을 얻어내고 개혁·개방 정책을 택함으로써 중국의 호의적 지원을 확보하고 그동안 축적해 놓은 외화를 풀어 식량 등을 수입하여 인민생활을 안정시키게 되면 북한은 '제2의 중국'으로 재탄생할 수 있게 되고 그것으로 김정은체제의 안정화를 도모하자는 것이라고 진단된다.

장성택 처형 후 김정은의 당조직 장악력은 크게 강화되었다. 1980년에 제6차 전당대회가 열린 후 36년 만에 열린 2016년 4월 조선노동당 제7차 전당대회에서 이루어진 지도자 충원 내용을 보면 원로 중심의 안정화된 당 정치국 구성, 김정은 보호 세력으로 채워진 정무국(구 비서국) 구성 등으로

---

9) 2013년 12월 14일자 『동아일보』, 『조선일보』 등 참조.

김정은 통치체제가 안정화되었음을 알 수 있다.

6. 권력구조 내의 김일성 친족

북한의 전제정치체제가 다른 공산국가들의 전제체제와 두드러지게 다른 점은 김일성 통치 시대부터 친인척을 권력핵심에 배치했다는 점이다. 그래서 북한정권을 '김일성 왕조(王朝)'라고도 부른다. 왕조시대의 왕족지배구조와 유사하기 때문이다.

과거 소련이나 중국 등의 공산정권에서는 집권자와 투쟁을 함께 해 온 동지나 이념을 같이하는 전우들로 구성된 파벌이 권력의 핵심을 장악함으로써 체제의 안정성을 유지했었다. 그러나 북한의 경우에서처럼 가족, 친족, 인척들로 파벌을 만든 예는 없다. 오히려 혁명정권의 진보성을 과시하기 위하여 철저히 친인척의 공직취임을 배제하는 강한 반네포티즘(anti-nepotism)의 성향을 보였었다. 북한의 극심한 네포티즘(가족, 친인척의 인사우대주의)은 조선조의 문화전통과도 어긋난다. 조선조에서는 왕의 가족, 친인척을 주요 공직에 등용하지 않는 철저한 반네포티즘의 원칙을 지켰다. 그래서 유능한 왕자나 왕의 친인척이 오히려 역차별을 받았다. 정치체제의 공공성(公共性)을 지키기 위하여 사(私)를 배제한다는 정신 때문이었다. 그러나 북한정권은 정권초기부터 지금까지 철저한 네포티즘을 고수하고 있다.

북한정권이 권력핵심에 친인척을 배치하지 않을 수 없는 이유는 간단하다. 김일성 자신이 국내에 강한 조직적 배경을 가지지 못한 지도자였기 때문이다. 해외에서 활동하던 김일성은 국내에 조직기반을 가질 수 없었으며 오직 소련점령군의 지원으로 권력을 장악, 유지해 왔을 뿐이었는데 소련군의 철수 후에는 이를 대신할 지지기반이 없었기 때문이다.

권력 중심에 포진하고 있는 김일성의 친인척을 전부 확인하는 것은 쉽지 않다. 그러나 김일성의 가계(家系)를 김일성을 출발점으로 해서 추적해 보면 상당수는 확인이 가능하다.

〈그림 3-1〉 '백두혈통': 김일성 직계가계도

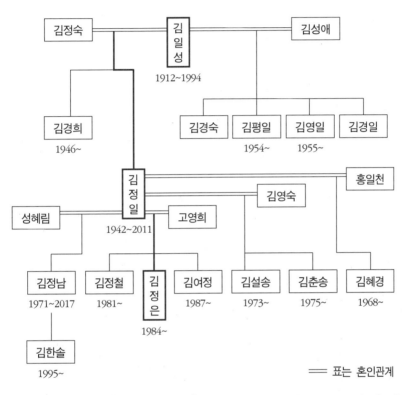

＊『주간동아』(2013.12.17), p.41; 통일부, 『북한 주요기관단체 인명록』(2013) 등을 참조하여 작성

우선 김일성의 직계가계를 간단히 정리해 보면 〈그림 3-1〉과 같다.[10] 김일성은 네 여자와 결혼하였다. 첫째 부인 김혜숙은 같은 빨치산 부대원이었으며 1940년 일본군에 포로가 된 후 처형되었다. 둘째 부인 김정숙, 즉 김정일의 어머니는 김정일 이외에 둘째아들 김슈라와 딸 김경희를 낳았는데 슈라는 어려서 죽고 딸 김경희(金敬姬)는 현재 인민군대장으로 있고 2013년

_____
10) 통일부, 『북한 주요인사 인물정보』(2013)를 참고하여 구성한 것임.

12월 처형된 그의 남편 장성택(張成澤)은 당 행정부장직을 맡고 있었으며 장성택의 형 장성우(張成禹)는 인민군 제3군단장(차수)이었다. 셋째 부인 김성애(金聖愛)는 한때 여맹위원장, 최고인민회의 상설회의 의원 등을 맡았었으나 요즘은 당 중앙위원직만을 가지고 있다. 김성애는 김평일(金平日)과 김영일(金英日) 등 두 아들과 김경숙, 김경일(金京日)이라는 딸을 낳았다. 김평일은 인민군중장으로 헝가리, 핀란드 대사를 거쳐 폴란드 대사로 있다. 김경숙의 남편 김광섭(金光燮)은 현재 오스트리아 대사로 나가 있다. 김일성은 문성자(文成子)와 사이에 또 하나의 아들 김성일(金成日)을 두고 있는데 1999년에 인민군중장으로 한때 제5군단장직을 맡고 있었다.

김정일(金正日)은 둘째 부인 성혜림(成惠琳)과의 사이에서 정남(正男)을 낳았고, 셋째 부인 홍일천(洪一天, 홍명희의 딸)과 사이에서 딸 혜경(惠敬)을 낳았고, 넷째 부인 김영숙(金英淑)과의 사이에서 딸 설송(雪松)과 춘송(春松)을 낳았다. 김정일은 다섯째 부인인 고영희(高英姬)와 사이에 김정철(金正哲), 김정은, 김여정을 낳았다.

김정일의 부인 중에서 김일성이 인정하지 않은 성혜림과의 사이에서 태어난 장남 김정남은 후계 구도에서 제외되면서 승계자 김정은과 긴장을 조성해왔었으며 2017년 2월 김정은 정부에 의하여 말레이시아에서 암살당하였다.

북한권력 구조 속에 김일성과 김정일의 친인척이 얼마나 분포되어 있는지는 파악하기 어려우나 중요한 직의 상당수를 차지하고 있는 것은 확인되고 있다. 주요직을 가졌던 사람만 예시적으로 정리하면 〈표 3-1〉과 같다.

김정일에게는 남자 동생이 둘이 있다. 김평일(金平日)과 김영일(金英日)이다. 김평일은 김일성과 김성애 사이에서 태어난 김정일의 이복동생으로 1954년생이다. 김일성대학 경제학부를 졸업하고 1977년에 장교로 임관했으며 1988년 주 헝가리 대사로 부임한 후 불가리아, 핀란드 대사를 거쳐 1998년 주 폴란드 대사에 부임한 후 아직 그 직에 있다. 김평일의 동생 김영일은 인민군중장이었다는 1999년의 기록 이후에는 행적이 알려져 있지 않다. 그 밖에 또 하나의 동생 김성일(문성자와의 아들)은 마찬가지로 인민군중장까지만 경력이 알려져 있다.

친족 중에는 김정일의 여동생 김경희(1946년생)의 남편 장성택(張成澤)이 가장 주목을 받아 왔었다. 1946년생으로 조선로동당 중앙위원회 조직지도부 제1부부장직을 거쳐 행정부장직을 맡았었고 국방위원회 부위원장, 인민군대장으로 김정은의 후견인이 되었었다. 그리고 각종 행사와 외빈접견시 김정일을 가장 자주 수행하는 요인으로 알려져 있었다. 한때 형인 장성우(張成禹)가 인민군 차수로 제3군단장을 맡고 있어 권력승계 후보자로도 자주 거론되었었다. 그러나 장성택은 김정은 승계 후 2013년 12월 숙청되었다.

북한정권은 김일성 집권 초부터 친인척이 권력의 핵심에 분포되었었다. 최고인민회의 의장에는 김일성의 사촌여동생 남편 양형섭, 그리고 외교부장에는 역시 다른 사촌여동생의 남편 허담을 등용했고 총리직은 김일성의 사촌매부가 맡았었다. 그리고 사촌동생 김창주가 부총리직을 맡았었다. 외가 측에서는 김일성의 외조부의 동생인 강양욱이 국가부주석, 이모의 아들 강성산이 총리, 외사촌 동생이 평양시 당책임비서, 강양욱의 사위인 손성필이 주러시아 대사직에 있었다. 그 밖에도 6촌 범위 내의 친인척은 거의 모두 고위직에 포진해 있었다. 친인척은 아니나 김일성의 혁명동지들의 자녀들이 또한 특별 배려를 받아 당·정·군의 요직에 배치되어 이들 혁명동지 2세들이 중국의 '태자당'과 같은 비공식 정치집단을 이루어 북한정치에 많은 영향을 끼쳤다. 2013년 〈12·12정변〉의 주역들 상당수는 이러한 지배집단 2세들의 비공식 조직에 속해 있는 것으로 알려졌다.

북한정치의 작동원리를 이해하기 위해서는 표면에 나타나지 않은 사적 인간관계를 바탕으로 한 다양한 권력집단들 간의 역학관계도 관찰하여야 한다. 북한정치의 전근대적 특질이 비정상적인 정치 행태의 원인이 되기 때문이다. 북한정치는 근대화된 군주제보다는 전근대적 부족사회에 더 가까운 체제운영 특색을 보여주고 있다.

〈표 3-1〉 건국 이래 북한권력기구 내의 김일성/김정일 친인척

이름	관계	주요 직책
김신숙	김일성의 4촌 여동생	조선역사박물관장 역임
양형섭	김일성의 4촌 여동생 남편	최고인민회의의장, 인민회의 상임위 부위원장 역임
허 담	김일성의 4촌 여동생 남편	외교부장, 정치국원 역임
박성철	김일성의 4촌 매부	총리, 당정치국원 역임
김창주	김일성의 4촌 동생	부총리 역임
김정우	김일성의 고종 동생	대외경제위 부위원장 역임
강양욱	김일성의 외조부 동생	국가부주석 역임
강성산	김일성의 이모의 아들	총리, 당중앙위원 역임
강현수	김일성의 외4촌 동생	평양시 당책임비서 역임
손성필	강양욱의 사위	주러시아 대사 역임
김영주	김일성의 동생	당정치국 위원, 인민회의 상임위 명예부위원장 역임
김성애	김일성의 부인	여맹위원장, 중앙위 위원 역임
김경희	김정일의 동생	당중앙위 위원, 당경공업부장, 장성택의 처, 인민군대장
장성택	김경희의 남편	국방위원회 부위원장, 인민군대장, 2013 처형됨
장성우	장성택의 형	인민군 차수, 제3군단장 역임, 사망
김평일	김정일의 이복동생	주폴란드 대사
김영일	김정일의 이복동생	인민군중장 역임
김성일	김정일의 이복동생	인민군중장 역임
김광섭	김정일의 이복동생 김경숙의 남편	주오스트리아 대사
김달현	김정일의 6촌 누이 남편	부총리 역임, 사망
강영섭	강양욱의 아들	최고인민회의 상임위 위원, 범민련 부의장 역임

* 2013년 현재 이 중에서 상당수는 작고하였음

【참고문헌】────────────────────────────────

김학준. 『북한 50년사』. 서울: 동아출판사, 1995.

도흥렬·허동찬·이기봉 외. 『김일성 정권』. 서울: 남북문제연구소, 1993.

박규식. 『김정일 평전』. 서울: 양문각, 1992.

서대숙 저, 서주석 역. 『북한의 지도자 김일성』. 서울: 청계연구소, 1989.

서대숙. 『현대 북한의 지도자 김일성과 김정일』. 서울: 을유문화사, 2000.

신동아 편. 『김정일 북한 대백과』. 서울: 동아일보사, 1995.

안드레이 란코프, 김광린 역. 『북한 현대정치사』. 서울: 도서출판 오름, 1995.

통일부. 『북한 주요인사 인물정보』. 서울, 2013.

허동찬. 『김일성 평전』. 서울: 북한연구소, 1987, 속편, 1988.

Andrei Lankov. *The Real North Korea*. New York: Oxford University Press,
　　2013.

水野直樹(미즈노 나오키)·和田春樹(와다 하루키) 공저. 『朝鮮近現代史における金
　　日成』. 神戸: 神戸學生靑年センター出版部, 1996.

惠谷治(에야 오사무). 제6장 "獨裁者들의 狂宴." 『世界危險情報大地圖館』. 東京: 小
　　學舘, 1996. pp.115-123.

김정은 시대의 북한정치체제 특성

북한정치체제를 어떻게 이해하는가 하는 문제로 학계에서 오랫동안 논쟁이 있어 왔다. 가장 대표적인 논쟁의 쟁점은 북한체제를 '전체주의 전제정권'이라는 일반적인 모형에 대입하여 이해하는 것이 바른 접근인가, 아니면 다른 나라에서 예를 찾기 어려운 '특이한 체제'로 보아야 하는가 하는 것이었다. 그리고 '전체주의 전제정권'으로 규정하고 특질을 규명함에 있어서도 구소련 및 동구 공산국가와 같은 '레닌주의체제' 또는 '스탈린주의체제'로 볼 것인가, 아니면 이러한 공산국가와는 유형을 달리하는 새로운 정치체제로 분류하여 보는 것이 옳은가 하는 논의가 성했었다. 그러나 이러한 학문적 논의는 별로 의미가 없다고 본다. 북한 스스로가 자기 체제를 명확히 밝히고 있고 또한 이러한 체제특성이 현실에서 확인되고 있기 때문이다.

북한은 전체주의 국가이며 사회주의 국가이다. 그리고 1당 지배의 프롤레타리아트 계급독재국가이며 김일성을 신격화 해놓은 신정(神政)국가이다. 북한체제의 특성을 북한의 주장을 중심으로 해설한다.

1. 북한정치체제 특성 개관

정치란 공동체 내의 질서를 창출하고 유지하는 행위를 말한다. 공동체의 질서는 지배이념, 기본행위규범, 이념과 규범의 유지를 담당하는 조직 및 질서유지를 뒷받침할 힘 등 네 가지 요소로 구성된다.

북한정치체제가 내세우는 지배이념은 '김일성 주체사상'이라고 부르는 정교하게 구성된 전체주의 이념체계이다. 사회유기체설을 바탕으로 하는 강한 집단주의 이념으로 이 지배이념이 존중되는 한 전체주의 특성은 유지될 것이다. 북한은 '조선로동당'을 국가조직의 상위에 두는 1당 지배체제를 헌법에 규정하고 있으며(헌법 제11조) 헌법 서문에 밝혔듯이 '인민대중 중심의 사회주의 나라'로 프롤레타리아트 계급독재를 헌법에 명시하고 있는 1당 지배 전제국가이다. 권력기구인 당과 정부조직의 조직원리를 민주집중제 원칙에 두고 있는 절대주의 조직체계를 갖추고 있고 질서유지를 위한 강제력을 갖추고 있다. 북한은 또한 군이 국가통치의 한 축을 이루는 군국주의 국가이다. 군은 내각과 별도로 국무위원회가 직할하는 독립된 국가통치기구로 되어 있는 특이한 국가이다. 간추리면 북한은 사회주의, 전체주의(全體主義) 국가이다. 그리고 1당 지배의 전제주의(專制主義) 국가이며, 프롤레타리아트 계급독재국가이다. 그리고 군이 독립된 통치의 한 축을 이루는 국가이다.

북한은 사회주의 국가이다(헌법 서문 및 제1조). 북한은 사회주의적 생산관계와 자족적 민족경제(autarky)를 경제의 토대로 삼고 있으며(헌법 제19조), 생산수단은 국가와 협동단체만이 소유할 수 있고(헌법 제20조), 궁극적으로 모든 생산수단을 국가만이 소유할 수 있도록 할 것을 선언하고 있다(헌법 제23조). 개인소유는 소비목적을 위해 분배받은 것에 한한다(헌법 제24조). 그리고 인민경제는 국가의 계획경제이다(헌법 제34조).[1]

북한은 국가라는 집단을 개인에 앞세우는 전체주의 국가이다. 전체인민

---

1) 북한의 현행 헌법은 2016년 6월 29일 수정보완한 헌법이다. 그 전문은 이 책 〈부록 8〉에 수록되어 있다.

의 사상적 통일을 위해 국가는 "온 사회를 동지적으로 결합된 하나의 집단
으로 만들 것"을 선언하고 있다(헌법 제10조). 공민(국민)의 사회생활의 기초
는 집단주의이고 공민은 "조직과 집단을 귀중히 여기며 사회와 인민을 위하
여 몸 바쳐야 한다"고 규정하고 있다(헌법 제81조). 공민의 권리와 의무도
"하나는 전체를 위하여, 전체는 하나를 위하여"라는 집단주의 원칙에 기초한
다(헌법 제63조).

북한은 1당 지배의 전제주의 국가이다. 국가는 조선로동당의 영도 밑에서
모든 활동을 할 것을 규정함으로써(헌법 제11조) 당이 국가 위에 군림한다는
것을 밝히고 있다. 그리고 국가는 조선로동당의 이념인 주체사상과 선군사
상을 자기 활동의 지도적 지침으로 삼는다고 규정하고 있다(헌법 제3조). 당
은 누구에게도 책임을 지지 않는다는 1당 전제주의를 고수하고 있다.

북한은 계급국가이다. 사회 구성원은 인민과 인민 아닌 성원으로 구분되
며 인민만이 주권을 가진다. 인민은 로동자·농민·군인·근로인텔리·근로
인민으로 구성된다(헌법 제4조). 구체적으로는 노동계급이 영도하는 노농동
맹이 국가운영의 기초라고 밝히고 있다(헌법 제10조). 국가는 계급노선을 견
지하고 인민이 비인민에 독재를 하는 인민민주주의 독재를 강화할 것을 헌
법으로 선언하고 있다(헌법 제12조).

1당 지배의 전제주의 사회주의 국가를 레닌주의 국가라 한다면 북한체제
는 가장 전형적인 레닌주의 국가이다. 그러나 일반적인 레닌주의 국가와 전
혀 다른 지도자 세습이라는 특성도 가지고 있다. 그 이유는 북한이 다른
레닌주의 국가와 전혀 다른 역사적 배경을 가졌기 때문이다. 북한정치체제
는 조선왕조 500년의 역사 속에서 형성된 세습군주제에 친숙한 정치문화를
배경으로 세워진 체제이다. 그리고 앞서 지적한 바와 같이(제1장 참조) 중산
층 이상의 주민이 모두 남쪽으로 떠난 저항 정치세력의 공백 속에 세워진
체제이다. 그래서 지도자 세습을 인민들이 수용한다.

북한정치체제는 출범초기부터 오늘에 이르기까지 긴장 속에 존속해 왔
다. 한국과의 대결, 적대적 국제환경, 그리고 어려운 경제여건과 잠재적인
인민저항의 위험 등의 어려운 환경 속에서 북한체제는 체제수호를 모든 것

에 앞세우는 전투적·수세적 심리상태에서 유지 관리되어 왔다. 그 결과로 북한체제는 국가사회발전을 추진하는 일보다 체제 자체를 지키려는 데 역점을 둔 구조와 운영원리를 가지게 되었다. 바로 이러한 구조적 특성 때문에 북한체제는 변화하는 환경에 적응할 수 있는 유연성을 가지지 못한 경직된 체제로 굳어졌으며 이러한 경직성 때문에 외부관찰자에게 시대착오적인 화석화된 체제로 비쳐지게 되었다.

북한정치체제는 여러모로 특이한 체제이다. 스탈린시대의 구소련과 유사한 체제구조를 가지고 있으면서도 그 작동원리는 오히려 문화혁명 때의 중국과 비슷하고, 천황을 신으로 모시던 군국주의시대의 일본과도 많은 유사성을 가지고 있는가 하면 강한 민족주의적 요소를 갖춘 선민적 전체주의라는 점에서는 나치 독일과도 닮은 점이 많고, 지도자를 신격화하는 점에서는 신정체제(神政體制)와도 흡사하다.

북한체제는 그러나 분해해 보면 그렇게 복잡한 체제도 아니다. 체제를 구성하는 몇 가지 기초요소를 알기만 하면 북한체제 작동원리를 쉽게 이해하게 된다. 사회주의 경제체제, 전체주의 전제정치, 그리고 이를 1인 지배체제로 전환하는 논리로서의 주체사상과 군지배구조 등이 북한체제를 이루는 핵심요소로서 이 요소들의 바른 이해가 북한체제 이해의 길잡이가 된다. 이러한 몇 가지 요소 중에서 주체사상은 별도로 다루기로 하고(제8장) 이 장에서는 사회주의적 특성과 신정적 전체주의적 특성 및 군국주의적 특성을 간략히 해설하려 한다.

2. 변형된 사회주의-전체주의체제

삶에 필요한 재화의 생산과 분배를 공동으로 하는 경제체제를 사회주의라 한다.[2] 사회구성원 각자가 자기책임하에 자기가 필요로 하는 것을 생산

---

2) 사회주의 이념의 발전과정에 관하여서는 Philip P. Wiener (ed.), *Dictionary of the*

하여 소비하는 자유시장경제와 대조되는 체제이다. 현실적으로 생산수단을 국가 또는 공동체가 소유하는 체제가 사회주의체제이며, 개인이 소유하는 체제가 자유시장경제체제이다. 그리고 생산의 기획과 노동의 할당을 집단이 행하는 체제가 사회주의체제이고, 개인의 책임 아래 개인과 개인 간의 계약으로 생산관계를 결정하는 체제가 자유시장경제이다. 개인소유절대의 원칙과 계약자유의 원칙이 지켜지면 자유시장경제이고, 집단소유의 계획경제이면 사회주의 경제이다. 사회주의에서 분배는 기여한 노동의 질과 양에 따라 이루어지든지(按勞分配) 기여한 노동량과 관계없이 각자가 맡은 역할을 수행하는데 필요한대로 이루어지든지 하는데, 후자를 사회주의의 발전된 형태인 공산주의경제체제라 한다.

사회주의는 인간을 사회적 존재(social being)[3]로 인식하고 사회를 하나의 유기체로 보는 전체주의 사상을 그 기초로 하고 있다. 이에 비해 자유시장경제는 인간은 한 사람 한 사람이 모두 자기 완성적 존재로서 소속 사회와 관계없이 존재할 수 있으며 또한 존재 의미를 가지고, 나아가 사람은 누구의 도구도 될 수 없다는 생각을 바탕으로 하는 사상, 즉 사회란 자유로운 인간들이 계약에 의해 만들어 낸 2차적 존재로 보는 자유주의 사상을 기초로 하고 있다. 사회주의체제 중에서 공동체의 의사결정 방법과 관련하여 민주주의적으로 의사가 결정될 때 민주사회주의라 하며 민주집중제라고 하는 의사민주주의(擬似民主主義), 즉 민주주의를 가장한 전체주의적 의사결정 방법을 택하게 되면 일반적으로 공산주의라 한다. 전체주의적 성격이 더 강한

History of Ideas (New York: Charles Scribner's sons, 1978), "Socialism from Antiquity to Marx" 항목; David L. Sills (ed.), *International Encyclopedia of the Social Sciences* (New York: The Free Press, 1974), "Socialism" 항목을 볼 것.

3) 인간은 하나의 유기체같은 공동체(Community)의 한 구성요소로만 의미를 가진다는 생각을 사회유기체론(Organic Theory of Society)이라 한다. 이런 사상에서는 사람은 사회의 구성요소로만 의미를 가지는 사회적 존재가 된다. 사회에서 떨어져 나와서는 존재할 수도 없고 존재의 의미도 갖지 못한다. 개미나 벌을 생각해 보면 된다. 즉, 개미나 벌은 소속공동체에서 떨어져 나와서는 혼자 살 수 없다. 공동체가 요구하는 자기 역할을 할 때만 의미를 가지는 존재일 뿐이다. 전체주의는 이러한 사회유기체설을 바탕으로 한 정치이념이다.

전제주의적 사회주의를 공산주의로 보면 된다.

　북한 사회주의는 가장 집단성이 강조된 사회주의, 즉 공산주의에 가깝다. 다만 1972년 헌법과 1992년 개정헌법 및 1998년 개정헌법, 그리고 2013년과 2016년에 수정보완한 헌법을 비교할 때 최근에 와서는 북한도 완전한 공산주의에서 오히려 사회주의로 후퇴한 느낌을 준다. 개인소유의 범위를 넓혀 약간의 생산수단의 사유를 새로 인정하고 제한된 상속을 허용하고(헌법 제24조), 분배에서도 구헌법에 있던 안로분배(按勞分配)의 원칙(구헌법 제27조)을 삭제하여 시장에서 교환을 통한 분배가 가능할 수 있도록 길을 터준 점 등이 이러한 변화를 암시하고 있다.[4]

　북한 사회주의의 특색은 다른 사회주의 국가에 비하여 생산수단의 사유를 철저히 배제하고 있다는 점이다. 서방의 사회주의 국가에서는 철도, 통신, 전력 등 공공성이 강한 사회간접자본의 관리 운영에서만 공유(公有)원칙을 적용하고 있고 심지어 다른 레닌주의 국가에서도 소규모 기업은 사유를 인정할 뿐만 아니라 제한된 시장을 허용하고 있는데 북한에서는 시장을 전적으로 배제하고 모든 것을 배급제로 하고 있었다. 2002년 7월 1일에 배급제를 없애고 소규모 시장을 허용하는 '7·1조치'라는 개혁을 단행했지만 아직도 사회주의의 기본 틀은 전혀 손대지 않고 있다. 북한 사회주의는 역사상 가장 철저히 집단성을 앞세우는 사회주의체제라 할 수 있다.

3. 신정적 특성

　전체주의는 사회 전체를 하나의 유기체로 보고 구성원 개개인보다 전체의 안전과 발전을 제1의 목표로 삼는 사상이다.[5] 여기서 개인의 존재는 전

---

4) 여기서 구헌법이란 1972년 헌법을 지칭한다.
5) Carl Friedrich와 Zbigniew Brzezinski는 전체주의를 공동체의 지도이념과 목표에 맞도록 구성원의 생활의 모든 국면을 통제하는 정치이념으로 파악하고 있다. 그들은 전체주의의 본질을 다음과 같이 보고 있다. "… the essence of totalitarianism is to

체의 부분으로서 주어진 역할을 담당하는 요소로만 의미를 가진다. 전체의 발전을 통하여 개인의 발전이 이루어지며 개인은 전체에서 분리되어서는 살아갈 수 없는 사회적 존재라는 인식이 그 바탕에 깔려 있는 사상이다. 국가 또는 공동체는 집단의 이름으로 개인의 일상생활의 모든 영역을 전체와 조화될 수 있도록 통제한다. 전체주의에서는 개인의 자유도 하늘로부터 부여받은 개개인의 권리가 아니라 "전체와의 바른 관계"라고 규정하고 있다.

전체주의 정치체제는 전제정치(autocracy)로 될 수밖에 없다. 부분의 역할을 담당하는 사회 구성원이 전체의 의사결정에 참여할 수 없기 때문이다. 오직 의사결정의 역할을 맡은 지도자만이 의사결정을 할 권리와 책임을 가질 뿐이다. 그리고 그 통치자는 누구에게도 책임지지 않고 어떤 법이나 선례에도 매이지 않기 때문에 전제자(專制者)가 된다.

전체주의체제에서는 통치자가 지배정당의 지도자로서 정당의 절대적 지지라는 명목적 확인 절차만 거치고 모든 통치 행위를 자의적(恣意的)으로 행한다. 전체를 위한다는 주관적인 도덕적 정당성을 토대로 전제를 하는 정치체제가 전체주의 정치체제이다. 전체주의는 전제의 근거를 이데올로기로 미화(美化)한 것 이외에는 본질적으로 신정체제나 절대왕조시대의 군주주의체제나 다를 것이 없다. 그런 뜻에서 전체주의 정치체제는 20세기의 산업사회에 맞도록 꾸며 놓은 전제정치체제라고도 한다.

프리드리히(Carl J. Friedrich)와 브레진스키(Zbigniew K. Brzezinski)는 『전체주의 독재와 전제정치』(*Totalitarian Dictatorship & Autocracy*, 1965)라는 책에서 전체주의 전제정치체제의 공통된 특성을 다음과 같은 여섯 가지로 압축하여 제시하였다.[6]

---

be seen in such a regime's total control of the everyday life of its citizens, of its control, more particularly, of their thoughts and attitudes as well as their activities ⋯ the particular criterion of totalitarian rule is the creeping rape of man by the perversion of his thoughts and his social life," Carl Friedrich & Zbigniew Brzezinski, *Totalitarian Dictatorship & Autocracy*, 2nd ed. (New York: Praeger, 1965), p.16.

6) 위의 책 pp.15-27에서 밝힌 여섯 가지의 특징은 다음과 같다. (1) An elaborate

① 인간생활의 모든 국면을 규제하는 공식 이데올로기의 존재
② 1인 지배의 유일 대중정당에 의한 통치
③ 당과 비밀경찰에 의한 테러체제
④ 대중매체의 독점
⑤ 무장력의 독점
⑥ 전체경제의 중앙통제

20세기에 흥망성쇠를 겪은 파시즘(Fascism), 나치즘(Nazism), 볼셰비즘(Bolshevism) 등의 모든 전체주의 정치체제는 이상의 요건을 대체로 충족시키고 있다. 그리고 북한의 정치체제는 완벽하게 위의 여섯 가지 조건을 모두 충족시키고 있다. 그런 뜻에서 북한정치체제는 전형적인 전체주의 전제체제라고 할 수 있다.

북한의 전체주의체제는 그들 스스로가 창출한 것이 아니다. 다른 전체주의 국가들은 혁명주도세력이 그들의 이념을 앞세우고 혁명을 성취시켜 창출해 낸 전체주의 국가들이므로 그들의 전체주의 정치체제는 그들 사회가 처해 있던 특수한 역사적 상황을 반영한 것인데 비해, 북한의 전체주의체제는 북한을 점령했던 소련군에 의하여 도입된 것이므로[7] 다른 전체주의국

---

ideology consisting of an official body of doctrine covering all vital aspects of man's existence to which everyone living in that society is supposed to adhere, (2) A single mass party typically led by one man, the dictator, (3) A system of terror … directed not only against arbitrarily selected classes of the population, (4) A near-complete monopoly of control, in the hands of the party and of the government, of all means of effective mass communication, (5) A near-complete monopoly of the effective use of all weapons of armed combat, and (6) A central control and direction of the entire economy. 본문에 제시한 조건은 이 6가지 조건을 축약해 놓은 것이다.

7) 북한공산화 과정에서 소련 전체주의 이념이 강제 수용된 과정에 대해서는 다음 글을 참조할 것. 양호민 등 공저, 『마르크스-레닌주의』(서울: 고려대학교 아세아문제연구소, 1982), 제7장 "북한공산주의론," pp.341-382; 신일철, 『북한주체철학연구』(서울: 나남, 1993).

가에서처럼 이념이 앞서고 체제가 이에 맞추어 만들어진 것이 아니고 체제
가 먼저 도입되고 후에 이를 정당화하는 이념이 만들어졌기 때문에 체제와
이념 간에는 서로 맞지 않는 부분이 노출되고 있다. 북한은 그래서 그 후
계속해서 이념을 고쳐 나갔으며 그 결과물이 나중에 따로 해설하게 될 주체
사상이다.

북한체제가 다른 전체주의 전제체제와 다른 점은 지배권위의 타당 근거
설정에서 찾을 수 있다. 레닌주의에서는 프롤레타리아트 독재를 낡은 부르
주아 자본주의체제에서 공산체제로 넘어가는 전이기(轉移期)에 혁명의 원활
한 수행과 혁명 전리품의 수호를 위하여 불가피하게 택하는 임시적인 것으
로 규정하고 그 독재의 타당 근거로 인민의 바른 뜻을 대표하는 당의 지배
권위를 내세우고 있다. 그러나 북한의 경우는 모든 권위의 원천을 김일성의
위대성에 귀일시키고 있다. 통치권위를 조직이나 직위(職位) 또는 인민의 지
지 등과 연계시키지 않고 자연인의 초인간적 위대성, 즉 신성(神性)에서 도
출하게 되면 그 정치체제는 신정체제(神政體制: theocracy)로 된다. 북한체제
는 이 점에서 20세기의 다른 전체주의 정치체제와 다르고 오히려 제정일치
(祭政一致) 시대의 신정체제나 왕권신수설(王權神授說)에 바탕을 둔 절대군주
제와 유사하다.[8]

북한 전체주의에서는 지도자인 김일성 사망으로도 권력승계란 있을 수
없었다. 신정체제에서는 신과 인간 간의 권위의 승계가 있을 수 없기 때문
이다. 보통 사람은 신성(神性: deity)을 가질 수 없다. 오직 그 권위를 빌릴
수 있을 뿐이다. 김일성 사망 후에도 홀로 신격을 가졌던 김일성이 누렸던
주석의 직위를 아무도 승계할 수 없었다. 신성을 가지지 않은 김정일은 오
직 김일성의 이름으로 권위를 행사할 수 있을 뿐이었다. 이것이 이른바 유
훈정치(遺訓政治)라고 하는 것이다. 외형적으로는 김정일이 국가주석직이나

---

8) 김일성체제를 신정체제(神政體制)로 설명하는 자세한 내용은 다음 글을 참조. 이상우,
"김일성 체제의 특질," 이상우 등 공저, 『북한 40년』(서울: 을유문화사, 1988), pp.
11-30.

당총비서직은 이어 받을 수 있다. 그러나 김일성의 권위를 승계할 수는 없다. 북한은 김일성이 죽었어도 김일성의 권위로 다스리는 특이한 신정체제를 유지하고 있다. 그리고 이 점을 특히 강조하기 위하여 북한은 1998년에 헌법을 고치고 서문에 김일성을 '공화국의 영원한 주석'이라고 선언하고 있다.

그러나 2016년 6월 개정한 헌법 서문에서 이 부분에 약간의 수정이 가해졌다. 2012년 헌법에서는 김일성과 김정일의 격(格)을 구별하여 "수령 김일성 동지를 공화국의 영원한 주석으로, 위대한 영도자 김정일 동지를 공화국의 영원한 국방위원회 위원장으로 높이 모시어 ……"라고 했었으나 2016년 개정헌법에서는 "위대한 김일성 동지와 김정일 동지를 주체조선의 영원한 수령으로 높이 모시고 ……"라고 김일성과 김정일을 똑같이 '영원한 수령'으로 격상시켰다. 김정은 시대에는 김일성에 이어 김정일에게도 신격(神格)을 부여한 셈이다.

4. 군국주의적 특성

북한은 1994년 김정일 통치시대가 시작되면서부터 2016년까지 국방위원회라는 기구가 통치하는 특이한 체제였다. 역사상 그 유례를 찾아볼 수 없는 국가통치제도였다.

1994년 7월 8일 김일성 사망으로 권력의 공백이 생기자 북한은 국방위원장이던 김정일이 실질상 통치자로 등장하였다. 그러나 김정일이 김일성의 주석직을 승계한 것이 아니었다. 영생불멸의 신격(神格)을 가졌던 김일성의 주석직을 신격을 갖지 않은 김정일이 '승계' 할 수 없었기 때문이다. 김일성 사망 후 3년상을 치루는 기간의 임시적 조처로 국방위원장이 통치하게 된 것은 이해할 수 있다. 어느 나라나 전쟁과 같은 극한적 위기 상황에서는 군이 임시로 국가통치기구를 장악하여 행정권을 행사한다. 보통 미리 만들어 놓은 계엄법에 따라 계엄령을 선포하고 계엄사령부를 설치하고 계엄사령부가 행정부의 국정 관리권을 장악하여 전쟁수행을 원활히 하도록 하고 있

다. 김일성 사망은 북한에 있어서는 극한적 위기상황이었고 따라서 계엄체
제로 들어섰다고 보면 된다.

계엄은 보통 단기간에 끝난다. 혼란이 수습되고 정부가 제 기능을 할 수
있는 상태가 되면 계엄을 해제하고 헌법체제로 통치체제를 회복시킨다. 그
러나 북한은 계엄 상태를 종식시키지 않고 반대로 이 상태를 정상적 통치체
제로 만드는 헌법개정을 단행하였다. 말하자면 계엄통치의 헌법제도화가 이
루어진 셈이다.

북한은 1998년 '김일성 헌법'을 채택하면서 선군정치(先軍政治)라는 새로
운 형태의 군지배의 통치체제를 공식 통치체제로 헌법화하였다.

새 헌법에서는 '김일성 동지를 공화국의 영원한 주석으로' 모시기로 하고
주석직을 폐지하였다. 형식적인 최고주권기관인 최고인민위원회는 존속시
키고 국가를 대표하는 과거 주석의 권한은 최고인민위원회 상임위원회 위원
장이 행사하도록 해놓았으나(제111조 2항) "조선민주주의인민공화국은 조선

〈그림 4-1〉 북한 선군정치체제의 권력구조

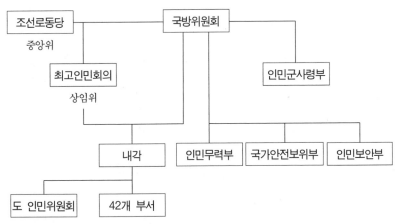

* 조선로동당의 대표인 당중앙위원회 정치국 상무위원회 위원장직과 국방위원회 위원장은
김정은이 겸임하고 있어 실제로 국방위원장인 김정은이 최고 통치권력을 행사하게 되어
있다

로동당의 영도 밑에 모든 활동을 진행한다"는 헌법11조에 의하여 당 밑에
최고인민위원회가 들어가는 당 지배체제를 헌법화해 놓았다. 그리고 헌법
제58조 "조선민주주의인민공화국은 전인민적, 전국가적 방위체계에 의거한
다"는 특이한 조항을 두어 국방이 공화국의 전활동을 장악하는 총체적 통치
행위라는 선군정치의 규정을 두고 이러한 국방지도 기관으로 국방위원회를
두는 것으로 규정했다(제100조: 1998년 헌법 제106조). 그리고 2012년 헌법에
서는 "국방위원회 제1위원장"이라는 절을 별도로 두고 제1위원장을 공화국
의 최고영도자로 규정하였다(구헌법 제100조). 이러한 특이한 군국주의적 통
치구조를 도식화하면 〈그림 4-1〉과 같다.

1998년 헌법과 2012년 및 2016년 수정 헌법을 중심으로 북한의 군국주
의적 특성을 정리하면 다음과 같다.

첫째로, 국가의 통치업무를 국방으로 규정했다. 국가관리가 곧 국방관리
라는 의미다. 모든 국가의 업무를 광의의 국방 업무로 규정했다.

둘째로, 국가관리 자체로 확대 규정된 국방관리 업무를 국방위원회라는
최고군사지도기관이 담당하게 함으로써 군이 국가를 통치하도록 만들었던
체제다.

셋째로, 군조직을 통할하는 인민무력성과 국가 안전을 위한 정보부서인
국가보위성(우리의 국가정보원에 해당), 그리고 인민보안성(경찰)은 내각에 속
하지 않고 국무위원회에서 직접 관리하게 되어 있다. 2016년 개헌 이전에는
일반 행정을 담당하는 내각, 도인민위원회와 인민무력부는 국방위원회에서
직할했다. 즉 일반 행정은 군을 지원하는 업무로 되어 있었다.

넷째로, 헌법에 명시하고 있지 않지만 국방과 관련된 경제도 '제2경제'라
부르는 군지배의 독립된 생산, 소비체제를 만들어 일반 경제와 구분하여 운
영하고 있다. 북한에는 같은 국가 내에 동시에 작동하는 독립된 두개의 경제
체제가 존재하는 셈이다.

1998년 이후 2016년까지의 북한의 통치구조는 국가를 군과 일치시킨 군
국주의체제라 할 수 있다. 구조는 다소 다르지만 운영 형식은 제2차 세계대
전 전의 일본 군국주의 시대의 통치체제와 유사하다고 할 수 있다.

5. 국무위원회체제로 개혁

그러나 '국방위원장 통치체제'라는 기이한 통치체제는 김정은이 노동당을 완전 장악하여 당 중심의 통치가 가능해지게 됨에 따라 2016년 헌법을 개정하여 국무위원회 통치체제로 바꾸었다. 선군정치사상은 주체사상과 함께 공화국의 '자기활동 지침'으로 남겨두고(제3조) 통치체제에서는 군 중심 통치체제를 당 중심체제의 소비에트형 문민정부 형태로 고쳤다. 2012년 헌법에서 국방위원회 제1위원장을 공화국 최고 영도자로 규정했던 것을 새 헌법에서 국무위원회 위원장을 최고 영도자로 규정하고(제100조), 2012년 헌법에서 '국가주권의 최고국방 지도기관'이라는 용어로 국방위원회를 통치 핵심 기구로 내세웠던 것을 '국가주권의 최고정책적 지도기관'이라고 용어를 바꾸고 '국무위원회'를 그 자리에 올려놓았다(제106조). 또 한번 진화한 셈이다.

【참고문헌】

고성준. "주체사상의 김일성주의화에 관한 연구." 건국대학교 박사학위논문. 1988.
박준영. 『북한정치론』. 서울: 박영사, 2004.
이상민. "정치체제와 조선노동당." 고성준 외 공저. 『전환기의 북한사회주의』. 서
　　　울: 대왕사, 1992. pp.99-123.
이상우. "김일성체제의 특성." 이상우 외 공저. 『북한 40년』. 서울: 을유문화사,
　　　1988. pp.11-30.
이종석. 『현대북한의 이해』. 서울: 역사비평사, 1995.
최완규. 『북한은 어디로』. 마산: 경남대 출판부, 1996.

Friedrich, Carl, & Zbigniew K. Brzezinski. *Totalitarian Dictatorship & Autocracy*

(2nd ed.). New York: Praeger, 1965.

鐸木昌之(스즈키 마사유키). 『北朝鮮: 社會主義と傳統の共鳴』. 東京: 東京大學出版
會, 1992.

제 **2**부

북한통치체제와 이념

개 요

북한은 김일성 주체사상이라는 전형적 전체주의 이념을 통치이념으로 하는 국가이며 절대권력을 가진 세습 통치자가 통치하는 전제주의 국가이고 통치권의 타당근거를 초대 통치자 김일성의 초인간적 신성(神性)에 두는 신정(神政)국가이다.

북한의 통치체제는 이런 특이한 통치를 효율적으로 행할 수 있도록 설계된 1인지배의 당·군·정부의 3권병렬체제로 되어 있다. 북한의 최고 통치기관은 국가 최고영도자인 1인 지배자가 관장하는 국무위원회이고 그 밑에 조선로동당과 인민군, 그리고 최고인민회의가 관리하는 내각 등 세 개의 특화된 통치기구가 병렬적으로 존재하면서 국가통치권을 나누어 가지고 활동한다. 당은 통치이념을 수호하는 것을 임무로 하면서 내각 각 부처와 지방 행정기구를 관리감독하고, 인민군은 내각의 통제 밖에서 독자적으로 국가안보와 국내 공공질서를 관리한다. 그리고 내각은 정부 정책을 실천해 나간다. 당과 내각, 그리고 인민군은 모두 최상위의 통치기구인 국무위원회의 통제를 받는다.

북한정치체제는 외형상 구소련의 소비에트체제와 비슷하다. 인민이 선출한 최고인민회의가 최고 주권기관으로 국가통치의 중심에 있는 것으로 되어 있다. 최고인민회의가 국가원수도 선출하고 최고 권력기관인 국무위원회 위원도 선출하며 총리도 선출한다. 그리고 인민군 총사령관도 선출한다. 그러나 실제로는 이러한 상향식 민주정치체제를 상의하달의 지배체제로 운영한다.

최고 통치기관인 국무위원회의 위원장 김정은이 군의 최고 통수권을 가진 인민군 총사령관을 겸하고 있고 국가 최고영도자의 직도 함께 맡고 있다. 그리고 헌법에 의하여 공화국을 영도하도록 되어 있는 조선로동당위원장직도 겸하고 있어 김정은 1인이 당·정·군을 모두 장악하고 있으며 누구의 통제도 받지 않도록 되어 있다. 북한의 이러한 통치체제는 역사상 유례가 없는 특이한 체제로서 절대군주가 지배하던 전제군주제와 성격을 같이하는 '민주정치를 가장한 왕정' 체제라 할 수 있다.

북한통치체제에서 국가 정체성을 규정하는 기본 통치이념은 주체사상과 선군사상(헌법 제3조)이다. 주체사상은 국가를 하나의 유기체로 본다는 전체주의 사상과 초대 통치자 김일성의 유훈을 신성불가침의 가치로 한다는 1인통치의 정당화 근거로 내세운 것이며, 선군사상은 김정일 시대에 국가 위기 상황하에서 계엄 상태의 국가관리체제를 구축하면서 내세웠던 군국주의적 통치의 합리화 논리로 내놓은 지도이념이다.

북한의 통치체제는 이념이 선행하고 이를 실천해 나가기 위하여 이념에 합당하게 만든 체제가 아니다. 세습제의 절대권력자의 통치를 효율화하도록 만든 체제이고, 이념은 이를 정당화하기 위하여 만든 논리체계일 뿐이다. 따라서 북한의 경우 이념은 상황에 따라 수정될 수 있으나 1인지배의 전제주의 통치체제는 바뀌지 않는다. 그리고 통치구조는 바뀔 수 있으나 1인지배의 기본 틀은 바뀔 수 없게 되어 있다. 실질적으로 체제가 자율조정 능력이 없는 체제다.

제2부에서는 김정은 지배 시대가 시작된 현재의 통치체제를 소개하고 이어서 통치체제를 정당화하는 이념을 간략히 소개한다. 우선 제5장에서 헌법의 순차적 개정을 추적하면서 통치구조의 변천을 정리한 후, 선례가 없는 특이한 통치체제인 당·군·정 3권병렬체제를 해설하고, 이어서 제6장에서 이념을 정리하고 이를 지켜나가는 주체로서의 조선로동당을, 그리고 제7장에서는 북한의 정부조직을 소개한다. 그리고 끝으로 제8장에서 북한체제의 특이한 통치구조를 정당화하는 논리가 된 공식 이념인 마르크스-레닌주의의 변형인 주체사상을 해설한다.

통치체제의 변천

북한정치체제는 1945년 해방과 동시에 북한에 진주하여 점령군으로 북한 지역에 군정을 실시한 구소련군이 소련식 소비에트체제를 본 따서 만든 정 치질서를 기초로 발전해온 마르크스-레닌주의 이념을 내세운 전체주의-전 제주의 정치체제에서 출발했다. 1945년 9월 9일에 수립된 조선민주주의인민 공화국은 소련식 1당 지배의 소비에트형 전제체제의 원형을 갖추었으나 그 후 중국과 소련 간의 이념 투쟁이 격화되던 1950년대 후반에는 점차 1인 지배 의 전제체제로 변형되었으며 김일성이 소련파, 연안파, 국내의 조선공산당 파를 제거하고 권력을 완전히 장악한 1970년대 초에는 김일성을 국가주석 으로 하는 새로운 헌법을 채택하고 '북한식 1당 지배체제'를 확립하였다.

〈사회주의 헌법〉이라고 부르는 이 헌법에서 김일성은 지배 이념으로 '마 르크스-레닌주의의 창조적 적용'이라고 밝힌 '주체사상'을 내세움으로써 북 한정치체제는 일반 공산국가의 인민민주주의 형태를 탈피하였다. 북한정치 체제는 이때로부터 당 지배의 과두정치가 아닌 수령 1인 지배의 전제정치체제로 전환하였다.

북한은 1992년 4월 9일에 헌법을 고치고 통치구조를 크게 바꾸었다. 형식상 국가 최고 통치기구로 최고인민회의를 남겨두었으나 새로 국방위원회를 창설하여 실질상의 최고 통치기구로 만들었다. 〈국방위원회 헌법〉이라 부르는 이 헌법으로 국방위원장이 사실상의 통치자가 되도록 하였다.

1994년 김일성 사망으로 김정일(金正日)이 권력을 승계하면서 북한정치체제는 인민군이 통치하는 체제로 되었다. 선군정치(先軍政治)를 내세우고 김정일이 인민군 최고사령관과 국방위원장의 직위로 통치하는 '계엄령하의 통치체제'와 같은 군사독재체제가 확립된 셈이다. 그리고 이러한 현실적 변화를 헌법에 반영하기 위하여 1998년 다시 헌법을 고쳐 마르크스-레닌주의가 아닌 김일성 주체사상을 기본 이념으로 하고 실질상 국방위원회가 통치하도록 하였다. 〈김일성 헌법〉이라 부르는 이 헌법은 북한을 '위대한 수령 김일성 동지의 사상과 영도를 구현하는' 나라라고 규정하여 북한정치체제를 김일성을 신(神)으로 하는 신정체제(神政體制)로 만들었다. 신정체제(theocracy)란 통치의 권위를 신성(神性)을 가진 초인간적 존재에서 찾는 정치를 말한다. 신은 무오류이고 모든 정의의 기준이 되는 존재이므로 신의 언동은 절대성을 가진다. 북한체제는 김일성을 신으로 하는 전제정치체제다.

북한은 김일성 사망 후 김일성을 '가장 가까이 모시면서 그 뜻을 가장 잘 아는 사람'인 아들 김정일이 '김일성의 이름으로 통치'하는 권력세습을 했으며 2011년 12월 김정일이 사망한 후 다시 그 아들 김정은(金正恩)이 같은 논리로 통치권을 승계받는 3대 세습을 단행하였다.

북한은 2009년에 헌법을 개정하여 지도 이념에서 '공산주의'를 모두 삭제하고 '선군사상'을 추가하고 국방위원장을 인민공화국의 최고 영도자로 헌법에 명시하여 명실공히 국방위원장 통치체제를 확립하였다. 그리고 김정일 사망 후 2012년 4월 13일 다시 헌법을 개정하여 김정일을 '영원한 국방위원장'으로 전문에 밝히고 헌법 명칭 자체를 '김일성-김정일 헌법'으로 고쳤다. 그리고 국방위원장직에 추가하여 '국방위원회 제1위원장'직을 신설하여 김정은으로 하여금 김정일이 장악했던 통치권을 행사하도록 하였다. 김정일을

'영원한 국방위원장'으로 추대하였기 때문에 불가피하게 취한 조치다(2013. 4.1 헌법을 다시 보완).

이러한 과정을 거쳐 북한정치체제는 역사상 유례가 없는 특이한 전제정치체제로 1인 지배의 당과 군이 통치하는 전제주의 국가체제가 되었다.

북한정치체제는 현존하는 어떤 국가에서도 찾아볼 수 없는 특이한 전체주의-전제국가이다. 통치권의 타당 근거를 신격화한 김일성의 권위에 두는 신정체제(神政體制)로 다른 1당독재나 1인 독재체제와 다르다. "위대한 수령 김일성 동지를 공화국의 영원한 주석으로, 위대한 령도자 김정일 동지를 공화국의 영원한 국방위원장으로 높이 모시며 김일성 동지와 김정일 동지의 사상과 업적을 옹호고수하는"〈김일성-김정일 헌법〉에 따라 통치하는 이름뿐인 공화국이다.

2016년 북한은 다시 한번 통치체제를 다듬었다. 1980년에 열렸던 제6차 조선노동당 전당대회 이후 36년 만에 2016년 5월 6일부터 9일까지 제7차 전당대회를 열어 당규를 수정하여 '조선로동당 위원장'직을 신설하였다. 당 위원장은 당의 최고 영도자로 당을 대표하고 전당을 영도하며 당중앙군사위원회 위원장을 맡는다(강령 제24조)고 규정하여 당의 최고 권위가 되도록 하였다. 그리고 이어서 한 달 뒤인 6월 최고인민회의 제13기 제4차 전원회의를 열어 헌법을 개정하고 공화국 최고 영도자 지위를 '국방위원회 제1위원장'에서 '국무위원회 위원장'으로 바꾸었다(제100조). 그리고 '국가주권의 최고국방 지도기관'으로 국방위원회를 두고 이 위원회가 국가 통치의 최고 기구로 규정했던 2012년 헌법을 수정하여 국무위원회를 새로 설치하여 '국가주권의 최고정책적 지도기관'으로 만들었다(제106조).

2016년 개헌은 단순히 최고정책 지도기관을 '국방위원회'에서 '국무위원회'로 이름만 바꾼 것이 아니라 '군사통치' 체제를 벗어나 다시 당 중심의 소비에트형 통치체제를 국가 통치 기구로 채택하였음을 선언한 것이다.

1. 통치구조 변천 개관

북한정치체제는 1945년 민족해방 과정에서 38도선 이북을 점령한 소련 군에 의하여 소련의 공산주의 소비에트 정치체제를 모형으로 만들어진 전형 적인 '점령공산체제'에서 출발하였다. 북한정권은 한반도를 식민지로 통치 하던 일본 총독부가 떠난 북한의 빈 공간에 소련점령군이 '깔로(한국계 소련 인)'라 부르던 재소 고려인들을 앞세워 만든 정권이다.

해방과 함께 중국의 망명지에서 활동하던 한국임시정부의 요원들 대부분 은 38도선 이남의 미군 점령지로 귀환하였고 국내에서 독립 운동을 하던 인사들도 수도였던 서울로 모여 들어 북한 땅에는 정치지도자들 중에서 조 만식(曺晩植) 선생 등의 소수의 민족 지도자들만 남아 있었다. 그리고 소련 군 진주와 더불어 진행된 농지 개혁 등 조처로 재산과 직장을 잃은 '교육 받은 중산층'의 주민들 백만 명 이상이 38도선 이남으로 이주하였다.

해방 전 지하에 잠복했던 '조선공산당'도 서울에서 재건되었고, 중국 공산 당과 함께 항일전을 펴던 인사들도 일부만 북한 땅에 들어왔고 대부분은 서울로 귀국하였다. 이러한 정치 공백을 이용하여 소련점령군은 소련극동군 제88정찰여단에 소속된 한국인 장교 중에서 김일성 대위, 최용건, 최현, 김 일, 강건, 임춘추, 김책, 허봉학, 박성철 등을 앞세워 새로운 정부를 창건하 였다.

갑산파(甲山派)라 부르는 소련군 장교들은 중국 공산당에서 귀환한 무정, 최창익, 김창만, 박일우, 윤공흠 등을 흡수하고 국내에서 활동하던 조선공산 당 요원들인 박헌영, 오기섭, 현준혁, 이승엽, 임화, 이강국 등을 포섭하여 조선로동당을 창당하여 정권의 주도 기구를 만들고 소련군 점령하에서 북조 선임시인민위원회를 만들어(1946년 2월 8일) 임시정부를 구성하였다.

이 정부가 주도하여 1946년 11월 3일 선거를 실시하여 인민회의 대의원 을 선출하고 이 인민회의에서 행정부에 해당하는 인민위원회를 구성하여 정 부 창설 작업을 마쳤다. 그리고 1948년 2월 8일 인민군을 창설하고 4월 29 일 헌법 초안을 채택한 후 8월 25일 최고인민회의 대의원 선거를 실시하고

9월 9일 '조선민주주의인민공화국'을 수립선포하였다. 초대 내각 수상에 김일성, 부수상에 박헌영, 김책, 홍명희가 취임하였다.

북한 내에 정치 기반이 없던 김일성 등 갑산파는 토착 공산당을 이끌던 박헌영 등과 소련 교포로 초창기 정권 수립에 참가한 소련파, 그리고 6·25전쟁에서 인민공화국을 지켜준 중국의 후원을 받는 연안파 등과 함께 정권을 수립하였다. 그러나 1953년 휴전으로 안정을 되찾게 되면서 남한에 뿌리를 두었던 박헌영 등 조선공산당 출신들을 1차로 제거하고 다시 중소 이념 분쟁으로 중국과 소련의 영향력이 줄어든 때에 소련파와 연안파를 제거하여 김일성 단독 지배체제를 완성하였다. 1956년 8월 30일에 있었던 이른바 '8월 종파사건'에서 시작한 숙청 운동은 로동당 제6차 전당대회가 열렸던 1980년까지 대충 마무리 지었으며 이때부터는 김일성을 신격화한 신정체제(神政體制) 구축 작업이 시작되었다.

북한 통치구조 변화는 김일성 1인 지배체제를 세습하여 유지하기 쉬운 왕조적 통치구조로 바꾸어 가는 방향으로 진행되었다. 1992년 김일성 통치 시기 말기에 아들 김정일에게 정권을 순탄하게 승계시키기 위하여 국가주석이 겸하던 국방위원장직과 인민군 최고사령관직을 독립시켜 김정일이 이 직을 갖게 한 후 김일성 유고 시에 그 직으로 통치할 수 있도록 헌법을 고쳤다. 1994년 김일성 주석이 사망한 후에는 계획대로 김정일이 국방위원장의 직위를 가지고 북한을 통치하기 시작하였다. 그리고 이러한 잠정적 조치를 합법화하기 위하여 1998년에 헌법을 고쳤다.

김정일이 건강문제로 다시 승계문제가 대두되자 북한은 김정일의 아들 김정은이 승계하기 쉽도록 하기 위하여 2009년과 2010년 또 다시 헌법을 고쳤다. 선군정치체제를 헌법화하고 국방위원장이 최고영도자로 통치권을 행사하도록 헌법을 고치고 김정은을 국방위원회 부위원장으로 임명했다.

2011년 12월 김정일 사망 후 준비된 대로 김정은이 통치권을 이어받았다. 그리고 김정은의 통치권을 위해 김정일을 '영원한 국방위원장'으로 추대하였고, 김정은은 국방위원장직 대신에 '국방위원회 제1위원장'이라는 새로운 명칭으로 김정은체제의 합법화를 위한 보완작업이 이루어졌다. 즉, 2012

년 4월과 2013년 4월에 헌법의 몇 부분을 개정하였다. 그리고 2016년 6월에 다시 헌법을 부분 수정하여 국방위원회 통치체제에서 국무위원회 위원장을 새로운 최고 영도자로 하는 소비에트형 통치 구조를 채택하였다. 조선노동당 위원장직을 신설하여 이 자리에 오른 김정은이 당을 앞세워 정부와 군을 통제하는 체제를 굳힌 셈이다.

북한의 통치권 세습체제와 김일성 유훈의 신성화 작업은 3대 세습을 통해 완결되어 이른바 김일성 신정체제라는 통치체제가 완성되었다.

2. 헌법개정을 통해 본 통치구조 변화

정권 수립부터 65년간 변화해 온 북한정치체제를 헌법 개정을 중심으로 몇 단계로 나누어 정리한다.

1) 제1기 / 과도적 인민민주주의체제: 1948년 헌법

해방 직후 북한에는 정권을 담당할만한 정치 세력이 없었다. 일본 식민지 통치 아래서 한국인들에게는 정치 참여의 기회가 주어지지 않았기 때문이다. 해방 공간의 정치적 공백 상태에서 다양한 정치 세력들이 정치 조직을 만들기 시작하였으나 어느 세력도 정권을 창출할만한 기반을 갖추지 못했다. 해방과 더불어 귀국하기 시작한 정치 집단들도 식민지 수도였던 서울에 집결하여 북한 지역에는 그나마의 정치 세력도 서울에 본부를 둔 지방 조직으로 재건되고 있었다.

평양에 등장한 중요 정치 세력으로는 민족주의 세력의 정신적 지주였던 조만식 선생을 중심으로 출범한 조선민주당(朝民黨)이 가장 광범위한 지지를 받는 세력이었고 공산주의 세력으로는 서울에 본부를 둔 조선공산당의 북조선분국, 중국 공산당과 함께 항일전을 펴던 최창익(崔昌益) 등이 귀국하여 만든 '조선신민당,' 소련점령군이 군정을 위하여 대동하여 입국한 한국계 소련인들 등이 있었다.

소련점령군 당국은 이러한 실정을 고려하여 소련극동군 제88정찰여단에서 근무하던 김일성 대위 등 한국계 장교들을 앞세워 사회주의 계급 노선에 동조할 수 있는 모든 세력을 '공산당'이 아닌 '노동당'으로 묶어 노동당 주도의 소련식 소비에트 형태의 정치체제를 만들었다.

이러한 배경에서 조선민주주의인민공화국이 출범하던 1948년 9월의 제1기 정치체제는 인민민주주의를 표방하는 1당지배의 소비에트체제를 갖추게 되었다.

소련식 소비에트체제는 회의체 민주주의 정치체제다. 주권자인 인민이 선출한 대의원으로 구성되는 최고인민회의(supreme soviet)가 주권 기관이 되고 이 회의에서 선출한 내각이 최고 집행기관이 되는 의회민주주의체제다. 다만 서구의 의회민주주의체제와 다른 것은 지배 정당의 역할이다. 상명하복의 철저한 전제적 구조를 가진 정당이 표면에 나타난 대의 기구인 인민회의와 행정부인 인민위원회를 뒤에서 지휘통제한다는 점이다. 이러한 1당지배의 소비에트체제는 그래서 표면상의 의회민주주의 정치체제의 민주주의적 구조와 작동 원칙에도 불구하고 1당지배의 전제주의체제로 분류한다. 구소련의 소비에트체제를 비롯하여 냉전시대 동유럽의 소련 위성 국가들의 정치체제는 모두 이에 속한다. 그리고 중국의 신민주주의체제도 마찬가지로 중국 공산당 지배의 전제정치체제로 분류한다.

북한의 제1기에 해당하는 인민민주주의체제는 김일성이 노동당 내의 반대파를 모두 제거하고 확실하게 당권을 장악하게 된 1970년 초까지 지속되었다.

2) 제2기 / 조선로동당 지배체제: 1972년 헌법

북한은 1972년 12월 27일 스스로 '사회주의 헌법'이라 부르는 새로운 헌법을 채택하였다.

김일성은 제1기 인민민주주의 헌법체제하에서도 지배 정당인 조선로동당

의 책임 비서, 그리고 정부의 최고 권력 지위인 내각 수상직을 겸하고 통치
하였으나 조선로동당 내에는 조선공산당 세력과 중국 공산당 출신의 연안
파, 그리고 소련에서 소련군과 함께 입국한 한국계 소련인을 지칭하는 소련
파 등이 넓게 포진하고 있어 정치적 견제를 받고 있었다. 김일성은 6·25전
쟁을 계기로 조선공산당 계열의 국내 공산주의자들을 제거하고 다시 1956
년의 이른바 '8월 종파사건'이라는 정파간 투쟁에서 승리함으로써 연안파,
소련파를 모두 제거하는 데 성공하였다. 그리고 1960년대의 10년간 당지배
권을 다지기 위하여 자기와 소련군에서 함께 근무했던 갑산파(甲山派)마저
정리하는 데 성공하여 김일성 1인지도체제를 확립하였다. 김일성 1인 지배
체제를 헌법화한 것이 1972년의 사회주의 헌법이다.

'주체헌법'이라고도 부르는 1972년 헌법의 특색은 북한식 1당 지배체제를
분명히 한 점이다.

이 헌법은 북한정권인 마르크스-레닌주의 사회주의 국가(제1조), 노동 계
급이 지배하는 계급 국가(제2조, 제10조), 그리고 조선로동당의 주체사상을
지도적 지침으로 하는 이념 국가(제4조)임을 분명히 밝히고 있다. 특히 주목
할 것은 조선로동당을 정부 위에 둔다는 것을 밝혔다는 점이다. 조선로동당
의 주체사상이 국가 통치의 지도적 지침이 된다는 제4조 규정에 따라 정부
는 로동당의 '지도'를 받도록 되어 있다.

또 한 가지 특색은 국가 이념을 마르크스-레닌주의 국가임을 밝히면서도
이 이념을 북한에 창조적으로 적용한 조선로동당의 주체사상을 지도 이념으
로 한다고 선언한 점이다. 주체사상은 중국과 소련 간의 심각한 이념 투쟁
이 진행되던 1950년대에 이 투쟁에서 한발 물러나기 위해서 내어 놓은 '사
상에서의 주체', '정치에서의 자주', '경제에서의 자립', '국방에서의 자위' 등
네 가지의 정책 노선을 묶어 하나의 이념 체계로 나중에 만들어낸 김일성
사상체계이다. 이러한 주체사상을 인민공화국의 국가 이념으로 내세웠다는
것은 이제 북한은 일반적인 마르크스-레닌주의 국가, 소련식 공산 국가가
아니라 독자적인 사회주의 국가임을 밝힌 것이다. 그래서 이 헌법을 '주체헌
법'이라고도 부른다.

이 새 헌법으로 김일성의 권력은 절대적이 되었다. 최고인민회의가 형식상 최고 국가기관이지만(제73조), 새로 국가주석직을 창설하여 국가주석이 국가 주권을 대표하고(89조) 국가주석이 국가수반이 되고 중앙정부인 중앙인민위원회도 주석이 지도하고(제91조), 최고 행정집행기관인 정무원도 주석이 소집하고 지도하게 하고(제92조), 인민군 최고사령관 및 국방위원회 위원장직도 겸하여 국가의 일체의 무력을 지휘통솔하게 함으로써(93조) 김일성은 형식적으로나 실질적으로나 정치, 행정, 군사의 모든 권력을 가지게 되었다.

3) 제3기/ 수령직 세습 준비기: 1992년 헌법

북한은 김일성이 장악한 절대 권력을 세습을 통하여 영구화하기 위한 준비로 1992년 다시 헌법을 고쳤다. 김일성은 일찍부터 장자인 김정일에게 권력 승계를 시키기 위한 준비를 이미 끝내고 1972년부터 차례차례 순서를 밟기 시작했다. 1992년 헌법 개정은 이 작업 결과를 헌법화한 것이다.

우선 1972년 12월 당중앙위원회 제5기 제6차 전원회의에서 승계 원칙을 결정하고 김정일을 1973년 중앙당 선전선동 담당비서, 1974년에 정치국 위원, 그리고 1980년 중앙당 비서, 중앙군사위원회 위원으로 만들어 당내 제2인자의 지위를 굳혀 주었다. 그리고 정부 기관에서도 1990년 최고인민회의 제9기 제1차 전원회의에서 김정일을 국방위원회 부위원장으로 선출하고 다시 1991년 12월 24일 조선인민군 최고사령관으로 임명하였다.

이제 남은 순서는 김일성 사후 국가주석으로 선출하는 것인데 그 과정은 김일성 생전에 확실히 할 수 없었다. 그 대안으로 김일성은 헌법을 고쳐 국가주석이 인민군 최고사령관직과 국방위원직을 자동적으로 겸임하게 된 조항을 삭제하고 김정일을 국방위원장으로 만든 후 국방위원회가 사실상의 정부 기능을 할 수 있도록 만들었다. 이를 위한 개헌이 1992년의 개헌이다.

'국방위원회 헌법'이라고 부를 수 있는 1992년 헌법은 일반 국가에서는 볼 수 없는 특이한 통치구조를 담고 있다. 국방위원회를 행정부인 중앙인민회의에서 독립시키고 '혁명 성취물의 보위', '사회주의 제도의 보위'라는 포괄적 통치 권한을 기존의 인민군 지휘 기능에 추가하여 실질적으로 정부 기능을 할 수 있도록 만들었다. 이 구도는 김일성 주석과 김정일 국방위원장이 국가통치권을 나누어 가지고 있다가 김일성이 사망하면 주석직을 공석으로 남겨둠으로써 별다른 조치 없이 김정일이 국가통치권을 장악할 수 있도록 한 장치였다. 실제로 1994년 7월 8일 김일성 주석 사망 후 북한에서는 주석을 새로 선출하지 않고 그날부터 김정일이 국방위원장 자격으로 인민공화국을 통치하였다. 이러한 군 통치체제는 역사상 선례가 없는 북한만의 특이한 통치체제다.

4) 제4기/ 인민군 통치체제: 1998년 헌법

김정일은 조선인민군 최고사령관 및 국방위원장의 직위로 1994년 이래 인민공화국을 통치하였다. 그러나 이러한 기형적인 상태는 권력 승계의 편의로 택한 것이었다. 그래서 현실에 맞도록 헌법을 고치기로 하였다. 이것이 1998년 '국방위원회 통치헌법'이다.

인민군 최고사령관이 국가를 통치한다는 것은 전시와 같은 비상 시기의 계엄 사태에서나 가능한 것인데 북한은 이를 평시에도 적용하는 체제로 헌법을 맞춘 것이다. 즉 북한은 '선군정치(先軍政治)'라는 새로운 이념을 다듬어 국가 이념으로 삼고 통치구조를 이에 맞추었다.

1998년 9월 5일 최고인민회의 제10기 제1차 전원회의에서 개정한 헌법은 헌법 서문에서 아예 이 헌법을 "김일성 동지의 주체적인 국가건설 사상과 국가건설 사업을 법화(法化)한 김일성헌법"이라고 명명하였다.

이 헌법에서 "조선민주주의인민공화국은 위대한 김일성 동지의 사상과 영도를 구현한 주체의 사회주의 조국"이라고 규정함으로써 이제 김일성 사상은 북한통치체제를 규정하는 헌법의 법적 구성 요소가 되었다.

이 헌법에서는 우선 김정일 승계 과정에서 만들어낸 '인민군 지배체제'를 헌법이 규정하는 북한의 통치구조로 헌법화하였다. '선군정치'의 새 통치구

조에서 국가주석제는 폐지하였다. 김일성을 헌법 서문에서 '공화국의 영원
한 주석'으로 추대하였으므로 주석직을 둘 수 없게 되었기 때문이다. 그리고
최고인민회의를 최고 주권 기관으로 형식적으로 놓아두고 실질적 통치권은
2개의 독립된 정부라 할 수 있는 국방위원회와 내각이 나누어 행사하도록
하였다. 그리고 국방위원회의 소관 업무인 '국방'의 범위를 임의적으로 확대
해석하여 사실상 국가의 통치 행위는 국방위원회가 담당하도록 만들었다.
실제로 이 헌법이 제정되던 날 최고인민회의 상임위원회 위원장인 김영남은
"국방위원장은 나라의 정치, 군사, 경제 역량 총체를 통솔지휘하는 …… 국
가의 최고 직책"이라고 분명하게 국방위원장의 권한과 지위를 밝혔다.

국방위원회와 내각은 정부 권한을 나누어 행사하도록 하여 인민군, 인민
무력부, 국가안전보위부는 내각에서 떼어 내어 국방위원회에서 직접 지휘통
제하고 그 전에 중앙정부 역할을 하던 중앙인민위원회는 폐지하였고 국가를
대표하는 권한은 최고인민회의 상임위원회 위원장이 갖도록 하였다.

5) 제5기/선군정치체제: 2009년 헌법

북한은 김정일 1인 지배체제가 굳어진 2009년 4월 국방위원장이 국가통
치권자임을 헌법에 밝히기 위하여 다시 헌법을 개정하였다. 내각과 국방위
원회가 통치 권력을 나누어 갖도록 헌법에 규정되었으나 사실상 국방위원장
이 최고 영도자인 점을 헌법을 고쳐 합법화하기 위해서였다. 그리고 국가대
표권, 중요한 조약의 비준 및 폐기권 등 국가원수의 권한도 국방위원장이
모두 실질적으로 행사해 온 것을 헌법을 고쳐 합법화하였다. 이것으로 선군
정치는 헌법에 의하여 북한의 공식적인 통치체제로 현실화되었다.

새 헌법에서는 새로 "국방위원장은 조선민주주의인민공화국의 최고령도
자이다(제100조)"라는 조문을 신설하고 "국가의 전반 사업을 지도한다(제103
조)"는 조문도 추가하였다. 그리고 국방위원장이 전반적 무력의 최고사령관
이 된다(제102조)"는 조문도 신설하였다.

새 헌법에서 눈에 띄는 것 중의 하나는 '공산주의'라는 용어를 모두 배제

한 것이다. 과거에는 국가 건설의 목표를 사회주의와 공산주의 건설로 두 이념을 병렬해 왔었으나 새 헌법에서는 공산주의를 제거해 버렸다. 주체사상과의 충돌을 피하기 위하여 취한 조치로 보인다. 공산주의는 "유물론"에 기초한 이념인데 "주체사상"은 "유심론"에 바탕을 둔 전혀 다른 이념으로 이를 의식하여 정리한 것 같다.

6) 제6기/1인지배 3권병렬체제: 2011년, 2012년, 2013년 헌법

2011년 12월 17일 김정일 사망으로 김정일의 셋째 아들인 김정은이 권력을 승계하였다. 김정은은 나이가 어려 승계에 필요한 단계적 학습을 거칠 시간을 갖지 못하였지만 김정일이 사망 직전 2010년에 김정은 승계를 공식화하고 국방위원회 부위원장직을 부여함으로써 승계가 순조롭게 진행될 수 있도록 준비했었다. 통치구조 자체는 김정은 권력 승계에 문제를 일으키지는 않았으나 김정은의 승계를 정당화할 수 있는 세습제의 당위성을 부여하기 위하여 김일성에 이어 김정일도 신격화시킬 필요가 있어 2012년 4월에 또 다시 헌법을 개정하였다(2013년 4월 추가 보완).

2012년 헌법 개정은 〈헌법 서문〉을 고치고 김정일을 '영원한 국방위원장'으로 추대함에 따라 국방위원회 제1위원장직을 신설하여 김정은이 이 직을 맡아 김정일의 권한을 승계하도록 하는 개정이었는데 그 헌법 서문 개정 내용은 김정일의 신격화가 전부다. 개정된 서문에서 새 헌법은 "위대한 령도자 김정일 동지는 김일성 동지의 사상과 위업을 받들어 우리 공화국을 김일성 동지의 국가로 강화발전시킨 …… 절세의 애국자"라 선언하고 김정일 동지가 김일성 주체사상을 계승발전했음을 찬양하고 "조국을 불패의 정치사상 강국, 핵보유국, 무적의 군사 강국으로 전변시켰다"고 칭송하면서 온 사회를 단결된 '하나의 대가정'으로 전변시켰음을 강조하였다. 그리고 그 전의 헌법의 서문에서 김일성의 위업을 열거했던 곳에 모두 '위대한 령도자 김정일 동지'를 추가하여 놓고 끝에 결론으로 "…… 이 헌법은 김일성-김정일헌법이다"라고 하여 헌법 명칭을 고쳤음을 밝혔다.

7) 제7기/ 김일성-김정일주의 국가의 완성: 2016년 헌법

북한은 마르크스-레닌주의를 국가 이념으로 하는 소련식 소비에트 국가로 출발하여 1972년 '마르크스-레닌주의를 북한에 창조적으로 적용한 주체사상'을 지도 이념으로 하는 새로운 사회주의국가임을 밝히는 '사회주의헌법'을 채택하고 국가주석직을 창설하여 김일성 1인 지배체제를 굳혔다. 그리고 김정일이 권력 승계를 한 후에는 '김일성사상을 구현한 주체의 사회주의국가'로 북한을 일반 공산국가와 차별화하였다가 2009년 선군체제를 공식화한 헌법에서는 '공산주의'라는 용어를 모두 삭제하고 김일성 주체사상에 기초한 '인민대중 중심의 사회주의국가'로 규정하였다. 그리고 김일성 사망후 김정일이 승계한 과정을 국가 위기를 극복하기 위한 불가피한 상황임을 강조하여 '선군정치'를 내세우고 국방위원회 통치체제를 헌법화했었다.

김정일 사망 후 다시 김정은의 3대 세습이 이루어진 후에는 이를 합법화하기 위한 작업으로 국가 지도 이념을 김일성-김정일 주체사상으로 내세워 일반 공산국가와 다른 북한 고유의 당·군·정 협동체제를 통치체제로 택하였음을 밝히고 이를 헌법에 반영하였다. 2016년 6월 최고인민회의 제13기 제4차 회의에서 수정보완한 '국무위원회 도입 헌법'이 그 헌법이다. 이 헌법을 통하여 북한은 김일성-김정일주의 국가라는 지도자 세습의 1인지배 전제주의국가로 완성되었다. 과도기의 국방위원회 통치체제를 국무위원회라는 일반적 통치기구가 지배하는 국가 체제로 고치고 군을 국무위원회 밑에서 당, 내각과 나란히 독립된 기구로 두는 이른바 '3권 병렬체제'라는 특이한 통치 구조를 완성하였다.

3. 통치구조적 특성

1) 계급독재의 전제정국가

북한정치체제는 통치권의 근거를 이미 사망한 김일성 개인의 권위에 근거한다는 점에서 다른 정치체제와 근본적으로 차이가 있다. 김일성은 살아서는 절대 권력을 가진 국가주석으로, 그리고 사망한 후에는 '공화국의 영원한 주석'으로 헌법에 규정되고 있다. 그리고 헌법은 인민공화국 자체를 김일성 동지의 사상을 구현한 주체의 사회주의 조국이라고 규정하고 있다.

북한정치체제는 주체사상이라고 하는 이념을 국가 통치의 기본 이념으로 하는 이념 국가이다. 북한에서는 교조화된 주체사상이 모든 규범의 타당 근거와 평가 기준이 되는 근본 규범(Grundnorm)이 됨으로써 규범이 시대정신에 대한 탄력성을 가질 수 없는 교조적 통치체제로 굳어져 있다.

북한정치체제는 인민만이 주권을 가지는 인민주권 국가이다. 북한은 계급 국가로 "인민 계급 내에서의 민주주의, 그리고 인민에 의한 반인민 계급에 대한 독재"를 말하는 인민민주전정(人民民主專政)의 국가이다. 이 점에서 모든 국민의 평등권과 등가참여를 원칙으로 하는 주권재민의 자유민주주의 국가와 다르다.

북한정치체제는 민주집중제를 국가의 정책 결정과 국가기관의 충원 원칙으로 채택하고 있는 '절대주의' 가치관에 바탕을 둔 비타협의 정치 과정을 특색으로 가지고 있다. 다양한 의견의 타협으로 의사결정을 하는 가치의 '상대주의'를 바탕으로 하는 자유민주체제와 이러한 점에서 다르다.

2) 통치권위의 절대성

종교와 정치가 구분되지 않았던 원시 시대에는 신의 뜻을 전달한다는 제사장이 신의 권위를 앞세워 세속적인 정치권력을 행사하였다. 그러나 정교분리(政敎分離)가 이루어진 군주제에서는 세속적 권력을 힘으로 장악한 전제군주가 통치권을 행사하였으며 전제군주는 통치권을 세습하기도 하고 때로는 피지배 집단의 장들이 선출하기도 하였었다.

근세에 들어와 시민혁명을 거치면서 주권재민의 사상이 보편화된 이후에는 통치권은 주권자인 국민의 위임에서 정당성을 갖는다는 원칙이 일반화되었다. 국민의 지지가 곧 통치권의 근거가 되게 된 것이다.

소련식 소비에트체제에서는 통치권은 인민의 지지에서 정당성과 합법성을 갖는 것으로 되어 있다. 북한에서도 인민들이 선거로 지역 의회인 소비에트를 구성하고 최고 소비에트인 최고인민회의도 "일반적, 평등적, 직접적 선거 원칙에 의하여 비밀투표로 선거된 대의원들로 구성한다(제89조)." 그러나 북한의 경우는 실질상의 로동당 1당 지배체제로서 단일 후보에 대한 찬반투표로 대의원을 뽑게 되어 있어 인민주권 원칙은 무의미해진다.

북한 헌법은 또한 주체사상과 선군사상을 자기 활동의 지도적 지침으로 규정하고 있어(제3조) 이에 벗어난 통치 행위는 허용되지 않는다. 그리고 그 주체사상은 김일성이 창시한 '영생불멸'의 것이어서(헌법 서문) 결국 북한의 통치는 신격화된 고칠 수 없는 김일성의 가르침을 따르는 정치, 김일성의 교시를 불멸의 진리로 존중하는 종교적 통치로 굳어졌다.

3) 극단적 엘리트 지배구조

북한은 이념 국가이다. 헌법 제3조에서 인민공화국은 주체사상과 선군사상을 국가의 활동 지침으로 삼는다고 규정하고 있다.

정치 이데올로기로서의 주체사상은 세 가지 사상적 요소로 구성되어 있다. 첫째는 인간을 '사회적 존재(social being)'로 보는 인간관, 둘째는 근로대중 집단주의, 그리고 셋째는 절대적 엘리트주의에 바탕을 둔 수령론이다. 그리고 이 세 가지를 모두 관통하는 이론은 '사회정치적 생명체론'이다.

우선 주체사상에 기초한 인간관은 인간을 각각 자기 완성적 존재로 보는 자유주의적 인간관과 대조되는 인간관으로 사람은 개미나 벌처럼 집단의 하나의 구성원으로 자기가 맡은 역할을 성실히 하는 것에서 존재 의의를 찾는

'사회적 존재'로 본다. 따라서 사회가 개개인에 선행하는 1차적 존재다. 인간은 사회가 건강하게 생명을 유지하여야 자기도 생명을 가지게 된다고 본다. 그리고 인간의 자유는 사회의 자유의 파생적인 것이라고 본다. 또한 개개인은 사회 집단의 주체성을 지키기 위하여 창조적으로, 그리고 의식적으로 기여할 때 주체성을 가지게 되며 이러한 주체사상이 역사 발전의 원동력이 된다고 주장한다. 역사 발전의 원동력을 과학기술의 발전 ─ 생산력 증대 ─ 경제 구조 변화로 이어지는 객관적 물질적 토대에서 찾는 마르크스의 유물변증법과는 정반대의 유심론적인 역사관이다.

근로대중 집단주의는 공동체 이익을 개인 이익에 앞세우는 바른 의식을 가진 근로대중만이 역사 발전의 주체가 될 수 있고 근로대중의 집합이 근로 계급이며 근로 계급의 자주성, 창의성, 의식성이 역사 발전의 원동력이 된다는 생각이다. 그래서 인민공화국은 근로인민 계급의 반동 계급에 대한 독재를 분명히 하는 계급 노선을 견지하면서 인민민주주의 독재를 강화하여 인민 주권과 사회주의 제도를 지킬 것을 헌법에 규정하고 있다(제12조).

개인이 바른 세계관을 가지고 집단의 자주성, 창조성, 의식성과 자기 개인의 속성을 일치시킬 수 있기 위해서는 바른 지도를 받아야 한다고 주체사상을 내세우는 사람들은 주장한다. 인민 대중이 역사의 주체로서의 지위를 차지하고 역할을 다하자면 반드시 지도와 대중이 결합되어야 하는데 옳은 지도는 당의 지도이고 당이 바른 지도를 할 수 있기 위해서는 '혁명의 최고 영도자'인 수령의 뜻을 따라야 한다고 주장한다. 한 마디로 수령의 뜻을 따르는 당이 지도할 때 인민대중은 역사의 주인이 된다는 것이 수령론의 핵심이다. 한마디로 주체사상은 1인지배의 극단적 엘리트 지배구조를 정당화하기 위해 만든 이론이다.

4) 민주집중제

자유민주주의 사상체계에서는 인간은 모두 불완전한 신의 피조물(被造物)로 태어났으므로 모두 절대 진리를 알 수 없는 존재라 생각한다. "만인은 동등하게 창조되었다(All men are created equal)"는 민주주의의 출발점이 되는 인간평등사상은 바로 이러한 인간의 한계를 전제하고 있다. 절대 진리를 알지 못하는 인간들이 하나의 결정을 내리기 위해서는 서로 설득하고 타협하여야 한다. 이것이 자유민주주의 정치체제의 작동 원리다. 투표는 타협을 위한 다양한 의견의 분포를 알기 위한 행위이지 절대 진리 발견의 수단은 아니라고 생각한다. 잘못된 생각은 아무리 많이 보태도 진리가 될 수 없다는 가치의 상대성을 전제하고 있기 때문이다.

북한은 구소련의 소비에트체제에서 내세우는 민주집중제(民主集中制: de-mocratic centralism)를 그대로 수용하고 있다. 민주집중제는 절대 가치 존재에 대한 믿음을 전제로 만들어진 의사결정 방식이다. 투표로 다수가 지지하는 진리를 확인하고 다수가 선택한 것을 진리로 받아들이는 제도다. 민주집중제는 타협이 아닌 절대 진리의 발견을 위하여 투표 제도를 의사결정 방식으로 선택한다.

북한정치체제에서는 조직에서의 민주집중제와 의사결정에서의 민주집중제를 모두 선택하고 있다. 투표에서 다수의 지지를 받은 후보를 선출하는 것이 조직에서의 민주집중제이고 투표에서 많은 표를 얻은 의견을 진리로 선택하는 방식이 의사결정에서의 민주집중제다.

5) 정치문화의 조작

전체주의-전제정치의 특색은 국민의 의식을 고쳐 국민들이 지배자가 제시한 정치이념을 비판 없이 수용하고 따르는 정치문화가 정착되게 만들어 체제를 안정화시키는 인위적 정치사회화 노력에 모든 정치력을 집중한다는 점에서 찾을 수 있다. 대표적인 예로 나치스 독일, 구소련, 그리고 중국 공산체제를 들 수 있다. 이들 전체주의 국가에서는 모든 언론 기관과 사회교육, 학교교육 체제를 통제하면서 조직적으로 자기들이 원하는 교조화된 신민적 정치문화가 자리 잡도록 했다. 이들 국가에서는 지배 정당이 제시하는 가치기준을 정부 조직을 앞세워 선전선동과 의식 교육을 통하여 일상화했었다. 특히 중국의 경우는 전 중국 인민을 대상으로 '의식적 차원에서의 혁명'을 뜻하는 '문화대혁명'을 10년간 거국적으로 실시하면서 전 국민을 '이상적 사회주의 인간'으로 개조하는 작업을 펼쳤다. 이 기간 중에는 이러한 정치의식 개혁 운동에 방해되는 사람, 즉 이미 다른 정치문화에 젖어 있다고 판단되는 지식인과 고등교육을 받았던 사람들을 격리하여 정치문화를 순화시켰다. 공산 캄푸치아(캄보디아)에서는 같은 목적으로 인구의 3분의 1을 제거하기도 하였다.

정치를 종교적 수준까지 끌어올린 북한의 전체주의체제, 즉 신정체제에서는 중국이나 다른 공산국가의 정치문화 개혁 작업보다 훨씬 강도가 높은 의식 개조 작업이 진행되었다. 북한 공산화 이전까지 이어져 내려오던 한국의 전통문화, 정신문화는 모두 말살시켰고 새로 전통을 창조하여 대체시켰다. 공산화 이후의 67년간의 시간 속에서 지난 시대의 정치문화에 친숙했던 사회 구성원은 사실상 모두 소멸되었으며 나머지 구성원들은 김일성을 신격화 시켜 놓은 철저한 전체주의 정치문화로 획일적으로 무장된 '김일성 민족(북한 스스로 사용하는 용어)'으로 재탄생한 셈이다.

북한정권의 이러한 의식적 정치문화 조작 과정을 거치면서 분단 반세기가 넘은 21세기 초반에는 남북한 사회의 지배적 정치문화는 타민족 간의 차이 이상으로 달라졌다. 대한민국 건국과 더불어 시작된 민주주의 교육과 개방된 정치 풍토에서 선진 민주주의 국가와의 교류를 통한 학습 과정 등으로 한국 사회에는 가치의 다원주의가 보편화된 참여형의 민주적 정치문화가 뿌리 내렸는데 북한 사회에서는 의식통일의 정치사회화가 진행되어 와서 이제는 같은 민족이라고 하기 어려울 정도로 이질화된 두 정치 집단이 남북한 사회를 지배하게 되었다. 앞으로 남북한 간에 정치 통합을 추진하는 과정에서 이질화된 남북한 간의 정치문화를 극복하는 과제가 가장 큰 걸림돌이 되리라 본다.

북한은 김일성의 위대한 사상을 옹호고수하며 김일성 주체사상과 선군사상을 공화국의 지도적 지침으로 지켜나가기 위하여(헌법 제3조) '전체 인민의 정치사상적 통일'을 앞세우고 '사상혁명을 강화하여 사회의 모든 성원들을 혁명화, 노동 계급화하며 온 사회를 …… 하나의 집단으로 만든다(헌법 제10조)'고 천명하고 있다. 그리고 이를 위하여 국가적 차원에서 혁명적 문화를 건설하고(헌법 제41조) 모든 분야에서 '새로운 사회주의적 생활양식을 전면적으로 확립'할 것을 선포하고 있다(제42조). 그리고 구체적으로 '국가는 사회주의 교육학의 원리를 구현하여 후대(다음 세대)들을 …… 혁명가로 주체형의 새 인간으로 키운다(제43조)'고 밝히고 있다.

북한은 현재 12년제 의무교육을 실시하고 있으며(2013년에 11년에서 1년이 연장됨), 국가가 '사회주의적 내용을 담은 주체적이며 혁명적인 문화예술을 발전시킨다(제52조)'는 것도 분명히 하고 있다. 북한은 국민의 기본권 규정에서도 '공민의 권리와 의무는 〈하나는 전체를 위하여, 전체는 하나를 위하여〉라는 집단주의 원칙에 기초한다(제63조)'고 헌법에 규정하여 북한의 전체주의 정치체제 유지에 도움이 안 되는 권리 행사는 제한할 수 있도록 해놓고 있다.

북한은 국호를 〈조선민주주의인민공화국〉으로 정하고 있으나 실체는 민주주의에서 거리가 먼 국민의 참여를 거부하는 전제정치체제이며 이러한 체제는 강제력(coercive power)과 동시에 권위적 힘(authoritative power)을 사용하여 조직적으로 국민의 의식을 개조하여 충순한 신민형 정치문화가 지배하는 사회로 만들어 체제를 유지하고 있다. 김일성의 신격화, 그리고 김일성 주체사상의 교조화는 바로 북한정치체제 유지를 위한 정치사회화 필요에 의하여 선택된 수단이다.

6) 당·군·정부의 3권병렬체제

1인 지배체제가 안정화된 1974년 4월 14일 김일성은 조선로동당의 이름으로 "당의 유일사상체계확립의 10대원칙"을 채택하여 통치체제를 1인지배의 절대주의 전제체제로 다듬을 것을 선언하였다. 김일성을 승계할 김정일이 주도하여 만든 10대 원칙은 (1) 당규약을 헌법보다 상위에 두는 1당 지배원칙과, (2) 김일성의 권위를 절대화하는 원칙을 포함하고 있다. 그리고 이 문건에서 새로운 통치이념으로 김일성 주체사상을 '유일사상체계'로 선언하고 이 사상의 무조건 접수, 무조건 관철을 강조하면서 '유일적 영도체계' 구축을 천명하였다.

북한의 통치체제는 이때부터 확고한 1인지배의 전제정치체제로 굳혀졌다. 1994년 김일성 사망 후 김정일이 권력을 승계하면서부터는 김일성의 유훈을 교조화하고 김일성을 신격화하여 통치의 권위를 '신격화한 김일성의 권위'에 근거하게 함으로써 정치체제를 '신정체제(神政體制)'로 종교화하였다.

2011년 12월 17일 김정일 사망 후 권력을 승계한 제3대 통치자 김정은은 40년 전에 채택했던 "당의 유일사상체계확립의 10대 원칙"을 더욱 보강하여 2013년 "당의 유일적 령도체계 확립의 10대 원칙"으로 개정하여 통치권의 상속까지를 포함한 왕조적 1인 절대지배체제를 확립하였다. 개정된 10대 원칙은 (1) 온 사회를 김일성-김정일주의화 하기 위한 투쟁, (2) 김일성-김정일을 영원한 수령, 주체의 태양으로 한다는 결의, (3) 백두의 혈통을 영원히 한다는 혈통 계승의 제도화 원칙, (4) 김정은 유일영도체제의 확인 등을 포함하고 있다.

이러한 10대 원칙을 통치체제에 반영하기 위하여 북한은 한 해 앞서 2012년 4월 13일 헌법을 수정하여 1인지배의 전제주의 통치체제를 법제화하였다.

이 체제의 특색은 통치의 총괄기구로 국방위원회를 두고 그 아래에 통치이념을 지켜나가는 기능을 담당하는 당과 국가안보와 국내 치안을 담당하는 인민군, 그리고 일반 행정을 담당하는 정부 등 세 개의 기구를 병렬적으로 설치운영하는 특이한 분권체제이다. 통치자인 김정은이 국방위원회의 수장인 제1위원장직과 인민군 최고사령관직, 그리고 조선로동당 제1비서직을 모두 맡고 정부를 국방위원회의 통제 아래 둠으로써 권력의 통합과 기능의 분할을 모두 보장하도록 만들었다.

2012년 개헌으로 확립한 1인지배 당·군·정 3권 병렬체제는 2016년의 개헌에서 더 선명하게 다듬어졌다. 군지배체제에서 당지배체제로 전환하면서 국가 주권의 최고 지도기관을 국방위원회에서 국무위원회로 바꾸고 조선노동당의 대표로 당위원장직을 신설하고 국방위원회는 전시에만 작동하는

<그림 5-1> 북한 통치기구의 구성

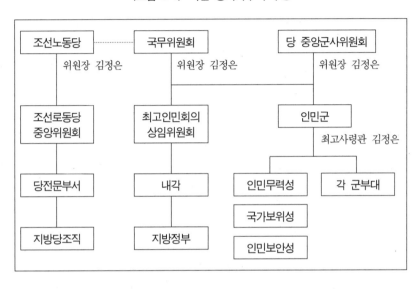

국가방위위원회로 축소하고 군은 정치에서 독립하여 국방만을 담당하게 하
였다. 그리고 당·군·정은 독립되어 있으나 당의 중앙위원회 위원들이 정부
의 최고인민회의 정치국, 정무국의 위원직을 겸함으로써 당이 정부를 수평
통제할 수 있도록 하였고 당의 군사위원회가 군을 수평 통제하게 하였다.
그리고 당·군·정의 정책지도기관으로 국무위원회를 두어 국무위원회 위원
장직을 맡은 최고 영도자가 1인전제를 할 수 있도록 만들었다.

　북한의 통치기구는 당·군·정의 세 기구로 나뉘어 구성되고 있으나 세
기구는 모두 국무위원회의 총괄적 지도 아래서 각각의 업무를 수행하도록
되어 있다. 통치기구의 기본 골격은 <그림 5-1>과 같다.

　당·군·정 3권병렬체제는 1인지배의 전체주의-전제정치를 효율적으로
실천해나갈 수 있도록 만들어 놓은 체제다. 이 체제의 세 축을 이루는 당·
군·정이 담당하고 있는 기능을 해설한다.

• 조선로동당

　북한은 이념국가이다. 전 통치기구 나아가서 전 인민을 하나의 정치이념으로 묶는 기능을 담당하는 기관이 조선로동당이다. 북한은 "위대한 수령 김일성 동지와 위대한 령도자 김정일 동지의 사상과 령도를 구현한 주체의 사회주의 조국(헌법 서문)"으로 공화국은 혁명사상인 주체사상, 선군사상을 자기 활동의 지침으로 삼는 국가(헌법 제3조)로 이 이념을 보위하고 모든 인민이 존중하도록 관리하는 기능을 조선로동당이 담당하고 있다.

　조선로동당은 정부조직과 인민군이 과업을 수행하는 모든 과정에서 국가이념을 충실히 따르도록 통제하는 기능을 한다. 2016년 개정된 조선노동당 규약에 따라 새로 창설된 당위원장직은 김정은이 맡고 있다.

• 군

　북한은 주체사상과 함께 '선군사상'을 국가 활동의 지도적 지침으로 하는 군국주의 국가로서(헌법 제3조) 군이 전 인민적, 전 국가적 방위체계를 관리하고 있다(헌법 제58조). 북한에서의 군은 국가 체제운영의 기본 조직으로 되어 있다.

　북한에서는 인민군을 주축으로 하는 '공화국의 무장력'은 선군혁명 노선을 관철하여 혁명의 수뇌부를 보위하고 사회주의 제도와 혁명의 전취물을 지키는 것을 사명으로 하는(헌법 제59조) 통치권력기관의 하나로 되어 있다. 단순한 국방만을 사명으로 하는 일반 국가의 군대와 그 기능이 다르다.

　혁명노선 관철과 사회주의 제도의 보위라는 포괄적 사명을 가진 인민군은 필요하다면 정부도 통제할 수 있는 막강한 국가권력기구다. 이러한 사명을 수행하기 위하여 군은 내각에 속하지 않고 정부와 대등한 지위를 가지는 독자적 통치기구로 승격되어 있다. 군은 오직 총괄적 통치지도기구인 국무위원회의 통제만 받도록 되어 있다. 그리고 내각에서 관리하는 일반 경제와 구분되는 별도의 경제체제를 독자적으로 운영하면서 기능한다. 군은 독자적 예산을 편성운영하며 군이 필요로 하는 물자는 독자적 생산, 조달 기구를 만들어 확보한다.

군의 기능은 1인 지배체제인 북한의 전체정치체제에서 통치자의 물리적 통치 수단으로 기능하고 있다. 국무위원회 위원장은 국가의 '전반적 무력의 최고사령관'이 되며 국가의 일체의 무력을 지휘통솔한다(제102조). 현재 사령관은 김정은이다.

• 정부

북한의 정부 기능은 최고인민회의에서 선출한 내각이 담당하고 있다. 내각은 최상위의 총괄 통제기구인 국무위원회의 관리를 받으며 조선로동당의 '수평적 통제'와 군의 통제를 함께 받으면서 일상의 정부 기능을 수행한다.

내각은 국방과 치안 관련 3개 부서를 제외한 42개의 부서로 구성되어 있다(〈부록 4〉 정부조직표 참조). 그리고 지방정부인 각급 인민위원회를 통하여 지방행정을 담당하고 있다.

북한의 통치구조는 당·군·정부의 세 축을 병렬시키고 국무위원회가 이를 통합지휘하는 체제로 되어 있어 행정부도 국무위원회 위원장인 김정은의 직접 지배를 받는다.

【참고문헌】

김학준. 『북한50년사』. 서울: 동아출판사, 1995.
박준영. 『북한정치론』. 서울: 박영사, 2004.
백학순. 『북한권력의 역사』. 서울: 한울, 2010.
이상우. 『북한정치』 4장. 서울: 나남, 2008.
통일부 통일교육원. 『북한이해 2013』 제2장. 2013.

조선로동당

2016년 6월에 개정된 신헌법(김일성-김정일 헌법이라 부른다)에서도 그전 헌법에서와 마찬가지로 "조선민주주의 인민공화국은 조선로동당의 영도 밑에 모든 활동을 진행한다(제11조)"고 규정함으로써 외형상 1당 지배의 전형적인 스탈린식 소비에트 정치체제를 고수하고 있다. 스탈린식 통치체제는 당이 통치권한을 행사하고 정부기관은 당의 결정을 집행하는 통치구조를 가지고 있다.

당의 정부 통제는 '수평통제'의 방식으로 이루어진다. 즉 중앙정부는 중앙당이, 그리고 지방정부는 지방당이 각각 당간부가 해당 정부조직의 요직을 겸함으로써 이루어진다. 이런 수평통제 방식은 외형상 민주적으로 선출된 정부 기관을 상명하복의 당조직으로 통제함으로써 상의하달의 통치기구로 운영하는 수단으로 모든 1당지배의 공산국가가 활용해 왔던 방식이다.

이 장에서는 북한통치체제의 핵심을 이루는 조선로동당의 창당과정, 조직, 권한 등에 대하여 소개한다.

1. 조선로동당의 결성과정

북한의 지배정당인 조선로동당은 1925년 창설된 '조선공산당'의 전통을 잇는 것으로 되어 있다. 해방 이후 재건된 조선공산당이 소련의 점령지인 북한에 공산당북조선분국을 창설했던 1945년 10월 10일을 창당기념일로 잡은 것을 보아도 그러한 연계를 알 수 있다. 조선공산당 북조선분국은 1946년 4월에 '북조선공산당'이 된다. 서울에 있던 조선공산당에서 분립한 것이다.[1]

해방 이후 소련점령지역인 북한에 몇 개의 정당이 생겨났다. 중국에서 해방 투쟁을 하던 조선독립연맹 소속원들이 귀국해서 만든 '조선신민당'이 있었고, 조만식 선생이 만들었던 '조선민주당'이 있었다. 소련점령군은 앞으로 1당 지배의 전제정치체제를 실시하기 위한 예비조치로 여러 정당을 하나로 통합하기 시작하였다. 그 조치의 하나로 조선신민당을 북조선 공산당에 흡수시켜 1946년 8월 28일 '북조선 로동당'으로 개편하였다.

똑같은 이유에서 남쪽에서 활동하던 조선공산당도 '인민당'과 '남조선신민당' 좌파를 흡수하여 '남조선 로동당'으로 개편하였다. 1949년 6월 30일에는 남조선 로동당과 북조선 로동당이 통합되어 '조선로동당'이 되었다. 이것이 오늘날 북한을 통치하고 있는 북한의 집권 정당이다. 통합된 로동당의 위원장은 김일성(金日成), 그리고 부위원장은 남로당 위원장이던 박헌영(朴憲永)이 맡았었다.[2]

북한통치체제의 핵심을 이루는 조선로동당의 출범과정을 위와 같이 정리할 수 있는데, 이 과정에서 조선로동당의 성격을 이해하는 데 도움이 될 몇 가지 사항에 대하여 좀더 부연한다.

---

1) 통일부, 『북한개요 2000』(서울: 통일부, 1999), pp.100-101. 이 책, p.102에서 조선로동당 형성과정을 도표로 간결하게 설명하고 있다.
2) 조선로동당 결성과정에 관해서는 다음 글을 참조. 이종석, 『조선로동당연구: 지도사상과 구조변화를 중심으로』(서울: 역사비평사, 1995), pp.216-237.

1) 소련점령군의 계획

제2차 세계대전의 종결과 더불어 한반도는 일본으로부터 해방되었다. 일본에서 해방된 한반도 처리는 기본적으로 승전연합국 간 사전합의에 따르기로 되어 있었다. 1943년 11월 22일부터 25일까지 미국의 루스벨트(Franklin D. Roosevelt) 대통령, 소련의 스탈린(Joseph Stalin) 원수, 그리고 중화민국의 장지에쓰(蔣介石) 총통 등 세 지도자는 카이로(Cairo)에서 회담을 가지고 전후처리의 기본원칙을 담은 '카이로 선언'을 발표하고 이 선언에 "한국민의 노예상태에 유의하여 적당한 시기에 한국을 해방시켜 독립시킬 것"이라는 조항을 포함시켰는데3) 이 결의가 결국 한반도처리의 원칙이 되었다. 그리고 이어서 1945년 2월 8일 얄타(Yalta)에서 미국, 영국, 소련 수뇌가 모여 일본과의 전쟁종결 방법을 논의하면서 일본 패망 후 한반도에 신탁통치를 실시할 것을 논의하였으며 다시 그해 7월 포츠담(Potsdam)회담에서 한국의 독립원칙과 함께 신탁통치계획을 재확인하였다.4)

1945년 8월 15일 일본의 무조건 항복으로 전쟁이 끝나자 미국은 당일 소련 측에 한반도에서 일본군 무장해제를 위하여 북위 38도선을 경계로 이북에는 소련군이 그리고 이남에는 미군이 진주할 것을 제안하였고 다음날 소련이 이를 수락함으로써 한반도는 미군과 소련군 점령지역으로 양분되었다. 잠정적 분리점령은 그러나 한국독립을 위한 미소 간의 합의 실패로 결

---

3) 원문은 다음과 같다. "…… mindful of the enslavement of the people of Korea, are determined that in the due course Korea shall become free and independent." 이 조항은 초안의 "at the earliest possible moment after the downfall of Japan"을 "in the due course"로 수정한 것이다.

4) 전후 한국을 강대국의 신탁통치에 두어 한국민이 자치능력을 갖게 한 후 독립시켜야 한다는 구상에 대해서는 미국, 영국, 중국, 소련이 모두 일치하는 견해를 보였다. 소련은 한반도에 친소정부를 유지하는 이른바 'Finland화' 구상을 가지고 있었으나 미국의 지배적인 영향력이라는 현실을 감안하여 일단 북한만의 핀란드화로 계획을 고치고 그 과정으로 신탁통치에 동의하였다. 한국신탁통치에 대한 상세한 논의에 대해서는 다음 글을 볼 것. 구대열, 『한국 국제관계사 연구 2』(서울: 역사비평사, 1995), 제6장 "신탁통치에 대한 재평가," pp.227-286.

국은 영구분단으로 귀착되었다.

미국과 소련은 일본패망 후 얄타회담에서 논의했던 4개국 신탁통치(미·소·영·중)안을 검토하기 위하여 1945년 12월 미·소·영 3국 외무장관이 모스크바에 모여 3상회의를 열었다. 이 회의에서 5년 기한의 한반도 신탁통치안에 합의하였으나 한국인의 강한 반발과 더불어 미국과 소련의 이해 충돌로 실천방안에 합의를 이루지 못하였다. 다시 다음해에 미소 공동위원회를 서울에서 열었으나 역시 실패하고5) 한국독립문제는 유엔으로 이관되었다. 이렇듯 미소 합의가 어려웠던 이유는 소련의 조선 공산화계획 때문이었다. 소련은 어떻게 하든지 한반도 전체에 하나의 공산정권을 수립하려고 구상하고 있었다.

소련은 동유럽점령지에서와 마찬가지로 소련이 점령하고 있는 북한 땅에 공산정권을 수립한 후 통일전선전략에 의해 남한을 흡수함으로써 친소 공산국가를 세운다는 확고한 계획을 가지고 있었으며 점령 초기부터 그 계획을 실천해 나갔다. 소련은 북한주둔 제25군 부사령관 로마넨코(Andrei A. Romanienko) 소장을 군정책임자로 임명하고 북한 진주 2개월 만인 1945년 10월에 북한 전 지역에 인민위원회를 설치하였으며 도, 시, 군의 행정기관마다 소련 고문관을 배치하여 소련 군정의 장악 아래 두고 10월 8일부터 10일까지 '북조선 5도 인민위원회'를 소집하여 중앙정부수립의 기초를 마련하였다. 그리고 소련식 당 지배체제를 구축하기 위하여 지배정당 건설에 착수하였다.6)

소련식 공산화계획은 연립정부 수립—반공산세력 제거—1당 지배체제

---

5) 모스크바 3상회의에서 채택된 협상안은 소련의 초안을 기초로 한 것인데 그 내용은 ① 신탁통치 실시 이전에 '민주적' 임시정부를 수립하고, ② 이러한 임시정부를 수립하기 위하여 미소 양 점령군 당국은 공동위원회를 설치하며 남북한의 '민주적' 정당사회단체와 협의할 것을 포함하고 있다. 이 결정에 의하여 이루어진 미소공동위원회에서 소련 측은 우파의 이승만, 김구 등이 이끄는 세력, 한국민주당 등 남한의 정당을 비민주적이라고 배제할 것을 고집함으로써 결국 미소공동위원회는 실패하고 모스크바 3상회의의 결정도 실현이 불가능해졌다.
6) 소련의 북한 공산화구상, 그리고 이 구상에 따른 발빠른 조치들에 대해서는 다음 글을 참조할 것. 小此木政夫 편, 『北朝鮮ハンドブック』(東京: 講談社, 1997), 제2장, "解放後の北朝鮮(1945~1950)," pp.75-123.

구축의 단계를 밟는 것이 통례이며 북한에서도 이 계획은 그대로 적용되었
다. 1945년 9월 20일자의 스탈린의 지령을 보면 이 계획은 분명해진다. 스
탈린이 로마넨코에 하달한 이 지령의 내용은 ① 소비에트 정권의 각종 회의
체와 기관을 창설할 것, ② 모든 민주정당과 단체를 망라하여 부르주아 민
주정권을 수립하도록 협력할 것, ③ 민주단체, 정당의 결성을 방해하지 말
것으로 되어 있다.[7] 공산당이 핵심이 되어야 하나 공산주의를 표출하지 않
고 오직 인민민주주의를 내세움으로써 모든 정당이 연정에 참여하도록 유인
한 후 이 정당들을 차례로 공산당이 장악하게 함으로써 1당 지배체제를 구
축한다는 전형적인 레닌주의식 전략에 따라 북한에서도 초기 연정단계에서
는 공산당을 내세우지 않기로 하였던 것이다.

해방당시 북한의 공산계열의 정치세력은 복잡하게 구성되어 있었다(〈참
고자료 1-1〉 참조). 중국 공산당의 동북항일연군(東北抗日聯軍)에 소속되어 항
일투쟁을 하다 소련으로 넘어가 소련극동군 제88여단에 소속되어 훈련받던
김일성 등의 소련군 출신(甲山派), 중국 공산당 본부에 소속되어 항일투쟁을
하다 귀국한 조선독립동맹세력(延安派), 소련군과 함께 진주한 소련국적의
소련공산당 소속 한인 2세들(소련派), 그리고 해방과 더불어 서울에서 재건
된 조선공산당 중앙당 계열의 토착 공산주의자(國內派) 및 북한 각지에서 지
하활동을 하던 오기섭(吳琪燮) 등 북한 토착 공산주의자 등이 해방 당시의
북한에 등장한 공산계열의 정치세력이었다. 소련은 이 세력 중에서 김일성
등의 갑산파를 중심으로 모든 공산세력을 묶어 하나의 정당으로 만들기로
하였으며 이 정당을 통하여 북한에 소련식 소비에트 정권을 창출하기로 계
획했었다.

2) 김일성의 등장

소련점령군은 북한에 1당 지배의 소비에트 정권을 구축하기 위하여 두

---

7) 이 지령은 1945년 9월 20일자로 되어 있다. 위의 글 pp.81-82 참조.

가지 작업에 착수하였다.[8] 다양한 정치세력을 모아 '부르주아 민주정권'을 만들어내면서 동시에 공산세력을 통합하여 하나의 공산당을 만들어내는 일을 병행하였다. 민주연립정권의 형식을 가진 부르주아 민주정권은 가장 광범위한 인민의 지지를 받고 있던 조만식 선생을 앞세운 조선민주당을 중심으로 만들어나가고, 대신 장차 북한을 통치할 지배정당으로 공산당을 구축해 나가는 과업은 김일성에게 맡겼다.

김일성은 1930년대 후반부터 중국 공산당의 동북항일연군에 소속되어 흑룡강성, 길림성 등지에서 항일투쟁을 하다가 1941년 소련 연해주로 넘어가 소련극동군 제88여단에 편입되었다. 소련은 장차 일본과의 결전에서 활용할 목적으로 하바로브스크 교외에 중국인, 한국인 등으로 구성된 국제혼성의 특수정찰여단으로 제88여단을 창설하여 대원들에게 특전훈련을 시키고 있었고, 김일성은 이 여단의 4개 대대 중 하나인 제1대대 대대장직을 맡았다. 김일성 부대는 일본이 너무 빨리 항복하게 되어 참전의 기회를 갖지 못하였는데 소련극동군 제25군이 북한점령군으로 진주하게 되자 북한으로 보내졌다. 1945년 9월 19일 김일성은 항일유격대 동료이던 최용건, 김책, 박성철 등 40여 명의 대원과 10여 명의 한국계 소련인과 더불어 선박으로 원산으로 이동, 9월 22일 평양에 도착하여 소련점령군사령부에 부임하였다. 김일성은 소련점령군 행정책임자이던 레베제프(Nikolai G. Liebiedev)로부터 정치공작 임무를 부여받았으며 이어 새로 도착한 민정장관 로마넨코 장군(제25군 부사령관)에 발탁되어 공산당조직책임을 맡았다.

김일성은 우선 조선공산당 북조선분국을 장악하고(10월 10일) 두 달 후인 12월 중순에 북조선분국의 책임비서에 취임하였다.

북한을 점령한 소련점령군이 왜 김일성을 공산당 창설책임자로 선택하였는지에 대해서는 아직 아무도 확실히 그 이유를 밝혀내지 못하고 있으나

---

8) 소련점령군에 의한 북한 공산화정책에 대해서는 다음 글을 볼 것. 李相馬 편, 『북한 40년』(서울: 을유문화사, 1988), 제2편, "전체주의 1인독재의 확립," pp.31-109. 더 상세한 공산화과정에 대해서는 북한연구소 간, 『북한정치론』(서울: 북한연구소, 1984), 제2장 "북한의 소비에트화 과정(김갑철)," pp.72-106을 볼 것.

국내 공산당원이나 연안파 등은 소련점령군에 협조적이 아니었다는 점 외에 북한 내에 토착지지세력이 없어 소련군에 전적으로 의존할 수밖에 없었던 김일성이 소련군이 함께 일하기 편하였기 때문이 아닌가 추측된다.

김일성은 1차로 조선공산당 북조선분국을 강화하고 이어서 최창익(崔昌益) 등이 주도하던 조선신민당을 흡수하여 1946년 8월 28일부터 30일까지 북조선로동당 창립대회를 열고 스스로가 새로 창설된 로동당의 초대 책임비서를 맡아 사실상 북한 내의 공산세력을 결집한 하나의 정당구축작업을 마무리하였다. 통합공산당의 당명에 공산당 대신 로동당을 사용한 이유는 범사회주의 세력을 모두 수용하려는 의도가 있었기 때문이었다.

3) 남북로동당의 합당

북한에서 로동당을 창당할 때 남한에서도 공산세력을 하나로 통합하여 남조선로동당(남로당)을 만드는 작업이 동시에 진행되어 1946년 11월 23일 남조선로동당이 지하집회에서 발족되었다. 남로당은 조선공산당의 주류를 이루어왔던 박헌영(朴憲永) 일파가 중심이 되어 남조선신민당을 흡수하는 방식으로 이루어졌다.

남로당은 그러나 1946년 이래 남한 군정당국에 의하여 공산주의운동이 탄압받게 되어 지하활동밖에 할 수 없었고 이러한 상황에서 주요 간부들이 모두 북한으로 탈출하게 됨에 따라 '북에 있는 당본부가 지휘하는 남한 지하조직'이 되어버렸다. 1948년 9월 9일 조선민주주의인민공화국이 수립될 때는 남로당의 책임비서 박헌영이 부수상 겸 외무장관으로 취임하고 이승엽(李承燁)은 사법상(司法相)을 맡았다.

1949년에 들어서서 남로당은 한국 내에서의 공개활동이 금지된 상태에서 더 이상 독립당으로 존재할 이유가 없다고 판단하여 동년 6월 30일 남로당과 북로당을 통합하여 '조선로동당'을 결성하였다. 조선로동당의 초대위원장엔 김일성, 그리고 부위원장엔 박헌영과 소련파의 지도자이던 허가이(許哥而)가 취임하였다.

4) 로동당의 변천

북한정권은 소련식 1당 지배체제로 출발했다. 북한의 통치체제는 당이 국가보다 위에 위치한 당 지배체제여서 로동당이 곧 통치 주체가 된다.

로동당은 출범 때에는 구소련 공산당체제를 그대로 수용한 회의체 조직을 갖추었지만 점차로 권력의 핵심이 최고지도자인 김일성-김정일로 옮겨가면서 이에 맞추어 당지도체제도 수정해왔다. 제1차 및 제2차 전당대회 (1946년, 1948년) 때에는 전당대회에서 선출한 당중앙위원회가 당의 최고 권력기관이었고 중앙위에서 선출한 정치위원회가 권력 핵심, 그리고 정치위원회 상무위원회가 실질적 통치권을 가진 기구였다. 그래서 정치위원회 위원장인 김일성이 당 최고책임자였다.

1956년에 열린 제3차 전당대회에서는 당규를 고쳐 정치위원회를 없애고 대신 중앙위원회 상임위원회를 두고 당 최고책임자는 중앙위원회 위원장이 되도록 하였다. 김일성의 10여 년에 걸친 당 내 파벌숙청작업이 거의 끝난 1961년에 열린 제4차 전당대회에서는 상임위원회를 다시 정치위원회로 개정했으나 당 대표권은 그대로 중앙위원회 위원장에 남겨두었다. 1970년의 제5차 전당대회에서는 중앙위원회 위원장을 총비서로 개칭하였다. 당 총비서는 김일성 생존 시에는 계속 김일성이 맡았으나 김일성이 1994년 7월 8일 사망한 후 '3년상'을 마친 1997년 7월 8일자로 김정일이 총비서직을 승계하였으며 2011년 12월 17일 김정일이 사망한 후에는 김정일을 영원한 총비서로 승격시키기 위하여 총비서직명을 제1비서로 개칭하고 그 아들 김정은이 승계하였다.

1980년에 제6차 전당대회를 연 이후 36년 만인 2016년 4월 로동당은 제7차 전당대회를 열었다. 그동안 김정일과 김정은으로 3대 세습을 해가는 과정에서 당규 개정이 필요하여 2012년 4월 11일 제4차 대표자회의를 열어 일부 당헌을 고쳤다. 제4차 대표자회의에서 개정한 규약에 의하면 당대회는 매 5년에 1회 열어야 하고 중앙위원회 전원회의는 6개월에 한 번씩 열기로 되어 있다.

〈그림 6-1〉 조선로동당 조직(2016년 말 기준)

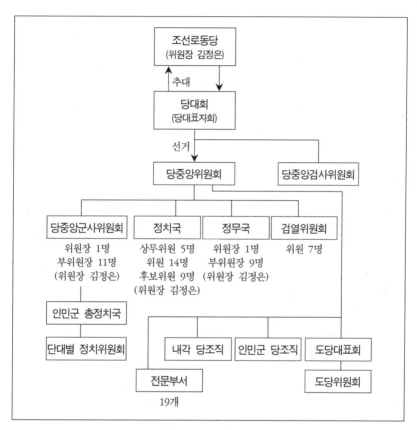

* 2016년 제7차 전당대회 때 선임된 주요직 담당자는 〈부록 3〉 참조

중앙위원회의 전원회의와 전원회의 사이 기간에는 중앙위원회에서 선출한 정치국 상무위원회가 그 기능을 하기로 규정되어 있다. 현재 북한은 이 규정에 따라 정치국 상무위원회가 당을 운영한다. 2016년의 정치국 상무위원은 김정은, 김영남, 황병서, 박봉주, 최룡해 등 5명이었다.

〈그림 6-1〉은 2016년 현재의 조선로동당 조직도이다(당 중앙위 산하 19개의 전문부서 이름은 〈부록 3〉 참조).

2. 당조직과 운영체계

조선로동당의 조직 구조는 구소련 공산당의 조직구조와 같다. 〈그림 6-1〉에서 보는 바와 같이 당은 원칙적으로 민주집중제 원칙에 따라(당규 제11조) 당원-당세포-초급-도·시·군 당-중앙당을 상향식 간접선거로 구성하게 되어있다. 그러나 실제로는 상급당에서 하급당 조직원을 지명하는 식의 하향식으로 조직하여 운영하고 있다. 이 조직의 기본형은 옛 러시아의 부락자치조직에서 비롯된 소비에트(Soviet) 회의체를 수직으로 연결해 놓은 조직구조이다. 당의 최하위의 기층조직은 당세포이다. 당원 5명부터 30명인 단위에 조직되는 당조직이다. 당원이 31명 이상이 되면 당세포의 상급조직으로 초급당이 조직된다. 초급당부터는 당총회(당대표대회)와 당위원회를 조직 운영한다. 하급당에서 선출한 대표로 이루어지는 당대표회의가 최고지도기관이 되며 당 대표회의가 없을 때는 당대표회의에서 선출해 놓은 당위원회가 최고지도기관이 된다. 초급당에서 선출한 대표들이 모여 시(구역), 군 당의 당대표회의를 구성하고 이 대표회의가 해당 당위원회를 선출한다. 마찬가지로 시, 군 당대표대회에서 선출한 대표들이 모여 도, 직할시 당대표회의를 구성하고 여기서 해당 도, 직할시 당위원회를 구성한다. 도, 직할시 당대표회의는 다시 중앙당을 구성한다. 중앙당은 최고지도기관인 전당대회와 전당대회에서 선출한 당중앙위원회로 구성된다.

2016년에 열렸던 제7차 전당대회 때를 기준으로 하면 조선로동당의 당원수는 366만 명(1980년에는 약 322만 명)에 당세포수가 각 약 21만이었으며 당대표자는 당원 1천 명당 1인의 대표를 뽑게 되어 있어 3,667명(제6차 전당대회 때는 3,220명)의 대표로 전당대회가 구성되었다. 전당대회는 로동당의 최고지도기관으로서 5년에 1회 집회를 갖고 당의 주요 결정을 하도록 되어 있었다. 당중앙위원회 구성, 당규의 채택 및 수정, 당로선과 정책 결정 등은 모두 전당대회의 권한으로 되어 있다. 그러나 이 전당대회는 1980년 10월 10일부터 14일까지 열린 제6차 전당대회 이후 제7차 전당대회가 열린 2016년까지 36년간 한 번도 열리지 않았다. 대신 2010년 9월 28일 44년 만에 제3차 당대표자회의를 열고 전당대회를 앞으로 당중앙위원회가 임의로 소집하도록 수정하였다. 김정은 권력승계 이후 당을 정비하기 위하여 2012년 4월 11일 제4차 대표자회의를 열고 여기서 당규 개정, 각 위원회 위원 등을 선출하였다.

당규에 의하면 당대회와 대회 사이의 모든 당사업은 전당대회서 선출한 중앙위원회가 이를 관장하게 되어 있다(당규 제14조 1항). 그런 뜻에서 당중앙위원회가 로동당의 실질적인 최고지도기관인 셈이다. 당중앙위원은 전당대회서 선출하는데 2016년에 열렸던 제7차 전당대회에서는 정위원 129명, 후보 위원 106명 등 235명을 선출하였다. 당중앙위원회는 6개월에 1회 이상 전원회의를 열도록 되어 있다.

당중앙위원회의 전원회의와 전원회의 사이에는 정치국과 정치국 상무위원회가 당중앙위원회 이름으로 당의 모든 사업을 조직 지도하기로 되어 있다(당규 제3장 제27조). 따라서 현실에서는 정치국이 곧 당을 지도하는 셈이다. 당중앙위원회 산하의 정치국이 당정책을 결정하는 기구라 한다면 옛 비서국을 개편하여 제7차 전당대회에서 신설한 정무국은 일상의 정부 활동을 통제하는 기구라 할 수 있다. 그리고 검열위원회는 당정무국 산하 19개의 전문 부서의 활동을 다시 감시통제하는 기구이다. 당의 정책지도 업무는 정치국, 정무국, 검열위원회 등 3개의 상설기구가 실제로 담당한다.

2016년에 개최된 제7차 당대회에서는 정치국과 정무국의 위상을 높이고 기능을 강화하였다. 특히 정무국의 지위 향상이 눈에 띈다. 이번 당대회에서는 중앙위원회 부위원장직을 신설하였는데 이 중 9명을 정무국의 부문별 부장을 겸임하게 하였다.9)

당의 모든 사업을 조직, 지도하면서 대내외 정책을 결정하는 공식기구인 정치국은 상무위원 5인, 위원 14인, 후보위원 9인 등 28명으로 구성된다. 2016년 제7차 전당대회에서는 정치국 상무위원으로 다음의 5인을 선출하였

---

9) 제7차 전당대회 관련 자료는 통일연구원 편, 〈제13차 KINU 통일포럼(2016.5.16), "북한 제7차 당대회 분야별 평가 및 향후 전망"〉에서 발췌하여 인용하였음.

다. 김정은(당위원장), 김영남(최고인민회의 상임위원장=국가대표), 황병서(인민군 총정치국장), 박봉주(내각총리), 최룡해(정무국 부위원장), 그리고 위원 14명으로 김기남(당중앙위원회 선전선동부장), 최태복(최고인민회의 의장), 리수용(당중앙위원회 국제부장), 김평해(당 간부부장), 오수용(당 계획재정부장), 곽범기(당 재정관리부, 39호실 등 담당), 김영철(인민군 정찰총국장), 리만건(당 군수공업부장), 양형섭(최고인민회의 상임위원회 부위원장), 로두철(내각 부총리), 박영식(인민무력부장), 리명수(당중앙군사위원회 위원), 김원홍(국가안전보위부장), 최부일(인민보안부장), 후보위원 9인은 당과 내각의 부부장급으로 선임하였다.10)

상당수가 정치국 위원이 겸직하고 있는 정무국(구 비서국)은 당의 일상 업무를 담당하고 있는 19개의 당중앙위 전문 부서를 직접 맡고 있다.

정무국 산하의 전문 부서는 〈부록 3: 조선로동당 조직표〉에 열거하였다. 정무국의 19개 전문부서 중에서 주목할 조직은 아래와 같은 4개의 부서다.

- **조직지도부**: 중앙당과 군부의 인사권을 장악하고 있는 가장 중요한 기구다. 김일성은 김정일을 후계자로 선정한 후 당과 내각을 장악할 수 있도록 김정일에게 조직지도부를 맡겼었다. 김정일 생존 시에는 자기가 직접 조직지도부장직을 맡았었다. 〈12·12종파사건〉에서 장성택을 숙청한 실무자들은 조직지도부 부부장들이었다.

- **행정부**: 2007년까지 당·정 각 부처 간의 행정업무 조정을 맡았던 조직이었으나 김정일이 2008년 6월 뇌일혈로 쓰러진 후 행정부장인 장성택의 힘이 강해지면서 이와 함께 막강한 권력 중심으로 등장하였다. 장성택 부장 밑에서 행정부는 인민보안부(경찰), 사법부, 검찰, 인민내무군(20만 병력)을 장악했고 평양건설 업무도 관장했다. 행정부는 2011년 그 산하에 제54국을 만들어 군에서 관장하던 석탄수출 업무도 인수하고 39호실에서 관리하던 김정일 통치자금 관리 업무도 넘겨받았

---

10) 통일원 발간, 「조선로동당 조직표」(2016.12).

었다. 이 과정에서 군부와의 갈등이 심화되었고 〈12·12종파사건〉은 외화관리권을 둘러싼 로동당 행정부와 군부 간의 갈등에서 촉발되었다. 장성택 사건 후 행정부는 해체되었다. 이 기능은 조직지도부에 이관되었을 것으로 추정된다.

- **통일전선부**: 대남사업을 총괄하는 부서다. 조평통 등 여러 외곽기구를 앞세우고 공개적, 비공개적 대남사업을 전개해 왔다. 2016년 개헌으로 조평통은 정부기구로 되었다.
- **39호실**: 김정일의 통치자금을 조성, 관리해 온 부서다. 해외에 조직을 구축하고 이를 이용하여 각종 외화벌이 사업을 전개하고 해외 여러 금융기관에 비자금을 맡겨 놓고 관리해 왔다.

당중앙위원회에는 그 밖에 군의 기본정책과 정치지도를 총괄하는 중앙군사위원회, 당규율을 관장하는 당검열위원회, 그리고 당의 재정을 총괄 검사하는 당중앙검사위원회가 있다.

2013년 12월 〈12·12종파사건〉으로 장성택이 숙청됨에 따라 당 수뇌부의 개편이 있었다.

조선로동당의 운영과 구성은 민주집중제의 원칙에 따르게 되어 있다. 구성에서의 민주집중제는 하부조직 대표가 상급 당조직을 구성해 나가는 상향식 간접선거체제를 의미하며 운영에서의 민주집중제는 의사결정에서의 다수결로 의사를 결정하는 민주적 절차와 결정된 사항의 집행에서의 일사불란한 획일성을 말하는 것이다. 당규 제11조 1항은 조직에서의 민주집중제를 규정하고, 제2, 제3항이 정책결정에서의 민주집중제를 규정하고 있다. 그 요지는 당원은 의사결정 과정에서는 자유롭게 토론하고 결정할 때는 민주적으로 구성원의 의사를 수렴하나 일단 정해진 결정에는 무조건 복종해야 하며 모든 하급당은 상급당의 결정에 복종해야 한다는 것이다. 하급당은 상급당에, 그리고 모든 당조직은 당중앙위원회에 절대 복종하고 상급당 및 중앙위의 결정을 의무적으로 집행하도록 된 이 원칙은 결국 모든 당원은 당중앙위 제1비서인 김정은의 결정을 무조건 집행해야 한다는 원칙이 된 셈이다.

민주집중제의 민주는 이상이고 핵심은 집중에 있다고 보면 된다.

　민주집중제의 논리를 이해하기 위해서는 레닌주의 국가가 내세우는 '신민주주의(新民主主義)이념'을 바로 이해해야 한다. 신민주주의는 주권재민(主權在民)의 원리를 따른다는 점에서는 자유민주주의와 같으나 주권자의 의사를 정책으로 전환하는 과정에서는 전혀 다르다. 절대 진리는 신(神)만이 알 수 있고 피조물인 인간은 이를 알 수 없으므로 다양한 의견을 가진 모든 주권자들의 의견은 진리일 수도 그렇지 않을 수도 있다는 가치의 상대성을 전제로 하는 자유민주주의에서는 주권자들의 다양한 의견을 타협을 통하여 하나로 통합해야 한다는 생각을 가지고 있다. 10%가 주장하는 의견이 틀리고 90%가 지지하는 내용이 옳다는 주장은 있을 수 없으며 다수 이건 소수이건 모두 서로 '다르다(different)'는 것뿐이며 따라서 다양한 의견의 분포를 확인하는 절차인 투표는 타협할 때의 타협안 작성기준의 의미만 가진다고 생각한다.

　그러나 절대진리는 하나뿐이며 그 절대진리를 찾아 의사를 결정해야 한다고 주장하는 신민주주의에서는 진리발견의 방법으로 주권자의 의견을 통계적으로 처리한다는 생각을 가지고 있다. 나아가서 이들은 한 사람 한 사람은 진리를 모르더라도 진리의 편린은 가지고 있을 것이며, 그 편린들은 투표에서 다수의 형태로 절대진리로 나타난다고 주장하고 있다. 따라서 충분한 토론 후에 다수결로 결정을 도출하면 그 순간 진리는 발견된 셈이므로 그 순간 이후 모든 사람은 이 진리에 절대로 복종하는 것이 옳은 결정을 하는 길이라고 논리를 발전시킨다. 이러한 논리에 따라 신민주주의에서는 소수의견은 잘못(wrong, false)이고 다수의견은 진리(right, truth)로 간주된다. 이런 논리를 앞세워 공산주의자들은 신민주주의를 과학적 민주주의라고 부른다.

　표결에서의 소수와 다수는 단순히 서로 다른 의견의 분포 상황만을 보여준다고 생각하는 자유민주주의에서와는 달리 신민주주의에서는 투표란 진리발견의 수단이라고 하는 전혀 다른 의미와 지위를 갖게 된다. 즉 다수는 진리를, 그리고 소수는 '잘못된 생각'으로 간주된다. 자유민주주의의 의사결

정 체계는 개개인의 의사를 최대로 존중하는 데 역점을 두고 있다면 신민주
주의 민주집중제 방법은 일사불란한 전체 조직의 단합된 의사를 만드는 데
역점을 두고 있다고 할 수 있다. 민주집중제는 전체주의를 앞세우는 이념체
제에서 발전된 제도로서 자유민주주의 시각에서 보면 민주주의라고 할 수
없는 제도이다.

3. 조선로동당의 특성과 지위

조선로동당은 통치자를 위한, 통치자에 의해 통제되는, 통치자의 권력 집
행도구이지 주권자인 인민의 다양한 요구를 수렴하여 정책으로 전환하는 기
능을 하는 일반적인 정당이 아니다. 로동당은 구성과 운영 체계가 외형적으
로 상향식 민주주의체계로 되어 있으나 실제에서는 철저한 상의하달(上意下
達)의 체계로 되어 있다. 로동당 조직은 군대 조직과 유사하다고 이해하면
된다.

북한에는 외형상 조선로동당 이외에 조선사회민주당과 천도교 청우당(靑
友黨)이라는 정당이 존재한다. 그리고 조선사회민주당은 1990년 제10기 최
고인민회의 대의원 선거에서 7.4%의 의석을 차지한 것으로 되어 있다. 그
러나 이 두 정당은 대외적으로 북한이 다원주의 민주국가임을 가장하기 위
하여 조선로동당이 운영하는 유령단체에 불과하다. 이 두 정당은 조선로동
당의 여러 외곽단체 중 두 개로 보면 된다.

북한은 1972년에 채택한 사회주의 헌법에서부터 조선로동당을 국가권력
기관 위에 군림하는 지배정당으로 헌법에 명기하고 있다. 구헌법(1972년 헌
법) 제4조에서는 "조선민주주의 인민공화국은 …… 조선로동당의 주체사상
을 자기 활동의 지도적 지침으로 삼는다"고 밝힘으로써 조선로동당이 국가
보다 상위에 있는 존재임을 간접으로 선언하였는데, 1992년 헌법과 1998년,
2012년 개정헌법에서는 더 분명하게 "조선민주주의 인민공화국은 조선로동
당의 영도 밑에 모든 활동을 진행한다(제11조)"고 밝히고 있다. 2016년 6월

개정된 헌법에서도 이 조문은 그대로 두고 있다. 적어도 헌법상에서 보면 조선로동당은 공화국 정부보다 상위에 서는 국가 최고권력기관의 지위를 가지는 헌법기관이 되는데, 이러한 지위는 다른 나라의 정당들의 지위와는 본질적으로 다른 것이다. 정당을 헌법기관으로 명시한 나라는 북한 이외는 없다는 점에서 특히 주목해 둘 만한 점이다.

4. 당 외곽단체

북한은 로동당이 지배하는 1당 지배체제의 통치체제를 운영하고 있으나 인민의 통제, 대남정책, 대외정책수행에서 로동당의 기능을 보완하기 위하여 많은 외곽단체를 조직하여 활용하고 있다. 물론 대부분의 외곽단체는 외형상 자주적인 시민단체나 기능단체로 되어 있으나 실제로는 조선로동당이 직접 통제하는 정책수단기구이다. 조선로동당은 당규 제8장 '당과 근로단체'에서 이러한 조직들이 당의 외곽조직이라고 천명하고 있으며 이들 "근로단체들은 당의 영도 밑에 활동한다"고 밝히고 있다(제56조).

외곽단체는 북한 민주주의의 다원성을 가장하기 위한 것들과 주민통제 및 동원을 위한 것, 대남 통일전선 전략수행을 위한 것 및 대외정책수행에서 정부가 나서기 어려울 때 활용하는 이른바 제2통로(track two) 개설을 위한 것 등 다양하다. 다른 나라의 비정부기구(NGO: Nongovernmental Organization)들과 외형상 유사하나 당이 직접 조직, 통제한다는 점에서 근본적으로 다르다. 연구소, 종교단체, 문화단체들도 북한에서는 모두 당의 외곽단체로 되어 있음을 유의하여야 한다.

기능별로 주요한 외곽단체들을 소개한다(〈부록 5〉 참조).[11]

---

11) 통일부, 『북한권력기구도 2017년판』을 참조하였음.

1) 정당

북한에는 조선로동당 이외에 2개의 정당이 더 있다. '조선사회민주당'과 '천도교 청우당'이다. 조선사회민주당은 1945년 11월 3일 조만식 선생이 창당한 조선민주당을 로동당에서 접수한 후 1981년에 조선사회민주당으로 개칭한 것으로 당중앙위원회(위원장 김영대), 정치위원회, 각 시도당도 모두 갖추고 있으나 실제로 당 기능을 하지 않는다. 다만 당간부 중 몇 명이 최고인민회의 대의원직을 차지하고 때로는 국가 부주석, 중앙인민위원회 위원 등에도 위원장이 참가함으로써 북한정치의 '다원민주주의'성격을 과시하는 데 활용되고 있다. 1946년 2월 8일에 창당된 천도교 청우당(중앙위원회 위원장 류미영 사망 후 공석)도 비슷한 역할을 하고 있다. 2013년 현재 조선사회민주당 위원장 김영대는 최고인민위원회 상임위 부위원장이고 천도교 청우당 위원장 류미영은 상임위원이었다.

조선민주당은 원래 조만식 선생 중심으로 민족주의자들이 만든 정당이었으나 발족 직후 소련점령군은 김일성파의 최용건을 부당수로 앉히고 김책을 김재민(金在民)이라는 가명으로 서기장 겸 정치부장으로 침투시켜 사실상 당을 장악하고 곧이어 조만식 선생을 구금함으로써 로동당의 외곽단체로 전락시켰다. 1999년까지 위원장을 맡았던 김병식은 조총련 간부로 로동당원이기도 하다. 천도교 청우당의 경우도 유사하다. 초기에는 광범위한 신도층을 가진 천도교를 통제하기 위하여 정당으로 발족시킨 후 로동당 간부를 침투시켜 당을 장악하고는 이름만 유지하면서 북한 '민주체제' 선전에 이용해 왔다. 사망한 위원장 류미영은 월북한 천도교 교령 최덕신(崔德新)의 부인이다.

2) 주민통제 및 동원을 위한 조직

통칭 근로단체라 부르는 4개의 동맹이 대중조직 통제의 대표적 기구이다. 이 조직도 로동당이 지도하는 산하단체라는 점에서 통치기구의 일부로 볼 수 있다.

'김일성 사회주의청년동맹(청년동맹)'은 1946년 1월 17일에 창립한 '조선 민주청년동맹'을 1964년 사회주의노동청년동맹(사로청)으로 재편했다가 1996 년에 이름을 다시 고친 것인데 현재 회원이 500만 명이다. 이 조직은 과거 구소련의 콤소몰(Comsomol)에 해당되는데 로동당원이 되기 전의 14세로부 터 30세까지의 청년들로 조직된 당조직이다. 2013년 현재 책임비서직은 전 용남이 맡고 있다.

'조선직업총동맹(직총)'은 1945년 11월 30일에 창립되었으며 회원은 약 160만 명에 이른다. 2013년 현재의 위원장은 현상주이다. 직총은 한국의 노동조합총연합회(노총)에 해당하는 기구로 각 직장에서 경영진과의 노동조 건 협약체결 등에서 노동자의 권익을 대표하도록 되어있다. 그러나 북한에 서는 노동자를 통제, 동원하는 로동당의 외곽단체로 활용하고 있다. 직맹은 초기에는 원래의 설립목적대로 경영진의 독주를 견제하며 노동자의 권익을 위한 투쟁도 벌였으나 김일성의 강력한 지시로 초기 간부들은 제거되고 1960년대 이후부터는 충실한 로동당 전위기구로 변질되었다.[12]

'조선농업근로자동맹(농근맹)'은 1965년 3월 27일에 창립된 협동농장 소 속 농민들의 조직체로 회원은 130만 명이고 2013년 현재 위원장은 리명길 이다.

그리고 '조선민주여성동맹(여맹)'은 1945년 11월 28일에 창설된 로동당의 특별조직으로 당원이 아닌 30세 이상 전업주부로 조직된 기구로 회원 20만, 위원장은 로성실이다. 모두 로동당의 동원조직이라는 점에서는 다른 대중조 직과 같다.

---

12) 북한의 대중조직의 초기 발전과정에 대해서는 다음 글을 볼 것. 한국공산권연구협의 회 연구논총 제2집, 김준엽·스칼라피노 공동편집, 『북한의 오늘과 내일』(서울: 법문 사, 1982), 제6장 정종욱, "대중조직," pp.106-134.

3) 대남정책 수행을 위한 조직

북한은 대한민국을 합법정부로 인정하지 않고 있다. 북한은 남한을 미국이 점령하고 있는 공화국(북한)의 미해방지역이라고 규정하고 있다. 따라서 남북통일도 남북한 정부 간의 협의로 이루어지는 것이 아니고 직접 남반부 주민을 친북화하여 투쟁에 앞장서게 하여 친북정권을 창출함으로써 이룰 수 있다고 생각하고 있다. 북한은 이러한 통일전략에 따라 대남 침투공작과 선전선동공작을 강도 높게 전개하고 있는데 이러한 임무를 수행하기 위하여 특수조직들을 여럿 만들어 운영하고 있다. 그리고 이 조직들은 통일전선전략원리에 따라 비공산주의자들도 저항감 없이 참여할 수 있도록 다채로운 성격을 표방한 조직들로 만들어 놓고 있다. 남쪽의 종교인들과의 접촉을 위하여 '조선불교도연맹', '조선가톨릭교협회', '조선그리스도교연맹', '조선천도교회', '조선종교인협의회' 등을 창설하여 운영하고 있으며 학술, 예술인들과의 통일전선사업을 겨냥하여 각종 협회나 연맹, 동맹도 가동하고 있다.

이 중에서 가장 중요한 대남공작조직은 '조국통일 민주주의전선(조국전선)', '조국평화통일위원회(조평통)', '한국민족민주전선(민민전)' 및 '조국통일범민족연합(범민련) 북측본부' 등이다. 이 조직들은 모두 조선로동당 통일전선부의 산하기관으로 직접 당중앙에서 지휘하지만 대외적으로는 어디까지나 비정부 사회단체로 가장하고 있다.

'조국전선'은 이 중에서 가장 역사가 오랜 전형적인 통일전선기구이다. 북한은 1949년 6월 25일 남북한의 제 정당, 사회단체 및 애국적 인사들이 모이는 정치협상회의를 소집하여 통일정부를 세우자는 제안을 하면서 이 제의에 의하여 남북한에서 참석한 72개의 정당 사회단체의 연합체로 이 기구를 발족시켰다. 중국 공산당이 중화인민공화국을 창건할 때의 과정을 그대로 답습한 것이다. '조국전선'은 표면상 남북한의 정당, 사회단체의 연합체로 "로농동맹에 기초하여 통일을 지향하는 모든 애국적 민주주의 역량을 묶어 세운 정치조직체"라고 북한은 성격을 밝히고 있다. 현재 24개의 정당 사회단체가 참여하고 있고 강연학이 의장직을 맡고 있다. 이 기구는 대남선전,

위장평화공세, 남한 각계 각층과의 통일전선을 형성하는 일 등을 주로 담당하고 있다.

'조평통'은 1961년 5월 13일에 창설한 대남정책 수행기구이다. "남북한의 애국적 민주주의 역량을 단합시키기 위한 북한의 정당 사회단체로 조직된 사회단체"라고 '조국전선'과 구별하고 있다. '조평통'은 현재 남북회담때 북측을 대표하여 참석하고 있다. 통칭 '정부간 고위급 회담'이라고 부르는 회담은 엄격한 뜻에서는 정부간 회담이 아니다. 조평통의 부부장과 대한민국 정부의 통일부 차관과의 회담은 우리측에서는 정부간 회담으로 간주하나 북측에서는 비정부기구인 조평통과 미해방지구의 한 단체인 '대한민국'과의 회담으로 자리매김하고 있다.

'민민전'은 '조평통'의 대응기구로 만든 것인데 남한 내의 지하당이던 '통일혁명당(1969.8.25 창설)'을 발전시켜 1985년 7월 27일 창설한 것이다. 남쪽 인민을 대표한다는 기구임을 내세워 각종 선전사업에 활용하고 있다. '범민련'은 남북한 외에 해외동포까지 망라한 민간통일협의체라는 성격을 부여한 기구로 범민족회의를 주관하는 등 주로 남북인민간의 연대를 과시하는데 역점을 두고 사업을 펴고 있다. 현재 조국통일범민족연합 북측 본부 의장은 최진수이다.

범민련은 한국에도 공개적으로 범민련 남측 본부를 설치 운영하고 있다. 그 밖에 최고인민회의 상임위 부위원장인 김영대가 회장으로 있는 '민족화해협의회(민화협)'도 남쪽에 대응조직을 두고 공개적으로 활동하고 있다.

4) 대외정책기구

북한은 미수교국과의 협상, 교류 등을 담당하는 기구로 로동당 통일전선부 산하에 '조선아시아태평양평화위원회'를 1994년 5월 창설하였다. 당 통일전선부장을 맡고 있던 김용순이 직접 위원장을 맡아 운영하던 기구다. '아태평화위'는 현재 일본과의 수교협상, 그리고 한국 기업의 북한 진출 등의 일을 주관하고 있으며 비수교국과는 '외교부'에 준하는 기능을 행사하고 있다. 2013년 당시 위원장은 로동당 비서국 통일전선부장직을 맡고 있던 김양건이었다.

북한은 2000년 초부터는 한국 정부와의 협상에서도 아태평화위를 내세우고 있다. 이 점은 주목할 만하다. 왜냐하면 아태평화위원회는 일본 등 미수교국과의 교섭창구역할을 하는 기구인데 한국을 여기서 다룬다는 것은 한국을 미수교의 독립국가로 내용적으로 간주한다는 것을 뜻하기 때문이다. 한국을 타도대상에서 협상대상으로 '격상'시킨 현실주의적 접근이어서 주목된다.

그 밖에 대외정책 수행과정에서 정부간 협의를 보완하는 비정부간 협의, 교류를 담당하는 기능별, 지역별, 국가별 조직체를 약 100개 정도 운영하고 있다.

【참고문헌】—————————————————————————

김학준. 『북한 50년사』. 서울: 동아출판사, 1995.
돌베게 편집부. 『북한 '조선로동당'대회 주요문헌집』. 서울: 돌베개, 1988.
동아일보사 편. 『북한대백과』. 1995.
양호민. 『한반도의 격동 1세기 반』 상권과 하권. 춘천: 한림대학교 출판부, 2010.
이동훈 외 공저. 『북한학』. 서울: 박영사, 1996.
전인영. 『북한의 정치』. 서울: 을유문화사, 1990.
통일부 통일교육원. 『북한이해 2013』. 2013.
통일부. 『북한개요 2009』. 2008.

小此木政夫 編. 『金正日時代の北朝鮮』. 東京: 日本國際問題硏究所, 1999.
鐸木昌之(스즈키 마사유키). 『北朝鮮: 社會主義と傳統の共鳴』. 東京: 東京大學出版
      部, 1992.

정부조직

1. 정부조직의 구조적 특색

북한의 정부조직 형태는 구소련 정부조직을 그대로 모방한 회의체 정부 (Assembly Government) 형태이며, 의원내각제에 가깝다고 보면 된다. 입법부, 행정부, 사법부를 분리시켜 서로 견제시키는 삼권분립 체제와 달리 주권자인 인민과 통치권을 위임받은 정부를 단선적으로 연결시키는 의원내각제 형태이기 때문이다.

삼권분립 형태의 정부조직은 민주주의 원리 자체를 반영하기보다 정부의 자의적 권력행사로부터 주권자인 국민의 기본권을 보호하자는 현실적인 필요를 더 반영한 현실주의에 바탕을 둔 것이다. 이러한 맥락에서 의원내각제는 주권자인 국민의 의사는 단일하고 따라서 분리하여 상호견제한다는 것은 이론상 모순이므로 주권자-의회-행정부를 한 가닥으로 연계시키는 것이 옳다는 원리주의와 행정부의 효율성을 높인다는 실질주의가 만들어 낸 제도이다. 소련식 소비에트형 회의체 정부조직은 이런 정신을 반영한 것이다.

민주집중제를 정부조직 원리로 삼는 신민주주의를 내세우는 나라에서 소련식 회의체 정부를 택하는 것은 당연하다. 개인의 인권보다 국가 전체의 효율성을 더 중요시하기 때문이다. 그리고 회의체 정부가 반드시 인권침해의 소지가 더 높다고 할 수도 없다. 인권보장은 정부를 운영하는 사람들의 정신이 문제이지 제도 자체가 문제가 아니기 때문이다. 북한 통치자들의 인권말살과 가공할 정도의 독재는 제도에서 비롯되는 것이 아니고 북한 통치자의 전제적 의식에서 비롯되는 것이다.

북한 정부조직의 특색은 당에 의한 정부조직의 통제이다. 형식상으로는 북한에서도 정부가 국가경영의 책임기관이지만 실제로는 정부는 당에 예속된 집행기구에 불과하다. 북한은 당지배 국가이다. 정부조직과 당조직을 평행으로 세워 놓고 당원이 정부의 대응되는 직을 맡음으로써 당 내의 위계질서를 그대로 정부조직 내의 위계질서로 유지하는 방식으로 당은 정부를 통제한다. 그리고 이러한 수평통제(水平統制) 이외에 정부의 최고책임자가 당의 최고책임자를 겸함으로써 수직적으로도 당이 정부를 통제할 수 있도록 하고 있다. 북한의 이러한 당통제 제도를 바로 이해하지 못하면 정부의 작동원리를 이해하기 어렵게 된다. 당의 정부통제체제를 간단히 그림으로 표시하면 〈그림 7-1〉과 같다.

북한 정부의 또 하나의 특색은 '선군정치' 지도이념에 따라 군을 내각에서 독립시킴으로써 무장력을 관리통제하는 인민무력성, 국가보위성, 인민보안성은 내각에서 분리하여 국무위원회에서 직할하도록 했다는 점이다. 내각은 군을 제외한 42개 부서만을 관장한다. 그 밖에 국가체육위원회를 독립 기구로 내각 위에 두고 있다는 점도 특이하다.

2. 중앙정부조직

1) 최고인민회의

　북한 정부형태는 회의체 정부이므로 주권자인 인민이 선출하여 구성하는 회의체 중 제일 상급의 회의체인 최고인민회의가 법률상 최고 주권기관이 된다. 헌법 제87조가 이를 규정하고 있다. 그러나 최고인민회의는 거대한 조직이어서 자주 회의를 할 수도 없을 뿐 아니라 효율적으로 과업을 수행할 수 없어 통상 소규모의 상설 상임위원회를 구성하여 이 상임위원회가 최고

〈그림 7-1〉 당과 정부관계

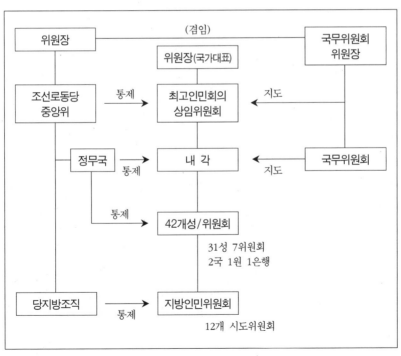

* 이 도표는 통일부, 『북한권력기구도 2017년판』을 참고하여 작성한 것임

인민회의 휴회기간에 주권기관 업무를 수행하도록 하고 있다(제88조).

최고인민회의는 인구 3만 명당 1인의 비율로 선출되는 임기 5년의 대의원으로 구성되며 1년에 한 번 또는 두 번 상임위원회가 정기회의를 소집하도록 하고 있다(헌법 제92조).

최고인민회의의 주요 권한은 헌법의 수정, 법령제정 및 수정(입법권), 정책의 기본원칙 수립, 국가 최고영도자인 국무위원회 위원장, 국가원수인 최고인민회의 상임위원장을 비롯한 주요 정부요원(상임위 부위원장, 총리, 부총리, 내각의 위원장, 상, 국무위원회 위원, 최고인민회의 부문위원회 위원장 및 위원, 중앙재판소장, 중앙검찰소장 등)의 선거 및 소환, 국가예산의 승인 등이다(제91조). 한마디로 국가통치권의 핵심권한은 모두 망라하고 있는 셈이다. 1992년 헌법에서는 이 권한 중 주요 인사와 헌법사항에 관한 것을 제외한 사항만을 상설회의에서 대행할 수 있도록 되어 있었으나 1998년 개정헌법에서는 상임위원회의 권한을 일층 강화하여 사실상 최고회의의 모든 권한을 행사할 수 있도록 했다. 예를 들어 입법권 행사(제88조), 예산승인권 행사만이 아니라 내각의 성(省)이나 위원회 개폐권도 가지고 있다(제116조). 뿐만 아니라 상임위원회는 최고회의가 행사할 수 없는 권한도 가지고 있다. 조약비준권(제116조 제14항), 외교관임면권(동 제15항), 대사면권(동 제17항)도 행사할 수 있다.

일반 회의체 정부에서는 최고회의의 책임자가 국가원수직을 겸하는 것이 상례이나 북한은 1972년에 헌법을 고칠 때 국가주석직을 별도로 신설하였다. 국가주석직은 1998년 개헌 때까지 존속했는데 1992년 헌법에 의하면 공화국 주석은 국가의 수반으로 공화국을 대표할 뿐 아니라(1992년 헌법 제105조), 행정부의 수장직도 맡고 있어 삼권분립 행정부의 대통령직에 유사한 권한을 누리고 있었다(동 제107조). 주석은 행정부의 최고지도기관인 중앙인민위원회의 수장이 되며 정무원회의를 소집하고 법령을 공포하고 조약비준을 행하는 등 일반 국가의 대통령직을 모두 행사했다. 그러나 1998년 개헌 때 북한에서는 국가주석직을 폐지하고 다시 최고회의 상임위원회 위원장이 대외적으로 국가를 대표하도록 하였다(제111조). 2016년 개정헌법에서도 이 규정은 그대로 두었다(신헌법 제117조).

　북한의 정부조직에서 행정부의 최고기관은 내각이다. 헌법에서는 내각을 국가주권의 행정적 집행기관이며 전반적 국가관리기관이라고 규정하고 있다(제123조). 내각은 최고인민회의의 집행위원회적 성격을 가지며 최고인민회의에서 선출하는 직인 내각총리, 부총리, 상(相: 우리의 장관) 및 위원장, 그리고 상급 각료들로 구성된다. 2016년 기준으로 내각은 31개성, 7개 위원회, 1원, 1은행, 2국의 장으로 구성되었다. 2013년 4월 1일 제12기 제7차 최고인민회의에서 박봉주가 내각총리로 선출된 이래 2017년 현재까지 그 직을 맡고 있다. 부총리로는 강석주 등 10명이 선출되었다. 2017년의 내각 42개 부서는 〈부록 4〉에 수록해 놓았다.

2) 국무위원회 위원장과 국무위원회

　김정은이 권력을 승계한 후 개정한 2016년 헌법은 '국무위원회 위원장'과 '국무위원회'를 절을 달리하여 새롭게 규정하고 있다. 이 두 기관이 사실상의 정부의 중심에 있기 때문이다.

　북한 헌법에 따르면 최고인민회의가 최고 주권기관이므로 최고인민회의 상임위원회 위원장이 국가를 대표하는 상징적 국가원수로서 외국 사신의 신임장을 접수하도록 되어 있으나(헌법 제117조) 실질적인 국가원수는 김정은이다. 이를 합법화하기 위하여 새 헌법에서는 국무위원회 위원장이 공화국의 '최고영도자'라는 규정을 신설하였다(제100조).

　공화국의 전반적 무력(모든 무장력)을 지휘통솔하는 최고사령관직을 겸하는 국무위원회 위원장의 권한과 임무는 다음과 같다(헌법 제103조).

　　1) 국가의 전반사업을 지도한다
　　2) 국무위원회 사업을 직접 지도한다
　　3) 국가의 중요 간부를 임명 또는 해임한다
　　4) 다른 나라와 맺은 중요 조약을 비준 또는 폐기한다

5) 특사권을 행사한다
6) 나라의 비상사태와 전시상태, 동원령을 선포한다
7) 전시에 국가방위위원회를 조직 지도한다

국무위원회 위원장의 권한은 아래에 소개하는 국무위원회의 지위와 권한까지 고려하면 사실상의 '전제군주'나 다름없다. 새 헌법은 서문에서 김일성과 김정일을 '주체조선의 영원한 수령'으로 추대했으므로 주석이란 명칭을 사용할 수 없어 김정은의 지위를 국무위원회 위원장으로 표기하고 있을 뿐 사실상 최고 권력자다.

3) 국무위원회

김일성 사망 후 김정일이 권력을 승계하는 과정에서 형식상의 인민민주주의 정부 구조를 1인 지배체제로 전환하기 위하여 모든 정부의 권력을 장악하고 정책입안, 실천하는 업무를 통치권자에게 집중하기 위하여 정부조직 내의 하나의 위원회이던 국방위원회를 정부 위에 군림하는 정부의 최고 수뇌부로 지위를 격상하였다. 1998년 헌법 개정에서 이 작업이 이루어졌었다.

북한은 김정은 1인 지배체제가 확고해지고 나아가서 임시적 위기관리체제이던 군부 통치가 더 이상 필요하지 않게 됨에 따라 통치체제를 당지배체제로 환원하기 위하여 국방위원회체제를 국무위원회체제로 전환하고 최고 통치권자의 직위도 국방위원회 제1위원장에서 국무위원회 위원장으로 수정하였다. 2016년 6월에 열린 최고인민회의 제13기 제4차 회의에서 헌법 개정이 이루어졌다. 고쳐진 헌법이 규정한 국무위원회의 임무와 권한은 다음과 같다(제109조).

1) 국방건설사업을 비롯한 국가의 중요 정책을 토의결정한다.
2) 국무위원회 위원장의 명령, 국무위원회 결정, 지시, 집행을 감독하고 대책을 세운다.

3) 국무위원회 위원장 명령, 결정, 지시에 어긋나는 국가 기관의 결정,
   지시를 폐지한다.

국무위원회는 국가 모든 기관의 결정을 뒤엎을 수 있는 최고의 권한을
가진 명실상부한 '최고정책 지도기관'이다(제106조).
2016년 최고인민회의 제13기 제4회의에서 선출된 국무위원은 다음과 같다.

국무위원회 위원장	김정은(공화국 최고 영도자)
부위원장(3명)	황병서(인민군 총정치국장)
	박봉주(내각총리)
	최룡해(당 정치국 상무위원)
위원(8명)	김기남(당 선전선동부장)
	박영식(인민무력부장)
	리수용(당 국제부장)
	리만건(당 군수공업부장)
	김영철(당 통일전선부장)
	김원홍(국가안전보위부장)
	최부일(인민보안부장)
	리용호(외무상 예정자)

그리고 내각에 속하지 않고 공화국의 전반적 무력의 최고사령관으로 일
체의 무력을 지휘통솔하는 국무위원회 위원장(제102조)이 직접 관할하는 3
개의 부서의 책임자도 모두 국무위원으로 임명되어 국무위원장의 인민군 지
휘통솔을 원활하게 만들었다.

인민무력부장	박영식
국가안전보위부장	김원홍(대장)
인민보안부장	리명수

이번 헌법에서는 총론격으로 정치, 경제, 문화와 나란히 국방의 범위와 기능을 별도로 독립된 장으로 규정하고 있는데(제4장) 제58조에서 "조선민주주의인민공화국은 전인민적, 전국가적 방위체계에 의거한다"라는 아주 특이한 조문을 넣어 국방의 기능을 확대 해석할 수 있도록 만들어 놓았다. 공화국 자체가 전인민적, 전국가적 방위체계에 의하여 존립한다는 뜻은 '방위'가 곧 국정의 모두라는 뜻이 될 수 있기 때문이다. 그리고 무장력의 사명을 (1) 선군로선 관철을 위한 혁명수뇌부 보위, (2) 근로인민의 이익 옹호, (3) 사회주의 제도와 혁명의 전취물 수호, (4) 조국의 자유와 독립, 평화의 수호로 정하여(제59조) 필요에 따라서는 군의 활동 범위를 얼마든지 확대할 수 있도록 규정하였다. 군을 내각에서 독립된 국가 기관으로 분리하여 관리한다는 점에 주목할 필요가 있다.

4) 내각

내각은 최고 주권의 행정적 집행기관이며 '전반적 국가관리기관'이다(헌법 제123조). 내각의 수반은 내각총리이며 최고인민회의에서 선출한다. 내각 총리는 공화국 정부를 대표한다. 내각에는 성(省)을 담당하는 상(相: 장관), 위원회의 수장인 위원장 등 내각 구성단위의 장으로 구성된 내각전원회의(우리의 국무회의에 해당)를 운영하며(제127조), 결정과 지시를 낼 수 있다(제129조).

2013년 초에 구성된 내각은 총리 박봉주, 부총리 로두철, 강승수, 조병주, 강석주, 리무영, 김용진, 리승호, 리철만, 김인식, 정승훈 등 10명, 그리고 30개 성(省), 2국, 8위원회, 국가과학원, 중앙은행 등 총 42개 기구로 구성되었다(2016년 개헌 때 조국평화통일위원회를 새로 추가: 부처 이름은 〈부록 4〉에 수록하였다).

김일성-김정일 헌법에서 규정하고 있는 북한의 정부조직을 정리해 보면 최고인민회의 상임위원회가 형식상의 최고 주권기관(대외관계에서), 국무위원회가 국가주권의 최고지도기관, 그리고 내각은 국무위원장의 지도 아래 비군사적 영역의 행정업무를 집행하는 주권의 최고 행정적 집행기관으로 정리될 수 있다.

3. 지방조직

지방주권기관도 중앙정부기관과 같은 형식으로 구성되어 있다. 지방 주권기관인 도(직할시), 시(구역), 군 인민회의가 있고 이 회의에서 선출하는 지방주권의 행정적 집행기관으로 지방인민위원회가 있다. 이 인민위원회가 말하자면 지방정부이다.

지방정부인 인민위원회는 해당 인민회의에 책임질 뿐 아니라 내각 및 상급 지방정부의 지도를 받게 되어 있다. 물론 현실적으로는 해당 단위의 로동당 조직의 직접감독을 받는다.

지방인민회의는 일반, 평등, 직접, 비밀선거로 선출되는 임기 4년의 대의원으로 구성되며(헌법 제138, 139조) 해당 지방자치단체의 경제발전계획의 심의, 예산의 심의, 국가의 법을 집행하기 위한 계획, 해당 인민위원회의 위원장, 부위원장 등의 선거, 해당 지방재판소의 판사, 참심원(배심원)의 선거 등의 권한을 가지고 있다(헌법 제140조). 지방인민회의의 특이한 권한은 해당 지방인민위원회의 결정과 하급 지방인민회의 및 인민위원회의 결정을 폐지할 수 있는 권한을 갖고 있다는 점이다(헌법 제140조 제6항). 지방인민회의는 매년 1~2회의 정기회의를 소집하도록 되어 있다.

지방인민위원회는 지방정부인데 해당 인민회의에서 선출한 위원장, 부위원장 및 사무장으로 상무위원회를 구성하여 일상의 행정업무를 처리하도록 하고 있다. 지방인민위원회는 해당 인민회의와 상급 인민위원회 및 내각의 지시를 받아 일을 처리하도록 되어 있으므로 지방자치기관이란 이름에 해당하는 '자치'는 사실상 허용되지 않고 있는 셈이다. 1992년 헌법에서는 지방인민위원회를 행정경제위원회라 불렀고 지방인민회의 상임위원회를 지방인민위원회라 불렀다.

4. 검찰소와 재판소

북한의 통치체제는 3권분립이 아닌 회의체의 체제이므로 사법부가 독립되어 있지 않고 검찰과 함께 최고주권기관인 최고인민회의에 예속되어 있다. 검찰은 최고인민회의에서 중앙검찰소(우리의 검찰청에 해당)의 소장을 선출하고 검사는 해당 인민회의에서 선출하도록 되어 있다. 중앙재판소 소장은 최고인민회의에서, 그리고 중앙재판소의 판사는 최고인민회의 상임위원회에서 선출하고 지방재판소의 판사는 해당 인민회의에서 선출하도록 되어있다. 재판은 판사 1명(특별한 경우에는 3명)과 인민참심원 2명으로 구성된 재판소에서 한다. 배심원제도를 도입한 것인데 배심원을 인민회의에서 선출한다는 점에서 미국 등의 배심제도와 다르다.

5. 무장력관리조직

북한은 건국 초기에는 구소련의 통치체제를 그대로 도입하여 조선로동당 일당 지배의 소비에트형 의원내각제를 통치체제로 운영하였다. 국내 공산주의자, 소련군 군정시대에 소련군과 함께 들어온 재소 고려인 집단인 소련파, 중국 공산당과 함께 항일전에 참가했던 연안파 공산주의자들을 모두 수용하여 만든 조선로동당을 지배정당으로 하는 체제였다. 소련점령군의 후원으로 집권하게 된 소련극동군 88정찰여단 소속 장교집단인 김일성 등의 동지들인 갑산파는 소수였다.

이렇게 출발한 북한정권을 김일성 지배체제로 발전시키기 위해서 김일성은 20년에 걸쳐 기회가 있을 때마다 당내 경쟁 세력을 제거하는 숙청을 해냈다. 마지막으로 측근 동지인 갑산파 소속 경쟁자까지 제거한 후 당권을 완전히 장악한 김일성은 정비된 조선로동당을 통치의 주된 기구로 삼아 철저한 1당 지배체제를 구축하였다.

1994년 김일성 사망 후 김정일이 권력을 승계하면서 통치권의 중심을 군으로 바꾸어가기 시작하였다. 김일성 사망이라는 '국가적 위기,' 그리고 소련제국의 붕괴라는 국제환경의 급변사태 등을 내세워 북한 사회를 '계엄사태'로 규정하고 '고난의 행군'이라는 위기극복 투쟁을 군을 앞세워 전개하였다. 이를 정당화하기 위해 내세운 것이 '선군정치'라는 군사통치체제였다. 인민군을 단순한 국방의 무력조직이 아닌 통치기구로 승격시켜 헌법상 최고 주권기관으로 규정된 최고인민회의 위에 서는 기구로 활용하기 위하여 정부 내의 한 위원회이던 국방위원회를 최고 국정영도기구로 격을 높이고 인민군을 내각에 속하지 않는 독립된 통치기구로 만들었다. 그러나 군사통치체제인 선군정치체제를 종식시키고 당지배체제로 되돌아간 2016년 헌법체제에서는 국방위원회 대신 국무위원회가 최고정책 지도기관으로 되면서 무장력 관리체계도 국무위원회 직할 조직으로 바뀌었다. 결과적으로 관리 기구의 이름만 바뀌었지 최고 영도자가 직할하는 무장력이란 점에서는 변화가 없다.

선군정치를 실천하는 중심 기관인 인민군은 공화국의 '국가주권의 최고지도기관'인 국무위원회에서 직할하는 3개의 무장력관리부처의 군정(軍政)지원을 받아 모든 무장력을 통할한다. 국무위에 직속된 무장력관리기구는 다음과 같다.

1) 인민군 최고사령부

공화국 내의 모든 무장력을 통합관장하는 본부이다. 최고사령관은 국무위원회 위원장인 김정은 원수이다.

최고사령부에는 그 산하에 총정치국과 총참모부를 두고 있다.

총참모부 산하에 보위사령부, 호위사령부와 각 군 사령부가 있다. 주요 사령부로는 10개 군단사령부, 91수도방어군단사령부, 국경경비사령부, 포병사령부, 해군사령부, 항공 및 반항공군사령부(방공사령부)가 있다.

2) 인민무력성

정규군에 관련된 군정(軍政)업무를 관장한다. 외부의 무력위협으로부터 공화국을 방위하며 공화국의 대외정책 수단으로 사용할 군사력을 확보유지한다.

3) 국가보위성

공화국의 정치체제를 내외의 적으로부터 수호하는 부서로 대테러전, 대간첩전을 담당하며 반정부 세력을 감시, 제거하는 부서다. 각국의 정보부의 기능을 수행한다.

4) 인민보안성

공화국의 사회질서를 유지하는 무장력을 관리하는 공안기구다. 경찰 업무가 인민보안부의 주업무다.

인민군은 북한 통치기구를 구성하는 3대 지주의 하나로 정부와 당과 조직상으로 연계되어 통치자의 의지에 따라 당과 정부를 견제하고, 또한 이 두 기구와 균형을 이룰 수 있도록 되어 있다. 인민군 내의 정치적 통제를 책임 맡고 있는 총정치국은 로동당 중앙위원회 정치국의 통제를 받으며 각 군부대에 조직된 당조직은 인민군 총정치국의 지도를 받도록 되어 있다.

인민군은 일반 국가의 군대와 법적 성격을 달리하고 있다. 세계 모든 국가의 군대는 국가의 무장력인 국군이다. 그러나 북한의 인민군은 실제로는 조선로동당의 '혁명적 무장력'이다. 즉 국군이 아닌 당의 군대인 당군이다. "조선인민군은 모든 정치활동을 당의 영도 밑에 진행한다"고 당규약 47조에 규정하고 있다.

【참고문헌】

국가안전기획부 간. 『북한헌법』. 1998.

국방부. 『국방연감 2016』. 서울, 2017.

김성철 외 공저. 『북한이해의 길잡이』. 서울: 박영사, 1999.

연합통신. 『북한 50년』. 서울, 1995.

이동훈 외 공저. 『북한학』. 서울: 박영사, 1996.

이은호·김영재 공편. 『북한의 정치와 사회』. 서울: 서울 프레스, 1994.

전인영. 『북한의 정치』. 서울: 을유문화사, 1990.

최완규. 『북한 어디로』. 서울: 경남대학교 출판부, 1996.

통일부 통일교육원. 『북한이해 2013』. 서울, 2013.

제8장

통치이념의 변천

북한은 '김일성 주체사상'을 공식이념으로 하는 전체주의국가이다. 북한은 공식이념을 마르크스-레닌주의에서 주체사상으로 바꿈으로써 레닌주의적 전체주의 국가를 김일성을 신(神)으로 하는 신정주의국가로 전환시켰다. 주체사상은 종교화된 북한체제의 종교적 교리체계가 된 셈이다.

주체사상은 정교한 논리체계를 갖춘 일사불란한 이념이 아니다. 레닌주의 국가체제를 운영하는 과정에서 김일성의 절대적 권위를 강조할 필요가 생겨 사후에 이를 정당화하기 위한 논리로 만들어 낸 이념체계이다. 따라서 주체사상의 이념체계 내에서는 서로 모순되는 주장도 있는가 하면 논리적인 억지도 많이 내포되어 있다. 그러나 중요한 것은 주체사상이 북한의 모든 지도 엘리트의 행위에 방향성을 주고 한계를 설정하여 주는 '벗어날 수 없는 틀'로 북한정치를 묶고 있다는 사실이다.

이 장에서는 주체사상의 발전과정, 사상의 핵심을 이루는 세 가지 사상적 기초를 간단히 소개하고 마르크스-레닌주의와의 관계를 살펴봄으로써 주체사상에 대한 기초적 이해를 갖도록 하려 한다. 그리고 이어서 1인 전제체제를 정당화하기 위하여 내어 놓은 선군정치와 김정은 시대에 들어서서 김일성을 신격화하기 위하여 제시한 조선로동당의 "당의 유일사상체계 확립의 10대 원칙"을 소개한다.

1. 주체사상의 발전과정

북한은 정권수립 초기부터 대체로 1960년대 중반까지는 마르크스-레닌주의를 "자기 활동의 지도적 지침"으로 삼았다. 북한정권을 세우고 유지해 온 조선로동당이 자체의 이념을 앞세워 수립된 정당이 아니고 소련점령군에 의하여 만들어진 정당이었으므로 소련공산당의 이념체계를 그대로 수용했기 때문이었다.[1] 조선로동당이 내세운 마르크스-레닌주의도 소련의 국정교과인『철학교정』(哲學教程)에 들어 있는 "변증법적 유물론" 그대로였으며 그 해석도 김일성과 조선로동당의 이름으로만 허용되고 일반 학자들에게는 다른 해석을 허용하지 않았었다. 신일철 교수의 조사에 의하면 대학과 고급당학교에서 가르친 사상 교양과목 교재도 소련공산당에서 만든 "볼셰비크 당사," 알렉산드로프의 "변증법적 유물론," 콘스탄티노프의 "사적 유물론"이었다고 한다.[2] 이렇듯 북한정권 초창기의 공식 이데올로기는 교조적인 스탈린식 해석의 마르크스-레닌주의였다.

북한이 "자기활동의 지도적 지침"인 '지배 이데올로기' 수정을 시작한 것은 대체로 1950년대 후반이다. 중국과 소련 간에 격화되는 이념분쟁에서 중립을 지켜야 할 정치적 필요성이 생겼고 또한 소련에서 진행되던 스탈린 격하운동과 이에 따른 마르크스-레닌주의의 재해석으로 흔들리기 시작한 1

---

1) 북한에 스탈린주의체제가 도입된 과정과 스탈린주의가 김일성 1인지배의 정당화논리로 발전된 과정에 대해서는 다음 글을 볼 것. 신일철,『북한주체철학연구』(서울: 나남, 1993), 제2장 "북한 이데올로기의 본질," pp.21-48.

2) 위의 책, p.52.

당 지배논리로부터 북한 체제를 지켜야 할 필요성, 그리고 프롤레타리아트 국제주의와 애국주의 간의 심정적 갈등을 극복해 나가야 할 필요성 등에 의하여 김일성은 1950년대 중반부터 마르크스-레닌주의를 "우리나라의 현실에 창조적으로 적용"할 것을 지시하여 '사상적 주체'를 만들어 가는 작업이 시작되었다. 신일철 교수는 북한의 사회과학연구소 산하 철학연구소에서 생산해 낸 『조선철학사』(1960년간)를 사상의 주체화 작업의 첫 작품으로 꼽고 있다.[3]

주체사상을 공개적으로 강조하기 시작한 것은 1960년대 중반이다. 김일성은 1965년 4월 14일 인도네시아 알리 아르함(Ali Arham) 사회과학원에서 행한 연설에서 중국 공산당의 교조주의와 소련공산당의 수정주의를 모두 비판하면서 사상에서의 주체, 정치에서의 자주, 경제에서의 자립, 그리고 국방에서의 자위를 강조했다.[4] 그리고 1966년 8월 12일자 『로동신문』 사설 "자주성을 옹호하자"에서 공식적으로 자체이념을 세워 나갈 것을 선언하고, 같은 해 10월 5일에 열린 조선로동당 제4기 제2차 전원회의에서 "오늘의 정세와 우리당의 과제"를 발표하면서 북한의 사상적인 독자노선을 분명히 천명하였다. 이 결의에서 김일성은 시대가 바뀌어 소련이 혁명을 지도하던 때는 지났다는 것을 강조하고 "자주성은 모든 당의 신성불가침의 권리"이며 각 나라의 공산당 간에 높은 당-낮은 당, 지도하는 당-지도받는 당이 없다고 선언했다.

조선로동당은 1970년 11월에 열렸던 제5차 전당대회에서 당규를 개정하여 자기 활동의 지도적 지침을 "마르크스-레닌주의와 우리나라 현실에 마르크스-레닌주의를 창조적으로 적용한 김일성 동지의 위대한 주체사상"이라고 고쳐 마르크스-레닌주의를 '보편적 이념' 그리고 '김일성 주체사상'을 이

---

3) 위의 책, p.56.
4) "조선민주주의 인민공화국에서의 사회주의건설과 남조선 혁명에 대하여." 이 연설문은 김일성의 가장 대표적인 이론적 글이다. 이 글 제4절 "주체를 튼튼히 세우며 …"에서 김일성은 마르크스-레닌주의의 교조성을 반대하고 "마르크스-레닌주의도 우리나라의 현실에 적합하도록"할 것을 공식으로 천명하였다.

보편적 이념의 특수적용이라는 형식으로 연계시켰다. 그리고 이어서 1972
년 12월 27일에 개정한 헌법에 처음으로 "마르크스-레닌주의를 우리나라
현실에 창조적으로 적용한 조선로동당의 주체사상"을 인민공화국의 '자기활
동의 지도적 지침'으로 삼는다고 주체사상을 공식 이데올로기로 선언했다
(헌법 제3조).

북한은 1966년 사상의 주체를 선언한 후 각 연구기관에 주체사상의 체계
화 작업을 지시했으며, 그 결과물로 1970년에 철학연구소에서 『철학사전』
을 완성하였다. 그리고 1973년에는 새 철학교과서를 만들어 내었고 1974년
에는 "당 유일사상 체계확립 10대 원칙"을 발표하여 전 인민이 휴대하도록
하였다. 1980년 10월에 열린 로동당 제6차 전당대회에서는 당규를 다시 고
쳐 과거 마르크스-레닌주의와 김일성 주체사상을 병렬시켰던 지도이념을
"조선로동당은 오직 위대한 수령 김일성 동지의 주체사상, 혁명사상에 의해
지도된다"로 고치면서 김일성 주체사상을 마르크스-레닌주의를 대치하는
새로운 지도이념으로 굳혔다. 그리고 북한은 김일성의 70세 생일에 맞추어
김정일의 이름으로 『주체사상에 대하여』라는 체계화된 주체사상 교재를 만
들어 내었고 1985년에는 10권의 주체사상 총서를 발간하여 주체사상의 체
계화 작업을 마쳤다.[5]

2. 주체사상의 사상적 기초

정치 이데올로기로서의 주체사상은 세 가지 사상적 요소로 구성되어 있
다. 첫째는 사회적 존재론에 기초한 인간중심주의, 둘째는 근로대중 집단주
의를 바탕으로 하는 계급주의, 그리고 셋째는 절대적 엘리트주의를 정리해
놓은 수령론(首領論)이 그것이다.[6] 그리고 이 모두를 관통하는 이론은 사회

---

[5] 주체사상의 체계화과정에 대해서는 다음 책을 참조. 양재인 등 공저, 『북한의 정치이
념 주체사상』(서울: 경남대 극동문제연구소, 1990), pp.12-33.

정치적 생명체론(社會政治的 生命體論)이다.

인간은 각각이 하나의 자기완성적 존재인가, 아니면 개미나 벌과 같이 집단을 이루어야만 생존이 가능한 사회적 존재인가? 인간을 독립된 자기 완성적 존재로 보면 자유주의이념으로 귀착되고 사회적 존재로 인식하면 전체주의이념으로 귀착하게 된다. 자유주의적 인간관에서 출발하면 사회란 자유의지를 가진 개인들이 명시적, 묵시적 계약으로 만들어 낸 2차적 집단에 불과하다. 개인들 간 노동의 분업을 원활히 하고 각각의 삶의 질을 높이기 위한 협동을 쉽게 하기 위하여 자유로운 개인들이 협의하여 인위적으로 만들어 낸 것이 사회이고 따라서 사회에 대한 평가는 사회가 개인에게 얼마나 유익한 봉사를 하는가로 이루어지게 될 뿐이다.

이에 반하여 사람을 개미나 벌처럼 집단의 일원으로만 살 수 있고 또한 집단이 부여하는 역할을 제대로 수행할 때만 존재가치를 가지는 존재라고 본다면 사회가 개개인에 선행하는 1차적 존재로 인식된다. 사회는 마치 생명을 가진 유기체와 같아서 구성원들이 그 유기체를 구성하는 장기(臟器)와 세포같이 각각의 기능을 제대로 할 때 전체사회는 건강하게 생명을 유지하면서 발전하고 그 속에서 개인도 생명을 가질 수 있고 발전하게 된다. 개개인의 존재가치는 전체 생명체를 위하여 자기에게 주어진 과업을 제대로 수행하는 것이며 이렇게 제 과업을 수행할 때의 개인과 전체의 관계를 자유(自由)라 한다. 즉 자유는 개인이 가진 권리가 아니고 전체와 공존할 수 있는 자격으로 해석한다. 주체사상은 이러한 사회유기체론을 밑바탕에 깐 사회정

---

6) 이상우 등 공저,『북한 40년』(서울: 을유문화사, 1988) 제1편(이상우), 서론: 김일성체제의 특질, pp.11-30 및 제2편(양호민) 정치, pp.31-109를 볼 것. 제3절(양호민) 주체사상의 체계, pp.70-71에 이 세 가지 요소에 대한 해설이 실려 있다. 주체사상의 요소에 대해서는 다음 글도 참고가 된다. 이상우,『한국의 안보환경』제2집(서울: 서강대 출판부, 1986), 제22장 "북한의 오늘과 내일: 정치이념, 사회변화와 대남정책," pp. 387-411. 주체사상을 체계화한 장본인인 황장엽은 주체사상의 3가지 구성요소를 ① 전체주의, 계급주의, 봉건주의를 결합시킨 수령절대주의 ② 마르크스-레닌주의에서 도입한 계급독재이론 및 ③ 인간중심사상으로 정리하고 있다. 그의 회고록『나는 역사의 진리를 보았다』(서울: 한울, 1999), p.374.

치적 생명체론을 바탕으로 세워 놓은 이념체계이다.

주체사상의 기초를 이루는 '사회정치적 생명체론'은 인간 개인을 집단의 부분으로 연계시키기 위하여 만들어 낸 특이한 개념이므로 좀더 설명할 필요가 있다. 주체철학에서는 인간은 동물이 가지는 생물학적 존재로서의 생명이외에 사회적 생명을 가진다고 가정한다. 사회적 존재로서 인간이 가지는 사회적 속성은 자주성, 창조성, 의식성 및 사회적 협조성 등으로 인간이 다른 인간과의 사회적 관계를 개선하고 합리적으로 관리해 나가는 능력, 즉 정치적 능력을 말하는 것이다. 이러한 사회적 속성을 가지고 계속 사회관계를 발전시켜 나갈 수 있는 힘이 곧 사회정치적 생명이다.

그런데 인간은 개인적인 존재인 동시에 사회적, 집단적 존재여서 고립된 개인의 생명은 유한하지만 사회적으로 결합된 집단의 생명은 무한할 수 있다고 주장한다. 비유하자면 하나의 세포의 생명은 짧지만 그 세포가 다른 세포와 더불어 만들어 내는 '인간'이라는 집단적 생명체는 개체 세포의 생명보다 더 긴 생명을 가질 수 있다는 논리이다. 이러한 주장을 엮어 주체사상 체계에서는 "사회정치적 생명체라는 것은 생명활동을 해 나가고 있는 사회적 집단 가운데서 정치적 영도체계를 가지고 생명활동을 해 나가는 사회적 집단을 말한다"고 정의하고 있다.[7]

주체사상에서는 이념체계의 출발점으로 인간중심주의를 내세우고 있다. 주체사상 해설서마다 "주체사상은 사람중심의 철학사상"이라고 공언하고 있다. "사람이 모든 것의 주인이며 모든 것을 결정한다"든지, "사람은 가장 발전된 물질적 존재"라고 하는 것이 다 이런 생각이다. 그리고 사람이 세계의 주인으로서 특별한 지위와 역할을 차지하는 것은 자주성과 창조성 및 의식성을 가진 사회적 존재이기 때문이라고 주장하고 있다.

인간은 왜 다른 동물과 다르게 자주성, 창조성, 의식성을 가지게 되는가? 이 세 가지 속성은 사회 역사적으로 형성되고 발전되는 사람의 속성이기 때문이라는 것이 그 답이다. 하나의 사회정치적 생명체인 사회의 구성원으

---

7) 황장엽, 앞의 책, p.386.

로 사람이 존재하기 때문에 사회가 가지는 속성, 사회가 부여하는 속성을
구성원도 가지게 되므로 사회적 존재인 인간만이 자주성, 창의성, 의식성을
갖게 된다고 주체사상에서 설명하고 있다. 결국 주체사상에서 말하는 인간
중심주의란 개개인을 세계의 주인 내지는 역사발전의 주역으로 본다는 것이
아니고, 집단으로서의 인간을 주인, 주역으로 본다는 생각이다. 주체사상의
인간중심주의는 '인간개조사업'을 통하여 '공산주의적 인간'으로 다듬어져서
다른 사람들과 '집단주의적 사회관계'를 맺게 된 '인간집단'중심주의라고 이
해하면 된다.

주체사상이 인간의 속성으로 제시하고 있는 세 가지에 대한 설명도 특이
하다. 자주성(自主性)이란 개인이 전체의 요구에 자발적으로 부응하는 것을
말하고, 창조성(創造性)이란 집단의 목적의식과 맞도록 환경을 개선하는 것
이고, 의식성(意識性)이란 개인의 목적, 발전방향 등에 대한 바른 인식을 갖
는 것으로 설명하고 있다. 주체사상에서는 나아가서 이러한 속성을 가진 사
람들이 역사발전의 주인이 되어야 전체는 바른 발전을 이룰 수 있다고 주장
하고 있다. 반동분자(反動分子)들은 전체가 아닌 자기 개인의 이익을 추구하
는 자들이기 때문에 역사발전에 참여시켜서는 안 된다. 바른 속성을 가진
사람들이 근로인민이고 근로인민 각각의 집합이 계급이고 인간속성의 계급
적 표현이 계급의 자주성, 창의성, 의식성이다. 근로대중 집단을 역사발전의
주인으로 삼아야 한다는 계급주의는 이렇게 설명되고 있다.[8]

인민대중이 어떻게 바른 집단적 속성을 가지게 되는가? 바른 지도를 받을
때 가능하다. "인민대중이 역사의 주체로서의 지위를 차지하고 역할을 다
하자면 반드시 지도와 대중이 결합되어야 하고" 그런 뜻에서 "공산주의 운

---

8) 근로대중 집단주의에 대하여 양호민은 다음과 같이 설명하고 있다. "사람의 자주성
과 창조성은 타고난 것이 아니라 사회적으로 형성되고 발전해 온 사람의 사회적 속성
이기에 사회의 일원으로서가 아니면 자주성과 창조성을 가질 수 없다. 다시 말해 개인
의 확장인 집단이 자주성과 창조성을 가질 때 그 일원인 개인도 자주성과 창조성을
갖게 된다. 주체사상에서는 개인의 확장으로서의 집단을 '근로인민대중'으로 규정짓고
있다. 인간중심 세계관을 계급사상으로 확장하는 논리가 근로인민대중 집단주의이다."
이상우 등 공저, 『북한 40년』, p.70.

동은…… 옳은 지도가 없이는 진행될 수 없는 것"이라고 주체사상 교과서에서 강조하고 있다. 옳은 지도란 무엇인가? "지도문제는 인민대중에 대한 당과 수령의 영도문제"로서 당에 의해 이루어지는 지도가 그것인데, 그렇다면 당은 어떻게 바른 지도를 할 수 있는가? "혁명의 최고영도자"인 수령의 뜻을 따르기 때문이다. 결국 한마디로 수령의 뜻을 따르는 당이 지도할 때 인민대중은 역사의 주인이 된다는 이야기다. 이것이 수령론의 핵심이다. "공산주의 사회는 온 사회를 수령의 혁명사상으로 일색화하는 과정을 통하여 실현"되고, "수령의 요구대로 사회의 모든 성원들을 교양 개조하여 수령에게 충실한 공산주의자로 만들며 …… 수령의 요구대로 경제와 문화를 비롯한 사회생활의 모든 분야를 개조하여 공산주의 사회를 실현하는 것"이 혁명인데 "수령의 교시·가르침을 충직하게 실천하는 당에 의해 지도될 때만 노동계급은 자주적 혁명계급"이 된다고 한다.9) 수령은 유기체인 사회의 뇌에 해당하기 때문에 수령의 지시대로 움직일 때만 사회는 건강하게 생명을 유지할 수 있다는 것이 주체사상의 가르침이다.

3. '4대 지도원칙'과 마르크스-레닌주의와의 관계

주체사상의 실현을 위해 정책지침으로 내세운 것이 주체사상의 4대 지도원칙이다. 사상에서의 주체(主體), 정치에서의 자주(自主), 경제에서의 자립(自立), 그리고 국방에서의 자위(自衛)가 그것이다. 현재의 주체사상 체계에서는 이 네 가지 원칙이 주체사상의 실천강령으로 되어 있으나 주체사상의 체계화 과정을 보면 이 네 가지 원칙이 선행(先行)했고 이 네 가지를 포용하는 이데올로기로 주체사상이 뒤에 만들어졌음을 우리는 알고 있다. 그리고 그때그때의 필요에서 만들어진 원칙을 하나의 이념체계에 담다 보니 자연히

---

9) 황장엽, "위대한 수령님의 혁명사상은 주체의 사상, 리론, 방법의 전일적인 체계," 『근로자』 1979년 제4호.

그 사이의 논리적 연계가 매끄럽지 못하게 되었다. 그러나 그런 것이 문제 되지는 않는다. 사상에서의 주체는 1955년 12월 28일 당시 고조되던 중국 과 소련의 이념분쟁에 휩쓸리지 않기 위해 제창되었던 것이고, 정치에서의 자주는 소련의 대국주의에 반대하기 위하여 1962년 10월 10일에 선언했던 것이며, 경제에서의 자립은 소련 원조중단에 대응하여 1956년 12월 11일 당 중앙위에서 결정했던 것이고, 국방에서의 자위는 1962년 12월에 채택했 던 지침이었다.10) 각각의 지도지침이 독립적으로 만들어졌지만 전체를 관 통하는 하나의 정신은 대국 간섭에서 벗어나 독자적으로 혁명을 추진한다는 것이며 이 정신이 곧 주체사상이라고 이해하면 된다.

주체사상은 마르크스-레닌주의와 어떻게 연관되는가? 주체사상은 마르 크스주의가 내세우는 사회주의 이상(理想)을 수용하고 있고, 노동계급 주도 의 프롤레타리아트 독재라는 레닌주의 요소도 그대로 담고 있으며, 또한 사 회유기체설에 바탕을 둔 전체주의 논리도 그대로 따르고 있다는 점에서 마 르크스-레닌주의의 하나의 변형이라고 보아도 될 것이다. 그러나 역사발전 원동력을 생산력이 아닌 인간의지로 본다든지 혁명을 생산력과 생산관계의 모순에서 생겨나는 필연적 현상으로 보는 마르크스주의와 달리 혁명의지를 가진 인민대중의 투쟁이라고 주장하는 점에서, 그리고 계급을 객관적 조건 에서 규정지어지는 인간의 사회 내적 위상으로 보지 않고 혁명의식을 가졌 는지 여부로 갈라놓은 인간집단으로 규정하는 점 등에서 나타나는 강력한 주의주의(主意主義)는 전통 마르크스-레닌주의와 구별되는 특징이다. 이 주 의주의는 중국의 리따짜오(李大釗), 마오쩌둥(毛澤東)의 주장을 수용하여 접 목시킨 것으로 보면 된다.11)

---

10) 주체사상의 4대 지도원칙에 관한 자세한 내용은 다음을 참조. 김갑철·고성준, 『주체 사상과 북한 사회주의』(서울: 문우사, 1988), pp.115-130.

11) 주체사상의 내용이 레닌주의보다는 중국 공산당의 교의에서 더 많은 영향을 받았다는 점에 대해서는 다음 글을 참조할 것. 양호민, 『현대 공산주의의 궤적』(서울: 효형출 판, 1995), 제3부 제4편 북한에 대한 모택동사상의 영향, pp.444-505. 북한은 중국의 "인민민주 독재론", "사회주의 과도기 테제", "노농동맹론"을 거의 그대로 받아들였으 며, 이념체계에서는 유물론을 대체하는 리따짜오의 주의주의(主意主義)를 그대로 수

주체사상은 마르크스-레닌주의의 보편성과 충돌하는가? 이 점에 대해서는 일찍이 김일성이 분명하게 부정했다. 주체사상이 강조하는 민족적 특수성 수호는 애국주의이고 민족주의는 아니라는 설명이다. 특히 공산주의가 내세우는 국제주의와 관련하여 김일성은 "조선의 공산주의자들이 우리나라를 사랑하는 것은 노동계급의 국제주의와 배치되지 않을 뿐만 아니라 완전히 일치하는 것"이라고 명확히 이야기했다. 북한은 주체사상을 마르크스-레닌주의의 이단으로 만들고 싶어 하지는 않는 모양이다.

우리가 주체사상에 관심을 가지는 이유는 분명하다. 북한정권이 주체사상을 지도적 지침으로 삼고 있는 한은 우리와의 공존이 어렵기 때문이다. 주체사상의 계급주의는 한국의 자유민주주의 보편주의와는 상치하고 주체사상의 1인 지배 정당화 논리인 수령론은 대한민국의 기본이념인 자유민주주의와는 상극이 되기 때문이다. 남북한 간의 공존은 북한이 주체사상을 포기하는가 아닌가에 따라 결정된다는 점에서 주체사상은 남북평화통일의 시금석(試金石)이 된다고 할 수 있다.

4. 주체사상의 교조화: 유일사상체계의 10대 원칙

북한 통치이념인 '주체사상'은 마르크스-레닌주의가 종주국이던 구소련에서 비판을 받고 드디어 고르바초프(Mikhail Gorbachev) 서기장의 선도로 시작된 체제개혁(Perestroika) 과정에서 통치이념의 교조적 지위를 잃어가는 역사적 흐름에서 이를 대체할 새로운 이념으로 만들어진 북한 특유의 새 통치이념으로 도입된 것이다. 이 이념은 사회주의 이념을 승계하면서 전체주의-전제주의의 기초가 될 수 있도록 '사회정치적 생명론'이라는 사회유기

용하였다. 주체사상과 마오(毛)사상 간의 관계에 대한 체계적 비교에 대해서는 이종석의 글, "주체사상의 비교론적 성찰,"『현대북한의 이해』(서울: 대왕사, 1995), 제2장의 I, pp.88-105를 볼 것.

체설을 접목시켜 놓은 것이다.

북한은 김일성 통치시대에는 국가통치 이념으로 주체사상을 헌법규정화함으로써 마르크스-레닌주의에 의지하지 않고도 1인지배의 전체주의-전제정치를 정당화하는 도구로 충분했으나 김일성 사망 후 권력을 아들 김정일에게 승계시키고 다시 김정일 사망 후 김정은이 권력을 승계하게 되면서는 승계를 정당화하는 논리로 주체사상을 교조화할 필요가 있었다. 교조화된 주체사상의 수호를 위하여 가족 승계가 필요하다는 논리가 필요하였기 때문이다.

북한은 이러한 체제정당화 논리를 정당화하기 위하여 김일성을 신격화하고 그 김일성의 사상인 주체사상을 아무도 저항할 수 없는 신성한 교리로 교조화하였다.

북한은 2009년 9월 28일에 채택한 개정헌법 〈사회주의 헌법〉 서문에서 북한을 아예 김일성사상을 구현한 국가로 못을 박고 김일성 동지가 창시한 '주체사상'을 영생불멸이라고 선언하였다. 그리고 2012년 4월에 개정한 헌법에서 김정일의 '선군사상'과 함께 '주체사상'을 공화국의 '자기활동의 지도적 지침'이라고 조문화하였다(헌법 제3조). 이 헌법에 따라 북한에서는 주체사상에 관한한 아무도 그 내용을 재론할 수 없게 되었다.

북한은 이어서 북한사회의 이념체제를 수호하는 것을 사명으로 하는 조선로동당에서 2012년 4월 11일 제4차 당대표자회의를 열어 당규약을 개정하여 김정은 동지의 뜻에 따라 '조선로동당은 김일성-김정일의 당'이라고 선언하고 '김일성-김정일주의'를 유일한 지도 사상으로 한다고 밝혔다. 그리고 "온 사회의 김일성-김정일주의화"하는 것을 당의 최고 강령으로 하기로 결정하였다.

로동당은 이어서 1974년 4월 14일에 채택하였던 〈당의 유일사상체계 확립의 10대 강령〉을 2013년 8월 당대표자회의에서 수정보완하여 〈당의 유일적 령도체계 확립의 10대 원칙〉을 새로 결의함으로써 김일성 주체사상을 신격화하는 지침으로 보강하였다(전문은 〈부록 10〉에 수록).

새 10대 원칙은 다음과 같다(요약).

1) 온 사회를 김일성-김정일주의화하기 위하여 몸 바쳐 투쟁하여야 한다.
2) 위대한 김일성 동지와 김정일 동지를 우리당과 인민의 영원한 수령으로 주체의 태양으로 높이 받들어 모셔야 한다.
3) 위대한 김일성 동지와 김정일 동지의 권위, 당의 권위를 절대화하며 결사옹위하여야 한다.
4) 위대한 김일성 동지와 김정일 동지의 혁명사상과 그 구현인 당의 로선과 정책으로 철저히 무장하여야 한다.
5) 위대한 김일성 동지와 김정일 동지의 유훈, 당의 로선과 방침관철에서 무조건성의 원칙을 철저히 지켜야 한다.
6) 령도자를 중심으로 하는 전당의 사상의지적 통일과 혁명적 단결을 백방으로 강화하여야 한다.
7) 위대한 김일성 동지와 김정일 동지를 따라 배워 고상한 정신도덕적 풍모와 혁명적 사업방법, 인민적 사업작풍을 지녀야 한다.
8) 당과 수령이 안겨준 정치적 생명을 귀중히 간직하며 당의 신임과 배려에 높은 정치적 자각과 사업실적으로 보답하여야 한다.
9) 당의 유일적 령도 밑에 전당, 전국, 전군이 하나와 같이 움직이는 강한 규률을 세워야 한다.
10) 위대한 김일성 동지께서 개척하시고 김일성 동지와 김정일 동지께서 이끌어 오신 주체혁명위업, 선군혁명위업을 대를 이어 끝까지 계승완성하여야 한다. …… 백두의 혈통으로 영원히 이어나가며 …… 계승발전시키고 그 순결성을 철저히 고수하여야 한다.

북한의 현 체제에서는 김일성의 신격과 김일성의 교시의 불가침성이 규범화되어 정권이 교체되기 전에는 누구도 도전할 수 없는 공화국 운영의 지침으로 굳어졌다.

5. 보조적 지도지침

북한은 이미 사망한 김일성에게 신격을 부여하고 그 교시를 성서(聖書)로 만든 신정국가로 자리 잡았다. 그러나 이 교시를 실천해 나가는 현실 정치에서는 실무적 지침이 필요해져서 새로운 통치자가 등장할 때마다 보조적 통치 지침을 만들어가고 있다.

1) 선군사상

북한은 체제 수호의 효율성을 보장하기 위하여 김정일이 권력을 승계한 때로부터 통치체제를 군사정부체제(軍事政府體制)로 운영하기로 하고 이를 지침화하였다. 이것이 '선군사상'이다.

북한은 2009년 9월 28일에 채택한 제9차 개정헌법 〈사회주의 헌법〉에서 공식으로 '선군사상'을 통치이념에 추가하여 "…… 공화국은 …… 주체사상, 선군사상을 자기 활동의 지도적 지침으로 삼는다(헌법 제3조)"고 명문화하고 통치체계에서 군의 지위를 격상시켰다. 우선 공화국의 주권자를 명시한 헌법 제4조에서 로동자, 농민, 근로인테리와 모든 근로인민이라고 규정해오던 것을 여기에 새로 군인을 추가하였다. 공화국 무장력의 사명을 규정한 제59조에 '선군혁명로선을 관철하여 혁명의 수뇌부를 보위하고'라는 구절을 삽입하여 기존의 국방 사명에 보탰다. 이 규정으로 인민군은 단순한 국방군이 아니라 정치체제 수호를 책임지는 통치기구로 승격했다. 이와 함께 정부조직의 하나의 구성요소로 들어가 있던 국방위원회와 국방위원장의 권한을 높여 사실상의 최고 통치기구로 격상시켰다.

2009년 헌법에서는 국방위원장에 대한 조문을 신설하여 "국방위원장은 …… 공화국의 최고령도자"라고 규정(제100조: 신설)하고 국방위원장이 당연직으로 전반적 무력의 최고사령관이 되게 하고(제102조), "국가의 전반사업을 지도한다(제103조)"고 권한을 강화하였다. 그 밖에 국방위원회의 정책입안권, 명령권, 조직신설개편권, 조약의 비준권, 대사령을 내릴 수 있는 권한 등을 열거하였는데 이와 함께 최고인민회의 상임위원회의 권한을 축소하였다.

'선군사상'은 김정일에서 김정은으로 권력승계가 이루어진 이후에도 그대로 지도지침으로 유지되었다. 김정은 승계 이후에 수정한 제10차 개정헌법(2012.4.11)에서도 관련 조문은 모두 그대로 존속시켰다. 2016년의 개헌에서는 최고정책 지도기관으로 국방위원회 대신 국무위원회를 창설하면서 군이 국가정책 전반을 통제하던 체제를 고치고 '혁명 수호 무장력'으로 활동 영역을 좁혔으나 선군사상 자체는 국가 활동의 기본 지침으로 남겨두고 있다(제3조). 전시에는 국무위원장이 지휘하는 국가방위위원회가 구성된다. 2016년 헌법으로 군은 국방 업무로 활동을 한정하게 되었다.

2) 국방-경제강국건설 병진정책

김정은은 선군혁명로선을 고수할 것을 천명하면서 동시에 경제강국 건설도 강조하고 있다. 그리고 국방-경제건설을 병진시켜 나갈 것을 선언하고 있다. 핵무기 개발을 국방 건설의 핵심으로 함에 따라 이 정책을 '핵·경제 병진정책'으로도 부른다.

북한은 주체사상 형성기에 경제 영역에서 채택했던 '자립경제건설'을 경제 계획의 지침으로 삼아 왔다. 외부 간섭으로부터 정치체제를 지켜나가기 위하여 폐쇄 정책을 고수해온 북한으로서는 경제만 개방할 수 없었다. 자립경제(autarky)는 북한으로서는 불가피한 선택이었다. 북한은 다른 나라와 비교할 필요가 없었기 때문에 성장을 희생하고라도 자급자족만 할 수 있으면 우선은 만족할 수 있었기 때문이다.

북한은 공산체제가 붕괴하면서 공산권 국가들과의 협력이 어려워지고 국가안보가 위태해진 1990년대에 들어서서는 체제 수호를 위한 군사력 증강에 힘을 기울일 수밖에 없었고 강력한 군사력을 건설하기 위하여 국방경제에 주력하기로 정책 노선을 바꾸었다. 이것이 김정일 통치시대에 내세운 국방공업 위주의 선군경제지침이었다.

북한은 제한된 자원과 낮은 기술 수준으로 재래식 군비 경쟁에서는 도저히 성공할 수 없음을 알게 되고 그래서 핵무기를 중심으로 하는 대량살상무기(WMD) 확보에 주력해 왔다. 핵억지전력을 갖추어 미국 등 주변 적대국의 위협에서 벗어나고자 했다.

선군경제지침 아래 추진한 국방공업에서는 상당한 성과를 거두었으나 그 성공은 인민생활의 희생으로 이루어진 것이어서 인민생활을 궁핍 단계로 전락하였다.

이러한 여건에서 권력을 승계한 김정은은 핵억지전력을 갖추는 국방공업도 추진해야 하고 인민생활 향상을 위한 인민경제 활성화도 병행추진하지 않을 수 없게 되었다. 선군경제건설과 인민경제건설의 병행추진이라는 새로운 통치지침은 북한의 현재의 환경에서는 불가피한 선택이 되었다.

국제사회에서 고립되어 외부의 지원을 얻기 어려운 상태에서 핵무기 제거를 강요하는 국제사회의 경제제재까지 겹쳐 북한의 국방-인민경제 병진 정책이 성공할 수 있을지는 의문이나, 적어도 통치지침으로는 내어 놓을 수밖에 없을 것이다.

북한은 건국 초기에는 공산주의 이상 사회 건설을 국가 발전의 최종 목표로 내세웠으나 소련 공산정권의 붕괴, 중국의 실용주의 노선 추구 등의 시대 환경 변화와 공산주의 계획 경제의 비효율성으로 경제 발전이 뜻대로 이루어지지 않게 되면서 이상과 현실의 격차로 인민들의 정부 불신이 심해지자 새로운 전략 지침을 내세우기 시작하였다. 북한은 2010년 노동당 제3차 당 대표회에서 당규약을 개정하여 혁명의 도달 목표로 내세웠던 '공산주의'를 삭제하였다. 그 대신 '사회주의 강국' 건설을 목표로 대체했다.

북한은 공산 진영의 해체로 러시아와 중국으로부터 정치적·군사적·경제적 지원을 얻기 어려워짐에 따라 군사적 자위에 국정 목표를 맞출 수밖에 없었으며 '선군사상'은 이런 사정을 반영한 것이었다.

국방-경제 병진 정책을 전략적 노선으로 채택하고 선군정치를 펴오던 북한은 낙후한 경제 역량으로 자주국방을 이룰 군사력 건설이 어려워짐에 따라 적은 비용으로 확실한 억제 역량을 보장해주는 핵무기 개발에 역점을 두고 국방-경제 병진 정책을 '핵-경제 병진 정책'으로 구체화해 나가고 있

다. 2016년에 열린 제7차 전당대회에서 행한 사업총화 보고에서는 이러한
정책 노선 조정을 '3개 전략적 노선' 제시로 구체화하였다. 제7차 전당대회
에서 제시된 '전략적 노선'은 총 6개이다.

첫째로 당건설의 전략적 노선으로 '김일성-김정일주의화'를 내세웠다. 혁
명의 최종 목표를 온 인민이 김일성-김정일주의를 따르는 정신을 갖추고
사회주의 강국을 건설하는 데 둔다는 것이 그 내용이다. 두 번째로 '항구적
인 전략적 노선'으로 ① 경제 건설과 핵무력 건설의 병진 노선 ② 자강력
제일주의 ③ 선군혁명 노선을 내세웠다. 그리고 세 번째로 ① 청년 중시
② 인민경제의 주체화, 현대화, 정보화, 과학화를 꼽았다.

김정은 정부는 이제 '핵-경제 병진 정책'을 국가 운영의 기본으로 삼고
있어 경제 운영, 외교 정책 전개 등 모든 정책 영역에서 '핵'무기 확보는 국
가 최고 목표로 굳어져 가고 있다.

김정은 시대는 주체사상을 통치지침으로, 선군사상과 국방경제-인민경제
병진정책을 보조적 지도이념으로 삼아 국가를 통치해 나갈 것이다.

【참고문헌】

고성준 외 공저. 『전환기의 북한사회주의』. 서울: 대왕사, 1992, 제1, 제2, 제3장(고
　　　성준) 및 제15장(최완규).
김갑철·고성준 공저. 『주체사상과 북한사회주의』. 서울: 문우사, 1988.
김남진 외. 『향도의 태양 김정일 장군』. 평양: 평양출판사, 1995.
김정일. 『주체사상에 대하여』. 동경: 조선로동당출판사, 1982.
(북한)사회과학연구소 간. 『철학사전』. 1970.
신일철. 『북한주체철학의 비판적 분석』. 서울: 사회발전연구소, 1987.
＿＿＿. 『북한주체철학연구』. 서울: 나남, 1993.
양재인 외 공저. 『북한의 정치이념: 주체사상』. 서울: 경남대 극동문제연구소, 1990.

이상우. 『북한의 주체사상』. 서울: 통일원통일연수원, 1989.

전인영. 『북한의 정치』. 서울: 을유문화사, 1990. pp.65-141.

허종호. 『주체사상에 기초한 남조선 혁명과 조국통일리론』. 평양: 사회과학출판사, 1975.

황장엽. 『나는 역사의 진리를 보았다: 황장엽 회고록』. 서울: 한울, 1999. pp.369-393.

_____. 『인간중심철학의 몇 가지 문제점』(서울: 출판사 없음. 1997년 4월에 쓴 원고를 비매품으로 2000년 1월 출간한 책임).

Gorbachev, Mikhail. *Perestroika*. New York: Harper and Row, 1987.

제**3**부

기능영역별 체제와 정책

개 요

　북한은 유례를 찾기 어려운 철저한 1인 지배의 신정(神政)적 전체주의체제를 유지하고 있는 국가이다. 이러한 북한의 국가로서의 기본성격은 국가의 여러 기능별 체제에서도 나타난다.

　개인에 앞서 집단을 생각하는 스탈린주의적 전체주의체제를 운영하는 북한에서는 모든 경제활동은 국가의 직접통제 아래서 이루어진다. 북한은 모든 생산수단은 국가와 협동단체만이 소유하며 생산에서 유통·소비까지 모든 단계가 국가의 계획에 따라 진행되는 철저한 사회주의 경제체제를 유지하고 있다. 생산성 향상을 위하여 북한은 2002년 7월 1일에 7·1조치를 단행하는 등 약간의 물질적 유인책을 도입하려는 시도를 펼치기도 했지만 실패했었다. 그러나 김정은 집권 후 중국의 '등소평 개혁'을 본 따 2012년 6월 28일 6·28조치를 취하고 농업과 기업경영의 자율화를 추진하고 있다. 이와 함께 자생적으로 생겨난 장마당이 북한경제의 중요한 한 축으로 자리 잡아가고 있다. 제9장에서는 북한의 경제체제와 정책변화를 해설한다.

　북한은 냉전시대에는 공산진영 소속 국가로 진영 내에서의 국가 간 협조에만 중점을 두는 외교를 전개했으나 탈냉전시대에 들어서서 국제적 고립을 면하기 위하여 미국 등 서방선진국과의 관계개선에 전력을 쏟고 있다. 북한은 미국과의 관계개선으로 한국을 고립시키려는 통미봉남(通美封南)정책, 그리고 핵무기를 개발하여 핵보유국으로 인정받아 국제사회에서 강대국의 지위를 확보하려는 노력을 집요하게 펼치고 있다. 제10장에서는 북한의 외교정책기조, 탈냉전시대의 외교정책 등을 소개한다.

북한은 국가규모에 비하여 아주 큰 군대를 유지하고 있다. 북한은 군사력만이 국가의 안전과 혁명의 전리품을 지킬 수 있다고 믿고 있으며 남북통일도 궁극에는 군사적으로 마무리지어야 한다고 생각하고 있다. 북한은 재래식 군비 경쟁에서 승산이 없음을 잘 알고 있으며 이러한 문제를 대량살상무기 개발로 극복하려하고 있다. 제11장에서는 이러한 북한의 군사정책과 아울러 북한의 전쟁관, 군사력 건설 기본지침, 군사력 구성 등에 대하여 해설한다.

제12장에서는 북한의 통일정책과 통일정책수행기구를 소개한다. 북한은 통일을 분단된 두 개의 한국을 하나로 재결합한다는 한국의 통일문제인식과 달리, 남반부해방을 성취하여 못다 이룬 민족해방을 완성하는 것이 곧 '통일'이라는 통일문제인식을 가지고 있다. 이러한 인식에 기초하여 북한은 남반부에서 미국을 축출하는 '민족해방'과 남반부 착취계급으로부터 남반부 인민을 해방시킨다는 '인민민주혁명'을 통일의 두 가지 과제로 삼고 있다. 북한의 통일논리, 정책, 그리고 정부 및 당 내의 통일정책 관련기구의 기능 등을 해설한다.

경제체제와 정책변화

북한경제체제는 가장 철저한 소련식 공산주의경제체제로 시작했다. "능력에 따라 생산하고 필요에 따라 소비한다"는 최고 형태의 사회주의체제다. 사회 구성원 모두가 공동 생산하고 정부가 정한 각자의 필요에 따라 소비한다는 집단주의적 계획경제체제가 소련식 공산주의경제체제다. 사회 구성원 모두에게 사회가 책임지고 인간 존엄성을 유지하는 데 필요한 물자와 서비스를 확보해주자는 사회주의 이상에, 특정 신분의 권력자가 부를 독점하고 있던 봉건적 자본주의체제 타도의 당위성을 입증하는 정치 논리를 보탠 혁명사상이 소련식 경제체제였다.

북한은 소련점령군에 의하여 인민공화국을 수립하면서 소련식 공산주의체제를 도입하여 구체제의 기득권자의 경제기반을 일시에 파괴하기 위하여 농지개혁, 기업의 국유화, 집단화를 철저하게 실천했다. 그 결과로 북한은 소련이나 동유럽의 어떤 공산주의 국가보다도 더 철저한 사회주의 경제체제를 확립하게 되었다. 생산수단의 사유는 완전히 철폐되었고 모든 생산영역에서 집단소유제가 실시되었으며 국가가 생산과 분배를 계획하고 실천하는 경제체제를 갖추었다.

북한은 강력한 동원체제로 노동자, 농민을 생산에 투입하여 강도 높은 노동을 하게함으로써 공산화 초기에는 어느 정도 경제건설을 이룰 수 있었다. 그러나 곧 집단주의 경제체제의 부작용인 노동의욕의 저하, 창의성의 결여, 자본축적의 부진, 관리체계의 비효율성 증대, 감독 관료의 부패 등이 누적되어 헤어나기 어려운 경제적 파탄에 직면하게 되었다. 북한은 1990년대에 들어서서는 연이은 자연재해까지 겹쳐 인구의 1할이 아사하는 극단적인 경제파탄에 직면하게 되었고 이를 수습하기 위하여 제한적으로 시장경제체제의 몇 가지 제도를 도입하는 시도로 2002년 '7·1조치'라는 긴급처방을 실시했다. 그러나 기대할만한 성과를 거두지 못했다.

2011년 12월 김정일 사망으로 김정은이 3대 세습을 한 이후 북한은 김정은 시대를 열면서 과감한 경제개혁에 착수하였다. 중국이 덩샤오핑(鄧小平) 주석이 집권하면서 감행했던 '개혁개방'과 같은 경제개혁을 북한도 시도하고 있다. 2012년 여름 6·28조치를 발표하면서 농업과 기업 운영에서 자율을 확대하는 실험을 시작하였으며 그 결과에 자신을 가지게 된 북한은 2013년에 들어서서 〈신경제체제〉를 완성하고 2014년부터 실천하기로 하였다. 이 계획이 성공하면 북한도 중국처럼 계획경제체제를 버리고 시장경제를 바탕으로 하는 '우리(북한)식 시장경제'로 경제체제를 혁명적으로 전환할 것으로 예상되었으나 '선군경제'를 유지하려는 군부의 강력한 저항으로 순탄하게 진행되지 못했다.

그동안 유지해 왔던 북한경제체제와 김정은 시대의 개혁 노력, 그리고 최근 경제현황 등을 간단히 정리한다.

1. 경제체제

　북한경제체제는 전형적인 국가통제의 사회주의 경제체제다. 북한은 경제체제의 지배이념, 생산수단의 소유, 분배원칙, 그리고 운영체제 등 모든 영역에서 전형적인 사회주의체제를 고수하고 있다. 북한 헌법 제1조는 북한이 "사회주의 국가"임을 선언하고 있으며 제19조부터 38조까지에서 구체적으로 사회주의 경제체제 운영원칙을 규정하고 있다.[1]

　사회주의 경제의 지배이념은 집단주의이다. 사회를 하나의 유기체로 전제하고 "하나는 전체를 위하여, 전체는 하나를 위하여"라는 집단주의 원칙 (북한 헌법 제63조)에 의하여 사회구성원이 필요로 하는 물질적 기초를 모두가 함께 생산하여 나누어 쓴다는 것이 사회주의 정신이다. 각자는 능력에 따라 참가하고 사회 전체가 건강한 유기체로 작동하도록 구성원들이 맡은 바 임무를 원활하게 수행할 수 있도록 국가가 직분에 따라 각자에 응분의 배분을 실시하는 경제체제가 사회주의 경제체제다. 이러한 체제에서는 사회구성원은 국가가 명하는 노동을 해야 할 의무를 지는 대신 "국가는 모든 근로자들에게 먹고, 입고, 쓰고 살 수 있는 온갖 조건을 마련"해 주는 것을 책임지도록(헌법 제25조 3항) 되어 있다. 개인이 스스로 자기가 필요한 것을 벌어 쓰도록 되어 있는 자유주의 시장경제체제의 기본정신과는 전혀 다른 발상의 경제체제다.

　사회주의 경제체제의 가장 두드러지는 특성은 소유제도에서 나타난다. '사유재산 절대의 원칙'과 '계약자유의 원칙'을 바탕으로 하는 자본주의 경제체제와 달리 사회주의 경제체제에서는 생산수단은 집단소유를 원칙으로 한다. 집단소유는 전체 인민의 소유, 즉 국유(國有)가 있고 작게는 협동단체

---

1) 제19조는 북한경제가 사회주의 생산관계에 기초함을 밝히고 있으며, 생산수단은 국가와 협동단체만이 소유하고(제20조), 국유(제21조), 집단적 소유(제22조), 개인소유(제24조)를 정의하고, 공유를 국유로 바꾸어 나갈 것을 천명하고(제23조), 국가가 근로자의 의식주를 책임질 것을 선언하고(제25조), 그 밖에 인민경제는 전적으로 계획경제원칙(제34조)을 따른다는 것 등을 밝히고 있다.

소유, 즉 공유(共有)가 있다. 생산수단의 개인소유는 허용되지 않는다. 북한
도 생산수단은 국가와 협동단체만이 소유한다고 헌법(제20조)에서 밝히고
있다. 개인소유는 소비를 위해 국가가 배분해 준 것만 허용된다(제24조).

사회주의 경제체제에서는 생산을 위한 자원배분, 생산량의 결정, 배분의
결정 등은 모두 국가가 담당한다. 따라서 국가통제의 계획경제일 수밖에 없
다. 북한은 헌법에서 "인민경제는 계획경제"라고 규정하고 국가가 "인민경
제 발전계획을 세우고 실행한다"라고 밝히고 있다(제34조). 경제계획의 작성
과 집행 및 감독은 내각의 한 부서인 국가계획위원회가 담당한다. 이 위원
회는 도·시·군 및 공장기업소의 계획부서를 일원적으로 통제하며 내각의
각 부 및 위원회의 계획부서도 통제한다. 국가계획위원회는 예산편성만 아
니라 사업계획도 모두 통제·조정한다. 국가계획위원회에서 편성한 예산은
최고인민회의의 예산위원회에서 최종안으로 만들어져 최고인민회의의 의결
로 확정된다.

북한은 당지배 국가이므로 경제계획에서도 조선로동당이 국가계획위원회
를 실질상 지휘, 감독한다. 당중앙위원회에는 기계공업부, 경공업부, 계획재
정부 등 내각의 관련 부처 업무를 통제하는 기구를 두고 있다. 군사예산
및 방위산업에 관해서는 인민무력부가 별도로 계획, 집행한다.

북한경제는 특이하게 운영되고 있다. 다른 사회주의 국가에서와 마찬가
지로 정부가 주도하는 모든 공식 경제부문은 총리가 지휘하는 내각에서 관
장하는데 이를 편의상 제1경제라 부른다. 핵무기 개발을 포함하여 모든 군
수물자 조달 업무는 제2경제위원회가 관장한다. 보통 이 부문의 예산이 공
식 국가예산에 포함되지 않기 때문에 북한의 경제지표를 분석할 때는 주의
하여야 한다. 이외에 통치자의 비공식 통치자금을 조성, 관리하는 제3경제
부문이 별도로 존재한다. 무기 비밀판매, 마약 등 불법 물자거래, 위조달러
유통, 금 등 특수산물 판매 등으로 조성된 비자금을 당비서국의 제38호실과
제39호실, 그리고 국방위원회 산하 제54부에서 관리하여 왔으나 2013년 이
기구들을 인민군총참모부 정찰총국으로 통합하여 운영하고 있다. 통치자금
규모는 2013년 기준으로 40억 달러 정도로 추정된다.[2]

북한에서 분배는 사회주의 분배원칙에 따른다. 인민은 노동의 양과 질에 따라 배분 받았다(1972년 헌법 제27조). 그러나 사회주의 분배원칙을 넘어서서 "필요에 따라 소비한다"는 공산주의 이상을 실현하기 위하여 국가와 사회가 생활의 기본 수요를 "추가적 혜택"으로 배분한다(헌법 제24조 2항). 다만 최근에 와서 생산 의욕 고취를 위해 물질적 동기를 부여할 목적으로 계획량 이상의 생산을 달성한 집단(기업소, 협동농장작업반, 분조 등)에 대해서는 초과분의 일정량을 구성원에게 추가 배분해 왔다.3)

농업조직은 국영농장과 협동농장으로 구성되어 있다. 국영농장은 국가소유의 농장을 공장처럼 운영하는 조직이다. 농민은 임금노동자와 같다. 일정한 노동의 대가로 보수에 해당하는 분배를 받는다. 협동농장은 이론상 구성농민이 공유하는 경지를 함께 경작하여 각자 투여한 노동량(노르마)에 비례해서 나누어 갖는 형태로 되어 있다. 북한의 농지는 대부분 협동농장에 속하여 있다. 북한은 1946년 3월에 토지개혁을 실시한 후 1953년부터 농업 집단화에 착수하여 1958년 8월에 이르러서는 전농가를 1만 3,309개의 농업 협동조합에 가입시켰다. 협동조합은 80호의 농가를 기준으로 구성하였으며 평균 경작 면적은 130정보였다. 그 후 1962년에 협동조합을 3,843개의 협동농장으로 개편하고 단위 규모를 확대하여 농장당 300호의 농가에 경지면적 500정보가 기준이 되게 하였다.4) 협동농장은 생산 작업반으로 나뉘고 다시 각 작업반은 15~20호로 구성된 분조로 조직되었었다(2012년의 6·28조치로 분조를 4~6명으로 개편).

1996년 기준으로 북한 경지의 약 6%만이 국영농장으로 되어 있었고 나머지는 모두 협동농장이었다. 북한은 협동농장을 사회주의의 상징으로 여기기 때문에 "집단생산 집단분배" 원칙을 고수하려 하나 점차로 떨어지는 생산성을 지켜나가기 위해 물질적 동기를 부여할 목적으로 분조도급제(分組都

---

2) 『조선일보』, 2013년 12월 12일자 4면 및 『동아일보』, 2013년 12월 11일자 6면 참조.
3) 분배관리체계에 대해서는 통일부 편, 『북한개요 2000』, pp. 269-272 및 280 참조.
4) 위의 책, p. 295.

給制)를 도입하고 생산 목표량을 하향 조정한 후 초과 생산량을 분조원들이 자유 처분할 수 있도록 제도 개선을 하고 있으나 아직 그 효과는 나타나고 있지 않다.

북한은 1946년 8월 10일 '주요 산업 국유화법령'을 제정하여 공장, 광산, 발전소, 운수, 체신, 유통관련기업, 은행 등 모든 기업을 국유화하였다. 이 조치로 전체 산업의 90%에 해당되는 1,034개소의 산업 시설이 국영으로 전환되었다. 소규모 개인기업의 국유화는 6·25 이후부터 추진하여 현재는 모든 기업이 국유화되었다.[5]

북한은 농지와 기업의 국유화를 다른 어느 공산국가보다 신속히, 그리고 철저히 진행하여 1960년에 사회주의 경제체제 구축을 완료하였다. 그러나 이러한 경제체제의 개조로 사회개혁을 가져왔다는 점에서 혁명의 성공이라고 자부할 수 있을지 모르나 기대처럼 생산력증대를 가져오지 못한 데 대하여 북한당국은 고민하기 시작하였으며 이를 보완하기 위하여 많은 노력을 기울였다. 이러한 노력의 일환으로 북한이 고안해 낸 것이 농업관리에서의 '청산리(靑山里)' 방법이고 공업관리에서의 '대안(大安)의 사업체계'였다.

'청산리 방법'은 1960년 2월 김일성이 평안남도 강서군 청산리에 대한 현지지도에서 제시한 방법이라고 해서 붙인 이름인데 계획관리를 담당한 상급자가 현장에 내려가서 현지 실정을 감안하여 문제를 해결한다는 현장 반영 원칙과 농민들의 생산의욕을 정치적으로 고취한다는 것이 골자였다. 한때 북한은 이 방법을 "혁명적 군중로선에 기초한 조선로동당의 과학적인 대중지도 방법"이라고 자랑하였으나 지금은 농업을 기업적 방법으로 지도하는 '농업의 기업화'에 더욱 역점을 두고 있다(헌법 제33조 참조).

공업관리에서도 '청산리 방법'을 발전시켜 적용하였는데 이를 '대안의 사업체계'라 한다. 김일성이 1961년 12월 대안(大安) 전기공장을 방문하여 교시한 것을 기념으로 이름 붙인 것인데 북한당국은 '청산리 방법을 구현한 새로운 공업관리 형태'라고 주장하면서 헌법(제33조)에까지 명시하고 있다.

---

5) 위의 책, p.296.

이 체제는 공장 당위원회가 중심이 되어 모든 결정을 하는 제도로 당간부·
행정간부·지배인·기사장·기술자·근로자 등이 위원회에 참여하도록 하였
다. 이 제도는 공업관리에서의 '군중로선'의 실천이라고 자랑하는 제도였다.

그러나 이러한 대안의 사업체계로도 근로자의 근로의욕을 높일 수 없음
을 알게 되자 북한은 1970년 초부터 제한적인 독립채산제를 도입하였다.
대안의 사업체계가 정치적인 대중동원방법으로 근로의욕을 높이려는 방법
이라면, 독립채산제는 근로자들에게 물질적인 근로동기를 부여하여 생산을
증대해 보려는 계획이라 할 수 있다. 북한은 1970년 초부터 이 제도를 채택
하였으나 공식으로는 1998년 헌법에서 처음으로 '헌법화'하였다(제33조 제2
항). 북한은 독립채산제를 "사회주의 사회의 과도적 성격으로부터 제기되는
경영활동의 독자성, 물질적 자극과 가치법칙의 형태적 이용과 관련되는 사
회주의 국영기업소의 가장 계획적이며 합리적인 관리운영 방법"이라고 주장
하는데[6] 핵심은 기업소가 '국가이익금'을 제외한 잉여이익을 기업운영 개선
과 종업원들의 물질생활 향상에 활용할 수 있도록 길을 열어준다는 것이다.
그러나 실제에 있어서는 정부의 각종 통제체제 속에서 그 효과가 나타나지
않았다. 북한은 김정은 집권 후 2012년 6·28조치로 300개의 기업을 선정하
여 기업자율 경영실험을 해보고 2014년부터 모든 기업에 적용하기로 하였
다. 이 조치는 북한경제를 '시장화'하는 길을 열어주었다는 점에서 주목할
만하다.

북한의 독립채산제 운영방법은 농업분야에서 약간의 개선이 이루어지고
있다. 북한은 1994년부터 협동농장을 '농업연합기업소'로 개편하고 독립채
산단위를 줄여 협동농장의 하부조직인 작업반을 다시 작업분조로 나누고 분
조의 구성을 1996년부터는 10~25명으로부터 7~8명으로 나눈 후 과거 3년
평균수확고를 기준으로 생산할당량을 초과한 생산량에 대하여 분조에 처분
권을 주는 제도를 도입하였다. 이 제도에서 초과생산분에 대하여 자유처분
권을 보장해 주고 이와 연관하여 자유시장을 활성화 해준다면 중국의 농업

---

6) 위의 책, p.269.

개혁초기에 채택했던 '포간도호(包干到戶)'제, 즉 승포(承包)제에 유사하게 될 것이다. 이 제도는 호(戶)가 책임경영하는 농업 생산방식으로 사실상 인민공사의 해체를 뜻하는 것이었다.

북한은 2002년 7월 1일 '7·1경제관리개선조치(7·1조치)'를 단행하고 부분적으로 농업관리체제를 고쳐 제한된 시장경제제도를 도입하는 실험을 시작했다. 집단농장의 테두리를 남겨 놓은 상태에서 개인이 자급용 작물을 생산할 수 있도록 허용했던 텃밭을 30평에서 400평으로 늘려주고 여기서 생산되는 작물을 자유처분 할 수 있도록 허용했고 다시 처분을 돕기 위해 시장을 열어 주었다. 이 조치는 분조도급제보다 훨씬 효과적인 생산의욕 촉진제도이다. 노동자의 구매력이 향상되지 않아 없앴던 배급제를 다시 실시하는 등 계획 자체는 크게 성공하지 못했으나 농업관리체제 개혁의 신호로 볼 수 있다. 이 실험은 2012년의 6·28조치의 모태가 되었다는 점에서 의의가 크다.

2. 김정일 시대의 경제파탄 극복 노력

북한은 한국과 마찬가지로 아주 어려운 조건에서 나라를 세우고 경제건설을 해왔다. 해방당시 북한의 경제실상은 정확한 통계로 표현할 수는 없으나 '세계에서 가장 가난한 나라'라고 할 수 있을 정도의 열악한 상황이었다. 일본 식민통치아래서 수탈당한 농촌은 황폐화되었고 약간의 공업기반도 정치적 혼란과 소련군의 기계반출 등으로 허물어졌다. 더구나 3년에 걸친 6·25전쟁 기간 동안 나머지 시설도 모두 파괴되었다. 북한은 1947년부터 1993년까지 도합 10차의 경제계획을 세웠었는데[7] 가장 의욕적이었던 제3차 7개

---

7) 제1차 1개년 계획(1947), 제2차 1개년 계획(1948), 제1차 2개년 계획(1949~1950), 제1차 3개년 계획(1951~1953), 제2차 3개년 계획(1954~1956), 제1차 5개년 계획(1957~1960: 1년 단축종료), 제1차 7개년 계획(1961~1967: 3년 연장), 제1차 6개년 계획(1971~1976: 중단, 완충기 2년), 제2차 7개년 계획(1978~1984: 조절기 추가), 제3차

년 계획(1987~1993)이 국내외 정세변화로 완전 실패한 후부터는 사실상 계획을 포기했다. 북한경제를 뒷받침하던 소련 등 공산 우방국들이 붕괴됨에 따라 북한은 계획을 추진할 수가 없었던 것이다. 이 기간 중 북한은 국민소득을 1.7배 향상시키려 했으나 거의 그대로(1.04배) 머물렀고 곡물생산은 1,500만 톤을 목표로 했으나 571만 톤 수준의 생산에 그쳤으며(쌀은 700만 톤 목표에 183만 톤) 나머지 주력산업부문의 목표성취율은 20~50%에 머물렀다.[8]

북한은 제3차 7개년계획을 서둘러 끝낸 1993년 이후 사태수습을 위해 완충기(1994~96)를 두었으나 그것은 계획이라기보다 극한 상황에 다다른 인민생활을 안정시켜보려는 노력에 지나지 않았다.

북한은 1993년부터 약 10년간 스스로 '고난의 행군'이라 부른 절망기에 들어선다. 극단적인 집단화로 생산 효율이 바닥으로 떨어진데다 공산종주국 소련의 붕괴로 소련 등 공산 우방에서 받던 지원도 끊기고 거기에 자연재해까지 겹쳐 경제는 파탄지경에 이르게 된 것이다.

북한은 절망의 10년을 한국의 지원, 중국의 원조, 미국의 지원 등으로 견뎌내고 2002년에 이르러 자생 계획을 세우게 된다. 이른바 '7·1조치'이다. 부분적인 시장경제제도를 도입하여 인민들의 자율적 회생을 시도해 본 것이다. 그러나 생산 수준 자체가 워낙 낮아서 실효를 거두지 못했다.

김정일 시대의 북한 경제현황을 절망의 10년, 7·1조치, 그리고 김정은 시대의 새경제관리체제가 진행되고 있는 2015년을 기준으로 한 분야별 경제상태로 나누어 살펴본다.

7개년 계획(1987~1993), 완충기(1994~1996), 무계획기(1997 이래). 각개의 계획에 대한 간단한 소개는 다음글에 있다. 김성철 등 공저, 『북한이해의 길잡이』(서울: 박영사, 1999), pp.178-187.
8) 통일부, 앞의 책, p.306.

1) 절망의 10년

김일성이 사망하고 '고난의 행군'이 시작되었던 1994년의 북한의 국민총소득(GNI)은 212억 달러였다. 그 규모는 같은 해 한국의 GNI 4,223억 달러의 20분의 1이었는데 삼성그룹 총매출액의 4분의 1 정도로 보면 된다. 1인당 GNI는 992달러(한국 9,459달러)였다. 북한경제는 1990년부터 매년 마이너스 성장을 계속하여(1990: -3.7%, 1991: -5.2%, 1992: -7.6%, 1993: -4.3%, 1994: -2.1%, 1997: -6.3%) IMF사태가 벌어졌던 1998년에는 GNI가 126억 달러까지 내려갔고(한국 3,404억 달러) 1인당 GNI는 578달러(한국 7,355달러)로 떨어졌다.[9]

북한경제는 1999년부터 약간의 회복세를 보이기 시작했다. 1999년 GNI 158억 달러(1인당 GNI 714달러), 2000년 168억 달러(1인당 757달러)였다. 한국은행의 통계기준의 변화로 앞의 연도와 직접 비교는 어려우나 북한이 7·1조치를 취했던 2002년의 GNI는 170억 달러(1인당 762달러)로 한국의 GNI 5,475억 달러의 32분지 1정도였다.

북한은 산업 전반에 걸쳐 생산 부진을 겪었으나 특히 식량과 에너지 부분에서 가장 큰 어려움을 겪었다. 2009년 북한의 경지면적은 약 191만ha(한국 174만ha)에 곡물 재배면적이 약 161.4만ha(한국 113만ha)이었다. 이 중 약 32%인 60.9만ha가 논(한국 약 101만ha)이었다. 2009년에 북한은 쌀 191만 M/T, 옥수수 130만 M/T, 기타 87.9만 M/T 등 총 409만 M/T를 생산했다. 한국이 같은 해에 553.3만 M/T를 생산한 것과 비교해 보면 북한이 곡물생산에서 효율성이 얼마나 떨어지는지 쉽게 알 수 있다. 한국이 단위면적당 1.82배의 생산을 한 셈이다. 북한의 곡물 생산량은 최소 소비수요인 600만 톤에 비해 연간 약 200만 톤이 부족한 셈이다.[10]

에너지 공급에서도 문제는 심각했다. 1998년 기준으로 북한의 총 에너지

---

9) 여기서 인용한 통계 자료는 통계청, 『북한의 주요통계지표』(2013)에서 발췌한 것이다.
10) 위의 책, pp.55-65.

〈참고자료 9-1〉 북한의 사회간접자본

북한 경제발전을 발목 잡는 가장 중요한 요소 중 하나가 부실한 사회간접자본 실태다(2015년 기준 통계).

(1) 수송

수송은 철도 수송을 주축으로 하고 있다. 철도 총연장은 2015년 기준으로 5,304km(한국 3,874km)이다. 이 중 5,058km가 단선이고 4,132km가 전철화 되어 있다. 그러나 전기 공급이 원활하지 않아 철도 수송에 큰 어려움을 겪고 있다. 도로 총연장은 26,183km이고 이 중 729km가 고속도로이다. 그러나 차량이 확보되지 않아 육로 수송은 미미한 수준에 머물고 있다. 북한은 외항선 접안이 가능한 8개의 항만을 가지고 있으며 하역시설 능력은 4,156만 톤(한국 11억 4,092만 톤)이다. 남포와 청진이 주된 무역항이다. 선박은 총 98척(일반 화물선 57척, 유조선 2척, 여객선 2척 등)으로 총 100만GT의 선복량을 가지고 있다.

민간 항공사로는 '고려항공' 1개사가 있다. 2011년 기준 총 64기(IL-62, AN-21, TU-154 등)를 보유하고 있다. 모스크바, 베이징 등 7개 항로를 운영하고 있다.

(2) 에너지

북한의 발전시설 용량은 742만 7천kw(수력 446만 7천kw)이다. 1996년 이래 작은 발전소 약 7,000개(31만kw)를 새로 건설하였다. 화력발전소는 대부분 석탄을 사용하고 웅기 발전소만 중유를 사용하고 있다. 가동 중인 원자력 발전소는 영변-1호기(5천kw)와 영변-2호(5만kw)뿐인데 핵무기 개발 억지 협상으로 불능화 작업대상이 되고 있다.

* 최신 통계는 본문을 볼 것

(3) 통신

북한의 유선전화 시설은 약 110만 회선이다. 국제전화 회선은 120회선이다. 약 2만 명이 이동전화를 사용하고 있다(핸드폰은 급속히 늘어 2013년 기준 230만 대가 보급되었다).

* 자료 출처: 통계청, 『북한의 주요통계지표』(2017)

공급은 1,403만 TOE(ton of oil equivalent)였다. 이것은 한국의 1억 6,669만 TOE의 약 12분의 1이다. 에너지 구성은 66.3%가 석탄, 18.2%가 수력, 10.0% 가 석유, 5.5%가 기타였다. 북한의 에너지 공급원의 주류가 되는 석탄 생산 량은 1985년에 3,750만 톤으로 절정에 달했다가 계속 감소추세에 들어서서 2012년에는 2,580만 톤에 머물렀다. 발전시설 용량은 2012년 기준 722만 kw(한국 8,180만 kw)였는데 이 중 수력이 426만 kw로 갈수기에는 심각한 전력난을 겪게 되어 있다.[11]

북한은 특히 원유공급에서 고통을 겪었다. 1990년에 225만 톤(1,847만 배 럴)을 도입하던 원유를 1995년에는 반밖에 안 되는 100만 톤(806만 배럴)을 수입하는 데 그쳤으며 이 수치는 1998년에 다시 반(369만 배럴)으로 줄었다. 러시아의 공급이 사실상 끊겼고 중국의 공급이 줄었기 때문이다. 한반도에 너지개발기구(KEDO)협정에 의해 1996년부터 연간 50만 톤의 원유가 공급 되게 되어 다소 숨통이 트였으나 북한의 핵실험 강행 후 연료 지원이 중단 되면서 연료 부족에 시달렸다. 참고로 1998년 한국은 8억 1,909만 배럴(약 1억 톤)의 원유를 도입하여 사용하였다. 북한이 가장 고통을 받았던 해는 1999년으로 이 해에 원유도입량은 232만 배럴로 줄어들었다. 김정일이 사 망했던 2011년에는 다소 나아져서 384만 배럴로 늘었으나 에너지 부족 현 상은 심각했다. 그 해 한국의 원유도입량은 9억 4,729만 배럴이었다. 북한 의 원유도입은 핵개발 중지를 유도하기 위한 국제제재로 제약을 받고 있어 2015년까지도 388만 배럴에 머물러 있다.

북한은 그동안 중점을 두어 왔던 중공업도 부진을 면하지 못했고 김정일 승계 후 강조하기 시작했던 경공업 우선정책도 빛을 보지 못했다. 중공업의 기초가 되는 제강능력에서도 1998년 기준으로 한국의 약 7.5분의 1인 연간 598만 톤(한국 4,509만 톤)에 불과했었으며(2015년 북한 108만 톤, 한국 6,967 만 톤) 조선 능력에서도 한국의 연간 863만 톤에 비해 불과 21만 톤을 기록 하고 있을 뿐이었다(2015년 북한 21만 톤, 한국 2,000만 톤). 피복생산량 등과

---

11) 위의 책, p.68, p.105 통계 참조.

직결되는 합성수지 생산실적에서 북한은 15만 G/T(한국 886만 G/T)에 그쳐 옷감이 얼마나 귀한가를 짐작하게 한다.

북한은 '고난의 행군' 10년 동안 최악의 경제적 어려움을 겪었다. 북한도 더 이상 비효율적인 집단주의적 사회경제체제로는 상태를 개선할 수 없음을 깨달았을 것이다. 북한경제를 살릴 수 있는 길은 농업에서 협동농장을 해체하고 시장체제를 도입하여 인민들의 생산의욕을 높여 주는 등의 체제개혁과 외국으로부터 자본, 기술을 도입하여 사회간접자본을 늘리고 생산체제를 현대화하는 길뿐이라는 것을 북한 당국도 알게 되었을 것이다.

2) 7·1경제관리개선조치

김정일은 경제회복을 위하여 많은 노력을 기울였다. 김정일 스스로 중국을 두 번 방문(2000년 5월과 2001년 1월)하여 경제특구 등을 시찰하고 독립채산제, 외자도입방법 등을 집중적으로 학습하였다. 그러나 개혁이 가져오는 '제국주의자들의 개혁바람'의 위협에 더 관심을 보였다. 김정일은 아직 중국식 개방은 바람직하지 않다고 결론을 내렸던 것으로 짐작된다. 오히려 '군사독재'체제하에서 새마을운동을 펼쳐 농촌 근대화를 이루고 외자도입으로 수출주도 공업화를 통하여 고도성장을 이루어낸 '박정희 모델'과 베트남의 '도이모이' 개혁정책에 더 관심을 가진 것으로 보였다.

김정일은 '군 주도의 강성대국건설'이라는 자립경제체제, 즉 '선군경제체제' 추진을 결심하고 "김일성 수령이 정한 사회주의 자립민족경제에 근거 우리식 사회주의 강성대국을 건설하라"고 지시를 내렸다. 김정일은 2001년 10월 조선로동당과 내각의 간부들에게 다음과 같은 내용의 지시를 내렸다.[12]

---

12) 이주인 아쯔시(伊集院敦), 『金正日 改革の 虛実』(東京: 日本経済新聞社, 2002), pp. 12-13.

- 사회주의 원칙을 지키면서 최대의 실익을 얻을 수 있도록 할 것
- 변한 환경과 현실의 요구에 맞도록 계획사업체계와 방법을 개선할 것
- 계획지표를 중앙과 지방, 상하 단위간에 합리적으로 분담시켜 세밀한 지표를 해당 기관, 기업소가 계획화하도록 할 것
- 기업 관리를 과학적, 합리적으로 행하여 최대 실리를 얻을 수 있도록 독립채산제를 강화할 것
- 분배의 평등주의를 철저히 배제할 것
- 무료교육, 무료치료, 사회보험 등을 없애는 등 불합리한 사회적 시책은 현실에 맞도록 정리할 것
- 근로자들은 자기의 수입으로 식량을 적절한 가격으로 사고 주택도 구매하거나 임대료를 내도록 할 것

북한 정부는 김정일의 지시에 따라 2002년 7월 1일자로 '경제관리개선조치'를 발표하여 시행했는데 이 조치 중 주요 내용은 다음과 같다.[13]

(1) 배급제의 대폭 축소
북한은 철저한 사회주의 경제체제를 유지하면서 모든 생활필수품을 염가로 배급해주는 배급 제도를 실시하여 왔다. 북한은 쌀 등 식료품부터 배급제도를 철폐하고 나머지 생활필수품에 대해서도 점진적으로 배급 제도를 폐지하기로 결정하였다. 2004년에 이르러 배급 제도는 거의 다 폐지되었다.

(2) 텃밭의 확대
북한은 농업집단화정책을 고수하고자 했다. 그러나 부족한 식량의 증산을 위하여 가호단위의 자영 농업을 부분적으로 수용하는 실험을 하기로 하고 30평만 허용하던 텃밭을 400평으로 확대하였다. 여기서 생산되는 작물

---

13) 7·1조치에 대한 상세한 해설은 다음 자료를 참고할 것. 북한경제포럼 편, 『현대 북한 경제론』(서울: 도서출판 오름, 2005), pp.426-439 및 pp.466-478.

은 자가소비하든가 자유롭게 시장에서 판매할 수 있도록 했다. 중국이 경제개혁 초기에 실시했던 포간도호(包干到戶)제도와 비슷하다.

(3) 상품가격의 현실화

배급제를 원칙으로 하는 북한에는 상품가격은 의미가 없었다. 그러나 배급 제도를 폐지하고 시장에서 직접 필요한 물품을 구입하게 하려면 가격이 현실화되어야 한다. 7·1조치 이전에는 쌀 1kg을 농민에게서 80전에 구입하여 소비자에게 8전으로 배급하였으나 이를 현실화하여 종합시장에서 거래하게 하면서 1kg을 농민에게서 40원에 구입, 44원에 판매하게 하였다. 가격이 800배 오른 셈이다.

(4) 임금의 현실화

상품가격의 현실화에 따라 임금도 불가피하게 현실화했다. 7·1조치 이전에 비해 15배~20배로 임금을 상향조정했다. 200원 정도의 월급이 평균 3,500원으로 되었다. 대학교수 월급이 200원에서 4,000원 정도로 인상되었고 일반 노동자 봉급이 약 1,000원이 되었다.

(5) 환율의 현실화

북한은 7·1조치 이전까지는 고정환율제를 유지했다. 미화 1달러를 2원 16전으로 정했었다(김정일 생일인 2월 16일에 맞추었다). 7·1조치에 따른 현실화된 환율은 실질가치를 비교하여 1달러를 150원 정도로 조정하였다.

(6) 종합시장의 설치

물품의 거래가 허용됨으로써 시장이 형성되었는데 정부에서 7·1조치로 종합시장을 설치하였다. 종전의 농민시장의 규모를 확대하여 종합시장화하였다.

(7) 실적제의 도입

공장이나 기업소의 운영도 독립채산제를 채택하게 하고 임금도 생산실적에 따라 차등 지급할 수 있는 실적제를 도입하였다.

그러나 7·1경제관리개선조치는 기대만큼의 성과를 올리지 못했다. 인민들이 자체의 생산수단을 갖추지 못한 상태에서 배급 제도를 철폐한다는 것은 인민들의 생활을 더 어렵게 만들 뿐이었다. 텃밭이라는 이름으로 400평(1,320㎡)까지 확대해 준 자경지를 갖게 된 농민은 식량자급에 도움을 얻게 되었지만 이 정도의 경작지에서 생산되는 잉여 농산물로 도시근로자의 시장 수요를 충당할 수는 없기 때문에 식량자급에는 어려움이 여전하였다. 구소련에서도 농업집단화로 농업 생산이 극히 부진하여 '텃밭' 제도를 도입하여 약간의 성공을 거두었었다. 전체 경지의 5%도 안 되는 텃밭에서 생산량의 반까지 충당하였으나 식량자급에는 실패했었다. 이에 비하여 1978년 이래 중국이 취한 집단농장 해체작업은 크게 성공하여 10년 이내에 식량자급을 달성할 수 있었다.

결국 7·1조치는 실패한 셈이다. 우선 조치 자체가 모순을 내포하고 있었기 때문이다. 중앙지도체제 강화와 하부 단위의 창의성 발휘, 독립채산제는 서로 모순되고 자립적 민족경제와 외자도입정책도 서로 모순되는 조치였다. 이러한 모순은 경제회생 자체보다도 '김정일체제 수호'라는 상위의 목표를 의식하였기 때문에 생겨난 것이다.

7·1조치는 '완충제 없는 고용조정', '수입 없는 배급중단', '물건 없는 시장'이라는 혼란 가중의 정책으로 되어 버렸고 '배급 없는 사회주의 경제'라는 실현 불가능한 정책이 되고 말았다. 결국 식량에 대해서는 다시 가격제를 도입하고 지하경제가 활성화되는 통제 불능의 상태를 빚어냈다. 공장 가동률은 20%로 떨어졌고 정부기관은 '외화벌이'라는 비상조치를 취하기 시작했고 한국 등 외부의 원조획득에 총력을 기울이게 되었다.

3) 김정일 시대 말기의 분야별 경제상황

2011년 말 기준으로 북한경제 각 분야의 경제상황을 간단히 정리해 보면
다음과 같다.[14]

(1) 국민총생산

북한의 2011년도 국민총생산(GNI)은 293억 달러였다. 1인당 GNI는
1,204달러였다. 같은 해 한국의 GNI는 1조 1,195억 달러, 1인당 GNI는
2만 2,489달러였다. 북한의 GNI 성장률은 -0.8%였다. 북한은 2001년 이래
비록 낮은 성장률이었지만 플러스 성장률을 기록했다(2001년 3.7%, 2002년
1.2%, 2003년 1.8%, 2004년 2.2%, 2005년 3.8%). 그러나 이러한 성장률은 자
체 경제역량 증대에서 나온 것이 아니고 한국과 중국 등의 원조에 의한 것
이었다. 한국은 1995년 이래 2007년까지 총액 2조 9,972억 원(28억 96만
달러) 상당의 물자를 북한에 지원했는데 매년 쌀 50만 톤, 비료 30톤 기준으
로 지원했다. 그리고 개성공단 등을 통한 임가공 형태의 교역으로 10억 달
러 이상 북한에 도움을 주었다(2006년 반출 8억 3천만 달러, 2007년 반출 10억
3천2백만 달러).

(2) 식량

북한의 경지면적은 2011년 기준으로 약 190만ha(한국 170만ha)이고 재배
면적은 약 160만ha(한국 100만ha)이다. 이 중에서 논이 60만 9천ha(한국 96
만ha)이고 밭이 130만ha(한국 73만 8천ha)이다.

북한의 식량생산량은 2011년에 약 410만 6천 톤(한국 478만 톤)이었는데
이 중에서 쌀이 190만 톤(한국 422만 톤)이고 옥수수가 130만 톤(한국 7만
4천 톤)이었다.

---

14) 이 절의 통계자료는 통계청, 『북한의 주요통계지표』 2011, 2012 및 2013편을 토대로
정리한 것임.

북한의 인구는 2011년 2,430만 8천(한국 4,977만 9천)이었고 최소 식량수
요량은 651만 톤이었다. 부족분이 약 200만 톤이었는데, 한국이 매년 50만
톤 기준으로 지원했고 중국 등에서 40만 톤 정도 수입하였으므로 매년 최소
110만 톤 정도가 부족하여 아사자가 속출했다. 북한은 관개시설 미비, 비료
부족 등으로 농업 생산성이 한국보다 아주 낮다. 단보당 쌀 생산량이 326kg
으로 한국의 530kg보다 무려 200kg이나 낮다. 한국은 2009년까지 북한에
매년 30만 톤씩 비료를 공급해주었다.

(3) 에너지

북한은 지난 10년 동안 매년 평균 약 400만 배럴의 원유를 도입했다(2011
년 한국 수입량 9억 4천729만 배럴). 북한은 에너지 수요의 80% 이상을 석탄
으로 충당하고 있는데 매년 2,500만 톤을 생산하고 있으며 에너지 수요의
14%를 전력으로 충당하고 있다. 북한의 발전설비용량은 692만kw(이 중
57%인 396만kw가 수력)으로 한국시설용량 7천934만 2천kw의 약 9%였다.

북한은 에너지 부족으로 공장 가동률을 30%조차 유지하기 어려운 실정
이었다.

제1차 북한 핵위기 이후 북한이 핵무기 생산을 하지 않는다는 조건으로
한국, 미국, 일본 등이 한반도에너지기구(KEDO)를 만들어 시설용량 200만
kw 경수로 원자력발전소를 지어주기로 하고 공사를 진행했으나 2002년 제
2차 북핵위기 이후 KEDO사업이 중지되었다. 원자력발전소 건설과 병행하
여 매년 50만 톤(330만 배럴)의 원유를 공급하여 왔으나 역시 핵위기로 단절
되었다. 북한은 2011년에 심각한 에너지 부족 상태를 겪고 있었다. KEDO
사업은 2005년 11월에 공식으로 폐기되었다.

북한은 싱가포르 회사인 소버린 벤처(Sovereign Venture)사에 함경북도
회령, 온성지구 가스전 탐사권을 주었는데 2002년 말 매장량 5천만 톤~1억
톤 정도의 가스를 발견하였다고 발표하였으나 아직 채굴하지 못하고 있으며
황해의 숙청지구의 유전에서 2007년부터 매년 30만 톤의 원유를 생산하고
있는 것으로 알려졌다.[15]

2011년 북한은 원유 38만 4천 톤을 중국 등에서 수입하였다.

(4) 광물자원

북한의 석탄 매장량은 약 205억만 톤이었고 철광석도 매장량이 약 50억 톤 정도로 풍부한 것으로 알려져 있으나 광석별 생산량을 발표하지 않아 정확히 알 수가 없다. 그러나 매년 2천500만 톤의 석탄과 약 500만 톤의 철광석을 캐고 있는 것으로 알려져 있다. 그 밖에 아연, 기타 비철금속 등이 약간 있다.

(5) 공업생산능력

2011년 북한의 제강능력은 연 650만 톤(한국 8천1백95만 톤)이었다. 자동차생산은 연 4천 대(한국 466만 대), 조선능력은 연 21만 4천 톤(한국 2,986만 톤)으로 한국과는 비교가 되지 않는다. 기타 화학공업, 섬유공업도 아직 원시상태에 머물러 있다.

북한의 경제파탄은 경제체제 자체의 문제에서 비롯된 것이므로 체제개혁 없이는 해결될 수 없다. 북한은 보다 근본적인 경제체제의 개혁, 특히 집단화된 농업, 공업의 집단해체가 이루어지지 않으면 현재의 경제적 파국에서 쉽게 벗어날 수 없을 것이다.

4) 경제특구

사회주의 자립경제의 한계를 극복하고 외부의 시장경제체제와 접목하기 위한 조처로 중국은 '경제특구'제도를 도입하여 성공하였다. 해안지역에 14개의 경제특구를 설치하여 중국은 외국기업유치, 외국자본유치, 교역체제

---

15) 에너지 관계의 기본 통계는 통계청, 『북한의 주요통계지표』(2013)에 기초한 것이고 원유생산 관계 자료는 Jane's Sentinel Security Assessment-China and Northeast Asia, Oct.17, 2007에서 인용한 것임.

구축 등을 시도하여 큰 성과를 거두었다. 북한도 사회주의 계획경제체제의
큰 틀을 지키면서 세계시장경제와의 연계를 모색하기 위하여 경제특구제도
를 도입하였다.

북한은 1991년 12월 중국과 러시아와 접하고 있는 함경북도 최북단에 나
진·선봉지역을 경제특구로 지정하였으며 2002년 9월에는 신의주특별행정
구역을 설치하였고 다시 같은 해 11월에는 한국의 참여를 전제로 금강산관
광특구와 개성공업단지를 지정하였다. 이 네 개의 경제특구는 모두 성격이
조금씩 다르다. 나진·선봉경제특구는 북한 정부가 직할하는 경제자유지역
이고 신의주특별행정구는 홍콩식의 자치행정구이고 금강산과 개성공업단지
는 중앙정부가 관리하는 무역자유지역의 성격을 가졌다.[16]

(1) 나진·선봉자유경제무역지대

1989년 구소련 제국이 붕괴하고 공산국가 간 경제협력체제이던 COMECON
이 해체된 후 구 공산진영국가들이 다투어 세계경제체제에 참여하던 때에
1991년 7월 국제연합발전기구인 UNDP가 주도하여 기획한 두만강 지역 개
발 프로그램(TRADP: Tumen River Area Development Program)이라는 동북
아 국제협력 프로그램이 출범하면서 이를 뒷받침하기 위해 그 해 12월 서둘
러 선포된 것이 나진·선봉자유무역지대이다. 남북한, 중국, 러시아 및 몽골
등 5개국이 공동 출자하여 북한, 러시아, 중국 땅에 걸쳐 국제경제자유지역
을 건설한다는 두만강 개발 프로그램은 그러나 각국의 이해가 충돌하면서
진전되지 못했다. 중국은 이 프로그램으로 훈춘에서 동해로 나가는 진출 통
로를 확보하는데만 관심을 두었고 러시아와 북한은 일본과 한국의 자본 및
기술의 투입을 유도하여 낙후된 러시아의 극동지역 개발과 북한의 벽오지인
함경북도 개발에 도움을 얻기를 원했던 TRADP는 일본이 참여를 거부하고
한국이 투자 의향을 보이지 않음으로써 사실상 무산되었는데 이에 따라 나

---

16) 경제특구에 대해서는 북한경제포럼 편, 『현대 북한경제론』(2005), pp.479-509를 참
고할 것.

진·선봉자유경제무역지대 계획도 '무역자유지대'로 재편되었다.

나진·선봉지구는 1차로 국제화물중계기지와 수출가공기지로 건설하고 (2000년까지) 2차로 인구 100만 명의 싱가포르 같은 종합적 국제교류 거점 도시로 발전시킨다는 목표(2010년까지)로 착수되었으나 외부 자본도입 실패 로 빛을 보지 못했다. 2003년 말까지 누적투자 총액은 1억 4천만 달러, 가동 외국기업 수는 75개였다. 중국이 호텔, 통신, 관광 분야의 투자를 약간하고 있었다. 그 이후 싱가포르 등의 새로운 투자국들이 추가되었으나 아직은 건 설 단계에 머물러 있다. 2010년 기준 참가 외국기업 수는 150개로 늘었다.

(2) 금강산관광특구

금강산관광특구는 명승지 금강산 지역을 북한의 다른 지역과 분리하여 한국 관광객의 방문을 허용하는 특수한 관광특구이다. 북한 정부가 절실히 필요로 하는 달러화의 손쉬운 확보라는 북한 측 목적과 1998년에 출범한 김대중 정부의 가시적 남북협력사업 성과의 과시라는 목적이 맞아 떨어져 시작된 특이한 사업이다. 대북 포용정책을 표방하고 출범한 김대중 정부는 1998년 정권 출범과 더불어 북한과의 다각적 협력을 벌였는데 그중 가장 간단하고 손쉬운 사업으로 금강산관광사업이 선정되었다. 한국 정부가 지정 한 현대그룹의 3개사(현대건설, 현대상선, 금강개발)와 북한 정부 간에 9천5백 82만 6천 달러를 합영투자방식으로 현대가 투자하는 '금강산관광사업에 관 한 계약서'가 1998년 10월 29일 체결됨으로써 그 해 11월 18일부터 관광사 업이 시작되었다.

한국 관광객 1인당 미화 100달러를 북한 측에 지불하고 시행되는 금강산 관광은 한국 정부의 전폭적 지원으로 해마다 관광객 수가 늘어났으며 특히 노무현 정부가 출범한 후 2003년 9월 1일부터 육로관광이 본격화되면서 관 광객 수가 3배로 늘었다. 2004년에는 26만 8천420명, 2005년에 29만 8천 247명, 2006년에 23만 4천446명, 2007년에 34만 5천 명 등 매년 25만~30 만 명대의 관광객이 금강산을 방문했다.[17] 그러나 2008년 7월 11일 금강산 관광객 박왕자 씨를 북한 경비병이 사살하는 사건이 발생하여 금강산관광은 중단 상태에 있다.

(3) 개성공단

개성공단도 1998년 김대중 정부 출범과 더불어 시작된 남북 합작사업이다. 2000년 6월 김대중 대통령과 김정일 국방위원장 간의 정상회담이 이루어진 직후 그 해 8월에 북한 측이 현대아산과 개성 부근에 총 66km²(2,000만 평) 개발 합의서를 체결하면서 '개성공단'은 출범하였다. 제1단계 100만평 단지 개발 사업은 2003년 6월 30일에 착공식을 가졌다.

개성공업단지는 임가공 중심의 노동집약적 공장을 중심으로 개발되고 있다. 북한 측은 노동자를 공급하고 (최저임금 월 50달러) 한국 측의 계약 당사자인 현대아산이 50년간의 토지 이용권을 가지고 단지를 조성한 후 한국의 중소기업 공장들을 입주시키는 방식으로 운영되었다.

2007년 말 당시 65개 기업이 가동 중이었으며 2만 2천538명의 북측 근로자가 일하고 있었다. 2007년의 생산액은 총 3억 4천만 달러(2011년 약 8억 달러)였다. 개성공단은 2013년 봄 북한의 일방적 조처로 폐쇄되었다가 3개월 만에 다시 가동되었다. 입주 기업소는 그동안 꾸준히 늘어 2012년에는 123개가 되었으며 북한 근로자의 수는 5만 3천448명에 이르렀다.

개성공단은 2016년 북한핵실험 제재 일환으로 잠정폐쇄되었다.

(4) 신의주 특별행정구역

신의주특구는 좀 더 진전된 형태의 경제특구다. 홍콩처럼 특별법을 제정하여 신의주 부근의 지정지역을 특별행정구로 만들어 외국 기업인들이 자유롭게 기업을 할 수 있도록 만드는 계획이다. 북한 정부는 2002년 9월 12일 '신의주특별행정구 기본법'을 제정하고 중국의 어우야(歐亞)그룹 양빈(楊斌) 회장을 특별행정구 초대 장관에 임명하였다. 그러나 양빈 장관을 중국 정부에서 가택연금함으로써 더 이상 진전되지 못했다.

---

17) 금강산관광특구, 개성공단 관련 통계는 통일부 자료임.

〈참고자료 9-2〉 김정일 시대의 경제특구 일람표

	라진·선봉	신의주	금강산	개성
성격	북한식 경제특구	홍콩식 특별 행정구	관광특구	공업단지
지정일	1991.12	2002.9	2002.11	2002.11
위치	함북(동북부)	평북(서북부)	강원(동남부)	황북(서남부)
면적	746km²	132km²	100km²	66km²
설치 목적	무역 및 중계 수송, 수출가공, 금융, 서비스	국제적인 금융, 무역, 상업, 공업, 첨단과학, 오락, 관광지구	국제적인 관광 지역	국제적인 공업, 무역, 상업, 금융, 관광지역
사업지도 기관	중앙대외경제 기관과 경제무 역지대 당국	신의주 특별행 정구 행정기관	중앙관광지구 지도기관	중앙공업지구 지도기관
관세	특혜 관세	무관세	무관세	무관세
기업 소득세	- 결산이윤의 14% - 예외적 감면 조항	- 미정(특혜적 인 세금제도, 세율은 특별행 정구가 결정)	개발업자의 관광개발과 영업활동에는 비과세	- 결산이윤의 14% - SOC, 경공업, 첨단과학기술 분야는 10%
유통 화폐	북한 원	외화 (독자적 화폐 금융정책)	전환성 외화	전환성 외화
외화 반출입	국외 송금 가능	자유 반출입	자유 반출입	자유 반출입
외국인 참여	단독·합영·합 작형식으로 기 업 설립·운영· 투자 허용	행정장관을 신 의주 특구 주민 으로 규정해 외 국인 참여 허용	- 관리기구 구성 시 남측 개발 업자 추천 - 외부인도 참여 가능	- 금강산지구와 동일 - 관리기관 이사 장에 남측 인 사 취임

토지	임차 기간	- 구체적 기간 명시 없음 - 임대기관의 승인하에 임차기간 연기 가능	- 50년 - 2052년 12월 31일로 종료 시안 명시	- 구체적 기간 명시 없음 (현대아산 앞 50년간 토지 이용증 발급)	- 50년 (토지이용증 발급일로부터)
	이용권	관련 규정 없음	양도, 임대, 재임대, 저당 가능	양도, 임대 가능	양도, 임대 가능
비자 여부		무비자 (초청장 필요)	비자발급	무비자 (출입증명서 필요)	무비자 (출입증명서 필요)

* 자료 출처: 북한경제포럼 편, 『현대북한경제론』(서울: 도서출판 오름, 2007), pp.497-498에서 전재

　총 132km²(4천만 평)의 땅에 국제적인 금융, 무역, 상업, 공업, 첨단과학, 오락, 관광단지를 조성한다는 무관세 자유무역지대 건설을 목표로 하는 신의주특구계획은 실현되면 홍콩과 같은 독자적 자치정부를 가지는 특수지역이 된다.

　북한의 특구계획은 중국의 선례를 따른 것이나 중국과 북한의 사정이 근본적으로 달라 중국처럼 성과를 올리지 못하고 있다. 우선 북한은 중국 정부처럼 높은 대외신뢰도를 누리지 못하고 있다. 가변적이고 무책임한 북한 정부의 정책을 믿고 투자할 외국 기업이 없을 뿐더러 해외에 친북 교포 기업인도 없다. 중국은 홍콩, 대만, 동남아, 미국 등지에서 큰 기업을 운영하는 화교들의 투자를 유인할 수 있었으나 북한은 오직 한국 정부의 '호의적 투자'에만 의존해야 하는 실정이어서 경제특구를 통한 경제발전의 성취도 쉽지 않다 하겠다.

3. 김정은 시대의 경제재건 노력

북한은 경제파탄이 정권의 위기를 가져오리라는 우려 때문에 이미 김정일 정권 말기인 2009년부터 대대적인 경제체제 개선 노력을 펼쳤었다. 2012년을 '강성대국 진입의 해'로 정하고 150일 전투, 100일 전투를 전개하였으며 2009년 11월에는 화폐개혁을 단행하여 지하경제에 묻혀 있는 자금을 양성화시켜 생산에 투자시키려 했었다. 그러나 이 모든 노력이 실패로 돌아갔다. 북한 정부는 화폐개혁의 실패 책임을 물어 로동당 재정계획부장 박남기를 처형하기도 하였다.

이러한 어려운 경제를 승계한 김정은 정권은 사태의 심각성을 인식하고 북한의 사회주의 경제체제의 근본 골격을 모두 바꾸는 혁명적 경제개혁안을 세우고 실천해 나가려 하고 있다. 그 내용을 간단히 정리한다.

1) 핵·경제 병진정책

김정은 시대에 들어서면서 북한은 우선 '선군경제'를 '핵·경제 병진정책'으로 고쳤다. '선군경제'는 핵무기 개발을 포함하여 강한 군사력을 건설하는 데 국가의 경제 역량을 집중하는 군수경제 우선 정책이었다. 김정은 정부는 그 비중을 국방 이외의 일반 경제에 둔다는 방침을 두고 이를 '핵·경제 병진정책'으로 이름 붙였다. 핵무기 보유로 억지능력을 갖추었으므로 완성된 핵억지력량으로 국방은 유지하고 모든 경제 역량을 일반 경제에 투입한다는 중요한 방침 전환이다.

이러한 정책 전환에 따라 그동안 일반 경제를 칭하는 제1경제와 군수경제를 말하는 제2경제를 통합하여 내각이 경제 전체를 관장하게 하는 혁명적 조치를 취하였다. 2012년 4월 6일 김정은은 당중앙위원회 연설을 통하여 "내각을 경제사령부"로 할 것을 지시하였다. 이 지시에 따라 노동당 행정부 산하에 경제발전전략을 연구하는 '전략문제연구소'가 창설되고 그동안 인민군이 관장하던 '외화벌이' 사업을 내각에 이관하기 시작하였다.

제2경제위원회는 모든 군수 제품의 계획과 생산, 판매 등을 총괄하는 '군수공업집합체'를 관리하는 노동당 군수공업부 직속 기구이면서 실제로는 국방위원회에서 직할하는 조직으로 내각의 '인민경제'와는 독립된 시스템으로 운영되고 그 산하에 8개국과 190개 군수공장을 두고 있었다. 그런데 이번 조치로 인민군이 제2경제의 일부로 직접 관장하여 운영하던 나진·선봉특구 관리, 수산물 수출, 그리고 석탄과 철광석의 수출 업무 등도 당이 지휘하고 내각이 운영하는 제1경제로 이관하기 시작했다.

이러한 조치들은 선군경제체제로 독자적 예산을 집행하던 군의 반발을 일으켜 당과 군 간의 권력투쟁을 유발했고 강력하게 저항하던 총참모장 리영호의 해임이라는 사태까지 불러왔고 1년 뒤인 2013년에 일어난 〈12·12 종파사건〉의 원인이 되었다.

2) 〈6·28조치〉와 〈신경제관리체계〉

2012년 6월 28일 김정은은 경제 단위의 자율권을 대폭 확대하는 6·28조치를 발표하였다. 김정은 정권 출범 첫 해인 2012년 4월의 당대표대회에서 김정은이 행한 연설을 받아 6월 28일 북한 정부는 "우리식의 새로운 경제관리체계"를 발표했다. 김정은은 이 연설에서 경제 단위의 자율권 확대로 생산 종사자의 근무의욕을 높여 생산을 활성화하고 경제특구를 지정, 대외개방을 통해 외자를 유치하는 것을 새 경제정책의 양대 기조로 삼는다고 선언했다. 이 두 가지를 성공적으로 이루면 북한경제는 성장의 새로운 동력을 찾게 되리라 기대했기 때문이다.

신경제관리개선체계(신경제체계)의 핵심은 국가 기간산업과 군수사업을 제외한 모든 공장과 기업소에 경영자율권을 100% 가깝게 부여하는 것이다. 원료와 자재 구입과 생산 제품의 가격결정권, 기업의 업종전환권, 인력관리의 자율권, 임금결정의 자유권 등 사회주의 경제의 기본 골격을 모두 파괴하는 자율권을 부여하는 혁명적 개선안이다.

북한 정부는 우선 2012년 8월부터 전국에서 선발한 300개의 기업소에 독립채산제를 시험적으로 실시하여 그 결과를 검토한 후 2013년부터는 모든 기업소로 적용 범위를 확대해 나가기로 했다.

북한 정부는 2012년의 6·28조치의 후속 조치로 2013년 10월에 '신경제체계'를 발표했다. 그 내용은 1978년 중국이 택한 개혁·개방정책에 가까운 혁명적 개선안이다. 2002년의 7·1조치를 훨씬 능가하는 사실상의 사회주의 경제의 포기에 가까운 개혁이다. 이번 개혁안의 주요 내용을 정리하면 다음과 같다.18)

① 원자재 및 생산재 거래의 기업 자율성 보장
② 기업의 가격책정 권한 전면 허용
③ 공장에 생산제품 결정권 부여
④ 기업에 근로자 고용 및 해고 권한 부여
⑤ 기업에 근로임금의 결정권 부여/능력에 따른 차등임금 허용
⑥ 기업에 해외무역거래권 부여

이 〈신경제체계〉는 그 내용이 혁명적이다. 2012년 6·28조치로 300개 기업을 대상으로 실험했던 기업자율화 조치를 기간산업과 군수산업을 제외한 모든 기업으로 확장하여 사실상의 경제혁명을 선언한 셈이다.

2013년의 경제관리개선체계는 농업 부문으로도 확대적용하여 집단농장의 틀은 그대로 두면서 분조의 단위를 사실상 1가구로 줄이고 분조에 자율경영권을 주는 방식으로 발전되어가고 있다. 이것도 중국에서 인민공사를 해체하던 수순으로 도입되었던 승포(承包)제와 유사하다. 즉 매 가구가 책임지고(包干到戶) 생산하여 생산량의 일정량(1차로 30%)을 국가에 바치고 나머지 70%는 자유처분하게 해준다는 방식이다.

이번에 택한 새 경제관리체제가 정착하면 북한경제는 계획경제에서 시장경제로 방향을 전환하는 첫걸음을 떼는 것이 된다.

---

18) 『동아일보』, 2013년 10월 1일자 제1면 및 제3면 기사 참조.

3) 경제개방정책

김정은 정권의 야심찬 경제개혁 조치에는 특구를 통한 대외 개방정책도
포함되어 있다.

김정은 정부는 2013년 3월 노동당 중앙위원회 전체회의에서 대외무역의
다원화와 다양화를 촉진하기 위하여 도마다 경제개발구를 설치하기로 결정
하여 2013년 10월까지 14개의 경제개발구의 지정을 마쳤다. 이 경제개발구
는 이미 설치운영 중인 4개의 경제특구와는 다른 성격의 경제특구이지만
외국기업의 유치, 외국기업의 기업활동 자유보장 등에 관한한 마찬가지의
개방 지역이 된다. 북한은 이러한 특구를 통하여 필요한 외화를 확보하고
외국투자를 유치하고 "국제사회의 표준에 맞는 경제활동"에 친숙하도록 북
한의 기업인들을 훈련하려는 목적을 가지고 있다.

북한이 기존의 4개 경제특구 이외에 새로 지정한 14개의 경제개발구는
다음과 같다.[19]

북중접경지구:
- 만포경제개발구(자강도)
- 위원공업개발구(자강도)
- 압록강경제개발구(평안북도)
- 혜산경제개발구(양강도)
- 온성섬관광개발구(함경북도)

동해지구:
- 어랑농업개발구(함경북도)
- 청진경제개발구(함경북도)
- 흥남공업개발구(함경남도)
- 북청농업개발구(함경남도)

---

19) 『조선일보』, 2013년 11월 12일자 A6면과 『문화일보』, 2013년 11월 25일자 5면 참조.

- 현동공업개발구(강원도)
서해지구:
- 와우도수출가공구(남포)
- 송림수출가공구(황해북도)
- 신평관광개발구(황해북도)
- 개성첨단기술개발구(황해북도)

4) 핵·경제 병진정책의 제약

김정은 정부의 시장경제 도입 노력과 경제특구, 경제개발구를 통한 부분 개방 노력에도 불구하고 이러한 노력을 무의미하게 만드는 장벽이 있다. 이른바 '경제-핵개발 병진노선'이라는 조선로동당의 방침이다. 노동당은 2013년 3월 31일 중앙위원회 전원회의를 열고 경제건설과 핵무력을 동시에 추구하는 경제-핵무기 개발 병진정책 노선을 공식으로 채택하였다. 전원회의는 기초 공업 부문의 생산성 증대 및 농업과 경공업에 역량을 집중하여 최단 시간 내에 인민 생활을 안정시킬 것과 동시에 핵무기체계 완성을 위한 핵동력 공업발전 및 경수로 개발사업을 함께 추진할 것을 결의하였다.

북한은 핵무기 발전에 제한된 자원을 우선 배분하게 되면 인민경제 안정을 위한 여러 가지 계획 실천에 투입할 자원이 남지 않는다. 정권 유지를 위한 정책적 고려로 핵무기 개발을 지속하겠다고 고집하는 한 인민경제 건설 노력은 제자리걸음을 할 수밖에 없다. 1997년 이래 북한의 공장 가동률은 30%를 하회하고 있고 곡물 생산도 연간 400만 톤 수준으로 하락하여 2012년에는 절대부족량이 172만 톤이나 되었다. 발전시설용량은 약 700만 kw 수준을 그대로 유지했으나 실제 발전량은 연간 200억kwh(발전소 가동률 30%)로 줄어들었다.

김정은체제의 의욕적인 시장화, 개방화 노력도 핵무기의 지속적 개발이라는 과제에 묶여 성과를 못 내고 있다.

5) 김정은 시대 첫 해의 경제현황

2011년 12월 17일 김정일 사망으로 정권을 물려받은 김정은이 당면한 첫 과제는 인민경제 재건이었다. 김일성 사망 후의 '고난의 10년'을 거치면서 인민경제는 붕괴 직전에 이르렀다. 핵무기 개발과 장거리 미사일 개발에 집중하면서 일반 경제에 자원을 투입할 여력이 없었으며 핵무기 포기를 종용하는 국제사회의 경제제재까지 겹쳐 북한경제는 재기하기 어려운 상황에 이르게 되었다.

다행히 석탄과 철광석 등의 광물자원의 대중국 수출이 급증하면서 다소 여건이 개선되고 있으나 경제상황은 '고난의 행진 10년' 때보다 크게 나아진 것이 없다. 중요 경제지표로 2012년의 북한경제의 형편을 살펴본다.

(1) 국내총생산

북한의 명목 국내총생산(GNI)은 한국 원화로 환산하여 33조 5천억 원(실질환율로 미화 약 340억 달러)이었다. 한국 GNI 1조 3천억 달러의 약 40분의 1 규모였다. 1인당으로 환산하면 137만 원(미화 약 1,400달러)으로 한국의 1인당 GNI 2,559만 원의 약 20분의 1 정도였다. 경제성장률은 1.3%로 2009년의 -0.9, 2010년의 -0.5보다는 약간 나아진 셈이다.

북한은 2015년에도 34조 5천억 원 정도의 GNI를 유지하고 있다.

(2) 재정 규모

북한 정부의 예산 규모는 2012년에 약 62.3억 달러였으나 북한의 예산 제도가 한국과 달라 한국과 직접 비교할 수 없다. 다만 전체적인 규모를 짐작하는 데는 참고가 된다.

(3) 무역 규모

한국은행 통계에 의하면 2012년 북한의 무역총액은 수출 28.8억 달러, 수입 39.3억 달러로 총 68.1억 달러였다. 무역수지는 약 10억 달러의 적자

였다. 무역은 중국에 치중되어 총 무역액의 88%가 대중무역이었다. 수출품
의 57%가 광물이었다. 수입품은 석유, 식량, 기계제품 등이 주류를 이루었
다. 한국과의 교역량은 총 197만 달러로 이 중 반출이 약 100만 달러였다.
　북한의 무역 규모는 핵개발에 대한 국제제재로 줄어들고 있다. 2015년에
는 62억 5천만 달러 규모였다.

(4) 산업 구조 및 주요 산업 생산

　국내총생산 중 광공업이 35.9%, 농림어업이 23.4%였으며 석탄생산 2,600
만 톤, 발전시설용량 692만kw(한국 8,181만kw), 원유도입량 383만 배럴(한
국 9억 4,729만 배럴), 곡물 약 400만 톤(한국 456.5만 톤), 강철 123.7만 톤(한
국 6,907만 톤), 화학섬유 2.5만 톤(한국 147.2만 톤) 등이었다.

(5) 사회간접자본

　북한은 국내 수송을 주로 철도에 의존하고 있다. 도로 총연장은 2만 6천km
(한국 10만 5천km)이지만 철도 총연장은 한국보다 긴 5,299km(한국 3,557km)
였다. 해상수송 능력은 아직 미미한 수준으로 선박 76만 톤(한국 약 1,400만
톤)에 불과하고 항만하역 능력도 3,700만 톤(한국 8억 3천만 톤)에 불과했다.

6) 정치적 저항의 극복과제

　공산주의체제의 경제체제인 사회주의 계획경제는 사회 내의 모든 가용자
원을 낭비 없이 모두 동원하여 경제성장 목표에 투입할 수 있는 장점이 있
어 방만한 자본주의 시장경제체제보다 우월하다고 공산주의자들은 주장하
여 왔다. 소련, 중국, 그리고 소련의 모든 위성 국가들이 이러한 논리를 앞
세워 정부의 강제력으로 뒷받침하는 동원경제체제를 운영하였었다.
　이러한 동원경제는 노동의 질보다 양이 생산 수준과 양을 결정하던 '기술
발전 수준이 낮은 시대'에는 어느 정도 성과를 올릴 수 있는 수단이기도 했
다. 소련은 낙후된 농업 국가이던 제정러시아를 공산혁명 후 반세기 만에

세계 최강의 자본주의 국가이던 미국과 맞설 수 있는 경제대국으로 만들 수 있었다. 그러나 노동의 양보다 노동의 질이 경제를 지배하기 시작한 20세기 후반부터는 이러한 동원체제로는 지속적 경제발전을 이룰 수 없게 되었다. 노동의 질은 과학기술 수준과 창의성으로 높일 수 있는데 기술 수준과 기업 운영의 창의성은 자발성에서만 기대할 수 있어 강제적 동원으로는 확보할 수 없기 때문이다.

동원경제의 한계로 공산진영의 맹주이던 구소련이 경제 붕괴의 위기를 겪게 되어 냉전이 종식되었던 것은 모두가 잘 알고 있는 사실이다.

공산주의 동원경제를 탈피하는 길은 두 가지 밖에 없다. 체제이념을 바꾸고 이에 따라 정치경제체제를 모두 바꾸는 체제변화(system change)를 거치는 길이 하나이고, 정치체제 이념은 그대로 두고 통치체제의 경직성을 타파하고 자율적 시장경제체제를 도입하는 길이 또 있다. 소련은 구소련 공산당이 자발적 혁명(self-imposed revolution)이라 할 페레스트로이카(perestroika)를 거쳐 교조적인 절대주의 정치체제를 버리고 다원주의를 수용한 민주정치체제를 선택하고 새로운 국가로 출발하였다. 그러나 중국은 정치이념을 그대로 유지하고 공산당 1당 지배의 정치체제도 그대로 유지하면서 전제적 통치를 해오던 정권을 타도하고 유연한 통치를 할 수 있는 새로운 정권으로 정권교체(regime change)를 통하여 시장경제체제를 정착시켰다.

북한의 경우 스스로 체제변화를 실천할 수 있다고 보지 않는다. 왕조 시대의 절대군주체제보다 더 경직된 1인 지배의 전제정치체제를 유지하면서 통치권의 근거를 이미 세상을 떠난 정치지도자의 초인간적 권위에 두고 있는 신정체제를 유지하는 북한에서 세습 영도자인 김정은이 스스로 체제개혁을 단행하는 것을 기대할 수는 없기 때문이다. 그러므로 북한의 경우는 최고영도자의 통치권위를 존중하면서 개방된 시장경제체제를 도입할 수 있는 길밖에는 기대할 수 없다.

북한의 경우 지배세력들이 스스로 정권의 구조를 유연하게 고쳐 중국 정도의 '당내 민주주의'가 보장되는 새 정권으로 재탄생하는 '변화된 정권(changed regime)'을 기대할 수 있을까? 역시 어려우리라 생각된다. 결국 정권 자체를 교체하는 정권교체(regime change)밖에 기대할 수 없다.

　김정일에서 김정은으로 영도자 교체가 이루어지는 과정에서 정권 변화를 모색할 수 있는 기회가 있었다. 국방위원회 부위원장 장성택이 구상했던 이른바 '장성택 플랜'은 그 시도였다. 북한 정부가 발표한 장성택 재판 판결문을 분석해보면 '장성택 플랜'의 윤곽을 추정해 볼 수 있다. 그 주요 내용은

① 선군정치체제에서 인민군이 독자적으로 운영하던 제2경제를 당 정책지도-내각집행의 단일 체제로 통합하여 정상화하고
② 경제체제를 인민경제 재건 중심으로 목표를 수정하고
③ 경제 단위에 자율권을 주며 시장을 합법화하는 경제개혁을 단행하고
④ 경제개발구를 지정, 확대하여 외국에서 자본과 기술을 도입하고
⑤ 광산자원 등을 수출하여 소요자금을 확보하고
⑥ 통치자금으로 별도 관리하던 외화(약 40억 달러 규모)를 써서 식량 등 생활필수품을 도입하여 인민생활을 안정시킨다는 것이다.
⑦ 그리고 나아가 인민군이 강력히 추진하고 있는 핵무기 개발을 중지하여 대미관계를 개선함과 동시에 국제사회의 제재를 풀고 북한경제를 국제경제체제에 편입시키는 것 등이다.

　만일 이대로 실천되면 북한은 덩샤오핑이 단행한 중국의 개혁개방과 같은 궤도에 진입하여 경제재건의 길을 닦을 수 있게 된다. 그러나 이러한 '장성택 플랜'은 2013년 12월 12일 인민군 총정치국, 국가안전보위부 등이 앞장선 군의 반격으로 장성택이 처형되는 '12·12종파사건'으로 중단되었다. 장성택의 처형은 '장성택 플랜'을 직간접적으로 후원하던 중국을 당혹스럽게 만들었을 것이다.

　김정은은 중대한 결심을 강요당하고 있다. 취임 후 준비해왔던 '장성택 플랜'을 장성택 없이 계속 실천해 나갈 것인지, 아니면 군이 주장하는 대로 그동안 지속해왔던 '선군경제'체제를 그대로 유지하면서 핵무기 개발을 촉진하여 핵위협으로 미국과 한국으로부터 필요한 경제지원을 얻어내는 종래

의 전략을 구사할 것인지를 결정하여야 한다.

김정은체제가 시작했던 경제개혁은 개혁에 저항하는 군부를 설득할 수 있는 김정은의 정치적 지도 역량에 그 성패가 달려 있다고 할 수 있다.

7) 제7차 당대회와 국가경제발전 5개년 전략

김정은체제가 2013년 장성택을 처형한 이른바 '12·12종파사건'을 계기로 안정화 되어감에 따라 김정은은 김정일 시대의 '선군정치'를 다시 당-정부-군의 균형과 상호 견제 체제로 '정상화'하는 작업을 시작하였다. 국방위원회가 국가를 통치하던 '선군정치'를 국무위원회의 이름으로 국가주석인 김정은이 통치하는 체제로 전환시키고 군이 국가 경제를 주도하던 체제를 '핵·경제 병진정책'으로 고쳐 무기 개발 등 군사 관련 부문만 군이 주도하고 국가 경제는 당의 지도 아래 행정부가 주관하도록 고쳤다. 2016년 제7차 전당대회와 최고인민회의 제13차 제4기 회의를 열어 김정은은 당대회 사업총화보고 형식으로 '국가경제발전 5개년 전략'을 발표하고 최고인민회의에서 헌법을 개정하여 국방위원회 통치체제를 국무위원회가 주도하는 당-군-정부 균형통제체제로 고쳤다.

2016년부터 2020년까지 수행하기로 선언한 '경제발전 5개년 계획' 내용은 2012년에 발표된 6·28조치의 내용을 좀 더 발전시킨 것이다. 전략의 핵심은 자립경제, 즉 인민경제의 자립성과 주체성 강화인데 이미 자리 잡아가고 있는 장마당 경제를 제도화하여 인민들의 생산 의욕을 높여 경제 발전 추동력을 확보함으로써 핵무기 개발과 관련하여 강화되는 국제적인 경제 제재를 이겨내자는 전략이라 할 수 있다.

6·28조치의 핵심이었던 '우리식의 새로운 경제관리체계'란 기업에 독립채산권을 주어 시장경제의 장점인 경쟁과 노동에 따르는 대가 지급으로 노동생산성을 높이자는 것이다.

제7차 노동당 전당대회에서 이를 공식 전략으로 발표한 것은 이미 실시하고 있는 '우리식 관리 방식 개선'을 당의 공식 전략으로 만들어 신뢰성을 높이기 위함이라 할 수 있다. 6·28조치로 도입한 독립채산제는 놀랄 만큼의 효과를 내기 시작하였다. 정부에서 하달되는 계획지표를 대폭 축소하고 기업이 시장을 상대로 생산 목표를 스스로 결정하고 기업 이윤을 생산능력 확대, 종업원 노임 향상, 직원 복지에 사용하게 함으로써 기업 효율이 엄청나게 높아져서 북한경제체제의 발전 효과를 가져 왔다. 실제로 관리 개선 조치를 하지 않은 기업의 노동자 임금과 개선 조치를 행한 기업의 노동자 임금은 100배 차이(월급 4,000원과 50만 원)가 날 정도여서 '기업 관리 개선'은 이제 돌이킬 수 없는 제도로 굳혀지고 있다.

여기에 이미 자리 잡아가고 있는 '장마당'의 현실적 관리체계를 도입하여 '합법화'함으로써 기업의 독립채산제와 상승효과를 내고 있다. 노동자의 임금 상승은 그 임금을 자유롭게 소비할 수 있는 시장이 있어야 의미를 가지게 되기 때문이다.

'고난의 행군' 때 인민들이 생존을 위해 무허가 시장을 열기 시작하면서 발전해 온 북한의 '장마당'은 2016년 기준 국가가 공식적으로 허가하고 관리하는 것만 이미 400개가 넘어서고 있다. 북한에서 시장관리체계가 공식화된 것은 2003년 5월 5일에 내려진 「내각지시 제24호」와 「제27호」를 통해서이다. 이 지시에 따라 도인민위원회가 '시장관리소'를 두고 시장을 관리하고 있다. 시장은 정부에서 건설하고 시장 상인들로부터 '시장사용료'를 받고 있다. 시장은 특대도매시장(전국 유통망), 도소재지 도매시장, 일반 도시시장, 군 단위 시장 등 4등급으로 나누어 관리하고 있다.

북한이 시작한 기업 독립채산제 도입은 북한 경제발전에 눈에 띄는 성과를 가져다주었다. 북한 전 지역의 기업과 농촌의 생산성이 비약적으로 높아져 가고 있다. 2013년 북한의 GDP 총액은 249.98억 달러였는데 2014년에는 261.32억 달러였고 1인당 GDP도 1,013달러로 늘어 전년 대비 7.5% 성장을 기록하였다. 식량 생산량도 2013년 566만 톤에서 2014년 571만 톤으로 늘었다.

북한 경제는 그동안 중국이 걸어왔던 '중국식 사회주의' 경제의 길을 걷기 시작했다. 기업소유권은 아직 국가가 가지나 기업 관리, 경영에는 시장경제

제도를 도입하여 '사회주의 시장경제'체제로 발전해가고 있다. 다만 북한의 경우 핵개발 저지를 위한 국제적 제재 조치로 개혁개방을 통한 자본, 기술 도입, 시장 개척, 원료 확보 등이 어려워 중국과 같은 고도성장을 기대하기는 어려워 보인다.

4. 경제개혁 저항의 극복과제

북한경제를 되살려 내는 데 있어 북한이 당면하고 있는 가장 큰 문제는 사회주의 통제경제의 비효율성을 극복하는 문제이다. 사회주의 경제체제로는 경제적 합리성을 확보하기 어렵다. 근로의욕을 근로자의 정치적 동기에서 찾는 사회주의체제에서 물질적 동기, 즉 잘 살아보겠다는 근로자의 근로의욕을 어떻게 정치적으로 창출해 내는가 하는 것이 가장 큰 어려움으로 나타나고 있다.

북한은 노동생산성 하락에 대응하여 정치교육을 더욱 강화하고 있으나 그 결과는 반대로 나타나고 있다. 귀순자들의 증언을 종합하여 보면 정치교육은 이미 효용의 한계를 넘어섰다. 북한은 최근 부분적으로 물질적 동기를 부여하여 생산의욕을 고취시키려는 노력을 하고 있으나 그 결과는 아직 미지수이다. 농업에서 분조(分組)의 구성을 10호 이하로 줄이고 생산 할당량을 낮추고 초과생산량의 자유처분권을 주기로 했다지만 2002년의 7·1조치 등에서 보는 것처럼 자유시장이 제 기능을 하지 못하는 상태에서 농민들의 사기를 높이는 데는 큰 효과가 없으며 여기에 다시 배급제를 부활하고 "쌀 헌납 운동"을 시작하고 있어 '물질적 동기'의 취지가 흐려지고 있다.

북한은 김정은체제가 들어선 후 과감하게 시장경제체제를 도입하는 개혁과 경제개발구 제도 도입을 통한 개방을 시도하고 있으나 핵무기 개발과의 병존 정책을 고수하고 있어 큰 성과를 거두기는 어려워 보인다.

사회주의 통제경제의 또 하나의 약점은 계획의 경직성에 있다. 경제상황은 수시로 변하는데 계획이 이러한 변화를 그때그때 반영하지 못하므로 계획이 현실과 차질을 빚어 계획의 장점인 '자원의 낭비 방지'가 오히려 자원의 낭비를 조장하고 있다. 뿐만 아니라 계획은 근로자의 창의성을 줄이는 결과를 가져와 경제활력을 감퇴시키고 있다. 더구나 계획을 세우는 사람들이 시대감각을 익힐 기회를 가지지 못하였을 때에는 계획경제의 피해가 확산된다. 북한은 사회주의 통제경제체제를 어떻게 생산적으로 전환하는가 하는 과제를 바로 풀어야 경제를 되살려 낼 수 있을 것이다.

북한은 '주체경제'를 내세우며 철저한 자족경제(自足經濟: autarky)를 고수하여 왔다. 그리고 대외경제협력에서도 이념을 앞세워 사회주의 우방 국가와의 협력만 고집하여 왔었다. 이러한 자족경제의 자폐적(自閉的) 체제를 극복하지 않고서는 경제회생이 어려우리라고 본다. 자족경제는 산업화 수준이 낮았던 시대에 규모가 큰 나라가 수행할 수 있었던 정책이었다. 오늘날 같이 산업화 수준이 전반적으로 높아진 시대에는 분업이 초국경적으로 이루어지고 있는데 이 분업체제에서 스스로를 외부와 단절시키고서는 경쟁력 있는 상품생산이 불가능하다. 더구나 북한처럼 작은 규모의 경제에서는 고립의 피해가 더 크다.

북한은 현재 개방을 조심스럽게 추진하고 있으나 정치적 이유로 개방을 특정 지역의 특정 생산영역으로 한정하려 하고 있다. 나진·선봉경제특구 설치 계획이 그 예이다. 이러한 수준의 개방으로 북한경제를 되살려 낼 수 없음을 자인하고 북한은 김정은 시대에 들어와서 좀 더 과감한 개혁·개방을 시도하고 있다.

북한경제가 당면하고 있는 또 하나의 과제는 낙후된 사회간접시설을 개선하는 일이다. 북한은 항만, 철도, 도로, 통신 등의 기본시설이 정상적 경제활동을 뒷받침할 수 없을 정도로 낙후되어 있다. 북한경제가 활성화되려면 사회간접시설부터 확충, 개선해 나가야 한다. 그러나 이에 소요되는 방대한 재원을 국내에서 조달할 형편이 못되고 있다. 이에 소요되는 재원을 외부에서 어떻게 조달하는가 하는 것이 북한 당국이 당면하고 있는 또 하나의 시급한 과제이다.

영세한 북한 재정을 압박하는 더 큰 어려움은 과도한 군사비 부담이다.

특히 많은 자원을 필요로 하는 핵무기 개발을 포기하지 못하고 있어 재정압박이 심하다. 영국 국제전략문제연구소 추계에 의하면 북한은 2009년에 방위비로 43억 8천만 달러를 사용한 것으로 되어 있다. 그 해의 북한 GNP 256억 달러의 거의 17%를 쓴 셈이다. 이러한 과도한 군사비 부담을 안고는 북한이 경제를 살려낼 수 없다. 한국은 같은 해 GNP의 2.5%인 350억 달러를 방위비로 지출했다. 경제규모가 30분의 1도 안 되는 북한이 한국과 군사비 경쟁을 지속하는 한 북한은 경제적 파국을 면하기 어렵다. 이 문제를 풀어나가는 것도 북한 당국의 과제다.

북한정권 당국은 어려운 경제여건 속에서도 비생산적인 정치목적의 시설과 행사에 많은 자원을 투입하고 있다. 상징물 건설과 각종 정치적 행사에 많은 자원과 노동력을 투입하고 있다. 이러한 비경제적 소비도 북한경제에 큰 부담이 되고 있다. 북한은 경제회생을 위하여 비생산적인 자원 낭비를 줄여나가는 일부터 시작해야 한다.

【참고문헌】

김성철 외. 『북한이해의 길잡이』. 서울: 박영사, 1999.
민족통일연구원 편. 『북한경제제도의 문제점과 개혁전망』. 서울, 1996.
북한경제포럼 편. 『현대 북한경제론』. 서울: 도서출판 오름, 2005.
양운철. 『북한 경제체제 이행의 비교연구』. 서울: 한울, 2006.
통계청. 『남북한 경제사회상 비교』. 서울, 1999 및 2007.
_____. 『북한의 주요통계지표』. 2011, 2012, 2013, 2017년판.
통일부 통일교육원. 『북한이해 2013』. 서울, 2013.
현대경제사회연구원 편. 『북한경제의 오늘과 내일』. 서울, 1996.

Andrei Lankov. *The Real North Korea*. New York: Oxford University Press, 2013.

외교체제와 정책

　북한은 냉전 속에서 탄생한 나라이며 냉전구조 속에서 공산권의 종주국이던 소련에 의하여 출범한 나라여서 건국초기에는 독자적인 외교정책을 수립, 실천할 수 있는 여건에 놓여 있지 않았다. 소련의 위성국으로 소련의 '지도'를 받아 외교정책을 폈었다.

　1953년에 6·25전쟁이 끝난 이후부터는 북한도 독자적 외교를 펴기 시작하였다. 특히 1950년대 중반부터 시작된 소련과 중국 간의 '이념투쟁'이 1960년대로 접어들면서 거의 적대관계로까지 발전해감에 따라 북한은 중소 대립의 희생물이 되지 않기 위하여 세심한 노력을 기울였으며 이와 관련하여 소련과 중국 어느 쪽에도 기울지 않는 중립적인 지위를 유지하기 위하여 '자주외교'를 강조하기 시작하였다.

　1978년부터 중국이 이른바 '등소평 개혁'을 시작하면서 소련주도의 공산권에서 벗어져 나옴에 따라 북한은 다시 소련과의 관계를 강화하기 시작하였으며 1985년에 시작된 소련의 개혁개방정책, 즉 '페레스트로이카(Perestroika)'

정책이 발전하여 1989년 소련이 드디어 미국과의 냉전을 공식으로 청산함으로써 공산진영이 해체되자 북한은 구공산진영에서 떨어져 나와 독자적인 외교노선을 구축하기 시작하였다.

　북한은 공산진영 속에서 냉전의 첨병으로 미국, 일본 및 이들 국가들의 후원을 받아오던 한국과 첨예한 대립을 보였었으나 공산진영에서 떨어져 나온 이후는 고립을 면하기 위한 새로운 정책을 펴지 않을 수 없게 되었다. 북한은 구사회주의 국가와의 관계를 되도록 우호적으로 유지하면서 동시에 미국 및 일본과의 관계개선에 주력하였다. 1990년대에 들어서면서 미국이 북한을 고립에서부터 이끌어내어 미국이 주도하는 새로운 세계질서에 참여시키려는 '개입과 확대정책(engagement and enlargement policy)'을 전개하는데 편승하여 대미(對美) 관계개선을 최대의 외교목표로 삼고 외교를 펴나가고 있다.

　북한은 현재 체제존속이 문제될 정도의 어려움을 겪고 있다. 파탄에 이른 경제, 국제사회에서의 고립, 한국과의 경쟁에서 오는 체제위협 속에서 체제수호의 어려운 일을 풀어나가려고 애쓰고 있다. 북한은 이 난국을 극복할 수 있는 길은 대미 관계개선뿐이라는 것을 잘 알고 있다. 외부지원 없이 경제재생이 불가능한 상태에서 지원을 얻을 수 있는 곳은 한국, 일본, 미국뿐인데 이 지원을 얻을 수 있는 전제조건이 미국의 규제를 푸는 것뿐이기 때문이다. 그래서 북한은 모든 국력을 대미 관계개선에 쏟고 있다. 탈고립 외교정책은 현재 북한이 가장 중점을 두고 있는 국가적 과업으로 되고 있다. 북한은 현재 '핵무기'를 지렛대로 하여 미국과의 수교 및 평화협정 체결을 성취하려고 노력하고 있으며 미국을 앞장세워 국제사회로 진출하려 하고 있다.

　2011년 12월 김정일 사망으로 정권을 승계 받은 김정은은 김정일 시대의 외교정책 노선을 그대로 고수하면서 이미 개발을 완료한 핵무기를 과시하면서 국제사회에서 핵무기 보유국으로 인정받는데 역점을 두고 외교정책을 펴고 있다. 그리고 미국과의 관계개선도 미국이 북한이 핵보유국이라는 것을 기정사실로 인정하게 하고 그 바탕 위에서 추진하려 하고 있다. 북한의 논리는 핵보유국이라는 대등한 지위에서 미국과 핵군축 협상을 시작하는 것이

마땅하다는 것이다.

이 장에서는 북한의 대외정책기조와 탈냉전시대의 정책조정과정, 대외정
책 수립 및 추진체제 그리고 국제사회 속에서의 북한의 생존노력 등에 대하
여 간략하게 소개한다.

1. 대외정책 기조

북한을 통치하고 있는 '조선로동당'은 1980년에 채택한 당규 전문에서 대
외정책의 기조를 다음과 같이 선언했다. ① 자주성, ② 프롤레타리아트 국
제주의, ③ 사회주의제국과의 단결, ④ 국제공산주의운동과의 연대, ⑤ 제3
세계 인민들과의 협조, ⑥ 반제국주의 연대투쟁 등이 내세웠던 지침이었다.
이러한 북한의 대외정책기조는 냉전 종식과 더불어 구사회주의 국가들의 체
제개혁이 진행되어 가는 과정에서 시대에 맞도록 수정되었다.

김정은 권력승계 이후인 2012년 4월에 열린 조선로동당 제4차 대표자회
의에서 개정된 당규약 서문에서는 ① 자주, 평화, 친선을 대외정책의 기본
이념으로 하며 ② 반제국주의 역량(세력)과의 연대성을 강화하고 ③ 다른
나라들과의 선린우호 관계를 발전시키고 ④ 제국주의 침략과 전쟁을 반대하
고 ⑤ 세계 사회주의 운동의 발전을 위하여 투쟁한다고 로동당의 활동 지침
을 정리하였다.

북한은 냉전시대에 비하여 외교대상국 범위를 확대하고 전 세계를 대상
으로 정책안목을 넓혔다.[1] 특히 주목할 것은 프롤레타리아트 국제주의 수
호라든가 국제공산주의운동 동참 등을 목표에서 삭제하고 헌법에 명시한 것
과 같이 자주, 평화, 친선만을 대외정책 기본 이념으로 내세운 점이다. 김정
은 정권은 선린우호, 제국주의 반대, 사회주의를 위한 투쟁으로 정책 목표를
한정했다.

---

1) 2012년 개정당규 서문.

북한은 1992년 및 1998년에 개정한 헌법에서는 대외정책기조를 다소 추상적으로 내세웠다. 헌법 제17조에서 북한은 자주, 평화, 친선 등 세 가지를 대외정책의 기본이념이며 원칙이라고 선언하고 국가의 자주성, 국가 간 평등, 내정 불간섭을 강조했었다. 당규에서 내세웠던 프롤레타리아트 국제주의와 전투적인 반제국주의 투쟁 등은 거론하고 있지 않았었다. 그리고 이 기조는 2013년의 개정헌법에서도 그대로 지키고 있다.

북한은 냉전 종식 후 전개되는 새로운 국제환경 속에서도 대외정책 목표를 '남반부 해방'이라는 혁명목표 성취를 돕는 조건마련이라는 데에 두어 왔다. 북한 정부는 1980년 이래 이러한 전략적 구도를 명시화하고 있는데 ① 사회주의 국가와의 단결 강화, ② 비동맹국과의 협조, ③ 자본주의 국가와의 우호관계, ④ 아시아 제국과의 선린 등이었다.[2] 이 기조는 한국을 고립시키고 북한이 지배하는 '하나의 조선'을 국제적으로 인정받아 북한 정부의 정통성을 확보하고 북한의 국력 향상에 필요한 지원을 자본주의 국가에서 얻어내겠다는 것으로 해석할 수 있다. 그러나 구호로 내세운 이러한 외교정책 기조는 이미 의미를 잃고 있다. 적대적 국제환경 속에서 북한 스스로가 살아남는 것이 당면과제로 되었기 때문이다. 그래서 김정일 정권 시대부터는 이러한 목표를 내세우지 않고 있다.

북한은 현재 중국과 긴밀한 유대를 유지하여 스스로의 안전을 보장받고 (사회주의 국가와의 단결), 미국 및 일본과 관계를 개선하여 한국을 고립시키면서(通美封南정책) 동시에 필요한 자원을 얻는 데 모든 역량을 집중하고 있다. 옛 사회주의권 우방들이 대부분 체제개혁을 거치면서 국제공산주의운동에서 이탈한 상황에서 북한은 대외정책의 초점을 미국과의 관계개선에 두고 있다. 미국과의 관계개선을 이루어야 일본 및 기타 서방 국가와의 관계개선이 가능하고 또한 세계은행 등 국제기구 참여가 가능하다는 것을 알기 때문이다. 북한의 외교정책의 기조를 새롭게 정리한다면 첫째, 유일한 사회주의 우방국가인 중국과의 정치, 군사관계의 유지, 둘째 미국과의 관계개선을 통

---

2) 통일부, 『북한개요 2000』, pp.409-410 참조.

한 자국 안보의 확보 및 경제협력 획득이다.

북한의 대미 관계개선 노력에서 우리가 관심을 가지는 부분은 목표 성취의 방법이다. 북한은 미국의 강한 반대와 국제사회의 비난, 국제연합의 집단적 제재 등을 무릅쓰고 핵무기 개발에 전념하고 있다. 북한은 일단 핵무기를 개발보유한 후 이를 국제사회에 기정사실로 인식시키고 미국과 국제사회로부터 '핵보유국 지위'를 공인받으려 하고 있다. 핵보유국이 되면 외부의 군사위협에서 해방되어 자주권을 확보하게 될 뿐만 아니라 핵보유국이라는 대등한 지위를 이용하여 미국과 협상하여 공존합의를 얻어내겠다는 구상을 북한은 가지고 있다. 북한의 이러한 정책은 북한의 비핵화를 관계개선의 전제 조건으로 내세우는 미국과의 관계개선을 어렵게 할 뿐더러 국제사회의 집단제재로 북한의 고립을 자초하게 된다.

북한 내부에도 현실주의적, 실용주의적 시각을 가진 지도층 인사들이 있어 핵포기를 주장하는 분위기가 형성되었으나 2013년의 〈12·12종파사건〉으로 장성택 등 실용주의자들이 제거됨으로써 당분간은 북한의 유연한 대외정책을 기대하기 어렵게 되었다.

공산진영 속에서 안주하던 북한이 대서방 접근을 모색하기 시작한 것은 1970년대 초이다. 1971년 11월 로동당중앙위원회 제5기 제3차 전원회의에서 "국제정세서 제기된 몇 가지 문제에 대하여"라는 결의를 한 후부터 북한은 유엔 등 국제기구의 가입, 서방제국과의 관계개선 등 적극적 외교공세를 펴기 시작하였는데 의욕적인 경제개발계획추진에 필요한 서방제국의 경제협력을 확보한다는 실리적 목적 외에 미국과의 관계개선을 통하여 한국과의 외교적 불균형을 해소하여 통일정책전개에서 좀 더 유리한 지위를 확보하겠다는 목적도 가지고 있었다.

북한은 1974년 3월 최고인민회의의 결의로 미국에 대하여 평화협정을 체결할 것을 제의했으며 그 이후 꾸준히 미국과의 관계개선 의사를 밝혀오면서 1984년에 와서는 한국, 미국과의 3자 회담을 제의하기도 하였다. 이러한 북한의 노력의 결과로 1988년부터 1992년까지 북한은 미국과 북경에서 28차례에 걸쳐 참사관급 회담을 열기도 하였다.

그러나 북한의 이러한 노력에도 불구하고 북한과 미국과의 관계는 별로 개선되지 않았다. 1983년의 미얀마 아웅산묘지에서의 한국 고위층 암살사건, 1987년의 대한항공 여객기 공중폭발사건 등을 일으킨 북한은 한때 미국 정부의 '테러지원국가' 목록에 올라 있어 미국과의 인적·물적 교류조차 할 수 없는 상태였다.

특히 북한의 핵무기 개발계획이 알려진 1993년의 제1차 북핵사태와 2002년 10월에 북한 스스로가 농축우라늄 프로젝트를 시인함으로써 벌어진 제2차 북핵사태로 미국의 대북한 제재는 강화되었고 국제사회에서의 여론도 북한에 불리하게 돌아서고 있어 북미관계는 더욱 악화되었다. 특히 2006년 7월 5일 대포동-2 미사일 발사와 같은 해 10월 9일에 실시한 핵실험으로 미국의 북한에 대한 불신이 깊어져 관계개선에 어려움이 더해지고 있다.

북한은 반복되는 국제연합안보리의 제재결의를 무시하고 핵실험을 계속하고 있다(2017년에 제5차 실험). 이에 따라 북미관계도 더 악화되고 있다.

2. 탈냉전시대의 외교

냉전시대 북한의 외교는 단순하였다. 구소련이 이끄는 국제공산주의운동에 적극 편승함으로써 '공산권' 국가 집단의 일원으로 안전과 경제지원을 확보하는 외교가 전부였다. 북한은 1961년에 체결한 소련 및 중국과의 동맹조약에 의해 자국의 안전을 보장받았으며 소련과 소련 위성국, 그리고 중국으로부터 경제지원을 확보하였다. 그리고 소련 및 중국이 개척해놓은 제3세계 친공산국가들의 지원을 받아 국제사회에서 활동 공간을 확보했었다. 북한은 미국, 일본 및 서유럽 국가들과는 절연된 상태에 머물러 있었다.

그러나 1989년 몰타(Malta)회담을 계기로 미국과 소련이 적대관계를 공식으로 종결함으로써 냉전체제가 허물어지면서 북한의 외교 환경도 함께 허물어졌다. 동유럽 공산국가들은 소련제국의 통제에서 풀려나자 정치체제를 민주화하고 경제체제를 시장경제로 전환하여 새로운 국가로 재탄생하면서 미국 등 서방 세계가 주도하는 국제사회에 편입하였다. 그러나 북한만은 스탈린체제를 고수하면서 공산주의 자립경제체제를 지켜나가기로 결정함으로써 스스로 국제사회에서 고립되는 길을 걸었다.

북한은 김일성 통치시대의 말기인 1990년대 초부터 탈냉전의 새로운 국제환경에서 살아남기 위해서 새로운 외교정책을 펴기 시작했다. 공산진영이라는 북한의 '주어진 외교마당'이 냉전 종식으로 살아져 버린 상태에서 북한은 독자적으로 외교 무대를 만들어 나가지 않을 수 없게 되었기 때문이었다. 북한은 서방 세계와의 비타협이라는 종래의 정책을 버리고 가능한 모든 나라와 수교하기로 정책을 바꾸고 수교국 확대 노력을 펴기 시작하였다. 북한은 한국과 수교하고 있는 나라와는 수교하지 않는다는 북한식 '할슈타인 정책(Hallstein Policy)' 원칙을 포기했다.

구 공산 종주국이던 소련이 한국과 수교하고(1990), 이어서 몽골(1990)을 비롯한 구 공산진영 국가들이 차례로 한국과 수교하기 시작하고 중국마저 1992년 한국과 수교하는 시대흐름 속에서 북한은 '할슈타인 정책'을 유지할 수 없게 되었기 때문이다.

북한은 우선 한국과 동시에 국제연합에 가입하였다. 1973년부터 한국이 제안했던 '유엔 동시가입'을 고려민주연방을 만들어 단일국가로 가입하여야 한다는 이유로 반대해 오던 북한이 1991년 동시가입에 동의하고 유엔에 가입하였다.

북한은 가입을 허용 받은 유엔 산하기구에도 가입을 위해 노력해서 1991년에는 아시아태평양경제사회위원회(ESCAP)에 가입하고 1996년에는 제네바군축회의(CD)에도 가입하였다.

북한은 꾸준히 수교국 수를 늘여 1999년 말까지 135개국과 수교했는데 이 중 131개국은 한국과 수교하고 있던 나라들이었다. 북한은 주요 서방국가들과의 수교에도 적극적으로 나서서 2000년에는 이탈리아와 수교했고 독일(2001), 캐나다(2001), 뉴질랜드(2001), 필리핀(2002) 등과도 수교에 성공했다. 북한은 2012년 말까지 162개국으로 수교국을 늘렸으며(한국 189개국) 이 중에서 159개국은 한국과 수교하고 있는 국가들이다. 북한 단독 수교국은 쿠바, 마케도니아, 시리아뿐이다. 그러나 북한은 가장 중요한 국가인 미국과 일본, 그리고 프랑스와는 아직 수교에 성공하지 못했다. 북한은 수교국 중 49개국에만 상주 공관(이 중 대사관은 42개국)을 두고 있다.

소련과 중국의 적극적 후원을 받을 수 없는 상황에서 생존전략으로 북한이 선택한 길은 미국과의 관계를 개선하여 미국으로부터 안전을 보장받고 필요한 원조를 얻는 길이었다. 그리고 미국의 관심을 끌기 위해서 택한 수단이 '핵정책'이었다. 미국이 탈냉전의 새로운 평화질서를 구축해나가면서 대량살상무기의 확산을 막는 데 1차적 목표를 두고 있다는 점에 착안하여 북한은 핵무기의 개발과 확산으로 미국정책에 정면 도전하기로 한 것이다. 벼랑끝 전술(brinkmanship tactics)이라고도 부르는 자국의 존립을 건 위험한 전술이지만 미국의 주목을 끌기에는 효과적인 전술이라 할 수 있다.

북한은 핵무기 개발, 핵탄두를 장착할 수 있는 유도탄의 개발, 그리고 핵무기와 유도탄 기술의 확산 등을 강행하면서 이러한 위험한 행위의 중지를 조건으로 미국으로부터 안전, 국교수립, 경제제재 철회, 평화협정 체결, 그리고 필요한 경제지원을 얻어내는 전략을 펴기 시작했다.

북한의 이러한 전략은 상당한 성과를 거두어 1994년 김일성 사망으로부터 시작된 '고난의 행군' 기간 필요한 식량, 원유 등의 지원을 얻어내고 그 밖에도 많은 '약속'을 미국으로부터 얻어내었다.

북한은 냉전시대 소련의 지원을 받아 핵무기 개발에 착수했었다. 1980년에 5MWe 용량의 영변 1호기 건설에 착공하여 1986년에 완공하여 가동하기 시작했고, 1985년에 50MWe 용량의 영변 2호기 건설에 착공하였으며, 1989년에 200MWe 용량의 원자로를 태천에 건설하기 시작했다. 그리고 가동을 시작한 영변 1호기에서 얻어진 8,000개의 폐연료봉을 재처리하여 핵폭탄 제조용 플루토늄을 생산하기 시작했다. 아울러 단거리 및 중거리 미사일도 개발하여 배치하기 시작하였다.

북한이 1993년 3월 12일 핵확산금지조약(NPT)에서 공식 탈퇴하자 미국 등 관련국들은 긴장하기 시작했다. 이것이 이른바 제1차 핵위기였다. 미국은 국제연합안전보장이사회의 대북결의안(제825호)도 채택시키고 몇 차례의 북미고위회담도 열어 위협도 하고 회유도 하다가 결국 1994년 10월 21일 북미 간에 제네바합의문(Geneva Agreed Framework)을 체결하고 북한은 핵 동결선언을 하고 NPT에 복귀하였다.

이 합의에 의해 북한은 1,000MWe 용량의 경수로 2기를 얻기로 하였다. 미국은 한국, 일본, 유럽공동체와 비용을 공동부담하기로 하고 한반도에너지개발기구(KEDO)를 설립하여 한국이 비용 대부분을 담당하는 경수로 건설에 착수했다(한국은 약 10억 달러를 지출). 그리고 경수로가 완공될 때까지 매년 50만 톤의 원유도 북한에 제공하기로 하였다.

북한은 그러나 1998년 사정거리 4,000킬로의 개량형 미사일 대포동-1을 발사하고, 우라늄을 핵폭탄용으로 고농축하는 시설(HEU: Highly Enriched Uranium)의 존재를 인정(2002)하고 봉인했던 영변 원자로를 재가동(2002년)하고, 2003년에는 다시 NPT에서 탈퇴하여 또다시 핵위기를 조성했다. 이것이 제2차 핵위기다.

북한은 10개 정도의 핵무기를 이미 보유하고 있는 것으로 추정되는 가운데 다시 미국과 치열한 '회담전략'을 벌였다. 북한은 그동안의 경험에서 대미 핵외교가 성과를 거두었다고 판단하고 2000년대에 들어서서는 더욱 적극적인 공세적 외교정책을 폈다.[3]

3. 김정일 시대의 공세적 외교

북한은 1994년 7월 8일 김일성 사망, 그리고 연이은 자연재해 등으로 심각한 정치적, 경제적 어려움을 겪으면서 이를 극복하기 위하여 '핵무기'를 교섭 수단으로 써서 위기를 돌파하는 '체제잔존' 외교를 폈었다. 그 외교는 상당한 성과를 거두어 김정일이 로동당 총서기로 선출되어 김정일체제가 정

---

3) 허문영 외, 『한반도 비핵화와 평화체제 구축전략』(서울: 통일연구원, 2007), Jane's Sentinel Security Assessment, 2007.10 참조.

식 출범한 1997년 이후에는 체제 안정을 회복하고 경제도 어느 정도 안정을 되찾았다.

북한은 이를 바탕으로 2000년에 들어서면서 공세적 외교를 펴기 시작했다.

1) 강성대국 건설을 위한 환경 조성

북한은 공세적 외교의 목표를 선군정치를 통한 강성대국 건설에 필요한 국제환경을 조성하는 것으로 삼고 있다. 북한은 자주권 확보, 안전 확보, 경제지원 획득, 통일여건 조성 등을 외교목표로 정하고 핵보유국이 됨으로써 이들 목표를 일거에 달성하려 하고 있다.

(1) 자주권 확보

21세기 국제질서는 미국 주도의 단일 세계민주공동체로 발전해가고 있다. 민주정치체제를 갖추고 시장경제체제를 받아들이는 국가들로 구성된 단일 세계공동체를 만든다는 미국의 구상에 따라 질서가 개편되고 있다. 미국은 이 구상에 따라 전체주의 전제국가들의 민주화를 위해 적극적 개입정책을 펴기 시작했다. 아직 민주화되지 않은 독재국가들을 독재국가의 전진기지(outpost of tyranny)라 분류하고 이들 국가 내의 인권문제 개선을 위한 적극적 개입정책(transformation diplomacy)을 폈다. 이라크의 후세인 정부를 타도하기 위해서 전쟁도 불사했으며 이란에 대해서도 계속 압박을 가했다. 리비아도 이미 굴복했고 쿠바도 개선의 뜻을 보였다. 이제 남은 국가는 북한뿐이다.

북한은 미국과 미국의 동맹국들에 의한 체제 민주화의 압력을 강하게 받고 있다. 이러한 압력을 이겨내고 북한의 1인지배의 전제체제를 유지해 나가기 위해서는 특단의 자주권 수호 수단이 필요하다. 북한의 핵전략은 이러한 자주권 수호 외교의 일환이다.

(2) 국가안전보장

국내정치체제 개혁을 강요하는 외부의 군사위협에서 벗어날 수 있는 장치를 마련하는 것이 또 하나의 외교 목표이다. 냉전시대에는 소련과 중국의 보호를 받았으나 이러한 보호막이 없어진 탈냉전시대에는 북한은 새로운 안전보장장치를 확보해야 한다. 북한은 경제파탄으로 재래식 군비를 확충하여 자위를 할 수 없음을 잘 안다. 그 대안이 대량살상무기를 보유하는 '자폭정책'이다. 즉 북한을 위협하는 국가에 핵보복을 할 수 있는 능력을 갖추어 그러한 위협을 억지하겠다는 정책이다. 상대국의 제2격 능력으로 자멸할 것을 각오한 전략이어서 '자폭전략'이라 부른다.

북한은 핵보유국으로 승인만 받으면 외부의 위협에서 벗어날 수 있다고 믿고 있다. 어느 강대국도 북한의 핵 보복을 감수하고 북한을 공격하지 않을 것이기 때문이다.

(3) 경제지원의 확보

전 세계가 단일 시장으로 통합되어가는 환경 속에서 계획경제체제를 바탕으로 한 자족경제를 추구하는 한 북한은 경제파탄을 면할 수 없다. 외부에서 생존에 필요한 식량, 에너지를 획득해야 하며 국제금융기관에서 자금을 얻을 수 있어야 한다. 이러한 길을 열어야 한다. 이러한 길을 여는 첫 관문이 미국의 제재해제이다. 북한은 미국의 제재해제를 '핵위협'으로 풀어보려고 하고 있다. 즉 북한은 위험한 핵을 휘두르는 북한을 미국이 달래는 차원에서 경제제재를 풀고 지원을 하도록 유도하려 하고 있다.

(4) 대남 군사우위 유지

북한에게는 한국의 존재 자체가 위협이다. 같은 영토, 같은 주민을 두고 누가 정통 정부인가를 다투는 북한과 한국의 관계는 서로 상대방의 존재 자체를 위협으로 받아들이지 않을 수 없다.

북한은 세계 10위권의 경제 강국으로 부상한 한국(2012년 GDP 규모는 세계 12위)과 대결하고 있는 한 자유롭게 체제개혁에 들어설 수 없다. 체제붕괴의 위험 때문이다. 한국만 없다면 북한은 시간을 가지고 스스로 체제개혁에 임할 수 있다. 한국의 존재 때문에 중국, 베트남 등의 체제개혁을 모방할 수 없는 것이 북한의 어려움이다.

북한은 북한 주도의 통일을 이루어 한국의 존재에서 받는 위협에서 벗어나려고 애써 왔다. 그러나 군사력 경쟁, 경제적 경쟁에서 승산이 없음을 잘 알고 있다. 한 가지 방법은 한국사회에 침투하여 내부에서 정치적 투쟁을 벌여 한국에 친북 정권을 세우는 정치적 투쟁뿐이다. 그러기 위해서는 한국을 군사적으로 압도할 수 있는 힘의 우위를 확보해야 한다. 그리고 국제사회에서 한국의 지위보다 우위의 지위를 확보해야 한다. 북한은 핵무기를 한국에 대한 절대적 군사우위 확보방법으로 생각하고 있다.

2) 구체적 추구 목표

북한의 외교는 위와 같은 목표를 가지고 전개되고 있다. 그리고 이 목표 달성을 위하여 다음과 같은 구체적 목표를 설정하고 있다.

(1) 핵보유국 지위 확보

첫째가 핵보유국 지위의 공인 획득이다. 일단 핵보유국으로 국제사회에서 인정받으면 자국의 안전은 보장되고 '강대국'의 지위를 얻게 된다. 핵무기를 가진 나라는 누구도 공격할 수 없다. 핵무기와 재래식 무기의 살상력은 비교가 되지 않으므로 비핵국가가 핵보유국을 공격할 수 없다. 핵보유국 간에도 전쟁은 어렵다. 몇 개의 핵무기와 투발 수단을 가지고 이를 잘 은닉하여 상대방의 핵공격을 받고도 지켜낼 수 있으면 이것으로 공격국가에 재앙을 안겨 줄 수 있기 때문이다. 이런 능력을 제2격 능력(second strike capability)이라 한다. 핵보유국 간에는 핵무기의 수량과 관계없이 서로 견제되는 비대칭억지(asymmetric deterrence)가 이루어지게 된다. 현재 5대 강국이라는 국제연합 상임이사국인 미국, 영국, 프랑스, 러시아, 중국은 모두 핵보유국이다. 이 밖에 공인을 받지 못하고 있으나 묵시적 인정을 받고 있는 핵국가로 인도와 파키스탄, 그리고 이스라엘이 있다. 이 세 나라는 국제적 압력에도 불구하고 핵무기를 개발하고 실험을 해서 보유 사실을 객관화했다. 북한이 목표로 하는 것이 바로 파키스탄처럼 핵국가로 묵시적 공인을 받아내는 것이다. 북한은 이미 2005년 핵보유 사실을 공표했고 2006년 10월에 제1차 핵실험, 2009년 5월에 제2차 핵실험, 2013년 4월에 3차 핵실험, 2016년 1월에 제4차, 그리고 2016년 9월에 제5차 실험을 단행했다.

(2) 대미 평화협정

둘째가 미국과 평화협정을 체결하는 것이다. 북한은 1974년 3월 25일 공식으로 미국과 평화협정 체결을 요구한 이래 지금까지 꾸준히 평화협정 체결을 요구해오고 있다. 1953년 북한인민군사령관과 중국인민의용군사령관을 일방으로 하고 유엔군사령관을 다른 일방으로 체결한 정전협정을 북한 정부와 미국 정부 간의 평화협정으로 교체하자는 것이다. 평화협정은 주권국가 간에 서로 상대를 적대시하지 않을 것을 약속하고 평상 관계를 회복하는 협정이다. 북한은 미국이 북한을 주권국가로 승인하지 않고 있어 많은 고통을 받고 있다. 평화협정을 체결하게 되면 북한은 미국에 의하여 주권국가로 승인받게 되는 것이다. 평화협정은 또한 미국의 대북한 적대관계 해소를 의미하므로 북한을 가상적국으로 하는 한미동맹도 존속할 수 없게 되며 미군의 한국 주둔도 명분을 잃게 된다. 더구나 북한은 미국과의 관계에서 한국과 대등한 지위를 확보하게 된다.

(3) 북미수교

셋째가 북미수교이다. 미국과 수교함으로써 미국이 지배하고 있는 국제사회에 쉽게 진출할 수 있기 때문이다. 또한 수교하게 되면 미국의 대북제재를 풀기 쉬워지고 미국의 도움으로 IMF, 세계은행 등에 참여할 수 있게 된다. 또한 미국과 수교하게 되면 미국의 우방들과의 관계개선에서 큰 힘을 얻게 된다.

(4) 한국과의 연방제합의

넷째는 한국과의 연방제합의이다. 연방은 단일국가이다. 따라서 한국과 연방제를 합의하여 '고려민주연방'을 선언할 수 있게 되면 국제사회에서 한국이 누려왔던 모든 권리를 승계할 수 있다. 북한은 '조선은 하나다'라는 구호를 계속 내세우고 있다. 북한은 이미 1991년의 남북기본합의서와 2000년 6월 15일의 남북정상 간의 「6·15선언」을 통하여 남북한 간의 관계를 "나라와 나라 사이의 관계가 아닌 특별관계(Besondere Beziehung)"로 합의를 도출해내는 데 성공했다. 연방제에 반쯤 접근하고 있다. 한국과의 완전 통일을 이루기 전이라도 '사실상의 단일국가'로 공인받으면 한국을 경유하여 세계 시장에 제약없이 접근할 수 있게 된다.

3) 대미 관계개선 노력의 답보

북한의 적극 외교의 핵심은 대미외교이다. 1998년에 공식으로 출범한 김정일 정권은 같은 해 집권한 한국의 김대중 정부의 대북 화해정책에 힘입어 본격적으로 대미정책을 펴나갔다.

북한은 1999년 9월 베를린에서 미국과 고위회담을 열어 양국관계의 포괄적 개선에 합의했다. 이 합의에 의해 2000년 10월에 조명록 차수가 워싱턴을 방문하여 클린턴 대통령과 회담한 후 '적대관계 종식' 등을 담은 공동성명을 발표하고 곧 이은 올브라이트(Madeleine Albright) 미 국무장관의 평양 방문으로 협상의 문을 열었다. 그러나 2001년 초 조지 부시(George W. Bush) 행정부가 들어서서 대북 강경정책을 발표하면서 북한의 대미 접근정책은 다소 둔화되었다. 2002년 4월 한국의 대통령 특사 임동원의 방북과 한국 정부의 미국 설득을 계기로 다시 북미 접촉이 재개되어 그 해 10월 켈리(James Kelly) 차관보가 방북하였다.

그러나 북한의 고농축우라늄(HEU) 생산계획이 알려지면서 북미관계는 다시 냉각되었고 북한은 이에 맞서 2003년 1월 NPT탈퇴선언 등으로 미국을 압박하여 결국 북핵 문제는 미국, 중국, 일본, 러시아, 한국, 북한 등 6자가 만나는 6자회담 틀로 넘어갔다. 6자회담은 2003년 8월에 첫 회의를 가졌으며 2007년 9월까지 도합 일곱 차례의 회의를 가졌으나(실무회담 포함) 북한이 합의사항의 이행을 거부함으로써 중단되어 2013년까지 열리지 못하고 있다.

현재 미국은 북한에게 이미 알려진 영변의 핵시설의 가동을 불능화(disablement) 시키고 나머지 핵시설과 무기를 신고하면 수교협상을 재개할 수 있다는 입장이고, 북한은 미국이 먼저 경제제재를 풀고 관계개선을 하면 핵무기 신고요구에 응하겠다는 입장이다.

〈참고자료 10-1〉 KEDO

1993년의 제1차 북한 핵위기의 수습책으로 1994년 10월 21일 미국과 북한 간에 체결된 제네바합의문(Geneva Agreed Framework) 제1조 제1항과 제2항 합의에서 미국이 주도하는 국제 컨소시엄이 주최가 되어 북한이 약속한 흑연감속원자로의 동결의 대가로 100만 킬로와트 경수로 2기를 2003년까지 북한에 건설하여 주고 매년 50만 톤의 원유를 공급하기로 하였다. 이 약속 이행을 위하여 미국은 한국, 일본, 및 EU가 참가하는 한반도에너지기구(KEDO: Korea Energy Development Organization)를 설치하기로 하였다. KEDO 설치협정은 1995년 3월 9일에 체결되었다. 한국 정부는 업무추진을 위해 경수로사업지원기획단을 구성하였다.

KEDO협정에 따라 용역을 맡은 한국전력주식회사는 1997년 7월 북한 함경남도 신포에 경수로를 건설하기 시작하였다. 경수로사업 총 공사비는 46억 달러이며 이 중에서 한국이 70%인 32억 2천만 달러, 일본이 10억 달러, 미국이 3억 8천만 달러를 부담하기로 하였다. 그러나 2002년 10월 북한이 우라늄농축 프로그램을 시인함으로써 시작된 제2차 핵위기로 건설 공사는 중단되었으며 2003년 11월 21일 KEDO 집행이사회는 경수로 건설 중단을 공식으로 결정하였다. 중단될 때 기준으로 총 공정의 34%가 이루어졌으며 공사비는 29.9%인 13억 7천9백만 달러가 집행되었다. 공사 중 지원하기로 한 원유는 총 356만 톤이 공급되었다. 그러나 북한이 2005년의 9·19합의 등 약속이행을 거부하여 동년 11월 22일 KEDO 집행이사회에서 경수로사업 종료를 결정하였다.

북한은 2005년 핵무기 보유선언, 2006년 10월 지하 핵실험 등으로 미국을 압박하면서 ① 북한에 대한 적대행위 포기선언, ② 수교, ③ 경제원조, ④ 테러지원국 지정해제 등을 선행할 것을 주장하고 있고, 미국은 KEDO를 공식해체하고(2005.11.22), 핵시설 신고 선행을 강력히 요구하고 있어 북미관계는 2008년 이래 현재 답보상태에 있다.

북한은 '핵보유'를 기정사실로 인정해주면 앞으로 더 이상 해외수출을 하지 않는 등 NPT의 핵보유국의 의무사항을 지키겠다고 미국을 설득하고 있고 미국은 어떤 형태든지 북핵 문제를 해결해야 한다는 생각에 '과거 핵'은 덮어두고 '미래 핵' 동결로 매듭짓고 싶어 하고 있어 북미협상 진전에 따라서는 북한이 목표를 달성할 가능성도 열려 있다.[4] 그러나 북한의 반복되는 약속 위반과 국제연합 제재결의안의 무시로 신뢰를 잃고 있어 미국의 호응을 얻지 못하고 있다. 특히 오바마(Barack Obama) 정부는 북한에 대하여 전략적 인내(strategic patience) 정책으로 일관하고 있어 북미 교섭은 답보상태에 머물고 있다. 그리고 2017년에 시작된 트럼프(Donald Trump) 정부도 대북강경기조를 유지하고 있어 미국과의 관계개선이 쉽지 않아 보인다.

4) 주변국과의 관계개선

북한은 일본과의 관계개선에도 노력을 기울여 왔다. 일본은 북한경제재건을 위해 꼭 도움을 얻어내야 할 대상이기 때문이다.

북한은 탈냉전 외교의 일환으로 1990년부터 일본과의 관계개선에 적극 나섰다. 1990년 9월 일본 자민당 부총재를 역임했던 가네마루 신(金丸 信)이 자민당과 사회당 대표와 함께 평양을 방문하여 조선로동당 대표와 회담을 가지고 조기 수교를 촉구하는 공동성명을 발표한 것을 계기로 북한은 일본과 1991년 1월 30일부터 1992년 11월 6일까지 여덟 차례 수교회담을 가졌

---

[4] 북핵문제에 대한 심도있는 분석에 대해서는 다음 자료를 볼 것. 한국전략문제연구소 편, 『북한 핵문제와 위기의 한국 안보』(서울, 2007).

었다. 이어서 1995년에 회담을 재개하였으나 큰 진전은 이루어내지 못했다.

북한과 일본의 수교협상은 1998년 8월 31일 북한이 함경북도 무수단에서 대포동-1 미사일을 일본 영공을 넘어 태평양으로 발사함으로써 급속히 냉각되었다.

일본은 1999년 12월 미국의 대북 관계개선 노력을 지원한다는 명분으로 다시 북한과의 회담을 재개하였다. 그러나 일본과 북한과의 관계는 2002년 9월 고이즈미 준이치로(小泉純一郎) 수상이 평양을 방문하여 김정일과 회담하는 과정에서 김정일이 일본인 납치사실을 시인함으로써 다시 악화되었다. 일본이 주장하는 17명의 피납자 중 북한은 13명의 납치를 시인하고 그중 생존자 5명만을 일본에 송환해주었다. 북한과 일본의 수교 협상은 2002년 10월에 개최된 12차 회담을 끝으로 중단되었다.

북한은 그 뒤에도 일본과의 회담재개를 위해 많은 노력을 폈다. 그 결과로 2004년 5월 22일 고이즈미 일본 총리와 김정일 간의 제2차 정상회담이 열렸으며 확인된 납북자 8명 중 5명을 일본에 송환하였다. 그리고 확인되지 않은 행방불명자의 재조사를 하는 대가로 일본이 북한에 인도적 지원을 해주기로 합의하였다. 그러나 이 합의 내용이 지켜지지 않아 더 이상의 관계개선이 이루어지지 못했다.

북한과 일본과의 관계는 2006년 7월 5일 북한의 미사일 발사와 10월 9일의 핵실험으로 다시 악화되었다. 국제사회의 대북제재에 일본이 적극 참여하면서 두 나라 사이는 더 악화되었다.

그 후 2008년 6월 북한과 일본 간의 실무자회담이 북경에서 열렸으나 일본이 제재 조치를 일부 해제해준 것 이외에는 큰 진전을 못 이루었다.

2008년 9월에 출범한 아소 다로(麻生太郎) 정권 시대에도 대일 관계개선은 답보 상태였다. 2009년 4월 북한이 미사일을 발사하고 5월에 제2차 핵실험을 강행하고 이에 대하여 국제연합 안전보장이사회가 결의안 제1874호를 채택하여 북한에 대한 제재를 시작하자 일본은 제재에 참석하여 대북한 수출을 전면금지함으로써 두 나라 관계는 한층 더 악화되었다.

북한은 2010년 3월 천안함을 폭침하고 11월에 연평도에 포격을 가하여 호전성을 나타내자 일본은 한·미·일 공조체제 강화를 위하여 북한에 대하여 강경한 입장을 취하였고 그 분위기는 2013년까지 지속되고 있다.

북한의 가장 가까운 우방인 중국과는 1992년 중국이 한국과 수교함으로써 냉각되었으나 중국은 북한의 '고난의 행군' 시기에 북한에 많은 지원을 했다. 1996년부터 2000년 사이에 중국은 곡물 50만 톤, 원유 130만 톤, 석탄 250만 톤을 북한에 지원해주었다.

북한은 2000년 5월 29일~31일 김정일의 북경 방문을 시작으로 관계개선에 나섰다. 2001년 1월에는 김정일이 비공식으로 중국을 방문하여 산업시설 등을 시찰하였으며 2001년 9월에는 장쩌민(江澤民) 주석이 평양을 방문하였다. 그러나 중국은 북한의 핵무기 개발에 대해서는 부정적인 태도를 견지하였다. 북한의 핵무기 개발로 미국의 미사일 방어체제(MD), 일본의 지역미사일방어체제(TMD)가 정당화되고 그것은 중국 안보에 위협이 되기 때문이었다. 또한 2003년 북한 난민의 중국 유입에 자극되어 중국은 중조 국경선의 경비를 경찰병력 대신 3만 명의 인민해방군 부대에 맡겼다.

중국은 2006년 북한에 52만 톤의 원유를 공급했으나 같은 해 7월 북한 미사일 실험에 대한 국제연합 제재결의(제1695호)를 반대하지 않음으로써 북한에 대한 불만을 표시하였다.

북한 핵실험으로 국제사회에서 대북제재가 강화됨에 따라 북한은 고립탈피를 위하여 유일한 후견국인 중국과의 관계개선에 전력을 다하였다. 북한은 중국과의 수교 60년이 되던 2009년을 '북중친선의 해'로 설정하고 인사교류를 활성화하고 우의를 다졌다. 원자바오(溫家寶) 중국 총리와 북한의 김영일 총리가 교환방문하는 등 관계개선 노력을 꾸준히 펼쳤다. 2010년 5월부터 2011년 8월까지 사이에 김정일은 네 차례 중국을 방문하고 세 차례나 후진타오 중국 주석과 정상회담을 가졌었다.

2011년 12월 17일 김정일이 사망하자 중국 정부는 북한 정부의 안정화를 위한 협력을 강조하는 성명을 발표하여 북한이 중국의 후견 대상임을 명백히 하였다. 중국은 1961년에 체결한 북한과의 동맹조약은 아직 유지하고 있다.

북한은 러시아와의 관계도 개선하기 위해 노력하고 있다. 러시아는 북한과 1961년에 맺은 동맹조약을 1995년 연장하지 않기로 선언하고 대신 1999년에 재협상하여 한반도 유사시의 러시아의 '자동개입조항'을 삭제하고 2000년에 새로운 러시아-조선 선린우호조약을 체결하였다. 그리고 2000년 7월 푸틴(Vladimir Vladimirovich Putin) 러시아 대통령이 평양을 방문하고 2001년 7월 김정일이 러시아를 방문하였다. 이 방문에서 북한은 러시아와 협력을 재개하기로 하는 8개항의 공동선언을 발표하였다.

5) 유럽연합 등과의 관계개선

유럽연합 소속 국가들과 북한은 소원한 관계를 유지해 왔으나 2000년 남북정상회담을 계기로 한국이 북한의 서방국가 접근을 후원해주기로 함에 따라 북한은 EU국가에 적극 접촉을 시도하였고 북한과 EU관계는 급속도로 개선되었다. 2000년 1월에는 이탈리아와 수교하고 영국(2000.12.12), 독일(2001.3.1)과도 수교했으며 2008년 초까지는 프랑스를 제외한 모든 EU국가와 수교했다. 그리고 아시아에서는 일본, 사우디아라비아, 아랍에미리트, 이스라엘 등을 제외한 거의 모든 국가와 수교했고 미주에서는 미국, 아르헨티나 등을 제외한 거의 모든 나라와 수교했다. 북한은 2012년 말 기준으로 162개국(한국 189개국)과 수교했으며 42개국에 상주 대사관을, 그리고 3개국에 총영사관, 4개국에 대표부를 설치하여 총 49개의 해외 공관을 운영하고 있다.[5]

6) 적극 외교의 장애요소

북한은 2000년부터 고립을 탈출하기 위한 적극 외교를 펴고 있으나 한계에 부딪혀 있다. 미국과의 관계개선이 부진하여 다른 나라와의 개선에 지장

[5] 수교국 통계는 통계청, 『북한의 주요통계지표』(2013), p.130에서 발췌.

을 주고 있기도 하지만 북한 자체가 안고 있는 문제가 많아서 어려움을 겪고 있다.

우선 북한의 억압적인 전체주의 정치체제를 꼽을 수 있다. 인권이 중요한 외교적 관심이 되어 있는 21세기적 환경에서 북한의 인권탄압 정책은 민주국가들과의 외교관계개선의 큰 장애가 되고 있다.

다음으로 북한 정부가 저지른 국제적 범죄가 문제되고 있다. 마약밀수, 위조지폐 수출, 외국인 납치, 테러 등 국제사회에서 용납할 수 없는 범죄를 저질러온 역사 때문에 국제사회에서 북한을 잘 받아주려 하지 않는다.

국제적 부채도 문제다. 북한은 러시아에 아직도 50억 달러의 빚을 지고 있으며 2001년 이후 국제연합에 회비를 납부하지 않아 총회에서 투표권 행사를 거부당하기도 하였다.

북한은 휴전 이후 한국인 3,756명을 납치하였다. 이 중 454명은 어부인데 아직도 407명을 억류하고 있다. 국제적십자사 등에서 이러한 북한의 처사가 비난의 대상이 되어 북한의 국제사회 진출에 어려움을 더해주고 있다. 그러나 북한의 외교적 노력이 성과를 거두지 못하는 가장 큰 이유는 국제사회가 용납하지 않는 핵무기의 개발을 고집하기 때문이다.

4. 김정은 시대의 외교 과제

김정은은 대외정책에서는 김정일 위원장의 유지를 그대로 승계하고 있다. 김정일이 이루어 놓은 '핵보유국' 지위를 국제사회에서 인정받는 일과 '핵보유국 지위'를 이용하여 미국과 협상을 통하여 평화협정을 맺는 것이 가장 중요한 과제로 되어 있고 경제개혁과 개방을 통하여 국제사회에서 경제적 지원을 얻어 내는 것이 그 다음으로 중요한 외교적 과제로 되어 있다.

김정은 시대의 대외정책 과제를 미국, 일본, 중국과의 관계로 나누어 간단히 정리한다.

1) 대미 핵외교

북한은 '전제 조건 없는 6자회담'을 통하여 미국으로부터 핵보유국 지위를 인정받는 데 모든 노력을 집중하고 있다. 2013년 3월 조선노동당 전당대회는 '핵-경제발전 병진정책'을 채택하고 지금까지 지켜온 핵억지전력 완성과 경제발전을 동시에 추진할 것을 재차 확인하였다. 그리고 이와 함께 핵과 군사산업, 전력-석탄-금속-철도 부문과 과학기술 응용 부문의 사업을 중점적으로 발전시킨다는 원칙을 발표했다. 이 발표로 북한은 비핵화를 조건으로 하는 미국의 경제 지원을 공식으로 거부했다.

북한은 지난 20년 동안 미국의 비핵화 압력을 성공적으로 회피해왔다. 북한은 1993년 3월 핵확산금지조약(NPT) 탈퇴를 선언하고 국제원자력기구(IAEA)의 핵사찰 거부 등 극한적인 '벼랑 끝 정책(brinkmanship policy)'을 써서 미국이 북한을 외면할 수 없도록 만들어 미국과의 협상을 이끌어 내었다. 북한은 미국과 집요한 협상을 벌여 1994년 10월 '미-북 제네바합의'를 성사시켰다. 그 합의 내용은 북한이 핵개발 동결을 약속하고 미국이 그 대신 200만kw 용량의 경수로 발전소를 건설해주고 북한과의 관계를 정상화해 나가기로 한 것이다. 이 합의의 후속 조치로 미국은 한국, 일본, 유럽공동체와 함께 '한반도에너지개발기구(KEDO)'를 설립하여 경수로 건설에 착수하였다.

그러나 북한은 핵동결 약속을 지키지 않았다. 영변의 원자로 가동은 일시 중단하였으나 대신 은밀하게 고농축우라늄(HEU) 생산시설을 건설하고 2002년 이러한 사실을 공개했다. 미국은 이러한 북한의 조처에 대응하여 북한이 핵개발 계획을 먼저 포기하여야 대화를 재개한다고 맞섰다.

북한은 이러한 미국의 대응에 더 강한 조치를 취했다. 제네바합의로 동결했던 영변의 원자로를 다시 가동하기로 하고 다시 가입했던 NPT에서 또다시 탈퇴하고 핵개발 계획을 계속 추진하였다. 북한의 새로운 도전에 대응하여 미국은 북한이 "완전하고, 검증가능하며, 되돌릴 수 없는 방식의 핵시설 해체(CVID: Complete, Verifiable and Irreversible Dismantlement)"를 전제조건으로 해야만 회담을 한다는 원칙을 세웠다.

북한과 미국 간의 긴장이 높아지자 중국이 나서서 중재하여 북한 핵제거를 위한 6개국 회의를 열기로 하였다. 미국, 중국, 일본, 러시아 및 남북한 등 6개국이 참가하는 '6자회담(Six-party Talk)'은 2003년 8월에 북경에서 처음 열렸으며 2007년 9월까지 모두 여섯 차례 열렸다. 6자회담은 북한의 핵시설 동결과 미국, 한국 등이 에너지, 식량 등을 공급하고 미국과 북한과의 관계개선 등을 '행동 대 행동'으로 연계시키는 북한 비핵화 방안을 기본 골격으로 하는 여러 가지 합의를 이끌어 내었다. 2005년 9월에 열린 제2차 6자회담에서는 '9·19공동성명'을 합의하는 데 성공하였고 2007년 2월에 열린 제5차 회담에서는 9·19공동성명 내용을 이행하기 위한 초기 조치들에 대하여 합의하였다(2·13합의).

북한은 이러한 협의가 진행되는 가운데에서도 핵개발을 지속하였으며 2006년 7월 5일에는 대륙간탄도탄인 대포동-2 미사일 발사 실험을 실시하였고 같은 해 10월 9일에는 제1차 핵실험을 강행하였다. 북한의 이러한 도전적 행위에 미국의 주도로 국제연합 안전보장이사회에서 대북제재 결의 제1718호를 채택하였고 관련국들은 이 조치를 이행하였다.

북한은 이러한 제재를 풀기 위하여 영변의 5MWe 원자로 등 일부 핵시설을 동결하였고 이에 따라 2007년 9월에 열린 제6차 6자회담에서는 더 구체적인 핵시설 불능화 조치를 조건으로 북한을 테러지원국 명단에서 제외시키고 나아가 미북, 미일 간의 관계 정상화 등을 약속하는 '10·3조치'를 채택하였다. 그러나 북한은 미국이 약속대로 테러지원국 해제를 해주지 않는다는 이유로 2008년 8월 26일 핵불능화 조치 중단을 선언했다.

북한은 다시 대미 강경책을 쓰기 시작하여 2009년 4월 5일 장거리미사일 발사 실험을 강행하고 5월 25일 제2차 핵실험을 실시하였다. 이러한 북한의 도전에 대응하여 국제연합 안전보장이사회는 대북제재 결의 제1874호를 채택하였다. 북한은 이에 강경책으로 맞섰으며 경제적 고립을 감수하면서 2009년에 사용 후 폐연료봉 재처리를 완료하고 새로 고농축우라늄 생산시설을 완성했음을 공개했다.

북미관계는 오마바(Barack Obama) 대통령이 취임한 후 다소 호전되었으며 미국 측 제안으로 북미회담을 열어 2012년 2월 29일에 새로운 합의를 했다. 이 합의 내용은 북한이 장거리미사일 발사 실험을 연기하고 우라늄 농축을 유예하고 IAEA 사찰단의 사찰을 수용하기로 하는 대신 미국이 24만 톤의 식량 원조를 한다는 것이었다. 그러나 북한은 두 달도 안 된 4월 13일 장거리미사일을 발사하고 2·29합의에 구속되지 않기로 했음을 선언했다. 이어서 동년 12월 12일 미사일 발사 실험을 다시 강행하였다. 그리고 이어서 2013년 2월 12일 3차 핵실험을 강행하였다. 이러한 북한의 새로운 도전에 국제연합 안전보장이사회는 대북제재 결의 제2087호를 채택하였다.

북한과 미국 및 국제연합과의 사이에는 서로 양보 없는 도전과 대응이 지속되고 있다. 북한은 미국의 경고, 국제연합 안전보장이사회의 제재결의에도 불구하고 2016년 1월 6일 제4차 핵실험을 강행했고 이에 대하여 국제연합 안전보장이사회는 3월 2일 안보리 결의 제2270호를 만장일치로 채택하여 경제 제재를 강화하였다. 그러나 북한은 이에 맞서 2016년 9월 9일 제5차 핵실험을 강행하였고 국제연합 안전보장이사회는 11월 30일 안보리 결의 제2321호를 채택하였다.

북한은 핵실험을 지속하는 한편 핵폭탄을 실어 보낼 유도탄 개발과 실험을 계속하고 있다. 북한은 1970년대에 소련제 스커드 미사일을 토대로 단거리 탄도탄 화성-5형(사정거리 300km)을 개발했고 이를 더 개량한 화성-6형(사정거리 500km)도 개발했다. 북한은 꾸준히 기술 축적을 해오면서 1993년에는 탄두에 700 내지 1,000kg의 폭탄을 실을 수 있는 화성-7형을 개발했다. 사정거리 1,000km에서 1,500km인 노동미사일, 1998년에는 중거리 미사일(IRBM)인 대포동(1,500km 내지 2,000km), 개량형인 대포동-2형(3,500 내지 6,400km)도 개발을 마쳤다. 그리고 대포동 미사일을 개량한 은하-2호를 2012년에 발사실험을 마쳤고 2016년에는 은하-3에 해당하는 미사일로 광명성 위성을 궤도에 진입시켰다.

북한은 2016년에는 사정거리 3,000km 내지 4,000km인 중거리 유도탄 무수단(화성-10형)도 실험발사에 성공했고 최대 사정거리 5,000km로 추정되는 대륙간탄도탄(ICBM)급 유도탄 K-17(화성-12형)을 2017년 5월 14일에 발사실험을 강행했다. 국제연합 안전보장이사회는 6월 3일 대륙간탄도탄 발사를 중지하라는 제2356호 결의를 의결했다.

북핵 문제 해결을 위한 6자회담은 2007년의 제6차 회담 이후 2017년까지 재개되지 않고 있다. 북한에 핵동결선행을 주장하는 미국과 조건 없는 6자회담 재개를 요구하는 북한의 주장이 맞서 6자회담은 당분간 진전이 어려우리라 예상된다. 핵무기 개발·보유는 김정일 위원장의 유훈이어서 김정은으로서는 이를 포기할 수가 없고 핵확산 방지를 주요한 외교정책 지침으로 하는 미국은 북한의 핵보유를 인정하기 어려워 미국과 북한 간의 대치는 당분간 지속될 것이다.

2) 일본과의 협력체제 구축

북한은 경제발전계획의 성공적인 시행을 위해서는 외국으로부터 자본과 기술을 도입하여야 한다. 일본은 북한이 필요로 하는 자금과 기술을 공급할 수 있는 가장 중요한 국가이다. 그래서 북한은 김일성 시대부터 일본과의 수교, 그리고 협력체제를 구축하기 위하여 노력했다. 특히 과거 식민지 시대를 청산하고 관계 정상화하는 과정에서 얻어낼 수 있으리라 예상되는 '배상금'에 북한은 관심을 가지고 있다.

북한은 이미 1990년부터 대일 관계개선 노력을 펴왔다. 자민당의 부총재를 역임했던 가네마루 신(金丸 信)을 초청하여 북한과 일본 간의 조기 수교를 약속하는 공동성명을 발표하고 이를 계기로 양국간에 여러 번 수교 협상을 벌였었다. 그러나 1998년 북한이 일본 영공을 지나는 미사일을 발사하여 관계가 냉각되었었다.

북한과 일본 간의 관계는 2002년 고이즈미 준이치로(小泉純一郎) 수상이 평양 방문을 하였을 때 김정일 위원장이 일본인 납치 사실을 시인한 후부터 결정적으로 악화되어 모든 협력관계가 단절되었다.

북한과 일본 간의 수교 회담은 그 뒤에도 간헐적으로 지속되었으나 납치문제에 대한 양국의 입장차가 커서 협상은 진전되지 못했다. 김정일 사망 후 김정은 정부는 일본의 아베 신조(安倍晋三) 정부의 강경보수 정책에 막혀 일본과의 관계개선 노력을 중단하고 있다. 그러나 북한은 경제특구를 통한 대외 개방정책을 성공적으로 수행하기 위해서는 '납치문제'에서 극적인 양보를 해서라도 일본에 접근하려 할 것이다.

3) 중국과의 관계개선

김정은 시대의 북한의 가장 중요한 외교적 과제는 중국과의 관계 유지이다. 핵개발을 고집하는 과정에서 국제사회에서 완전히 고립된 북한은 국가 안보와 경제적 존속을 위해서 중국의 보호와 지원이 절대적으로 필요하기 때문이다.

중국은 북한의 가장 오래된 후견국으로 북한이 어려울 때마다 북한을 구원해주었다. 같은 사회주의 우방이고 중국의 안보를 위한 완충 국가여서 중국은 북한을 동맹국으로 계속 유지하려 하고 있다. 그러나 중국은 북한과의 관계 유지를 위해서 많은 희생도 감수해야 한다. 북한의 핵보유 정책을 묵인함으로써 국제사회에서 비난을 받아야 하고 북한의 무모한 군사도발을 엄호하면서 한국, 일본, 미국 등과의 관계에서 많은 어려움을 감수하여야 하기 때문이다.

중국은 미국과의 관계를 고려하여 북한의 핵실험에 대한 국제연합 결의안에도 지지하지 않을 수 없었으며 북한의 경제적 파탄을 막기 위하여 최소한의 지원을 지속해야 하는 고통도 감수해야 한다.

중국은 김정은의 권력승계를 적극적으로 지지하지 않았다. 그러나 이를 수용하지 않을 수도 없는 처지여서 곤혹스러워하고 있다. 김정은 정부는 최우선 과제로 중국 정부의 지원을 꼽고 있다. 김정은은 이 과제를 성공적으로 성취하여야 안정되게 북한체제를 이끌 수 있기 때문이다.

5. 외교정책기구

북한 헌법에 따르면 북한의 중앙정부는 최고인민회의이며 동위원회의 상설기구인 최고인민회의 상임위원회가 최고의 대외정책수립기구가 되고 최고인민회의의 지시를 받는 내각의 외무성이 정책집행기구가 된다. 그러나 1당 지배체제를 유지하는 북한체제에서는 외교정책은 조선로동당 정치국과 그 산하의 비서국 국제부가 전담한다.

북한 헌법체제에서 국가를 대외적으로 대표하는 사람은 최고인민회의 상임위원회 위원장이다. 이에 따라 외교관 임명, 외국 외교관의 신임장 접수는 동위원장이 한다. 뿐만 아니라 국무위원회 위원장이 행사하는 '중요 조약'의 비준, 폐기권(헌법 제103조 4항)에 해당되지 않는 일반 조약의 비준, 폐기권도 상임위원회가 가지고 있다(헌법 제116조 14항).

과거 냉전시대에는 북한도 다른 공산국가와 마찬가지로 대상국의 성격에 따라 외교업무를 담당하는 기구를 나누어 운영하였다. 같은 공산진영국가와의 관계는 '당대당의 협력'으로 구분하여 로동당 국제부가 주도하고 제3세계 국가, 국제기구 등은 외무성이 담당하였으며 미수교국가 및 혁명단체 등은 외곽단체인 여러 친선협회에서 관장하였다.

탈냉전기에 들어서서는 이러한 업무분장이 다소 달라지고 있다. 정부 간의 공식외교는 내각의 외무성이 관장하고 비공식협의를 통한 실질적 협상이 필요할 때는 당대당의 관계라는 명분으로 조선로동당 국제부가, 그리고 의회외교는 최고인민회의가 담당한다. 미수교국과의 관계는 '아세아태평양평화위원회'라는 외곽 기구를 만들어 여기서 담당하고 있다. 현재 북한은 대미협상은 외무성, 대일협상은 로동당 국제부, 그리고 대남협상은 '조국평화통일위원회(조평통)'가 주관한다. 물론 주요결정은 로동당 정치국에서 이루어진다. 1994년 10월에 창설된 '아태평화위원회'는 1990년대 말에 와서 점차로 그 활동영역을 넓혀 나가고 있는데 한반도 통일문제, 핵문제, 군축문제 등도 다루고 있다. 그 밖에 민간차원의 외교를 관장하기 위한 기구로 조선로동당 산하에 각국별 친선협회를 설치하여 운영하고 있다. 북한은 또한 해외동포가 많은 지역에는 '조선인총연합회(조총련)'를 조직하여 활용하고 있다. 1955년에 일본에 조직한 '재일조총련'은 그동안 북한의 대일 공작, 한국 침투 전진기지로 활용해 왔으며 1991년에 재중 조총련, 그리고 1997년에 재미 조총련을 발족시켰다.

【참고문헌】────────────────────────────

김용호. 『현대북한외교론』. 서울: 도서출판 오름, 1996.
양성철·강성학 공편. 『북한외교정책』. 서울: 서울프레스, 1995.
외교통상부. 『외교백서 2007』. 2007.
통일부. 『북한개요 2004』. 2003.12.
통일부 통일교육원. 『북한이해 2013』. 서울, 2013의 제3장 "북한의 대외관계." pp. 61-87.
허문영 외. 『한반도 비핵화와 평화체제 구축전략』. 서울: 통일연구원, 2007.

제11장

군사체제와 정책

전쟁도 하나의 사회제도이며 정치의 일부이다. 인류역사가 시작된 이래 전쟁은 집단 간의 분쟁 해결수단으로, 그리고 정책수단으로 지속적으로 사용되어 왔으며 그러한 역사의 축적 속에서 전쟁양식은 관행과 규약 등에 의해 특정한 틀을 가지게 되었다. 전쟁은 하나의 문화전통 속에서는 나름대로의 규칙과 관행에 따라 진행되며 따라서 전쟁이 개시되었을 때도 평상시의 질서는 파괴되나 새로운 전쟁질서가 자리 잡게 된다. 전쟁상태에서도 참가국들이 일정한 행위규칙을 지킴으로써 참가국들에게 전쟁 전개양상에 대한 예측을 가능하게 해준다는 점에서 하나의 질서로 간주되어 왔다. 그러나 북한은 오늘날 국제사회에서 통용되는 전쟁질서를 존중하지 않는다. 전혀 다른 전쟁관을 가지고 있기 때문이다. 이 장에서는 북한의 특이한 전쟁관과 이에 따른 군사정책과 군편제, 그리고 북한의 전쟁수행능력 등을 평가한다.

1. 북한의 전쟁관

서양 전통에서는 기독교 문화 속에서 전쟁에도 기사도(騎士道)가 적용되었다. 가령 무기를 놓은 자는 살상하지 않는다든지 비전투원은 살상의 대상에서 제외한다든지 독극물은 무기로 사용하지 않는 등 전쟁에 많은 제한이 따랐다. 이러한 전통적인 전쟁관에 대하여 처음으로 전혀 다른 혁명적 전쟁관을 내어놓은 사람은 레닌(V. I. Lenin)이었다. 레닌은 전쟁을 혁명의 수단이라고 규정하고 혁명 성취에 기여하는 한 어떤 형태의 전쟁도 정당화된다고 선언하였다.¹⁾ 그 뒤 마오쩌둥(毛澤東)도 이런 전쟁관을 승계 발전시켜 이른바 "마오의 혁명전쟁론(革命戰爭論)"을 제시하였다. 마오는 계급전쟁 불가피론과 민족해방전쟁의 당위론을 주장하면서 "혁명의 최고형태는 무력에 의한 정권탈취"이고, "전쟁에 의한 문제해결이 최상"이라든지, "총구로부터 정권이 탄생한다"는 등의 전쟁론을 폈다.²⁾ 김일성도 이를 그대로 답습하여 "무장을 들어야 정권을 잡을 수 있다. …… 정권을 쥐려면 무장투쟁을 해야지 선거놀음으로는 정권을 잡을 수는 없다. …… 모든 투쟁형태들 가운데 가장 적극적이며 가장 결정적인 투쟁형태는 조직적인 폭력투쟁, 무장투쟁, 민족해방투쟁이다(1968.2.8의 연설문)"라고 주장하였다. 말하자면 북한에서는 전쟁을 혁명의 최선의 수단, 불가피한 수단으로 정식 채택하고 있는 셈이다.³⁾

---

1) 마르크스-엥겔스-레닌으로 이어오는 마르크스주의 전쟁관·폭력관에 대해서는 다음 글을 참조할 것. 박호성, "마르크스주의와 폭력: 전쟁 및 혁명을 중심으로," 서강대학교 사회과학 연구소 편, 『사회과학연구』제5집(1996.12), pp.1-39. 이들의 폭력관은 "계급이해를 관철하기 위한 수단으로 활용되는 폭력은 정당하다"는 주장으로 요약된다.
2) 마오쩌둥(毛澤東)의 군사사상에 대해서는 김홍철, "공산주의 군사사상," 북한연구소 편, 『북한군사론』(1978), pp.15-68을 참조할 것. 마오는 "정치는 피를 흘리지 않는 전쟁이고, 전쟁은 피를 흘리는 정치"라는 유명한 말을 남겼다.
3) 김일성의 전쟁관·폭력관은 그의 다음 글들을 보면 분명해진다. "… 투쟁형태가 어떻든지간에 그것들은 모두 주권을 쟁취하기 위한 결정적인 투쟁의 준비로 되어야 하며 그 결정적 투쟁은 오직 폭력적 방법에 의해서만 승리할 수 있는 것입니다(김일성저작선집 제5권 p.194)"; "… 인류역사는 아직 어떤 통치계급이 자기의 지배권을 순순히 양보한 일을 알지 못하며 어떤 반동계급이 반혁명적 폭력을 쓰지 않고 순순히 정권에

북한의 전력을 평가할 때는 북한의 전쟁관을 전제로 해야 한다. 일반 국가에서의 군사력 사용양식과 전혀 다른 사용양식이므로 단순한 숫자 비교로 상황을 바로 인식할 수 없다. 북한이 군사력을 무슨 목적으로 그리고 어떤 방식으로 쓰려 하는지를 분석하고 그들의 성취목표와 수단 간의 연관에서 평가하여야 한다.

북한은 대체로 다음과 같은 목적으로 군사력을 사용한다.

① **체제수호**: 국내에서 체제 도전세력으로부터 체제를 수호하기 위하여 무력을 사용한다. 주민통제, 도전세력 분쇄가 가장 중요한 임무이다. 일반국가에서 공안(公安)이라 부르는 역할이나 그 범위에 제한이 없다. 또한 경찰력과 군대를 엄격히 구분하지 않는다.

② **영토방위**: 다른 국가들과 같다. 북한의 경우는 한국의 북한무력해방 저지가 주된 목적이다.

③ **남반부 혁명지원**: 북한 군사력 사용목적 중 가장 비중이 높은 것이 남반부 혁명지원이다. 남반부 무력해방을 위한 정규전뿐만 아니라 남반부에서 추진 중인 정치투쟁을 지원할 비정규전, 테러 등도 모두 포함한다.

④ **주권수호**: 국제사회에서 다른 나라가 북한의 자주권을 침해할 수 없도록 억제하는 데 군사력을 필요로 한다. 가상적(假想敵)이 견딜 수 없는 피해를 줄 수 있는 능력을 그 내용으로 한다.

서 물러선 실례를 알지 못한다(김일성저작선집 제5권, p.243)"; "남조선혁명운동의 역사적 경험은 정권을 위한 투쟁에서 평화적 이행이란 있을 수 없으며 또한 순수 대중운동만으로는 혁명을 승리로 이끌 수 없다는 것을 뚜렷이 보여주었습니다(김일성저작선집 제5권, p.483)." 김일성의 이러한 전쟁관·폭력관에 대해서는 다음 글을 참조. 허종호, 『주체사상에 기초한 남조선 혁명과 조국통일리론』(평양: 사회과학출판사, 1975), 제4장 제4절 "남조선혁명의 혁명적 방도," pp.122-126. 김정일의 군사사상에 대해서는 고성윤·김광식, "북한의 대남군사정책 변화전망," 한국국방연구원, 『국방론집』(1997 봄), pp.41-76 참조.

북한은 충분한 재정을 군사력에 투입할 수 없으므로 비용이 가장 덜 드는 방법으로 "목적부합성"에 엄격히 맞추어 전력(戰力)을 건설, 유지한다. 따라서 일반적인 양적지표(量的指標)로 북한 전력을 평가하는 것은 무의미하며 북한의 군사력 사용의지와 연계해서 평가하여야 한다.

북한은 위에서 열거한 목적과 전력건설 능력을 감안하여 대체로 다음과 같이 소요전력(所要戰力)에 대한 전력구축 노력을 펴고 있다고 판단된다.

첫째로, 체제수호를 위한 정치목적으로 군사력을 건설한다. "정치권력은 포구(砲口)에서 나온다"는 마오쩌둥의 믿음을 북한은 철저히 수용하고 있다. 북한은 그래서 군사력을 철저히 정치적으로 통제하고 있다. 그리고 국내에서 어떠한 정치 도전세력도 생겨날 수 없도록 주민에 대해 철저한 통제를 행하고 있다. 또한 정치권력의 핵심을 지키는 평양경호에도 높은 비중을 두고 있다. 대체로 이러한 목적을 달성하기 위해서는 정교한 정공부대(政工部隊), 보안부대(保安部隊) 및 정치적으로 잘 통제된 평양방위부대를 유지하여야 한다. 이 목적의 부대들은 경무장으로도 충분하다.

둘째로, 영토방위, 즉 한국의 북침을 저지하기 위한 방어전력이 필요하다. 북한은 지역방위 전략을 세워 주로 예비전력으로 방어목적을 달성하려 하고 있다. 북한이 내세우는 이른바 4대 군사노선(軍事路線)은 이런 발상에서 나온 것이다. 북한은 전국을 요새화하고 있다. 중요시설은 지하에 옮기고 넓게 분산시켜 놓음으로써 적의 공격을 흡수할 수 있는 능력을 극대화시키고 있다. 또한 전인민의 무장화를 통하여 지역방위전략을 마련하고 있다. 노농적위대, 붉은 청년근위대 등 예비전력을 이 목적에 투입하고 있다.

셋째로, 북한은 남반부 혁명지원을 위한 전력을 필요로 하고 있다. 북한 군사력의 대부분은 이 목적에 할당되고 있다. 미군 지원을 받고 있는 한국군을 분쇄하고 남반부를 군사적으로 장악하기 위해서는 속전속결(速戰速決)이 필수적이므로 고도의 기동성을 가진 부대, 그리고 기동조우전(機動遭遇戰)과 같은 특수전법을 개발하고 있다. 한국군을 파괴하기보다 목표지점을 단기간에 점령하는데 적합한 전력과 전법을 갖추어야 하기 때문이다. 북한은 지구전(持久戰)이나 전선전(戰線戰)을 생각하지 않고 있기 때문에 초기 공격능력이라는데 한정해서 북한 전력을 평가해야 한다.

끝으로, 북한은 자주권 수호를 위한 전력을 갖추려 노력하고 있다. 미국과 일본이 북한에 대하여 군사압력을 가할 수 없도록 억제하기 위한 전력을 갖추어야 자주적으로 남반부 혁명을 추진할 수 있기 때문이다. 북한은 국력에 한계가 있기 때문에 미국과 일본을 군사적으로 압도할 수 없음을 잘 안다. 그래서 북한은 미국과 일본이 "지키고 싶어하는 것"을 위협할 수 있는 능력을 갖춤으로써 자주권을 수호하려 한다. 예를 들어, 북한은 미국이 핵비확산체제(核非擴散體制)를 발전시켜 나가려는 외교목적을 가지고 있음을 알기 때문에 이 체제를 파괴하기 위하여 몇 개의 핵무기를 보유하려 하고 있다. 정확도나 파괴력 등은 문제되지 않는다. 오직 핵 비확산체제(NPT 체제) 자체를 위협하면 족하기 때문이다. 또한 일본의 핵심부를 공격할 수 있는 장거리 유도탄과 대량살상무기를 몇 개 보유함으로써 일본이 원하는 "전쟁공포로부터의 자유"를 위협하려 한다. 역시 유도탄의 정확도나 무기의 정교성은 문제되지 않는다. 동경 시민 수백만을 일시에 살상할 수 있는 능력의 보유만으로도 일본에 대한 억제효과는 있을 것이기 때문이다. 바로 이런 목적의 미사일이기 때문에 로동 1호(사정거리 1,000~1,300km), 대포동-1호(1,500~2,500km) 그리고 대포동-2호(4,300~10,000km) 등은 비용 대비 효과 면에서 북한의 목표에 잘 맞는 전력이라고 할 수 있다.

2. 군사정책과 군편제

1) 군사정책과 전략

북한은 소요전력(所要戰力) 구축을 위한 정책으로 1962년에 4대 군사노선을 공식으로 채택하였다. 4대 군사노선이란 전인민의 무장화, 전국토의 요새화, 전군의 간부화 및 전군의 현대화 등을 말한다.[4] 전인민의 무장화는 적은 인구와 제한된 재정을 감안하여 현역병 외에 모든 가동 인원을 동원체제로 묶어 예비 전력화한다는 계획이며, 전국토의 요새화는 적공격 흡수능력을 극대화하여 전력소요를 줄이면서 영토방위 목표를 달성한다는 원칙이다. 전군의 간부화는 예비 전력을 일시에 현역화할 수 있도록 함으로써 평시의 군 유지비를 줄인다는 계획이며 전군의 현대화는 공격에서 속전속결이 가능할 수 있도록 기동장비와 화력장비를 고도화한다는 계획이다.

북한은 전쟁수행 원칙으로 다음과 같은 네 가지를 지침으로 하고 있다. 첫째는 총력전이다. 전쟁은 독립된 혁명수단이 아니라 다른 수단과 연계하여 사용하는 수단이라는 인식 아래 군사적 성취를 극대화하기 위해 정치전, 외교전, 심리전 등과 연계하여 군사력을 쓴다는 원칙이다.

둘째는 정규전-비정규전(非正規戰) 배합전략이다. 북한은 군사작전에서 정규군만 사용하는 것이 아니고 민간인도 사용하며 정규전 이외에 테러, 파괴, 사보타주 등의 수단도 함께 쓰도록 하고 있으며 전투대상도 적병력, 장비 및 군사시설에 제한을 두지 않고 모든 인원, 모든 대상물을 타격 목표로 한다.

셋째는 기습선제전(奇襲先制戰)이다. 선제공격의 경우 공격지점과 공격시간을 임의로 선택할 수 있는 이점이 있으며 기습을 할 때는 선제공격의 이점을 극대화할 수 있다. 한 지점을 선택하여 기습하게 되면 공격군은 국지우위(局地優位)를 보장받을 수 있어 단기전에서는 결정적으로 유리하다.

넷째는 속전속결(速戰速決)이다. 한국의 공격목표는 전선에 근접하여 있고 서울 부근에 집중되어 있다. 따라서 짧은 시간 내에 기습하여 점령하기 쉽다. 장기전의 경우 한국군은 미군 증원부대의 지원을 받게 될 것이므로 북한군은 아주 불리해진다. 그래서 북한은 지구전이 아닌 속전속결을 기본 지침으로 삼고 있다. 북한군은 가장 짧은 시간 내에 목표들을 점령하는데 역점을 두고 있으므로 전선전(戰線戰)을 피하고 기동조우전(機動遭遇戰)을 택하고 있다. 즉 모든 부대를 연결하여 전선을 구축한 다음 그 전선을 밀고 나가는 것이 아니라 독립된 부대가 후방과 또는 측방의 부대와의 연계를

---

4) 통일부, 『북한개요 2000』, pp.160-161.

무시하고 목표점령을 위해 고속기동한다는 전략이다. 그리고 적의 주력부대를 만나면 회피하고 진격한다는 전략이다. 전투는 오직 목표점령을 위해 불가피할 때만 한다는 원칙이다.

북한은 운송 수단의 발달과 화력 중심의 장거리화를 반영하여 속도전의 수행 방법을 선(線)에서 면(面)으로 확대하고 있다. 즉 한국의 전 영토를 동시 전장화(同時戰場化)하는 전술을 개발하고 있다. 해상침투, 공중침투 수단이 발달됨에 따라 한국의 전 영역을 동시에 전장화하여 단시간 내에 전투를 끝낸다는 계획을 세우고 있다.

북한의 이러한 전략은 일반 전쟁교리에서 벗어나는 것이다. 왜냐하면 한 번의 시도에서 실패하면 스스로가 완전히 궤멸당하기 때문이다. 북한은 그러나 정해진 목표인 남반부 해방을 위해 이러한 모험적 전쟁 계획을 세우고 이에 맞추어 전력을 건설 유지하고 있다. 북한의 전력을 평가하려면 북한이 이러한 전쟁을 하려 한다는 것을 전제로 하고 평가해야 한다. 단순히 부대 숫자와 무기의 개수를 세는 일(bean counting)만으로는 북한의 전쟁수행 능력을 제대로 평가할 수 없다.

2) 당통제와 정공(政工)체제

북한의 무장력은 단순히 국방을 담당하는 무장집단이 아니라 혁명노선을 관철하고 혁명의 전취물을 지키고 혁명의 수뇌부를 보위하고 국가의 기본 통치체제인 사회주의 제도를 지키는 포괄적인 공화국 수호 기구이다(헌법 제59조). 일반 국가의 군보다 그 지위가 상위에 있다. 이러한 군의 성격을 반영하여 군은 내각의 통제를 받지 않고 국무위원회에서 직접 관장하게 하고 있다.

북한의 모든 무장력은 최고영도자인 국무위원회 위원장이 당연직으로 겸임하는 최고사령관의 자격으로 지휘통솔한다(헌법 제102조). 그리고 국무위원회가 국가의 전반적 무력과 국방건설사업을 지도하도록 하였으며(헌법 제109조 2항), 이를 위하여 국무위원회 산하에 인민무력성, 국가보위성, 인민보안성을 두고 조선인민군 최고사령부를 두었다.

북한은 조선로동당이 정부를 통제하는 당지배 국가로서 인민군도 당의 통제를 받는다. 당은 이 임무수행을 위하여 당중앙군사위원회를 두고 있다. 그러나 국방위원의 상당수가 당중앙군사위원을 겸하고 있고 더구나 당중앙군사위원회 위원장은 국무위원회 위원장이 겸하고 있어 사실상 단일 지휘체계로 되어 있다.

군의 정치 지도를 위한 조직으로 각급 부대에 당정치위원이 배치되어 있으며 이 체제를 통할하는 지휘 부처로 인민군 총참모부와 같은 급의 인민군 총정치국을 두고 있다. 각급 부대의 장은 작전지휘에서도 해당 부대의 정치장교의 통제를 받는 정공(政工: 政治工作) 조직을 갖추고 있다. 인민군 차수가 국장을 맡고 있는 총정치국은 인민군 최고사령관의 지휘를 받는 인민군의 부서이지만 당중앙군사위원회의 지도를 받도록 되어 있다(당규약 제3장 27항).

군의 양병 업무를 책임지는 군정(軍政)은 인민무력성이 담당하고 작전지휘의 군령(軍令)체계는 인민군 최고사령부 산하의 인민군 총참모부를 거쳐 모든 예하부대로 연결되는 조직체계를 갖추고 있다.

북한군은 통합군체제로 되어 있어 총참모장이 최고사령관의 지시를 받아 육·해·공군의 모든 부대를 지휘한다.

북한은 군편제에서도 혁명목표 달성을 위한 총력전, 속도전, 배합전을 효과적으로 수행할 수 있도록 배려하고 있다.[5]

북한군은 육해공군을 하나로 통합하여 운영하는 통합군 체제를 유지하고 있다. 인민군 총참모부 밑에 지상군 군단과 동렬에 해군사령부와 공군사령부(항공/반항공군사령부)를 두고 있다. 즉 해군과 공군은 군단으로 간주하고 있다. 이러한 통합군 체제는 해공군의 규모가 상대적으로 작고 임무가 제한적일 때는 운영에 큰 이점을 준다. 육해공군 사령부의 중복되는 기능을 배제할 수 있고 해공군 전력을 지상군과 유기적으로 연계하여 활용하는 데 상당히 유리하기 때문이다.

---

5) 위의 책, pp.163-167 참조.

3) 군단 단위의 통합군 편제

　북한군은 군단을 기본 전투 단위로 편성되어 있으며 총 22개의 군단급 부대를 운영하고 있다. 정규군단 10개, 기계화군단 2개, 기갑사단 1개, 포병사령부, 해군사령부, 항공/반항공군사령부, 제11기계화보병군단(폭풍군단), 국경경비총국, 경보병교도지도국, 91수도방어군단, 전략로케트사령부, 독립기계화보병사단(4개사단으로-1개군단 규모가 됨) 및 정찰총국 등이 군단급 부대이다.

　20만 명의 특수전 병력은 총 25개 여단 규모이며 제11군단과 전방 군단

〈그림 11-1〉 북한군 지휘체계

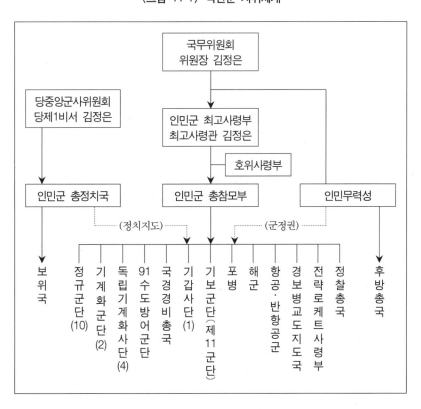

의 경보병사단, 전방 사단의 경보병연대 등으로 다양하게 나뉘어 편성되어 있다.

해군은 동해 함대와 서해 함대 등 2개 함대와 13개 전대, 2개의 해상저격여단으로 구성되어 있고 공군은 항공/반항공군사령부 산하에 5개 비행사단, 1개 전술수송여단, 2개 공군저격여단, 방공부대로 구성되어 있다. 현재 인민군의 병력은 2016년 12월 기준으로 지상군 110만 명, 해군 6만 명, 공군 11만 명 등 총 128만 명이었다.

예비전력은 총 762만 명이다. 그 구성은 교도대 60만 명, 노농적위대 570만 명, 붉은청년근위대 100만 명, 인민보안부(경찰에 해당) 등의 준군사부대 32만 명으로 편성되어 있다. 이 중에서 우리의 동원예비군에 해당하는 교도대 60만은 즉시 동원이 가능하다.[6]

북한군 지휘체계를 그림으로 표시하면 〈그림 11-1〉과 같다.

3. 전쟁수행 능력

북한은 개전 3일내 서울점령, 30일 이내에 전쟁종결을 목표로 세우고 전력을 정비하여 왔다.

2004년 김정일은 새로운 전략지침을 하달하면서 방어시기전략, 공격시기전략, 지구전(endurance war)시기전략 등 3가지로 나누어 수립하도록 지시하였다. 그리고 이 전략에 맞추어 전력을 갖추도록 하였다. 한국 또는 미군의 북침이 있을 때는 인민군과 전인민을 동원하는 총력전으로 대응하도록 방어전략을 세워 놓았다.

공격시기전략으로는 1966년 조선로동당 제4기 제4차 중앙위원회에서 행

---

6) 인용한 숫자는 국방부, 『국방백서: 2012』 및 영국 전략문제연구소(IISS), *The Military Balance 2007*을 토대로 하여 정확도가 높다고 판단되는 쪽을 택하였다. 부분적으로는 Jane's Sentinel Security Assessment의 자료로 보충하였다. 따라서 주관적인 것이다.

한 김일성의 '남조선혁명'연설에서 내린 지시에 따라 "2개 전선전(two front war)"과 "통합작전(combined operation)"의 지침에 맞추어 전략을 세웠다. 북한은 이에 따라 DMZ 전전선에 걸친 '중단 없는 대규모 공격'을 펼치면서 전방 지역에 화학무기 등을 사용하여 저항군을 제압하면서 동시에 후방 지역의 군시설, 항만시설, C4ISR(Command, Control, Communications, Computers, Intelligence, Surveillance and Reconnaissance: 지휘통제 · 통신 · 컴퓨터 · 정보 및 감시 · 정찰)시설 등에 미사일 공격을 가하고 아울러 특수전 병력을 투입하여 전 국토에 제2전선을 구축한다는 계획을 세워놓고 있다.

　김정일은 1992년의 이라크전(사막의 폭풍작전)을 본 이후 속전속결을 다시 강조하여 3일 내에 부산점령을 지시하였으나 인민군지휘부는 3~4주 내에는 전쟁종결을 할 수 있도록 전략을 세웠다고 한다. 지구전은 미군의 재개입 방지전략으로 대량살상무기를 사용하여 미군 개입을 억지하는 전략으로 되어 있다.

　북한군의 2012년 전력을 군사력 사용목적과 연계하여 평가하면 다음과 같다.

1) 보안전력(保安戰力)

　북한은 현재 충분한 보안전력을 갖추고 있다. 북한은 평양수호를 위해 91수도방어군단을 설치 운영하고 있으며 여기에 더하여 보안부대를 별도로 두고 있다. 그 외곽에 4개 군단(제3군단, 제815기계화군단, 제425기계화군단 및 경보병교도국)을 배치하고 있다. 또한 후방 지역에 6개 군단(제6군단, 제7군단, 제8군단, 제9신군단, 제10신군단, 제10기계화군단)을 산개하여 전투예비와 국내 치안에 충당하고 있다. 그러나 최근 중국과의 국경지대에서 탈북자를 막아야 하는 국경수비대의 증가 필요를 느끼고 있어 부대편성을 재조정하고 있다.[7]

---

7) 부대배치현황에 대해서는 다음 자료를 참조. 惠谷治(에야오사무), 『世界危險情報大地圖館』(東京: 小學館, 1996), pp.64-65, "第2次朝鮮戰爭完全 시뮬레이션" 지도 참조.

2) 방어전력(防禦戰力)

한국의 북침 저지에 대해서는 북한이 크게 관심을 두고 있지 않다. 미국

〈참고자료 11-1〉 북한의 대량살상무기

미국 정부는 북한이 이미 추출한 플루토늄 50kg으로 핵무기를 6~12개를 만들었을 것으로 추정하고 있다(2008년 2월 29일자 동아일보에 게재된 미국방정보국(DIA) 마이클 메이플스 국장의 의회 증언). 그리고 우라늄농축 프로그램(UEP)과 핵 관련 물자 수출도 계속하고 있으며 대포동-2호도 계속 발전시키고 있다고 보고 있다.

영국의 Jane's Sentinel이 2007년 11월에 발표한 자료에 의하면 1989년부터 2007년 사이에 46~64kg의 플루토늄을 얻어 그중 28~50kg의 무기제조용 플루토늄을 2007년 중반까지 확보했다고 추정했다. 북한의 폭탄 제조기술이 고도화되어 5kg으로 표준 핵무기를 생산할 수 있다면 10개의 폭탄을 제조할 수 있다고 보고 있다. 북한은 현재 4~9개의 폭탄을 이미 보유했을 것으로 추정했다. 같은 보고서에서 북한은 2002년부터 2004년까지 사이에 파키스탄의 칸연구소(AQ Khan Laboratories)의 지원을 받아 우라늄농축을 행했다고 했다. 2002년 10월 북한 외무성 부부장 강석주도 이 사실을 미국무부 켈리 차관보에게 시인했다. 북한은 2006년, 2009년 및 2013년 등 세 번에 걸쳐 핵폭발 실험을 실시했다.

북한은 생물학무기협정(BWC)에 가입하지 않고 있으며 많은 양의 생물학 핵무기를 보유하고 있는 것으로 알려져 있다. 생물학무기는 탄저균, 식중독균, 콜레라균, 출혈열균, 페스트균 등인 것으로 알려져 있다. 북한은 화학무기협정(CWC)에도 가입하고 있지 않으며 상당량의 화학무기를 보유하고 있는 것으로 추정되고 있다. 화학무기로는 사린(Sarin)가스 등 약 20종의 가스를 보유하고 있으며 연간 생산량 4,500톤, 현재 2,500~5,000톤 정도를 무기화하고 있다고 보고 있다. 생물학무기, 화학무기도 모두 장사정포와 지대지 미사일을 투발 수단으로 하고 있다(Jane's Sentinel 보고서).

북한이 11,000문의 포로 서울을 공격할 경우 경고 시간은 57초이고 로동미사일로 일본을 공격할 경우 경고 시간은 10분이다(공군대학 편, 『핵무장 북한』(2007), p.124).

이 한국군을 통제하고 있는 한, 그리고 한국군이 단독 전투능력을 갖출 때까지는 북침이 있을 수 없기 때문이다. 북한은 북한영토 수호를 주로 예비전력에 맡기고 있다. 북한은 14세로부터 60세까지 인구의 30%를 동원대상으로 하여 현재 약 762만의 예비전력을 보유하고 있다. 이 중에 전투동원 대상인 교도대가 60만 명, 민방위대에 해당하는 노농적위대가 570만 명, 학생으로 조직된 붉은 청년근위대가 84만 명이 포함되어 있다. 그리고 현역에 준하는 14만 명의 인민경비대가 배치되어 있다.

3) 공격전력(攻擊戰力)

북한군사력의 핵심은 남침용 전력이다. 이 전력은 고도의 기동력을 가진 정규전투부대와 남한 내에 사전에 투입하여 활용할 대규모의 비정규전 전력으로 구성되어 있다. 북한 지상군은 1개 전차사단, 2개 기계화 군단, 10개 보병 군단, 1개 포병 군단과 특수전 여단 25개로 편성되어 있다. 사단/여단 수로 보면 88개/72개가 된다. 세분하면 전차 10개 여단, 보병 65개 사단(독립 여단 포함), 기계화보병 20개 여단, 포병 30개 여단 등을 보유하고 있다.

전쟁개시 시 빠른 속도로 목표지점에 도달할 수 있도록 초전 투입전력(初戰投入戰力)은 대부분 기계화하였다. 전차 4,300대와 장갑차 2,500대를 보유하고 있으며 600대의 수륙양용차량과 2,300개의 부교장비를 갖춘 도하 공병을 갖추고 있다. 그리고 휴전선에 약 20개의 지하땅굴을 파 놓고 있다. 약 20만 명으로 편성된 특수전 부대는 지상, 해상, 공중으로 남한지역에 투입할 수 있도록 훈련되어 있다.

지상군은 전술기 810여 대의 공중지원을 받을 수 있게 되어 있으며 동해안과 서해안에서는 70여 척의 잠수함(로미오급 22척, 샤크급 21척, 잠수정 20척 포함)과 3척의 프리기트함 등으로 구성된 해군의 지원을 받게 되어 있다. 특히 특수전 부대 투입을 위해 북한은 330기의 AN-2와 21척의 샤크급 특수잠수함, 약 130척의 공기부양정 등을 준비하고 있다.[8]

4) 후방공격전력

북한은 한국군의 북침과 미국의 전쟁개입을 억지하기 위하여 이미 1970 년대부터 장거리 지대지유도탄에 탑재할 수 있는 화학무기와 핵무기 개발에 관심을 두어 왔다. 북한은 1989년 소련의 붕괴로 소련의 확대억지, 즉 소련 이 대량살상무기로 한국과 미국의 무력공격을 억지해주는 보장 장치를 잃게 되면서 핵무기 중심의 지원전력 및 억지전력 구축에 박차를 가해 왔다.

북한은 한국의 경제성장과 북한의 경제파탄으로 벌어진 경제력 격차로 재래식 군사력으로는 군사우위를 가질 수 없다고 판단하고 핵무기 개발에 노력을 더욱 기울였다. 2012년 초 기준으로 북한은 약 10개 정도의 표준 핵폭탄을 보유하고 있다고 알려졌으며 다량의 화학무기와 생물학무기도 보 유하고 있다.

북한은 투발수단으로 단거리, 중거리, 장거리 탄도탄을 보유하고 있다. FROG-3/5/7 단거리 미사일 발사대 24기, SCUD-B/C미사일 발사대 30기 (미사일 800발), 장거리 노동미사일 발사대 10기(미사일 약 200발) 등을 보유 하고 있다. 북한은 2007년부터는 사정거리 3,000km가 넘는 무수단 미사일 도 50기 정도 배치한 것으로 알려져 있다. 그리고 실험을 계속하고 있는 우주로케트 '은하'도 대륙간탄도탄으로 보면 된다.

북한은 이러한 대량살상무기로 전선후방의 시설, 기지와 나아가서 일본 에 있는 미군지원기지를 공격할 수 있는 대포동-2, KN-8 등의 ICBM도 이미 배치하여 미국의 개입 의지를 차단하고 개전시 재래식 무기의 열세를 극복 하려 하고 있다.

북한군이 보유하고 있는 유도탄의 개발 현황은 〈표 11-1〉과 같다.

종합적으로 평가할 때(〈표 11-2〉 참조), 북한은 "승리를 기대할 수 있는 전쟁"은 시도할 수준이 안 되나 한국이 "전쟁을 위협으로 받아들일 수 있는

---

8) 인용한 병력, 무기의 수량 등은 국방부, 『국방백서 2012』 및 유용원 등 공저, 『북한군 시크릿 리포트』(플래닛미디어, 2013)에서 발췌한 것임.

〈표 11-1〉 북한이 개발 중인 유도탄

구분	명칭	구조	사정거리	탑재능력	정확도
		단계	km	kg	CEP(m)
SRBM	KN-02	1	120		100~200
SRBM	SCUD-B (화성-5)	1	300~320	1,000	1,000
SRBM	SCUD-C (화성-6)	1	500	770	700
SRBM	SCUD-D	1	700~1,000	350~750	700
MRBM	노동	1	1,300	700	1,000~2,000
MRBM	대포동-1	2	2,500	750	2,500
IRBM	무수단	1	3,500		
IRBM	백두산	3	4,000		우주궤도비행체
ICBM	대포동-2	2	6,700~10,000	500~1,000	2,000~5,000
ICBM	대포동-3 (은하) (KN-8)	3	15,000	불명	* 2006.7.5. 공개발사

* 자료 = Jane's Sentinel Country Risk Assessment, 2007년 11월 22일자 발표자료
　(화성-5)는 SCUD-B를 개량한 것
　(화성-6)는 SCUD-C를 개량한 것
　SRBM = 단거리 미사일(사정 1,000km 이내)
　MRBM = 중거리 미사일(사정 1,000~3,000km)
　IRBM = 중거리 미사일(사정 3,000~5,500km)
　ICBM = 대륙간탄도탄(사정 5,500km 이상)

정도"의 전력은 갖추고 있다고 할 수 있다. 각종 전쟁 시뮬레이션 결과를 검토하여 보면 북한지상군이 휴전선을 넘어 20킬로미터 이상 이남으로 침투할 수 있는 가능성은 희박하다고 본다. 다만 특수전 병력 투입으로 정치

혼란을 일으킬 수 있는 가능성은 크다고 본다.

북한이 현재의 전력으로 전쟁을 시도할지에 대해서는 아무도 예단할 수 없다. 객관적인 전력의 비교검토를 토대로 판단한다면 상식적으로는 전쟁을 기도할 수 없으나 북한의 정권특성을 생각할 때 얼마든지 상식을 넘는 결단을 내릴 수 있기 때문이다.

첫째로, 북한은 전쟁에서 '잃을 것'이 많지 않다. 인구밀집지역도 많지 않고, 또한 지켜야 할 산업시설도 많지 않다. 뿐만 아니라 대부분의 시설을 지하화하여 공격을 견뎌내는 데 유리하다. 즉 한국에 비하여 '적공격 흡수능력'이 엄청나게 크다. 서울 부근에 인구의 2분의 1, 그리고 산업시설의 2분의 1 이상을 밀집시켜 놓고 있는 한국과는 비교가 되지 않는다.

둘째로, 북한정권은 '인민보호'의 책임을 지지 않는 특수정권이다. 인구의 몇 분의 1을 희생하고 정치적 목적을 달성할 수 있다면 결단을 내릴 수 있는 정권이다. 즉 '피해감수능력'이 아주 높은 정권이다. 민간인 희생 1만 명도 감수할 수 없는 한국의 '전쟁의지'와는 비교가 되지 않는다.

셋째로, 단기 속전속결을 할 수 있는 지리적 특수성을 고려하여야 한다. 한국은 10만 평방킬로미터도 안 되는 작은 영토에 3면의 바다에서 쉽게 접근할 수 있는 취약한 지리적 조건을 갖추고 있다. 북한은 손쉽게 한국의 전 영토를 전장화(戰場化)할 수 있다. 따라서 전선전(戰線戰)을 전제로 하는 전쟁가능성 평가는 별로 의미를 갖지 못한다. 속전속결할 수 있는 상황에서는 미군등 외부지원군의 투입시간이 없어 증원을 고려하지 않아도 된다는 것을 북한은 잘 알고 있다.

넷째로, 남북한 간의 갈등은 국가 간 갈등(international conflict)이 아닌 민족내부갈등(intranational conflict)이다. 따라서 순수 전투원 이외에 후방의 민간인도 전투에 참여할 가능성이 높은 전쟁이 된다. 따라서 정규군 중심의 정규전을 전제로 한 전쟁가능성 평가는 위험하다. 중국내전의 경우 정규전 력에서는 국민당 정부군이 중국 공산당군보다 월등히 강한 전력을 가졌으나 전쟁에서는 패배했다.

이상과 같은 점들을 고려한다면 '전쟁가능성'은 상존한다고 판단하는 것이 옳으리라고 생각한다.

4. 핵억지전략

1) 북한의 핵개발 과정

북한이 핵무기 개발에 관심을 가지기 시작한 것은 6·25전쟁 직후부터다. 대남정책 전개에서 결정적 군사우위를 확보하기 위해서는 '결정적 무기'인 핵무기가 필요하고, 미국의 개입을 차단하기 위해서는 미국을 위협할 수 있는 억지무기가 필요한데 핵무기가 가장 적합하고 나아가서 북한의 국제적 위상을 높이는데는 '핵보유국 지위'를 확보하는 것이 필요하다는 생각에서다.

북한의 핵무기 개발에 대한 관심은 1980년대 들어서면서 더욱 높아졌다. 국력 경쟁에서 한국에 뒤지기 시작하면서 재래식 군사력 증강 경쟁에서는 이길 수 없음이 분명해졌고 더구나 1989년 북한에 '확대억지'를 베풀어주던 소련이 붕괴하면서 북한 자체의 안전이 위협을 받기 시작했기 때문이다.

북한은 1959년 11월 9일 구소련과 원자력협정을 체결하고 핵 전문인력의 양성에 착수했고 1962년 11월 구소련으로부터 IRT-2000형 연구용 원자로를 도입했다. 2MW출력의 이 실험로는 1965년 11월에 완공되었다.

북한은 축적된 기술을 토대로 1980년 11월에 자체 기술로 5MW 실험로를 착공해서 1986년에 완공했다. 1985년에는 영변에 50MW 원자로를 짓기 시작했고 4년 뒤인 1989년 11월에는 태천에 200MW 원자로를 짓기 시작했다. 또한 1985년에는 폐연료봉에서 핵무기용 플루토늄을 추출하기 위한 방사화학실험실을 영변에 짓기 시작했다.

영변의 핵시설이 세계의 관심을 끌게 된 것은 1989년 프랑스 정부가 위성사진을 공개함으로서다. 한국 정부는 북한의 핵무기 개발 저지를 위해 1991년 12월 13일 남북기본합의서가 채택되어 남북한 간에 대화 창구가 열린 것을 이용하여 협상을 제의했고, 같은 해 12월 31일 북한과 합의하에 '한반도 비핵화에 관한 공동선언'을 채택하였다. 이 선언은 남북한 모두 핵무기를 보유하지도 않고 국내에 두지도 않고 또한 핵물질의 생산도 하지 않겠다는 것을 담고 있었다.

북한은 다음해 초 국제원자력기구(IAEA)와 핵안전협정을 체결하고 그해 5월 IAEA의 임시사찰도 받았다. 그러나 그 사찰에서 북한이 폐연료를 재처리한다는 사실이 밝혀지면서 북한의 신뢰가 깨어졌다. 북한은 1993년 3월 12일 핵확산금지조약(NPT) 탈퇴를 선언하여 제1차 핵위기가 시작되었다. 국제연합도 북한 핵개발에 우려를 표시하고 1993년 5월 11일 안전보장이사회에서 NPT복귀를 촉구하는 결의안 제825호를 채택하였다.

미국 정부와 국제연합, 그리고 IAEA가 나서서 북한을 설득도 하고 위협도 하면서 협상이 지속되었으나 북한은 1994년 6월 13일 IAEA 공식탈퇴를 선언하는 등 강경한 입장을 고수하다가 같은 해 7월 8일 김일성 사망 후 태도를 바꾸어 미국과 10월 21일 제네바합의문을 체결하고 11월 1일에는 공식으로 북한 정부가 핵동결선언을 하였다.

제네바합의문은 북한이 더 이상 핵물질 생산을 하지 않는다는 것을 보여주기 위하여 원자로의 가동을 중지(freeze)하는 대신 미국, 한국, 일본 등이 경수로 발전시설(1천MW 원자로 2기: 2백만kw 발전용량)을 건설해주기로 한 합의이다. 미국은 이를 위해 한반도에너지개발기구(KEDO)를 설립하고 1997년 8월 19일 함경남도 신포에서 공사에 착수했다.

제2차 핵위기는 2002년 10월 17일 방북 중인 미국 국무성 차관보 켈리(James Kelly)에게 북한 정부가 핵무기 개발계획을 시인함으로써 시작되었다. 북한은 켈리 차관보에게 핵폭탄에 쓸 농축우라늄 생산계획(Uranium Enrichment Program)이 진행되고 있음도 시인했다. 이어서 북한은 12월 22일 영변 핵시설의 폐연료봉 봉인을 제거하고 다음 해 1월 10일에는 NPT도 다시 탈퇴할 것을 선언했다.

제2차 핵위기를 해결하기 위하여 미국은 미국, 중국, 러시아, 일본 및 남북한 등 6개국 대표로 구성되는 6자회의를 제안했고 2003년 8월 27일 북경에서 첫 6자회담이 열렸다. 여러 차례의 중단, 재개를 반복하면서 협상이 진행되어 2005년 9월 19일 드디어 6자회담에서 '북한의 모든 핵무기와 현존 핵무기 계획의 포기'를 내용으로 하는 9·19합의를 이루어냈다. 그 뒤에도 밀고 당기는 회담이 지속되어 왔으며 2007년 2월 13일 제5차 6자회담에서 9·19공동성명 이행을 위한 초기조치 합의문서(2·13합의)를 채택하였다.

이 합의문서의 내용을 간추리면 아래와 같다.

① 북한은 2007년 4월 13일까지 5MW 원자로와 재처리시설 등 영변의 핵시설들을 폐쇄봉인하고, ② IAEA사찰을 재개하고, ③ 핵포기 대상으로 신고할 목록을 협의하고, ④ 그 대신 미국이 5만 톤의 중유를 북한에 제공하고 북한과 테러지원국 지정해제, 적성국 교역법 적용 종료, 외교관계 수립을 위한 회담을 개시한다. 그리고 북한이 모든 핵프로그램에 대한 완전한 신고를 완료하고 5MW 원자로 등 영변 핵시설에 대한 불능화(disablement) 조치를 취하면 미국 측에서 추가로 95만 톤의 중유를 공급한다.

그러나 2·13합의는 북한이 미국이 마카오에 있는 BDA은행에 예금된 북한의 불법자금 인출을 금지시킨 데 대하여 반발함으로써 실천되지 못했다. 결국 미국이 양보하여 BDA송금문제를 해결해주고 나서 다시 원점으로 돌아왔다.

2007년 10월 3일 6자회담 제6차 2단계 회의에서 새로운 이행 합의문(10·3합의)을 작성하고 북한이 2007년 말까지 영변의 5MW 원자로, 방사화학실험실, 핵연료 제조공장 등 세 곳에 대한 불능화 작업을 완료하고 핵프로그램에 대한 신고도 마치도록 했다. 그러나 북한은 '불능화' 작업은 끝냈으나 신고는 하지 않았다.

북한은 이어서 2008년 8월 26일, 미국이 테러지원국 지정해제를 하지 않는다는 이유로 불능화 작업의 중단을 선언하여 다시 6자회담은 경색국면으로 접어들었다. 북한은 나아가 2009년 4월 5일에 장거리미사일을 발사하고 4월 14일에는 6자회담 불참을 선언하였으며 5월 25일에는 제2차 핵실험을 강행하였다.

북한은 6자회담이 열리지 않는 상태에서 계속 우라늄 농축을 지속하였고 폐연료봉 재처리도 지속하였다. 이러한 상태에서 2011년 12월 김정일이 사망하고 국내외 환경이 어려워져 북한은 다시 미국과 협의를 재개하여 2012년 2월 미사일 발사 실험과 우라늄 농축의 유예를 약속하고 대신 미국이 식량 지원을 해주기로 합의(2·29합의)했었다. 그러나 이번에도 북한은 이 약속을 깨고 4월 13일에 미사일 발사를 강행하고 2·29합의에 구속받지 않을 것을 선언하였다.

북한은 6자회담을 핵개발 중지를 위한 회담에서 '핵보유국간 핵군축회담' 으로 전환할 것을 요구하고 있다. 즉 북한의 핵보유를 기정사실로 인정하고 핵무기 관리를 협의하는 회담을 할 것을 요구하고 있다.

북한은 이렇게 회담과 실험을 반복하면서 핵무기 개발을 지속하고 있다 (〈부록 7〉 핵미사일개발일지 참조).

2) 핵무기 보유 현황과 제조시설

한국 국방부는 북한이 핵무기를 1~2개 정도 보유하고 있을 것이라 추정하고 2003년과 2005년에 폐연료봉을 재처리해서 2개 정도의 핵무기를 만들 수 있는 플루토늄 30kg을 가지고 있을 것으로 판단했다(2006년 국방백서). 그리고 고농축우라늄(HEU)프로그램을 추진했다면 다시 몇 개의 핵무기를 더 만들 수 있는 우라늄을 가지고 있을 것으로 보고 있다.

2005년 2월 10일 백남순 외교부장은 "우리는 NPT에서 탈퇴했으며 자위를 위해 핵무기를 제조했다"고 공개적으로 밝혔고 2006년 1월에는 이찬복 대장이 "분명히 밝힐 수 있는 것은 우리는 지금 핵무기를 보유하고 있다는 사실"이라고 선언했다. 북한은 뒤이어 2006년 10월 9일 지하핵실험을 단행했다. 이런 정황으로 보아 수량은 알 수 없으나 핵무기를 북한이 보유하고 있다고 보아야 할 것 같다.[9]

북한은 불능화합의를 본 영변의 5MW원자로 이외에 50MW 원자로(영변)와 200MW 원자로(태천)를 건설하고 있다. 만일 이 시설이 완공되고 여기에

---

9) Jane's Sentinel Security Assessment, Oct. 2007 참조.

〈참고자료 11-2〉 핵무기의 구조 및 폭발력

핵폭탄(nuclear bomb)에는 두 가지가 있다. 자연상태에서 가장 무거운 원자인 우라늄을 분열시킬 때 방출되는 에너지를 쓰는 분열탄(fission bomb)과 가장 가벼운 원자인 수소를 헬륨으로 융합할 때 발생하는 에너지를 쓰는 융합탄(fusion bomb)이 있다.

• 분열탄

우라늄(U_{92}) 중 안정된 U^{238}의 불안정한 동위원소인 U^{235}나 원자로를 가동하면서 생겨난 폐연료봉을 재처리해서 얻는 인공원자인 원자번호 94번 플루토늄(Pu^{239})에 중성자를 가속시켜 부딪히면 원소가 바륨(B_{56})과 크립톤(Kr_{36})으로 분열되면서 중성자가 2~3개 튀어나오고 엄청난 에너지가 방출된다. 여기서 튀어나온 중성자가 다시 다른 우라늄이나 플루토늄에 부딪혀 연쇄반응(chain reaction)이 일어나 계속 에너지를 방출하게 된다. 우라늄 25kg 또는 플루토늄 8kg이면 표준 핵폭탄인 20Kt(TNT 2만 톤의 폭발력) 폭탄을 제조할 수 있다.

첫 우라늄 폭탄은 1945년 8월 6일 히로시마에 투하되어 66,000명이 사망하고 69,000명이 부상당했으며, 도시의 67%가 파괴되었다. 폭발력은 20Kt. 이어서 8월 9일에는 첫 플루토늄 폭탄이 나가사키에 투하되어 39,000명이 사망하고 25,000명이 부상당했으며, 도시의 40%가 파괴되었다.

현재 북한은 원자로를 가동하여 얻은 8,000개의 연료봉을 재처리하여 플루토늄을 확보하고 별도로 원심분리기를 사용하여 고농축우라늄(HEU: Highly Enriched Uranium)을 생산하고 있는 것으로 알려졌다.

• 융합탄

융합탄은 수소(H)를 융합하여 헬륨(He)을 만드는 과정에서 얻어지는 에너지를 폭발에 활용하는 폭탄이다. 수소 중에는 중성자를 하나 더 가지고 있는 중수소(H_1^2=Deuterium)와 3중수소(H_1^3=Tritium)가 있다. 융합은 H+H, D+D, D+T 모두가 이론상 가능하나 D+D → T+H+4.0Mev, 또는 D+D → He^4+n+17.6Mev의 반응이 폭탄에 사용된다. 같은 전하를 띤 핵들은 서로 반발하는 힘(Coulomb repulsion)이 엄청난데 이를 이겨내는 융합은 입자가 일부 질량을 잃고 엄청난 운동에너지를 발산하면서 가능해진다. 이때 발생하는 에너지가 융합에 필요한 에너지를 훨씬 능가하는데 그 에너지를 폭발력으로 쓴다.

위의 공식에서 D는 Deutrium 즉 중수소이고, T는 3중수소, n은 중성자, Mev는 백만 전자볼트이다. D는 바닷물에 0.015% 정도 들어 있는 D_2O(일반 물은 H_2O)에서 추출하므로 원료비가 분열탄에 비해 훨씬 저렴하고 또한 폭발력이 훨씬 커서 핵무기는 대체로 융합탄으로 제작된다. 북한은 아직 융합탄을 만들 수 있는 수준에 이르지 못하고 있다.

수소탄, 즉 융합탄은 1952년 11월 1일 미국이 처음으로 실험하였는데 5~7메가톤(TNT 백만 톤과 같은 폭발력) 규모였다.

서 플루토늄을 추출한다면 연간 5~10개의 핵무기를 생산할 수 있을 것이다.

3) 중장거리 미사일

위의 후방공격전력란에서 소개했지만 북한은 현재 핵무기 투발수단으로 장거리 미사일을 개발하고 있다. 북한은 1980년대 중반에 사정거리 300km의 SCUD-B 미사일 시험발사에 성공한 후 사정거리 500km의 SCUD-C를 이미 작전배치했으며 1990년대에는 사정거리 1,300km의 노동미사일을 작전배치했다. 1998년에는 '백두산'이라고도 부르는 사정거리 4,000km의 개량형 대포동-1호(대포동-1호의 사정거리는 2,500km)를 발사 실험했으나 실패했다. 북한은 사정거리 10,000km의 대포동-2 미사일을 개발하여 2006년 7월에 실험발사했고 사정거리 15,000km의 3단 로케트인 대포동-3호(은하, KN-8)도 개발했다.

북한은 이제 실전에 쓸 수 있는 핵폭탄과 유도탄을 모두 보유한 셈이다.

북한은 6자회담 진행과 관계없이 핵개발과 미사일 발사실험을 계속해왔다. 2009년 5월 25일에는 2차 핵실험을 실시했고 이에 대해 국제연합 안전보장이사회는 북한을 제재하는 결의안 제1874호를 채택했으나 북한은 이에 상관하지 않고 2009년 9월에는 우라늄 농축실험에 성공했다고 발표하고

2010년 11월에는 미국의 해커(Siegfried Hecker) 박사를 초청하여 우라늄 농축시설을 보여주었다. 그리고 2012년에는 ICBM 은하호를 발사실험했고 2013년 2월에는 제3차 핵실험도 강행했다. 북한은 이제 '실질상의 핵보유국'이 되었다.

4) 핵무기, 미사일 확산

북한의 핵무기와 미사일에 대한 1차적 국제적 관심은 북한이 핵물질, 미사일, 미사일 기술을 제3국에 판매하여 대량살상무기를 확산시키는 데 있다. 북한은 지금까지 미사일, 미사일 부품과 기술을 이집트, 이란, 리비아, 파키스탄, 시리아, 아랍에미리트와 예멘에 팔아 왔다. 1980년대 이후 북한은 총 325~400기의 SCUD B/C/D/ER, 노동미사일 등을 수출했다. 대포동 미사일도 판매한 것으로 알려졌다.[10]

북한의 대량살상무기 확산은 미국 등 강대국과 국제연합이 집요하게 추진하고 있는 핵확산억지계획에 대한 정면 도전이 되는 셈이다. 미국은 현재 핵확산금지조약(NPT)체제를 중요한 국제평화질서구축정책으로 추진하고 있다. 기왕에 핵무기를 보유하고 있는 강대국(미국, 러시아, 중국, 영국, 프랑스)과 핵무기 보유국으로 묶인되어온 세 나라(인도, 파키스탄, 이스라엘) 이외의 국가가 핵무기를 보유하지 못하도록 철저히 단속하고 핵보유국 간에 핵무기 감축협의를 병행해나가면 언젠가는 핵무기 없는 세계를 만들 수 있다고 생각하고 있다. 이러한 정책 구상은 북한이 핵 관련 물질, 기술과 운반수단인 미사일을 수출하게 되면 무너지게 된다. 당연히 미국은 높은 관심을 가지고 북한의 핵, 미사일 수출을 막으려 한다.

북한은 2006년 7월 5일 7발의 미사일을 발사했다. 대포동-3 1발과 SCUD-C, 노동, SCUD-ER 6발이었다. 이 중에서 사정거리 15,000km의 대포동-3은 발사 직후(42초 후) 제1단계 로케트의 고장으로 20km쯤 비행 후 추락했

---

10) 위의 자료.

다. 나머지는 계획대로 250~300킬로를 비행하여 동해 북부에 떨어졌다.

북한은 1990년대 초 시리아에서 얻은 러시아제 SS-21(토츠카) 유도탄을 모체로 서울 부근까지 도달할 수 있는 사정거리 120km의 KN-2를 생산하기 시작했으며 이 미사일을 개량하여 시리아와 이라크에 수출한 것으로 알려졌다. 북한은 러시아제 SCUD-B를 개량한 화성-5와 SCUD-C를 개량한 화성-6을 이집트, 이란, 아랍에미리트, 시리아, 리비아 등지에 수출했다.

북한은 일본 본토와 오키나와를 공격할 수 있는 사정거리 1,000~1,500km에 700kg의 탄두를 적재할 수 있는 노동미사일을 1988년부터 개발 생산했다. 이 미사일과 관련 기술을 이란(Shahab-3), 파키스탄(Ghauri), 이집트에 수출했다. SCUD-D는 시리아를 위해 북한이 개발한 미사일이다.

북한은 1990년에 들어서면서 장거리 미사일 개발에 착수했다. 노동미사일을 1단계로 하고 화성-6을 2단계로 하는 대포동-1, 제1단계는 새로 만들고 그 위에 노동미사일을 2단계로 얹고 다시 그 위에 새로 설계한 3단계 로케트를 붙인 대포동-2를 개발해서 2006년 첫 실험을 했다. 그 밖에 러시아제 R-27을 기초로 한 중거리 유도탄 무수단(사정 3,500km) 발사에 성공했다.

북한은 2007년까지 모두 1,150~1,350기의 미사일을 생산해서 이 중 325~400기를 수출하고 800~900기를 북한 내에 실전배치했다.

북한은 현재 핵무기와 유도탄 수출을 자유롭게 하지 못하고 있으나 핵무기와 유도탄 개발에 필요한 기술, 부품, 자금확보를 위해 수출 중단을 하기는 어렵고 이에 따라 이를 저지하려는 미국과의 마찰도 불가피할 것이다.

5) 핵보유국 지위 확보를 위한 노력

북한은 선군정치를 바탕으로 강성대국을 건설한다는 원대한 계획 속에서 핵무기를 개발, 보유하고 있다. 핵무기만이 이 목표를 확실하게 달성하는 수단이 되기 때문이다.

현재 국제사회는 약 200개의 주권국가로 구성되어 있다. 그중에서 핵보유 5개국인 미국, 중국, 러시아, 영국, 프랑스가 국제연합 상임이사국으로 국제질서를 이끌어가고 있다. 그리고 인도와 파키스탄이 핵을 보유함으로써 준강대국의 지위를 확보하고 있다.

현재의 핵확산금지조약(NPT)체제에서는 핵보유국과 비핵보유국과의 지위는 확연히 구분된다. 핵보유국으로 공인되면 핵무기를 합법적으로 보유할 수 있지만 비핵보유국은 핵무기의 생산, 보유가 금지되고 있고 핵무기 개발과 관련된 기술, 자재의 개발, 수입도 금지되어 있다. 북한이 '핵보유국'으로 공인받고자 하는 것은 당연하다.

북한이 핵보유국으로 공인받으면 다음과 같은 이익을 얻게 된다.

첫째, 돈이 많이 드는 재래식 군사력을 증강하지 않고도 안전을 확보할 수 있다. 신뢰할만한 제2격 능력을 보유하게 되면 어떤 강대국도 북한을 군사적으로 공격할 수 없게 된다. 미국이 10,000개 이상의 핵무기를 보유하고 있다하더라도 북한의 핵공격을 받아 뉴욕이나 샌프란시스코가 궤멸되는 피해를 감당할 수는 없기 때문이다. 핵 균형은 공포의 균형이고 이 균형은 무기가 많고 적은 것으로 결정되지 않는다. '피해감수 가능 수준'으로 결정된다. 북한은 인민의 희생을 얼마든지 감수할 의지를 가진 집단에 의해 통치되는 나라이고 미국이나 일본은 북한을 응징하기 위해 인구의 1%도 희생시킬 수 없는 국가이다. 그래서 북한이 핵무기에 의한 제2격 능력을 갖추기만 한다면 비대칭억지(asymmetric deterrence)가 가능해진다. 북한은 피폐된 경제로 재래식 군사력을 건설할 수 없는 나라이다. 핵무기 보유만이 국가안보를 보장할 수 있는 길이다. 북한은 당연히 '핵무기 보유국'으로 공인받고 싶어 한다.

둘째로, 북한이 핵무기를 보유하면 대남군사력 우위를 확실하게 확보할 수 있다. 재래식 군사력에서 한국이 아무리 우위를 확보한다 하더라도 북한이 핵무기를 보유하고 있는 한 상대가 되지 않는다. 북한이 현재 실전 배치하고 있는 800개~900개의 유도탄은 대부분 한국을 대상으로 한 것이다. 사정거리가 한국을 넘어서는 것이 몇 개 없다. 한국을 힘의 우위에서 다룰 수 있게 되면 북한이 추구하는 '남반부해방'은 아주 유리하게 전개할 수 있게 된다.

셋째로, 현재의 경제난 타개에도 핵무기 보유가 유리하게 기여한다. 북한은 지금과 같은 사회주의 자립경제체제로는 경제적 파탄을 면할 수 없다. 그러나 핵무기를 보유하고 이 핵무기를 확산한다고 위협하면 북한의 '질서 교란 움직임'을 막기 위해서도 미국 등은 경제적 보상을 할 수밖에 없다. 이미 북한은 핵무기 개발위협만으로 부족한 식량과 에너지의 일부를 확보하고 있다.

북한은 핵무기 보유 노력이 가져오는 불이익도 잘 알고 있다. 미국과 국제연합에 의한 경제제재로 이미 많은 고통을 겪고 있다. 국제사회에서도 '호전적 테러국가'로 비난 받고 있다. 그러나 북한은 일단 '핵보유국'으로 공인받은 후 대외수출을 자제하고 핵보유국으로서의 책임을 성실히 이행하면 인도의 경우처럼 모든 불이익은 해소할 수 있다고 믿고 있다.

북한은 미국의 압박을 잘 견뎌냈으며 이미 많은 성공을 거두고 있다. 미국은 1994년의 제1차 핵위기 때에는 북한 핵무기의 완전제거를 목표로 했었다. 북한의 핵무기 관련 시설을 "검증 가능한 방법으로 다시 회복할 수 없도록 완전히 제거(CVID: Complete, Verifiable, Irreversible Dismantlement)" 하는 것을 목표로 했다. 그러나 2006년의 제2차 핵위기에서는 한층 목표를 낮추었다. 보유하고 있을지 모르나 알려지지 않은 것('과거 핵'이라 한다)은 불문에 붙이고 북한이 시인한 영변의 핵시설만을 가동할 수 없도록 하는 것(disablement)만을 타협의 조건으로 내세우고 있다. '가동할 수 없도록 한다'는 뜻의 '불능화'는 다시 가동하려면 6개월~1년 정도의 시간이 필요한 상태로 만드는 것을 의미한다. 해체(dismantle)와 동결(freeze)의 중간쯤 되는 상태를 말한다.

2013년까지 6자회담은 열리지 않고 있으며 북한은 '핵보유국 지위' 공인 획득의 길을 따라 계속 나아가고 있다. 북한 핵문제는 북한 정부가 근본적으로 그들의 국가정책목표를 수정하지 않는 한 계속 남는다.

〈참고자료 11-3〉 북한 핵사태 관련 용어해설

북한 핵문제를 논의할 때 자주 등장하는 주요 용어를 간단히 해설한다.

• 경수로(Light Water Reactor)

자연상태의 우라늄 원광에는 분열에 쓸 수 없는 U^{238}이 99.28%이고 핵분열을 일으킬 수 있는 불안정한 동위원소 U^{235}가 0.72% 정도 섞여 있다. 이런 원광을 처리하여 U^{235}의 비율을 높이는 것을 농축(enrichment)이라 한다. 핵발전은 핵분열 속도를 감속재를 써서 줄여 지속적으로 진행하도록 하여 분열에서 발생하는 열로 증기터빈을 돌려 전기를 생산하는 발전 방식이다. 감속재로 흑연을 쓰는 흑연감속로는 열효율이 낮아 보통 발전용으로는 보통물(H_2O)을 감속재로 쓰는데 이것을 경수로라 한다. 중수(D_2O)보다 더 효율이 높은데 중수로와 구분하기 위하여 이렇게 부른다. 북한의 영변, 태천 등에 설치된 원자로는 모두 흑연감속로로 발전효율은 낮지만 폐연료봉에서 순도 높은 플루토늄(Pu)을 생산하는 데 편리하다. 북한이 Pu를 생산하여 무기를 생산하려함으로 이를 폐쇄하도록 하고 대신 100만kWe 경수로를 2기 만들어주기로 한 것이다.

• 고농축우라늄(Highly Enriched Uranium)

발전용 원자로의 연료로는 U^{235}를 3~5% 함유한 저농축우라늄을 사용하나 핵무기용은 90%이상의 고농축우라늄이다. 북한이 우라늄농축으로 핵폭탄 제조 물질을 만드는 프로그램을 UEP(Uranium Enrichment Program)이라 부른다. 북한은 2002년 10월 UEP를 진행하고 있다고 공식적으로 인정했다.

• 과거핵과 미래핵

이미 제조해 놓은 핵폭탄 또는 이미 확보한 핵폭탄 제조용 Pu와 U^{235}등을 과거핵이라 하고 앞으로 만들기로 한 것을 미래핵이라 한다. 미국 등은 북한에 과거핵도 신고하고 제거하라고 요구하고 북한은 미래핵만 신고하고 추후 이를 제거할 협상을 하자고 요구하고 있다.

• CVID

1993년의 제1차 핵위기 직후 미국이 북한과 관계개선, 제재철회의 조건으로 내세운 조건이 CVID다. 완전히(Complete), 확인가능하도록(Verifiable), 그리고 다시 되돌릴 수 없도록(Irrevocable) 제거(Dismantle)할 것을 말한다. 그러나 2002년의 제2차 핵위기 이후에는 미국이 과거핵에 대한 CVID를 요구하지 않고 있다. 많이 유연해졌다.

• 불능화(disablement)와 해체(dismantlement)
원자로, 재처리 시설 등을 제거하는 것이 해체(dismantlement)이고 가동만 정지시키는 것이 동결(freeze)이다. 불능화는 그 중간 단계로서 쉽게 재가동 할 수 없는 상태로 만드는 것(회복에 6개월 이상 소요되는 상태)을 말한다.

• 핵확산금지조약(Nuclear Non-Proliferation Treaty)
핵무기를 아직 가지지 않은 나라에 핵무기가 확산되는 것을 막기 위해 만든 국제조약. 1970년 3월에 발효되었으며 1995년 다시 25년 연장되었다. 2003년 말 기준으로 188개국이 가입하고 있다. 이 조약에 의해 핵국과 비핵국 간에 핵무기, 핵폭발장치, 핵물질의 양도와 인수가 금지되었고 비핵국은 핵을 군사적으로 이용할 수 없고 IAEA의 사찰을 받아야 한다.

5. 군구조와 군사력 현황

북한군의 지휘체계는 일반 국가의 군지휘체계와 다르다.

첫째로, 군은 내각의 지휘를 받지 않는다. 정부의 다른 부처는 모두 내각 총리 휘하에 들어가나 군 관련의 3개 부처인 인민무력부(우리의 국방부에 해당), 국가안전보위부(우리의 국정원 상당)와 인민보안부(우리의 경찰을 포함한 모든 공안업무 담당부처)는 국방위원회에서 직접 관할한다. 인민군은 최고 정권기관인 최고인민회의와 동열의 독립기구이다. 모든 무력은 '정부 위의 정부'인 국방위원회의 제1위원장의 지휘를 받는다. 김정은은 국방위원회 제1위원장과 인민군 총사령관의 직책으로 군의 최고 통수권을 행사한다.

둘째로, 군은 조선로동당의 통제 속에서 기능한다. 북한통치체제에서 정부는 조선로동당의 지휘통제를 받도록 헌법에 규정되어 있는데 인민군의 정책, 군사노선의 결정, 병력 관리, 군수공업발전계획 등 국방사업 전반을 당이 지도하도록 되어 있다(조선로동당 규약 제3장 제27항). 조선로동당에는 군 관리를 위하여 당중앙군사위원회를 두고 있다. 김정은은 당의 제1비서이고 당 제1비서가 당군사위원회 위원장을 당연직으로 겸하고 있다. 로동당은 양병(養兵)에 해당하는 군정을 지휘감독한다.

셋째로, 인민군의 지휘 구조는 '통합군체제'로 되어 있다. 호위사령부와 보위사령부는 국방위원회의 직할부대로 운영되고 총정치국과 인민무력부도 국방위원회에 직속되어 있으며 모든 전투부대는 총참모부의 지휘를 받게 되어 있다. 총참모부가 군령권을 행사하고 인민무력부가 당의 통제 아래 양병(養兵)업무수행을 위한 군정권을 행사하도록 되어 있다.

군사작전을 지휘하는 통합군령권을 행사하는 총참모부 밑에 육·해·공군 모든 부대가 소속되어 있다. 총참모부 밑에 군단급 지상군부대와 해군사령부와 공군사령부가 병렬적으로 편성되어 있다. 총 군단급 부대는 22개다.

인민군 전투부대의 편성에 따라 2012년 기준 전력 현황을 지상군, 해군, 공군으로 나누어 살펴본다(〈표 11-2〉 참조).

1) 지상군

지상군은 10개 정규 보병군단과 2개의 기계화군단, 91수도방어군단, 국경경비총국, 제11기보군단, 전략로케트사령부 등 15개 군단급 부대와 1개 기갑사단, 4개 독립기계화보병사단(1개 군단과 같음), 포병사단, 고사포사단 등의 독립 사단으로 편성되어 있다. 사단수로는 모두 82개이다. 이 중 제11군단은 특수전부대로 전방군단에 분산배치된 경보병사단과 전방사단에 분산배치된 경보병연대 등으로 구성되어 있다.

지상군의 주요 장비로는 4,300대의 전차, 2,500대의 장갑차, 8,600문의 야포, 5,500문의 다연장포(방사포) 등을 보유하고 있다.

2) 해군

해군은 해군사령부 예하에 동해함대사령부 및 서해함대사령부를 두고 있고 13개의 독립전대 및 2개의 해상저격여단을 보유하고 있다.

해군의 주요 장비로 수상전투함 430척, 잠수함정 70척, 상륙함정 250척, 소해정 30척 등을 보유하고 있다.

3) 공군

공군은 4개 비행사단, 2개 전술수송여단, 2개 공군저격여단, 반항공(방공)부대 등으로 구성되어 있다. 고사포, 지대공미사일, 레이더부대로 구성된 방공부대는 공군사령부에서 관할한다.

주요 항공장비로 전투임무기 810대, 정찰기 30여기, AN-2 등 공중기동기 330대, 헬리콥터 300대, 훈련기 170대를 보유하고 있다.

4) 전략군

탄도미사일, 화생무기, 핵무기 등의 전략무기를 보유한 전략군은 총참모부 직할의 전략로케트사령부에 소속되어 있다.

전략무기로는 사정거리 300km의 SCUD-B, 500km의 SCUD-C, 1,300km의 노동미사일, 3,500km의 무수단미사일, 2,500km의 대포동-1, 그리고 ICBM인 대포동-2를 보유하고 있으며 10개 정도의 핵폭탄과 5,000톤 정도의 화학무기를 보유하고 있는 것으로 추정된다.

5) 예비전력

북한은 인구의 30%에 달하는 약 762만여 명의 예비전력을 보유하고 있다. 예비전력은 전투동원 대상인 17세~50세의 남자와 17세~30세의 여자로

편성된 예비군으로 교도대에 속해 있는 60만 명과 우리의 향토예비군 성격
의 예비역으로 편성된 노농적위대 570만 명, 그리고 14세~16세의 중학생으
로 편성된 붉은청년근위대 100만 명으로 인민무력부에서 관리한다. 그리고
인민보안부에 소속된 준군사부 대원 40만 명이 추가된다.

　예비전력 중 60만 명의 교도 대원은 훈련 수준으로 보아 필요시 즉시 현
역화할 수 있는 병력이다.

<표 11-2> 남북 군사력 비교

(2016년 12월 기준)

구분			한국	북한
병력 (평시)		육군	49.0만여 명	110만여 명
		해군	7.0만여 명 (해병대 2.9만여 명 포함)	6만여 명
		공군	6.5만여 명	11만여 명 전략군 11만 명
		계	62.5만여 명	128만여 명
주요 전력	육군	부대 군단(급)	12(특전사 포함)	17
		사단	43(해병대 포함)	82
		기동여단	15(해병대 포함)	74(교도여단 미포함)
		장비 전차	2,400여 대(해병대 포함)	4,300여 대
		장갑차	2,700여 대(해병대 포함)	2,500여 대
		야포	5,700여 문(해병대 포함)	8,600여 문
		다련장/방사포	200여 문	5,500여 문
		지대지유도무기	200여 기(발사대)	100여 기(발사대)
	해군	수상함정 전투함정	110여 척	430여 척
		상륙함정	10여 척	250여 척
		기뢰전함정	10여 척	20여 척

	지원함정	20여 척	40여 척
	잠수함정	10여 척	70여 척
공군	전투임무기	410여 대	810여 대
	감시통제기	60여 대(해군 항공기 포함)	30여 대
	공중기동기	50여 대	330여 대
	훈련기	180여 대	170여 대
헬기(육·해·공군)		690여 대	290여 대
예비병력		310만여 명 (사관후보생, 전시근로소집, 전환/대체 복무 인원 등 포함)	762만여 명 (교도대, 노농적위대, 붉은청년근위대 포함)

* 남북 군사력 비교를 위해 육군 부대·장비 항목에 해병대 부대·장비도 포함하여 산출함
* 북한군 야포문수는 보병 연대급 화포인 76.2mm를 제외하고 산출함
* 질적 평가 표현이 제한되므로 공개된 양적 평가를 표시한 것임

출처: 『2016 국방백서』(2016년 12월 기준)

【참고문헌】

국방부 편. 『국방백서 2012』. 서울, 2012.
미국 해병대사령부. *North Korea Country Handbook*. 1997.
영국 국제전략연구소(IISS) 편. *Military Balance 2012*. London, 2012.
유용원·신범철·김진아 공저. 『북한군 시크릿 리포트』. 서울: 플래닛미디어, 2013.
한국전략문제연구소 편. 『북한 핵문제와 위기의 한국 안보』. 서울, 2007.
『한반도 군비통제』. 서울: 국방부, 1996.
허문영 외. 『한반도 비핵화와 평화체제 구축전략』. 서울: 도서출판 오름, 2007.

Jane's Sentinel Security Assessment: China and Northeast Asia. October, 2007.

Nikitin, Mary B.D. "North Korea's Nuclear Weapons: Latest Development." CRS Report for Congress, November 21, 2007.

Rhee, Sang-Woo. *Security and Unification of Korea*. Seoul: Sogang University Press, 1984. "North Korea's Military Threat and Security of Korea." pp.195-236; "The Roots of South Korean Anxiety about National Security." pp.239-259.

關川夏英(세키가와 나츠에이)·惠谷治(에야 오사무) 共編. 『北朝鮮軍, 動く』. 東京: ネスコ, 1997.

제12장

통일 관련 기구 및 정책

북한은 조국통일을 '지상의 과업'으로 하는 '혁명국가'이며 조국통일을 위하여 투쟁하는 정권임을 밝히고 있다(헌법 서문, 제2조 및 제9조). 또한 북한을 통치하는 지배정당인 조선로동당은 그 규약(2012년 4월 12일 개정)에서 당의 당면 목표를 "…… 전국적 범위에서 민족해방 민주주의 혁명의 과업을 수행하는데 있으며 최종 목적은 온 사회를 김일성-김정일주의화"하는 데 두고 있음을 밝히고 통일을 이룩하기 위해 투쟁할 것을 선언하고 있다. 통일은 북한정권의 단순한 정책 목표라기보다 북한정권의 존재의의를 설정하는 기본과제로 자리 잡고 있다. 즉, 북한의 정치체제는 통일과업을 전제하지 않고서는 이해할 수 없을 정도로 통일은 모든 체제의 조직, 운영의 원리를 지배하고 있다.

북한은 "조선은 하나다"라는 대전제를 고수하고 있으며 이에 따라 '남조선'을 북한정치체제 속에 포함시켜 생각하고 있다. 북한은 북한사회가 스스로 계급혁명을 완성한 사회주의 민주국가임을 자부하면서도 계급노선을 지

키기 위한 인민민주 독재강화를 헌법에서 밝히고 있는데(헌법 제12조), 남반
부의 인민해방이 이루어지지 않았으므로 아직 혁명이 완성되지 않았다는 논
리로 이를 정당화하고 있다. 이렇듯이 북한은 정치체제의 비민주적 구성과
운영도 남반부 해방이라는 목표와 연계시켜 정당화시키고 있다. 북한정치체
제 운영을 이해하기 위해서는 따라서 이들의 통일인식, 통일전략을 이해하
지 않으면 안 된다.

이 장에서는 북한의 통일에 대한 기본인식, 통일전략, 통일전략실천기구
및 정책전개 양상 등을 정리한다.

1. 통일에 대한 기본 인식과 논리

우리는 통일을 "분단된 민족사회를 다시 하나로 통합하는 것"으로 인식하
고 있으나 북한은 통일을 "못다 이룬 민족해방의 완성"으로 인식하고 있다.
북한 주장에 따르면 우리나라는 1945년 8월에 '위대한 해방자인 스탈린 원
수'에 의해 북반부만 해방되고 남반부는 일본 제국주의자들을 승계한 '미제
국주의자'들에 의해 점령되어 해방이 아직 이루어지지 않았고, 또한 해방
이후 북반부에서는 인민민주혁명이 성공적으로 이루어져 주권자인 인민(프
롤레타리아트 계층)이 다스리는 인민공화국을 수립하였는데 남반부에서는
'미제국주의자'들이 자기들의 괴뢰정권으로 '대한민국'을 세워 놓고 지배하
고 있어 인민들이 아직도 착취에서 벗어나지 못한 상태에 있는 것으로 된
다. 이 논리의 연장에서 통일이란 남반부에서 '미제국주의자'들을 몰아내어
민족해방을 이루고 인민민주혁명을 성공시켜 인민의 계급해방을 완성하여
남북한 인민들이 하나의 해방된 인민공화국을 만들어 내는 것이라고 북한
당국은 주장하고 있다.[1]

---

1) 북한의 통일문제에 대한 인식에 대해서는 필자의 다음 글을 볼 것. 『함께사는 통일』
(서울: 나남, 1995), 제5장 "통일문제의 이해," pp.115-123; 『한국의 안보환경』 제2집

북한은 현재의 분단상태를 해결하기 위해서는 전체 조선인민을 대표하는 평양정부와 남반부를 강점하고 있는 미국 간에 협상이 이루어져야 한다고 주장한다. "조선은 하나다"는 북한의 구호는 남북한의 불가분성뿐 아니라 한반도에는 정통정부가 '조선민주주의 인민공화국'뿐이라는 주장과 통일문제 해결당사자는 전체 조선인민의 유일한 대표인 북한과 한반도의 일부를 점령하고 있으면서 한반도에 '비정상적인 상태'를 조성하고 있는 장본인인 미국이라는 주장을 담고 있는 구호다. 이런 시각에서 6·25전쟁의 당사자도 북한과 미국이고 정전협정 당사자도 북한 인민군과 미국군이며 평화협정 체결 당사자도 북한과 미국이어야 한다고 주장하고 있다. 북한은 '대한민국'을 독립 주권국가로 보지 않고 '미군점령 아래 있는 미해방지역(未解放地域)에 존재하는 여러 정당, 사회단체 중 하나'라고 보고 있다. 즉 대한민국은 국가가 아닌 하나의 사회단체로 규정하고 있다.

북한은 이러한 통일 인식을 바탕으로 대남정책을 세우고 있다. 통일은 미제국주의자들로부터 남조선을 해방하는 '민족해방'의 과제와 남반부 인민들을 착취계급에서 해방시키는 인민민주혁명의 과제 등 두 가지 과제의 달성이므로 대남정책은 이 두 가지 과제의 달성을 위한 자원배분과 행위체계 구축으로 구성되게 된다. 북한의 대남정책은 지난 반세기 동안 이 틀에서 벗어난 적이 없다.

북한의 대남정책에서 변화가 있어 왔다면 어디까지나 정책 전개방법에 관한 것들뿐이다. 민족해방을 이룬 후 인민민주혁명을 추진하는 것이 좋은가 아니면 인민민주주의혁명을 선행시켜 인민정부를 세운 후 이 인민정부가 앞장서서 미국과 싸우게 하여 민족해방을 쟁취하는 것이 좋은가 하는 전략목표 우선순위에 관한 것이라든가 민족해방을 미국과의 협상을 통하여 이룰 것인가 아니면 무력으로 쟁취할 것인가 하는 등의 문제에 대해서만 시대환경에 따라 변화시켜 왔을 뿐이다. 민족해방(NL: National Liberation)을 인민민주혁명(PD: People's Democratic Revolution)에 앞세우자는 주장이 이른바 'NL 로선'이고 그 반대가 옳다는 주장이 'PD 로선'이다. 한국 내의 친북세력 중에서도 미군철수 주장을 앞세우는 세력이 'NL파,' 그리고 인민의 정치적 권익을 신장하는 데 관련된 '계급해방투쟁' 구호와 '민주구호'를 내세우는 세력이 'PD파'라고 생각하면 된다. 그리고 혁명 성취 방법에서는 무력해방과 평화협상의 병행 추진이 기본 구상으로 되어 있다.[2]

2. 전략체계

레닌(V. I. Lenin)은 전략을 다음과 같이 정의하고 있다. "혁명의 한 주어진 단계에서 프롤레타리아트 계급의 혁명투쟁 주공방향(主攻方向)을 결정하고 혁명의 주력군(主力軍)과 보조군(補助軍)의 힘을 배분하는 계획과 이 계획을 실행해 나가기 위한 투쟁들을 구체화하는 작업"이라 했다.[3] 이 정의를 토대로 레닌은 전략요소로 전략목표, 주력군 선정, 주공방향 결정 및 힘의 배분계획 등 네 가지를 꼽았다. 북한은 바로 이 전략체계를 바탕으로 대남 혁명전략을 세우고 이를 1964년 로동당 제4기 제8차 전원회의에서 결의로 채택했다. 그리고 이 전략을 체계화하여 『주체사상에 기초한 남조선혁명과 조국통일 리론』이라는 책을 내었다.[4] 여기서 정리해 놓은 대남 전략체계는

---

2) 북한대남정책의 전략구조와 변화 등에 대해서는 다음 글을 볼 것. Sang-Woo Rhee, *Security and Unification of Korea* (Seoul: Sogang University Press, 1984). chp.5. "Overriding Strategy versus Subversion Tactics," pp.105-133; chp.6, "North Korea's Unification Strategy," pp.135-166.

3) "Strategy is the determination of the direction of the main blow of the proletariat at a given stage of the revolution, the elaboration of a corresponding plan for the disposition of the revolutionary forces(main and secondary reserves), the fight to carry out this plan throughout the given stage of the revolution." Joseph Stalin, "The Foundations of Leninism," in Arthur P. Mendel (ed.), *Essential Works of Marxism* (New York: Bantham Books, 1961), p.269.

지금까지도 변함없이 유지되고 있다.

북한은 주적(主敵)을 '미제국주의자'와 '남조선 반동세력'으로 규정하고 '남조선 로동계급'과 '농민'이 혁명의 주도계급이며 이 주도계급 속에 깊이 뿌리박은 '로동계급의 당'이 주력군이라고 규정하고 진보적 청년학생과 지식인을 '보조역량'이라고 밝히고 있다. 그리고 혁명 추진단계와 관련하여 ① 혁명 참모부인 마르크스-레닌당을 결성하고 그 주위에 노동자, 농민을 결속시켜 주력군을 편성하는 일이 최우선이며, ② 다음으로 각계각층 군중을 통일전선에 묶고, ③ 이러한 조직을 바탕으로 합법적 지위를 가진 정당을 만들 것을 결정하고 있다. 통일전선의 필요성으로서는 "주력군에 대한 적의 공격을 약화시켜" 주력군을 보호하기 위한 것을 꼽고, 그 방법으로는 반미투쟁과 민주화투쟁을 내세워 여기에 동조하는 세력을 공산주의자가 아니라 하더라도 통일전선에 묶는 방법을 제시하고 있다.

통일전선전략과 관련하여 김일성은 유심론적인 종교를 믿는 사람도 포함시킬 만큼 모든 동원 가능한 대상을 상대로 할 것을 지시하고 '하층 통일전선'에 역점을 두되 하층 통일전선 사업의 환경조성을 위해 '상층 통일전선' 구축에도 게을리 하지 말 것을 강조하고 있다. 여기서 '하층 통일전선'이란 행동을 함께한 각계각층 군중의 연합을 의미하며 '상층 통일전선'이란 '지배정당 안에 있는 일부 진보적 인사'들과 '중간당들의 상층부'와의 연합을 의미하는데 그 목표를 친북투쟁의 자유를 확보할 수 있도록 국가보안법 폐지 등 한국 내의 여러 제도를 개선하는 데 두고 있다.

투쟁방법에 대해서는 폭력투쟁을 기본으로 하되 그 과정에서 필요에 따라 합법투쟁-비합법투쟁, 폭력투쟁과 비폭력투쟁, 작은 규모의 투쟁과 큰 규모의 투쟁을 배합하도록 하고 있다. 김일성은 "결정적 투쟁에서는 오직 폭력적 방법에 의해서만 승리할 수 있다"고 강조하면서 "인류역사는 아직 어떤 통치계급이 자기의 지배권을 순순히 양보한 일을 알지 못하며 어떤 반동계급이 반혁명적 폭력을 쓰지 않고 공손히 정권에서 물러선 선례를 알

---

4) 허종호, 『주체사상에 기초한 남조선혁명과 조국통일리론』(평양: 사회과학출판사, 1975).

지 못한다"고 덧붙이고 있다.[5]

한국 내에서 통일전선 사업은 반미투쟁과 정치 민주화투쟁에 역점을 둘 것을 강조하고 모든 투쟁의 목표를 정치투쟁을 통한 정권탈취에 두도록 전략목표를 분명히 하고 있다. 그리고 투쟁의 계급성을 강조하기 위하여 경제 투쟁도 함께 추진하도록 하고 있다.[6]

북한의 대남전략체계의 핵심은 미국 간섭의 배제와 한국 내에서의 민주 투쟁 및 계급투쟁을 통한 정치투쟁이고 그 방법에서는 미국과의 끈질긴 협상과 한국 내에서의 성공적인 통일전선 사업전개라 할 수 있다.

북한의 대남 통일전략체계를 간략히 정리하면 다음과 같다.[7]

(1) 최종목표
남반부의 해방과 혁명완성
① 미제국주의자의 강점에서 남반부를 해방(민족해방의 완성)
② 인민계급의 해방(인민민주주의 혁명의 완성)

(2) 성취방법
무력해방과 남반부 내에서의 인민민주혁명의 배합
① 전체 조선인민을 대표하는 공화국정부가 무력으로 미점령군 타도
② 남반부 인민에 의한 인민민주혁명 지원

(3) 3대 혁명역량
세 가지 역량의 강화로 혁명완성

5) 『김일성 저작선집』 제5권, p.243.
6) 허종호, 앞의 책, pp.127-182 참조. 여기서 북한은 한국사회 내부구성을 분석하고 어떻게 전술적으로 접근해야 할지에 대하여 상세히 밝히고 있다.
7) 북한전략체계에 대한 좀더 상세한 해설은 다음 글에서 볼 것. 허종호, 앞의 책, 및 이상우, 『한국의 안보환경』 제2집(서울: 서강대출판부, 1986)의 제26장 "북한평화공세의 주제와 본질," pp.453-467.

① 혁명기지로서의 북반부의 정치, 경제, 군사 역량
② 남조선인민의 혁명역량
③ 외부에서 지원을 해줄 국제혁명역량(사회주의 동맹국)

(4) 주적(主敵)

미국 및 친미세력을 주적으로 삼아 민족해방노력으로 모든 투쟁 유도
① 미제국주의 점령군
② 남반부의 반동 세력

(5) 남반부 혁명전략

혁명요소의 구축 및 지원
① 주력군: 노동자, 농민에 뿌리를 둔 지하혁명정당 조직, 육성
② 보조군: 청년학생 포섭
③ 주공방향: 민족해방(NL)과 민주투쟁(PD) 중 필요에 따라 선택
④ 수행방법: 통일전선전략

(6) 통일전선전략

폭넓은 통일전선 구축으로 남한정부 고립화
① 민족주의를 앞세운 반미투쟁 전개로 모든 계급 망라한 연합전선 구축
② 민주투쟁 앞세운 반독재투쟁 전개로 모든 민주세력규합

3. 통일정책 실천기구

북한은 한국을 '외국'으로 보지 않고 북한의 '미해방지구'로 규정하고 있
다. 따라서 외교의 대상이 아니므로 외무성에서 다루지 않는다. 북한은 남
반부해방을 위한 여러 사업을 공작적 차원에서 다루기 위하여 필요한 기구
들을 만들어 운영하여 왔다.

북한은 그동안 대남사업은 조선로동당 중앙위 산하의 통일전선부가 중심이 되어 실시해 왔다.

1978년에 창설된 **통일전선부**는 대남공작, 남북대화사업 및 각종 대남협력사업을 총괄해 왔다. 이 부에 직접침투과, 남북회담과, 해외담당과 및 조국통일연구원을 두었다. 그리고 외곽단체로 '조국통일민주주의전체', '조국평화통일위원회(조평통) (2016년 개헌으로 정부 내 국무위원회 산하 조직으로 편입)', '한국민족민주전선(민민전)', '조국통일범민족연합', '조선아시아태평양평화위원회' 및 '민족화해협의회' 등을 두고 다양한 공작을 펴왔다.

대외연락부는 남한 내의 지하당 건설 및 한국의 정당, 사회단체 등에 공작거점을 구축하고 관리하는 임무, 그리고 이러한 임무를 수행할 공작원을 훈련하고 관리하는 임무와 공작원을 파견하는 임무를 수행해 왔다.

35호실은 주로 해외간첩공작, 국제 및 대남 테러공작을 담당해 왔고 해외정보도 수집해 왔다. 국방위원회 산하 정찰총국 제5국이 되었다.

작전부는 남파간첩의 훈련, 호송, 침투로 구축, 침투기지 건설유지업무 등을 담당했다.

금강산관광사업 등 대남교류사업은 통일전선부 산하에 1994년에 창설한 '조선아시아태평양평화위원회'가 담당했고 남북대화는 통일전선부 내의 남북회담과에서 주관했다.

남한사회 내에서 통일전선을 구축하는 사업은 '조국평화통일위원회(조평통)'에서 담당해 왔고 '한국민족민주전선(민민전)'은 남한 내에서 지하당을 만들어 여러 가지 합법단체로 위장하여 활동해 왔다. 이 기구는 1969년에 창설했던 '통일혁명당'을 1985년 7월 27일 새 이름으로 개칭한 것이다.

북한 로동당 비서국이 중점을 두고 실시해온 대남사업은 ① 남한 내의 반정부 세력과 좌익 동조세력의 활동지원, ② 남한 내에 지하당을 구축하고 이 당을 혁명참모부로 하여 여러 반정부단체와 통일전선을 형성하는 일, ③ 남한 민중을 의식화시켜 혁명의 주력군과 보조군으로 조직편성하는 일, ④ 남한 정부 내의 공안기구, 우익단체 등 혁명에 장애가 되는 세력을 제거하는 일 등이었다.

2000년대에 들어서면서 북한은 대남사업을 강화하기 위하여 정부 내에도 대남사업기구들을 만들었다. 국방위원회 산하의 국가안전보위부에 '반탐국'과 '대외정보국'을 두고 남한의 대공기구 내에 침투하여 공안 기능을 마비시키고 대공수사 관련 정보를 획득하는 사업을 시작하였고 인민보안부는 북한 내의 반체제 세력과 탈북자를 색출 타격하는 기구를 두고 독자적으로 사업을 실시해 왔다.

북한은 2009년 2월 대남사업 중에서 로동당 대외연락부가 담당하던 남한 내 지하당 구축사업, 정당·사회단체 내에 공작 거점을 구축하는 사업 등을 내각으로 이관했었다. 대외연락부가 내각 내의 225국으로 개편되었었다. 그러나 김정은 권력승계 이후 2013년 10월에 다시 원래의 로동당 대외연락부로 환원했다는 설이 있다.

김정은체제가 자리 잡히면서 대남사업기구는 당과 내각 위에 군림하게 된 국무위원회가 총괄지휘하는 구조로 바뀌었다. 새로 정비된 당과 정부 내의 대남사업기구는 다음과 같다.

(1) 국무위원회 산하의 정찰총국

3개의 국으로 편성되어 있다. 인민군사령부의 한 조직이나 당과 연합하여 작전한다. 2009년 2월 당의 작전부와 35호실을 흡수하여 대남사업, 공작의 중심기관으로 되었다. 2016년 정부조직 개편 후의 구조는 아직 밝혀지지 않고 있다.

- 제1국: 작전국
  남한에 침투할 공작원에 대한 기본 교육, 훈련, 호송, 안내복귀, 대남 테러공작, 대남 침투로 개척 등의 임무를 담당
- 제2국: 정찰국
  무장공작원 양성침투, 요인암살, 산업시설 파괴, 납치, 게릴라 활동, 군사정보수집, 무장정찰 등의 임무수행
- 제5국: 이전의 로동당 비서국 35호실

대남-해외 정보수집, 대남-해외 간첩공작, 국제 및 대남 테러전담기구.
35호실 때 최은희납치, 대한항공 여객기 858기를 폭파했다.
해외정보국이라고도 한다.

(2) 로동당 통일전선부
당정무국에 남아 있는 가장 오래된 대남사업기구로 주로 공개된 사업을
담당한다. 남북회담 및 남북교류, 해외교민과 외국인 포섭공작, 대남 심리
전, 남한자료 분석, 범민련과 범청학련 등 남한 내의 좌익조직 지도 등을
담당하고 있다.

(3) 225국: 로동당 옛 비서국의 대외교류국의 후신
정부 내의 대남공작 주무부서로 공작원 밀봉교육, 남한 내 지하당 구축
및 해외공작을 주요 임무로 한다. 남한 내의 지역담당 조직관리, 남한 사회
지도층 대상 공작, 해외교포 관리, 공작자금 조달을 위한 위장 무역회사 운
영 등을 담당하고 있으며 남한 내의 좌익세력을 포섭하고 지원하며 남한사
회 내의 갈등을 조장하고 사회 교란을 유도하며 '남조선혁명의 주력군' 양성
공작에 주력한다. 이 225국은 원래 당의 사회문화부였으나 2009년 정찰총
국으로 이관되었었는데 2013년 10월에 다시 로동당 통일전선부 산하 대외
연락부로 환원되었다고 한다.

4. 통일정책 전개

북한은 대남전략을 추진하는 정책으로 국제적으로는 미국과의 협상을,
그리고 국내적으로는 통일전선전략 실천의 방안으로 내세운 '고려민주연방
제'의 꾸준한 추진 등 두 가지를 내세우고 있다. 미국과의 협상은 미국의
"2개 한국(Two Koreas) 정책"을 이용하는 데 초점을 맞추고 있고 한국 내에
서는 진보적 인사들과 군중을 대상으로 '고려민주연방제'를 설득시키는 데

노력을 집중하고 있다.

냉전 종식 후 미국은 동북아에서 미국 주도의 평화질서를 구축하는 것을 정책기조로 삼고 있다. 미국은 일본, 중국, 러시아와의 협조관계를 굳혀 가면서 동북아에 미국이 균형자(balancer)가 되는 '균형자형 세력균형 체제'를 구축하려고 노력하고 있다. 그런 정책적 맥락에서 '한반도의 안정'을 추구하고 있다. '한반도의 안정'이란 곧 현재의 분단상태를 고착화하는 것인데 그렇게 하려면 미국은 북한과의 관계도 정상화할 필요가 있다. 남북한 양측 모두가 미국에 의존하는 상태라야 미국이 주도하는 '균형을 바탕으로 하는 안정'을 유지할 수 있기 때문이다. 북한은 미국이 북한에 개입하여 관계를 확대해 나가는 정책을 펴리라고 판단하고 있다. 북한은 미국이 참여와 확대 전략(engagement & enlargement policy)을 한반도에 적용하리라고 생각하기 때문이다.

북한은 미국의 의도에 편승하여 미국과의 관계개선에 최선을 다하고 있다. 그리고 대미 협상과정에서 어떤 형태든지 '조선은 하나'라는 것을 미국이 수용하게 유도함으로써 북한정권이 정통성 경쟁에서 한국 위에 설 수 있도록 하려고 하고 있다. 그래서 북한은 한국을 배제한 미국과의 단독협상을 끈질기게 요구하고 있는 것이다. 그리고 미국이 이러한 협상을 피할 수 없도록 여러 가지 상황을 만들어 내고 있다. 핵 위협, 장거리 유도탄 개발 위협, 휴전선에서의 충돌, 식량위기 조성 등도 모두 이러한 전략의 일부라고 보면 된다.

한국 내에서의 호응세력을 확보하여 통일전선에 참여시킬 목적으로 내세운 통일방안이 이른바 '고려민주연방제' 안이다. 북한은 1960년에 과도적 조치로 남북한의 현존 정부를 그대로 인정하고 각각의 체제도 서로 존중하는 '고려연방'을 만들 것을 제시하였다. 이 안은 두 가지 목적을 가진 것이었다. 하나는 통일보다 평화에 더 관심을 가진 한국 국민들에게 남북평화공존을 보장하여 줌으로써 한국 국민의 호응을 얻고자 하는 것이고 또 하나의 목적은 상층 통일전선의 실천을 용이하게 하자는 것이다. 하나의 초국가적인 틀을 씌워 놓고 한국 정부가 반북한(反北韓) 정책을 쓰지 못하게 함으로써 한

국 내에서의 친북한 정치투쟁을 합법적으로 전개할 수 있는 여건을 만들어
내자는 것이었다.

북한은 1980년 10월 10일에 열렸던 조선로동당 제6차 전당대회에서 종
전의 연방제 안을 진일보시킨 '고려민주연방공화국 창립 방안'을 제시하였
다. 그 목적은 그전과 같으나 이번에는 '과도적 조치'가 아닌 '최종적 통일
형태'로 제시하였다는 점이 다르다. 이 안은 전 세계적인 평화공존 분위기를
반영한 것으로 북한이 현상타파를 의미하는 통일을 포기하고 한국과 평화공
존하려 한다는 인상을 주기 위해 마련한 것이다. 이런 목적에서 북한은 국
제사회에서 평화지향적인 국가라는 것을 보여주기 위해 고려민주연방을 영
문 표기에서 고의로 '연방'을 뜻하는 federation을 피하고 confederation 즉
'국가연합'으로 해석될 수 있는 단어를 쓰고 있다. 한국어를 모르는 외국인
들이 보면 북한은 한국과의 통일을 포기하고 평화공존하려 한다고 생각할
수 있을 것이다. The Democratic Confederal Republic of Koryo가 북한
이 사용하는 고려민주연방공화국의 영문명이다. 한국어 명칭에서 '연방'을
사용한 저의는 한국민에 대하여 "통일지향적"임을 강조하기 위한 것이다. '연
방'은 단일국가나 '국가연합'은 복수 주권국가이다. 구주 연합(EU) 내의 주
권국가처럼 남북한이 모두 그대로 주권국가로 남는다는 의미가 된다.

'고려민주연방안'은 그 내용에 연방적인 성격과 국가연합적인 성격의 특
성들을 모두 담고 있어 상호모순을 일으키고 있으나 이렇게 상호모순적인
내용을 열거한 것도 북한의 고의로 해석된다. 예를 들어, 남북한 정부의 주
권과 연방정부의 정치, 외교, 군사정책 결정권은 양립이 되지 않는다. 또한
두 개의 체제를 그대로 두고는 하나의 헌법을 만들 수 없음은 상식이다.
북한은 고의로 '고려민주연방공화국'을 "두 개의 머리가 달린 용(龍)"으로 만
들었다고밖에 생각할 수 없다. 북한은 한국을 압도하여 통일을 주도할 수
있게 되면 이 안(案)에서 연방적 성격을 강조하여 "통일안"으로 활용하고 반
대로 세가 불리하여 북한만이라도 지켜야 할 상태가 되면 국가연합적 성격
을 강조함으로써 평화공존 체제의 안(案)으로 변환시켜 '북한 지키기'를 위한
안으로 쓰려는 뜻이 담긴 것으로 보인다.

1990년대에 들어서면서 국력에서나 국제사회 내에서의 지위에서 북한은 한국에 대하여 수세적 입장에 서게 되었다. 이에 따라 북한 정부당국은 '고려민주연방공화국안'을 '1민족 1국가 2제도 2정부안'이라고 주장하기 시작하였다. 즉, 남북한 간의 제도통일을 배척하고 '북한체제수호'가 가능한 공존방안으로 재해석하기 시작하였다. 아마도 북한은 북한의 국력이 더 나빠지면 점점 '국가연합'적인 성격을 더 강조하면서 실질적으로 '분단고착화' 방안으로 고쳐가리라고 본다.

5. 김정일 시대의 대남정책

1989년 구소련제국의 붕괴는 북한에게 큰 충격을 주었다. 북한은 1990년대에 들어서면서 적극적 대남정책의 전개보다 우선 북한 체제 수호를 위한 제도적 장치를 마련하는 데 역점을 두고 대남 평화공세를 펴기 시작했으며 1991년에는 북한은 대한민국을 대등한 상대로 인정하고 한국과 '평화공존' 보장을 제도화한 '남북기본합의서'를 체결하였다(〈부록 11-1〉에 원문 수록).

1991년 12월 13일에 대한민국 총리 정원식과 조선민주주의인민공화국 정무원 총리 연형묵이 서명한 「남북사이의 화해와 불가침 및 교류협력에 관한 합의서」(보통 '기본합의서'라 부른다)는 남북분단 후 최초로 맺은 남북한 정부 간의 조약이다. 이 합의서에서 처음으로 북한은 남한과 서로 '상대방의 체제를 인정하고 존중한다(제1조)'고 약속했으며 '남과 북은 상대방을 파괴, 전복하려는 일체 행위를 하지 아니 한다(제4조)'고 약속하고 '남과 북은 상대방에 대하여 무력을 사용하지 않으며 상대방을 무력으로 침략하지 아니 한다(제9조)'고 불가침도 합의했다. 뿐만 아니라 '1953년 7월 27일자 군사정전에 관한 협정에 규정된 군사분계선과 지금까지 쌍방이 관할하여 온 구역(NLL을 상정한 것임)'의 존중도 존중하기로 했다(제11조). 그 밖에 남북 상호 왕래, 이산가족 상호 방문, 통신도 합의했고 남북 군사분과위원회, 교류협력위원회를 설치하여 구체적 협력을 해나갈 것을 합의했다.

그러나 북한은 이 합의를 지키지 않았다. 약속한 위원회를 몇 차례 연 이후는 기본합의서의 존재 자체를 되도록 거론하지 않으려 하고 있다. 한국에 대북 유화적 정부가 들어선 이후에는 북한이 더 유리하게 대남 관계를 제도화 할 수 있으리라는 기대를 갖게 되었기 때문이다.

북한의 통일정책이 힘을 얻게 된 것은 1998년에 한국에 김대중 정부가 들어서서부터이다. 김대중 정부의 통일정책이 바로 '국가연합'을 거쳐 연방제로 나아가자는 것이었으므로 북한은 김대중 정부의 안을 북한의 통일정책 수용으로 보고 이를 제도화하기로 결정하였다. 북한은 이러한 결정을 2000년 6월 13일~15일 평양에서 열린 김대중 대통령과 북한의 김정일 국방위원장 간의 '정상회담'에서 서명한 「6·15남북공동선언」으로 묶었다(〈부록 11〉, 2) 참조). 이 공동선언 제2조는 "남과 북은 나라의 통일을 위한 남측의 연합제안과 북측의 낮은 단계의 연방제안이 서로 공통성이 있다고 인정하고 앞으로 이 방향에서 통일을 지향시켜 나가기로 하였다"고 밝혔다. 그해 10월 6일에 열린 '고려민주연방공화국 창립방안' 제시 20주년 기념보고회에서 북한의 안경호 조국평화통일위원회 서기국장은 이 합의의 의의를 다음과 같이 밝혔다.

"낮은 단계의 연방제안은 하나의 민족, 하나의 국가, 두개 제도, 두개 정부의 원칙에 기초하되 북과 남에 존재하는 두개 정부가 정치, 군사, 외교권을 비롯한 현재의 기능과 권한을 그대로 가지게 하고 그 위에 민족통일기구를 내오는 방법으로 북남관계를 민족 공동의 이익에 맞게 통일적으로 조정해 나가는 것을 기본 내용으로 하고 있습니다."

즉 이 합의는 북한이 내세운 '1민족, 1국가, 2제도, 2정부' 형태의 연방제를 한국이 수용한 것으로 확인하는 문서라고 못 박았다. 북한의 '1민족, 1국가, 2제도'의 주장은 중국이 홍콩과 대만을 흡수하기 위한 방식으로 제시하고 있는 '1국양제(一國兩制)'와 같은 것이다. 홍콩과 대만이 중국 내의 한 지분방(支分邦)으로 들어오고 대신 일정 기간 중국 중앙정부가 홍콩과 대만의 자치체제, 경제 자율성 등을 보장해주겠다는 것을 약속함으로써 비폭력적으로 통일을 이루겠다는 구상이다. 홍콩은 이 원칙에 따라 중국이 접수했고

대만에 대해서는 이 원칙의 수락을 강요하고 있다. 북한도 북한이 지배하게
될 고려연방국 내의 지분방이 될 '대한민국'에게 잠정적인 자치권과 경제자
율성을 부여할 수 있다는 조건으로 '고려연방제'를 강력히 추진했다.

북한은 「6·15공동선언」 합의를 바탕으로 남북한 간에 장관급회담, 경제,
군사, 체육 등 각 분야별로 접촉을 강화하고 2002년 10월에는 경제 사절단
도 한국에 보냈다. 「6·15공동선언」에 뒤이은 남북교류 활성화로 북한은 하
층 통일전선전개를 위한 합법적 조직사업을 성공적으로 전개하여 드디어 한
국 내에서 '친북세력'의 합법화의 길을 열었다. 또한 한국으로부터 대규모의
경제지원을 받아냈다. 북한은 2000년 이래 매년 쌀 40만 톤, 옥수수 10만
톤 규모의 식량을 한국에서 받아냈다. 2000년에서 2005년 사이에만 총 200
만 톤의 식량을 확보했다. 비료도 매년 30만 톤 기준으로 지원받았으며 식
량지원 총량은 1999년부터 2007년 사이에 255만 5천 톤, 가격으로 7,872억
원어치다.

2003년 한국에 노무현 정부가 들어서면서 남북관계는 훨씬 더 밀접해졌
다. 2003년 6월 30일에 개성에 한국이 지원하는 개성공업단지를 건설하는
건설공사에 착공하여 2004년 12월 첫 상품을 생산한 이후 8년이 지난 2012
년까지 연간 생산액 1억 달러를 달성했으며 2012년 기준 북측 근로자
53,000명이 총 123개 기업체에서 근무했다. 그리고 남북교역(거의 전부 대북
지원)액도 비약적으로 증가하여 김대중 정부 때의 교역액(1998년 2억 2천2백
만 달러~2002년 6억 4천2백만 달러)의 2배 이상(2003년 7억 2천4백만 달러~2006
년 13억 4천9백만 달러)으로 늘어났다. 2012년 기준 남북교역액 총 규모는
반입 10억 달러, 반출 약 9억 달러 정도였다.

남북한관계는 노무현 정부의 말기인 2007년 10월 4일 노무현 대통령의
평양방문과 노무현-김정일 간의 「10·4공동선언」(〈부록 11〉, 3) 참조)으로
더욱 밀접해졌다. 이 선언으로 2000년에 체결한 「6·15공동선언」을 재차
확인하고 남북협력을 한층 더 강화할 수 있는 길을 열어 놓았다. 북한으로
서는 대남정책의 성과를 자부할 만하다.

북한은 지금까지 거둔 대남 '개입확대전략'을 기초로 김일성 탄생 100주

년이 되는 2012년까지 '전조선의 혁명'을 뜻하는 '주체혁명의 종국적 승리'를 이룰 것을 다짐했었다. 북한은 2008년 1월 1일의 '신년공동사설'에서 이러한 목표를 확인하고 한국 내의 진보개혁세력(6·15와 10·4 지지세력)과의 협력으로 이 목표를 달성하기 위한 결의를 다짐했었다.

2007년 10월 4일 평양에서 발표된 노무현 대통령과 김정일 국방위원장 간의 "남북관계 발전과 평화번영을 위한 선언"은 우선 '6·15공동선언'의 고수를 합의하고(제1조), 나아가서 "남과 북은 사상과 제도의 차이를 초월하여 남북관계를 상호 존중과 신뢰 관계로 확고히 전환시켜 나가기로" 하였다(제2조). 이 합의 내용은 그동안 북한이 끈질기게 추구해오던 '1민족 1국가 양제도'의 연방제에 근접한 것이다.

북한의 대남정책의 진전은 그러나 두 달 뒤에 치러진 한국의 대통령선거에서 대북 유화정책을 펴오던 집권당 '열린우리당' 후보가 참패하고 보수노선을 추구하는 한나라당의 이명박 후보가 대통령으로 당선됨으로써 큰 타격을 입게 되었다. 2008년 2월 25일 취임한 이명박 대통령은 취임과 동시에 '10·4공동선언'을 재검토하겠다고 선언하고 새로운 대북정책의 기조를 '실용주의'로 할 것임을 밝혔다. 그리고 '북한이 핵무기를 포기하고 개방하면 북한주민의 연간소득을 3,000달러가 되도록 돕겠다'는 '비핵 개방 3000' 구상을 공표했다.

이명박 정부는 ① 비핵 평화, ② 북한 개방, ③ 경제공동체 형성, ④ 북한주민의 삶의 질 향상, 및 ⑤ 북한 인권개선을 5대 목표로 하고, ① 보편가치, ② 상호주의, ③ 국제협력, ④ 국민합의를 원칙으로 대북정책을 전개하겠다고 선언하였다.

이러한 이명박 정부의 대북정책으로 연방제를 앞세운 북한의 대남정책은 더 진전되지 못했다. 북한은 한국 정부를 압박하기 위하여 군사위협을 강화하는 방향으로 정책을 전환하여 2009년 4월 장거리미사일을 발사하고 그동안 중지했던 핵폐연료봉 재처리 작업을 재개하는가 하면 5월 25일에는 2차 핵실험을 강행하였다.

북한은 2010년에 들어서서 위협 수위를 높였다. 3월 26일에는 백령도 부근 해상을 초계하던 한국 해군의 초계함 '천안함'을 잠수함 어뢰공격으로 격침시켰으며 11월 23일에는 연평도에 포격을 가하여 큰 피해를 입혔다.

북한의 이러한 압박 수단은 한국의 대북 강경정책을 불러 왔으며 한국 정부는 국제연합 안전보장이사회의 대북제재 결의에 따라 대북 경제지원을 모두 중단했다. 이명박 정부는 북한의 위협에 대하여 2010년 5월 24일 〈5·24조치〉를 발표하고 대북 경제지원을 모두 중단했다. 그리고 북한의 군사위협에 대응하여 선제적 공격(preemptive strike)을 포함한 적극 대응전략 (proactive deterrence strategy)을 기조로 하는 전력정비에 착수하였다.

김정일은 남북한관계가 가장 긴장된 때인 2011년 12월에 사망하였다.

2013년 박근혜 정부가 출범한 후에도 남북한 간의 냉각된 관계가 지속되어 북한의 연방제를 내세운 '상층통일전선전략'은 펼쳐 볼 수 없게 되었다. 박근혜 정부의 '신뢰프로세스'라는 대북정책 원칙은 "북한이 공존에 대한 진정성 있는 의사를 표하면 적극적인 경제지원을 재개함은 물론, 진지하게 관계개선 협의를 시작한다"는 것이어서 북한은 군사위협만으로는 그들의 통일방안을 한국에 강요하지 못하고 있다. 한국은 북한이 핵포기에 대한 진정성 있는 의사를 보여야만 북한 포용정책을 펴려하고 북한은 '핵·경제 병진정책'을 고수하고 있어 남북한관계는 긴장된 상태를 지속하게 되었다.

북한의 대남정책은 2017년 선거에서 보수적이던 박근혜 정부가 붕괴되고 진보적인 문재인 정부가 들어서면서 다시 조정되리라 예상된다.

6. 김정은 정권의 과제

김정은 정권은 남북한관계가 대결 상태에 있을 때 출발하였다. 김정은 정권은 출범과 동시에 군사도발의 수위를 높였다. 2012년 4월 13일 장거리 미사일 〈광명성 3호〉 발사실험을 실시하였고 서해의 NLL 부근에서 고속정 월경 침범을 수시로 감행하고 2013년 2월 12일에는 함경북도 길주군 풍계리에서 제3차 핵실험을 실시하였다. 이어서 3월 5일에는 인민군 정찰총국장

명의로 휴전협정 무효화를 선언하였다. 그리고 개성공단 출입을 통제하였다. 북한은 핵실험을 규탄하는 3월 7일자 국제연합 안전보장이사회 제재결의안 제2094호 채택에 반발하여 전쟁불사를 선언하기도 하였다.

김정은 정권은 2013년 2월에 출범한 박근혜 정부에 대해서도 적대적 언동을 계속하고 있다. 북한의 진정성 있는 대화 제의에는 적극적으로 응하나 어떤 군사도발에도 강경대응하겠다는 박근혜 대통령의 단호한 대북 자세에 대하여 김정은 정권은 과거 어느 때보다 강도 높은 비난을 하고 있으며 한국사회 내의 북한정권 동조 조직을 앞세운 반정부 투쟁을 강화하고 있다.

김정은 정권이 대남정책 영역에서 택할 수 있는 선택은 많지 않다. 한미동맹이 강화되고 미국의 아시아 중시 정책에 따라 한국전쟁 재발 시에 미군이 적극적으로 참전할 것이 분명한 상태에서 재래식 전력에서 북한군을 압도하는 무장을 갖춘 한국에 전면전을 펼 수는 없다.

김정은 정권의 대남 정치전은 2017년 한국에 진보적인 문재인 정부가 들어서면서 새로운 전기를 맞고 있다. 2007년 대통령선거에서 보수적인 이명박 정부가 들어서고 다시 2012년 선거에서 보수적인 박근혜 정부가 이명박 정부의 보수적인 대북정책을 승계하면서 북한은 9년 동안 대남 정치전 전개에 어려움을 겪었다. 그러나 2017년 박근혜 대통령이 탄핵으로 물러나고 노무현 정부의 대북정책을 주도하던 문재인 대통령 정부가 탄생하면서 북한은 대남 정치전에서 새로운 전기를 맞이하게 되었다. 그동안 무시되었던 6·15선언이 다시 빛을 보게 됨에 따라 남북한 정부 간의 협조체제가 구축되리라 전망되며 이에 따라 북한정권은 새롭게 대남 정치전을 전개할 수 있게 되었다.

그러나 북한정권의 대남 정치전은 순탄하게 전개되리라고는 생각하기 어렵다. 북한의 핵무장에 대한 국제사회의 제재 의지가 강하고 한국 내에서도 많은 국민들이 북한의 핵위협에 대한 거부감을 갖고 있어 정부의 대북 유화정책에 저항하고 있기 때문이다.

결국 북한 정부는 군사적 압박 정책을 버리고 한국과의 평화공존을 수용할 수밖에 없으리라 예상된다. 군사적 해결을 기대하기 어렵고, 국내 경제사정이 계속 악화되면서 정권의 안전한 유지를 보장할 수 있는 유일의 길이 한국과의 협력체제를 구축하는 길만이 남게 되기 때문이다.

김정은 정권이 선택할 수 있는 정책은 한국과의 공존을 제도화하여 북한의 안전을 확보하는 것이다. 1991년의 〈남북기본합의서〉로 되돌아가서 남북 공존을 제도화하고 교류협력의 길을 열어 한국으로부터 원조를 얻어서 경제를 재건하는 것이 가장 현실적인 선택이 되리라 생각된다. 이러한 협력적 공존체제가 구축되면 북한은 서서히 국력을 키우며 한편으로는 한국사회 내에서 정치전을 강화하여 기회가 올 때 비군사적 방법에 의한 통일을 기대해 볼 수 있기 때문이다.

김정은 정권이 대남 유화정책을 펴기 위해서는 선군정치를 이끌어오던 인민군의 지휘부를 설득할 수 있는 정치적 지도력을 갖추어야 한다.

【참고문헌】

남만권 편. 『북한군사체제: 평가와 전망』. 서울: 한국국방연구원, 2006.
남만권. 『2006-2010 북한의 전략적 선택』. 서울: 한국국방연구원, 2007.
대통령자문 21세기위원회 편. 『2000년에 열리는 통일시대』. 서울: 동아일보사, 1993.
서명구 등 공저. 『알기 쉬운 남북관계지식』. 서울: 기파랑, 2011.
양영식. 『통일정책론』. 제10장 "북한의 통일전략론." pp.512-599. 서울: 박영사, 1997.
양호민 외 공저. 『남과 북 어떻게 하나가 되나』. 서울: 나남, 1992.
이도형 외 공저. 『북한의 대남전략 해부』. 서울: 남북문제연구소, 1994.
이상우. 『통일한국의 모색』. 서울: 박영사, 1987.
_____. 『함께 사는 통일』. 서울: 나남, 1995.
정규섭. 『김정일체제의 대남정책 전망』. 서울: 민족통일연구원, 1994.

통일부. 『북한개요 2008』. 2007.

_____. 『2009 통일백서』. 서울, 2009.

통일부 통일교육원. 『2013 통일문제이해』. 서울, 2013.

허종호. 『주체사상에 기초한 남조선 혁명과 조국통일리론』. 평양: 사회과학출판사, 1975.

북한체제는 국가가 개인의 모든 생활영역을 통제-관리하는 전체주의체제이다. 이 체제는 종교교리화한 주체사상으로 인민을 교화하여 체제에 순응하게 만드는 이념차원의 장치와, 지배계층이 모든 인민들을 조직적으로 통제할 수 있는 정교한 사회통제장치로 안정성을 유지하고 있다.

북한체제는 국제적 고립 속에서만 유지할 수 있는 내부 통제장치로 지속되는 체제인데, 이러한 국제적 고립은 북한의 체제능력, 특히 경제적 기반을 붕괴시키고 있어 북한은 지금 심각한 체제위기를 맞고 있다. 지배계층은 특권을 향유하는 대가로 체제수호를 위한 통제행위에 헌신하고 있는데, 만약 지배계층에 대한 경제적 특혜가 베풀어질 수 없게 되면 통제장치 자체가 붕괴될 수도 있기 때문이다.

북한은 현재 경제재건에 필요한 경제적 지원을 외부에서 확보하기 위하여 '선택적 개방'을 시도하고 있다. 즉 사회는 개방하지 않고 국가 대 국가 간의 협조체제만을 구축하여 한국과 미국, 일본 등 서방선진국으로부터 지원을 받아내려 하고 있다. 김정은체제는 중국의 '덩샤오핑 개혁'에 맞먹는 과감한 개혁을 준비하고 있다. 그러나 아직도 개방에 소극적이어서 개혁 성공은 미지수이다.

북한의 개혁 노력은 부분적으로 성과를 거두어 왔다. 미국 등은 한동안 북한사회 내에서의 인권향상 등의 문제보다는 지역평화 질서유지를 위한 북한과의 관계개선에 더 큰 관심을 쏟고 북한에 대한 개혁 요구를 유보한 채 '북한 살리기'로 기울어지고 있다. 이러한 강대국 정책에 편승하여 북한은 강력한 인민통제장치를 유지하면서 필요한 외부지원을 얻어 '우리식 사회주의' 노선을 펼쳐나가려는 목표를 지향한다. 그러한 목적을 위해 김정은 정권은 통제된 시장경제체제 도입, 경제특구를 통한 대외 개방을 모색하고 있다.

그러나 '우리식 사회주의'를 고수하며 강성대국을 건설하겠다는 북한의 구상은 인권문제에 대한 점증하는 국제사회의 압박으로 그 실현이 점점 어려워지고 있다. 왜냐하면 인권문제는 곧 체제문제이기 때문이다. 즉, 북한은 국제사회가 요구하는 인권 기준을 체제개혁 없이 맞추어 나갈 수 없어 '고립된 주체국가'로 남을 것인지, 혹은 체제개혁의 결단을 내려야할지의 기로에 서게 되었다.

북한은 앞으로 체제개혁을 하려 할 것인가? 1인 지배 1당 통치의 전체주의 정치체제는 개혁하지 않을 것이다. 다만 경제발전을 이루기 위하여 제한적이나마 현재의 경직된 사회주의 경제체제를 부분적으로 고쳐나갈 가능성은 있어 보인다.

이 책의 마지막 제4부에서는 이제까지의 해설을 토대로 하여 북한체제의 안정성(제13장)과 체제변화 방향(제14장)에 대하여 살펴본다.

김정은체제의 안정성

　정치체제의 지구력은 체제질서를 구성하고 있는 4대 기본요소가 내외환경 속에서 지속적 기능을 할 수 있을 때까지 지속된다. 정치체제는 체제구성원의 지지를 얻어낼 수 있는 기본이념, 구성원의 행위를 규제하는 규범체계, 규범의 준수를 보장하는 힘, 그리고 이러한 체제의 각종기능을 수행하는 조직 등 네 가지로 구성된다. 이 네 가지 요소가 모두 임계범위 내에서 작동할 수 있다면 체제는 변화하지 않는다. 다만 '진화(進化)'할 뿐이다.

　북한의 정치체제가 1990년대부터 시작된 '체제위기'를 극복할 수 있는가에 대하여 많은 논의가 있어 왔다. 북한체제는 불가역적 변화(irrevocable change)가 불가능하다고 보는 비관적인 견해가 1997년경부터 보편화되었으나 2011년 김정은으로의 3대 세습이 큰 무리 없이 이루어진 이후에는 시간이 걸리겠지만 북한은 정상을 회복하고 장기간 체제유지를 할 것이라는 전망이 다시 지배적으로 되어가고 있다.[1] 비관론의 근거는 재생불능의 경제였는데 1999년경부터 중국, 미국, 일본 등이 '북한 살리기'를 시작함으로써 낙관론으로 전환되고 있다. 그러나 이러한 '북한 살리기'는 제한적인 것이어서 근본적인 해결은 되지 못하리라 여겨진다.

1. 체제요소별 지구력 평가

북한체제의 지구력을 체제이념, 규범체계, 규범 실천을 위한 힘, 그리고 통제조직이라는 4가지 요소별로 점검해 보기로 한다.

1) 체제이념

북한은 종교집단에 비할 수 있을 만큼 철저히 '이념'으로 다져진 정치체제를 운영하고 있다. 김일성 주체사상은 북한사회의 모든 영역을 지배하는 포괄적인 지배이념으로 헌법에서 이를 규정하고 있다. 2016년 6월 29일에 개정보완한 〈사회주의 헌법〉은 서문 첫머리에서 "조선민주주의 인민공화국은 위대한 김일성 동지와 김정일 동지의 사상과 영도를 구현한 주체의 사회주의 조국이다"라고 선언하고 제3조에서는 "조선민주주의 인민공화국은 ······ 주체사상, 선군사상을 자기 활동의 지도적 지침으로 삼는다"고 밝히고 있다.

---

1) 김정은 정권의 잔존가능성에 긍정적 평가를 하는 학자들이 제시하는 근거는 ① 김정은이 이념, 경제, 정치, 군사영역에서의 그의 권력을 확고히 했으며, ② 김정은에 도전할 어떠한 집단도 존재하지 않고, ③ 북한의 경제, 정치, 군사 위기를 극복할 수 있는 새로운 지도자가 없다는 것 등이다. 이들은 대체로 경제적 어려움만 극복하면 김정은은 정권을 오래 유지할 것이라고 전망하고 있다. 경제적 전망에 대해서는 김정은 정권이 경제개혁의지만 가지게 된다면 경제재건이 가능하리라고 보고 있다. 경제 개혁이 필요한 영역으로는 ① 집단농장체제를 자영농업체제로 전환하여 식량문제를 해결하는 개혁, ② 자족경제정책을 타파하여 에너지문제를 극복하고 산업을 정상화시킬 개혁 등이다. Hyung-Chan Kim, "North Korea: A Nation of Tragedy"(Book Review), *Korea & World Affairs*, Vol.23, No.4(Winter 1999), pp.579-589; 그리고 김정은체제의 안정성에 대한 예측에 대해서는 Andei Lankov, *The Real North Korea* (New York: Oxford University Press, 2013)의 "interlude," pp.187-202를 참조할 것.

북한은 지난 70년 동안 김일성을 신격화하는 작업을 계속해 왔으며 김일성의 주체사상을 경전화(經典化)하는 작업을 지속해 왔다. 그 결과로 북한은 조지 오웰(George Owell)의 소설 『1984년』에 나오는 사회와 같은 종교국가로 되었다.[2] 그리고 북한정권은 교도화(敎徒化)된 국민들이 주입된 교리에서 벗어나는 생각을 할 수 없도록 철저하게 북한사회를 외부와 차단해 왔다.

북한정권이 지금과 같은 경전화한 주체교리로 세뇌(洗腦)된 국민을 그대로 관리할 수 있는 한 북한체제는 이념차원에서는 안정성을 지속할 수 있을 것이다. 그러나 시대착오적인 신화(神話)같은 사상체계를 개방된 환경에서 계속 유지할 수는 없을 것이다. 나치즘이 민주화된 독일에서 급속히 소멸하듯이 북한사회가 개방될 때는 이 이념체계는 궤멸하리라 생각한다. 결국 이념체계의 지속성은 북한사회의 폐쇄성과 운명을 같이 한다고 볼 수 있다.

2) 규범체계

북한의 규범체계는 피치자(被治者)의 승복과 동의를 기초로 한 법체계가 아니고 통치조직이 강요한 체계이다. 북한은 형식상 최고인민회의에서 입법절차를 거쳐 법률을 제정하도록 되어 있으나 현실에서는 지배정당인 조선로동당 정치국에서 '지도'를 통하여 모든 규범을 만들어 내고 있다. 이러한 규범체계는 국민들의 법의식(法意識)에 의하여 준수되는 것이 아니고 강압에 의해 준수된다. 따라서 규범의 시행을 강요할 힘과 조직이 허물어지면 규범의 지속력은 없어진다. 규범체계는 질서의 핵심이고 질서는 체제의 생명이다. 만일 규범체계가 무너지면 체제도 무너지게 된다.

북한 규범체계의 안정성, 지속성은 북한정권의 통치체계가 계속 작동할

---

2) Helen-Louise Hunter, *Kim Il-song's North Korea* (New York: Praeger, 1999)의 Stephen J. Solarz의 서문 참조. Solarz는 다음과 같이 쓰고 있다. "… what is one to say of the DPRK? … I would reply by saying that if my interlocutors really wanted to understand the DPRK, they should read the best book ever written about the subject, George Owell's *1984*."

수 있는가에 달려 있다. 만일 북한정권이 강제력 행사능력을 잃게 되면 북
한정치체제는 규범체계의 붕괴로 함께 무너질 수밖에 없다. 이 점이 일반
민주국가와 다르다. 민주국가에서는 군사 쿠데타 등으로 일시적 힘의 공백
이 오더라도 사회질서는 그대로 유지되고 정치체제는 기본형을 그대로 유지
된다. 그러나 북한과 같은 강요된 규범체제로 질서를 유지하는 경우는 근본
적으로 다르다.

3) 힘

질서의 핵심요소는 규범의 실천을 보장하는 힘이다. 힘이 뒷받침되지 않
으면 규범은 임의적인 가치체계로 전락한다. 힘은 시민들의 의사와 관계없
이 시민들이 규범내용을 따르게 하는 영향력을 말한다. 규범이 금지하는 것
을 하지 않고 규범이 할 것을 명하는 것을 그대로 하게 만드는 영향력이
곧 힘이다.

힘에는 세 가지가 있다. 첫째는 규범을 따르지 않을 때 불이익을 줄 수
있는 힘, 즉 강제력(coercive power)이다. 정부가 가진 경찰력, 사법권 등은
이 힘을 대표한다. 둘째는 교환적인 힘(exchange power)이다. 규범준수에
보상을 해 줄 수 있는 힘이다. 시민은 보상을 기대하고 규범을 따르게 된다.
셋째는 권위(authority)이다. 그 규범을 따르라고 시키는 지도자의 도덕적 우
월성을 인정하고 스스로 승복하게 하는 영향력이다. 목사가 신도에 대하여
가지는 권위, 교사가 생도에 대하여 가지는 힘이 그것이다.

북한정치체제는 강제력을 기초로 하는 전제정치체제이다. 일반시민을 규
범에 따르게 하는 힘은 경찰력이 중심이 된다. 북한은 이에 덧붙여 신격화
해놓은 최고지도자의 권위를 부수적으로 활용하고 있다. 그리고 지배계급에
대해서는 물질적 풍요와 높은 사회적 지위를 보장하여 주는 등 특혜로 충성
을 얻어내는 교환적 힘을 쓰고 있다.

북한은 마오쩌둥(毛澤東)이 제시한 인민민주독재(people's democratic dic-
tatorship)를 그대로 수용하고 있다(헌법 제12조). 인민민주독재는 '인민계급

내에서의 민주, 인민계급에 의한 반동계급에 대한 독재'를 의미한다. 통치의 기반인 힘과 연계하여 설명한다면 지배계층 내에서는 교환적 힘을, 그리고 일반 시민에 대해서는 강제력을 주로 쓴다는 원칙을 말하는 것이다.

북한은 그동안 지배계층의 지지와 협조로 정치체제의 안정성을 유지해 왔다. 지배계층에 대해서는 일반시민과 다른 물질적, 정치적 특권을 베풀었으며 이들이 일반시민을 규제하도록 하였기 때문에 이 체제는 안정성을 가질 수 있었다. 지배계층은 체제가 부여하는 특권을 향유하기 위하여 체제유지에 헌신적으로 참여해 왔기 때문이다.

북한체제는 지배계층에 대한 특권을 지속적으로 보장할 수 있는 동안 안정성을 유지할 수 있다. 그러나 경제위기가 장기화하여 지배계층에 대한 충분한 물질적 보상을 할 수 없게 될 때는 시민통제의 기능을 잃게 된다. 지배계층의 협조를 얻지 못하게 되기 때문이다. 북한체제 안정성은 지배계층에 대한 물질적 보상 능력유지와 직결된다.

4) 통제조직

민주주의 국가의 이상은 '작은 정부'이다. 국민의 생활영역에서 모두에게 이익을 주는 최소한의 공공질서만을 정부가 관리하고 그 밖의 영역은 시민 자율에 맡기는 것이 이상이다. 그러나 전체주의국가에서는 시민생활의 거의 모든 영역에 대하여 정부가 통제, 관리한다. 집단이 개인에 우선하는 전체주의 질서에서 공공(公共)이 아닌 것이 없기 때문이다.

북한은 헌법에 "하나는 전체를 위하여, 전체는 하나를 위하여 라는 집단주의 원칙"에 기초하여 공민의 권리와 의무를 정한다고 명시(제63조)하고 있다. 그리고 이러한 집단주의 정신에 따라 시민생활의 거의 모든 영역을 국가가 통제 관리한다.

북한은 전체주의 국가 중에서도 가장 철저하고 완벽한 시민통제 조직을 운영하고 있다. 시민생활통제의 기본틀은 시민을 정부와 당의 조직에 묶는 것이다. 북한 정부는 일반국가에서와 마찬가지로 공공질서를 유지 관리하는 군 및 경찰조직을 가지고 있을 뿐 아니라 개인까지 직접 감시할 수 있는 당조직과 사회단체를 가지고 있다. 또한 소비생활의 기초가 되는 식품 등을 배급하는 배급체계를 운영하고 있으며 시민을 출신성분에 따라 구별하여 관리하는 정교한 체제도 가지고 있다.

일반 공공질서 관리조직으로는 국무위원회 산하의 인민보안성(경찰)과 국가보위성을 가지고 있으며, 당조직으로는 중앙당에서 당원 5~30명으로 조직된 당세포까지 이어지는 일사불란한 위계적 조직이 있어 320만의 당원을 나머지 2천만 주민의 통제요원으로 활용하고 있다. 그리고 당의 외곽단체인 '김일성 사회주의청년동맹', '조선직업총동맹', '조선농업근로자동맹', '조선민주여성동맹', '조선학생위원회' 등을 가지고 있다. 북한 정부는 시민들을 이런 외곽 단체원으로 묶어 통제하고 있다.

북한체제의 안정성은 이러한 시민통제조직에 의존하고 있다고 해도 지나친 말이 아닐 정도로, 적어도 이러한 조직이 제대로 작동하는 한 북한주민들의 불만이 아무리 크다 할지라도 '집단적 저항(group opposition)'은 일어날 수 없다. 1990년대 '고난의 행군' 시기 2천3백만 인구에서 100만 이상의 아사자가 속출하는 경제파탄 상태에서도 북한체제가 안정성을 유지할 수 있었던 것은 주로 이러한 통제조직에 힘입은 것이다.

북한체제의 지속성은 주민통제조직의 유지가능성 여부에 달려 있다. 만일 이러한 통제조직이 조직 내의 요원들의 저항으로 작동하지 못하는 상태가 온다면 북한체제는 붕괴하게 된다.

북한은 1998년 이래 선군정치라는 군지배체제를 도입하여 국가를 운영하여 왔다. 당과 내각만으로 통제가 불가능한 상태에 이르렀다는 것을 말한다. 선군정치는 체제유지의 마지막 수단이다. 체제붕괴가 멀지 않았다는 징후로 보면 된다.

2. 김정은체제 존속과 국제환경

북한체제는 국제사회에서 고립된 상태에서 유지되고 있다. 북한 정부 자체도 국제사회에서 소외되어 있을 뿐만 아니라 정부의 통제로 북한주민은 외부세계와 철저히 차단된 공간에서 살고 있다. 북한주민은 해외여행, 외부 뉴스에 대한 접근, 외부와의 통신 등을 모두 차단당하고 있으며 외부인의 북한여행과 주민접촉도 철저히 차단당하고 있다.

국제사회에서의 고립은 북한체제 안정성유지에 단기적으로는 크게 기여하고 있으나 장기적으로는 오히려 안정성을 깨는 가장 큰 요소로 작용하게 될 것이다. 왜냐하면 북한처럼 작은 나라는 외부세계에서 고립되어서는 자족경제(autarky) 체제운영이 불가능하고 경제가 파탄된 상태에서는 어떤 정치체제도 유지할 수 없게 되기 때문이다.

북한은 북한주민의 의식 속에 깊이 심어 준 김일성 주체사상이라는 유일사상체계를 흔들어 놓을 외부세계로부터의 충격은 계속 차단하면서 북한의 체제능력 향상에 필요한 외부로부터의 경제적 지원을 확보할 수 있는 '선택적 개방'을 추진하고 있다. 1998년 김정일체제 출범 이후 북한은 미국과의 관계개선을 위한 여러 형태의 고위급회담, 일본과의 수교회담을 적극적으로 추진하여 왔으며 서방 세계와의 수교도 꾸준히 확대해왔고 러시아와 새로 우호선린협정(2000년 1월)도 체결하였다. 중국과의 협조증진을 위하여서도 심도 있는 협상을 펴왔다.

북한은 국가 대 국가 간 관계개선에 노력을 기울이면서도 북한사회의 개방은 종전과 마찬가지로 전혀 생각하지 않고 있다. 주민통제를 지속하여 체제안정을 유지하면서 외부와의 협력으로 경제역량을 키워 주민생활을 향상시킴으로써 '북한식 이상국가'를 만들어가려 하고 있다.

북한은 그동안 대미, 대일협상에서 큰 성과를 올릴 수 없었다. 미국과 일본이 북한의 대외개방을 관계개선의 조건으로 삼았기 때문이다. 특히 북한주민의 인권신장을 선제조건으로 삼았기 때문에 더 이상의 관계개선을 진행시킬 수 없었다. 그러나 21세기에 들어서면서 미국, 일본 등 선진 서방국가들의 대북정책이 조금씩 달라져 가고 있다. 북한체제의 개혁보다도 북한체제의 안정에 더 비중을 두고 북한과의 관계개선을 추진하는 방향으로 정책선회를 하고 있다. 북한정권의 전제주의적 통치방식 등에 대해서는 되도록 간여하지 않고 북한이 체제안정을 유지하는 데 필요한 최소한의 지원을 해주기 시작하고 있다. 즉 '북한체제 개혁유도'를 당분간 접어두고 '북한 살리기'로 방향을 새로 잡아가고 있다. 북한이 국제질서의 안정을 위협하는 핵무기를 포기만 한다면 현재의 체제를 그대로 가지고 있더라도 북한을 받아드릴 것이다.

미국, 일본, 중국, 러시아 등 한반도 주변의 강대국들은 모두 '두 개의 한국(two Koreas)' 정책을 굳혀가고 있다. 현상을 고착시켜 안정시키는 것이 지역평화 질서유지에 도움이 된다고 판단하였기 때문이다. 더구나 당사국인 한국도 1998년 이래 이들 국가들과 북한 간의 관계개선을 막으려 하지 않아 주변국의 대북한 유화정책은 저항 없이 전개되어 왔다.

북한체제는 주변국에서 외면하면 붕괴할 처지에 있지만 주변국들이 북한을 지원하여 붕괴를 막아주는 한 안정성을 유지할 것이며 이러한 국제환경이 지속되는 동안 북한은 '우리식 사회주의'를 지키면서 안정을 유지해 나갈 수 있게 될 것이다. 다만 문제는 북한이 핵보유를 고집하고 있어 주변국들이 북한 지원을 거부할 가능성이 높다.

북한체제의 안정성은 종교화한 이념, 체제가 특권을 보장한 지배계층의 충성심,[3] 정교한 주민 통제체제, 그리고 외부로부터의 경제지원 등에 의하

---

3) Hunter의 위의 책, pp.3-5. Hunter는 북한사회를 지탱하는 두 개의 기둥은 '성분'과 '김일성 주체사상'이라고 그의 책에서 쓰고 있다. 성분은 사회 성원의 이력과 성향을 기준으로 분류해 놓은 각자의 '사회체제 속에서의 값'인데 이 성분에 따라 북한사회는 개개인을 통제하고 있다. 북한 사회 구성원의 30%는 지배계층으로 북한사회 내에서 모든 특권을 누리며 노력에 따라서는 최고 지위까지 올라갈 수 있고 가운데 40%는 '인민 계층'으로 정해진 직업을 성실히 수행하면서 살아갈 수 있으나 지배계층으로의 지위향상은 허용되지 않는 계층이고 제일 아래 30%는 '반동 계층'으로 집단농장, 공장에 배치되어 일하게 되는데 고등교육의 기회 등은 일체 허용되지 않고 또한 고급직장에도 갈 수 없도록 되어 있다. 그리고 주체사상은 북한주민의 수령에 대한 충성 정도를 평가하는 기준으로 작용하고 있다. Hunter의 '두 기둥'은 북한체제를 지탱하는 통제조

여 유지되고 있으며 북한은 개혁 없이도 당분간 현 체제를 안정되게 유지할 수 있을 것이다. 다만 북한 권력층 내부에서의 분열과 대립투쟁이 생긴다거나 외부환경이 변화하여 개혁을 강요하게 되면 그 안정성은 흔들리게 될 것이다. 북한사회는 자활능력이 없기 때문이다.

3. 한국과의 체제경쟁

북한체제의 안정성은 궁극적으로 북한이 한국과의 관계를 어떻게 관리하는가 하는데 달려 있다. 한국이 북한체제를 용인하고 북한정권이 체제를 유지하는 데 필요로 하는 경제지원을 지속해준다면 북한은 체제를 안정되게 유지할 수 있을 것이나, 한국과의 갈등이 지속되게 되면 북한은 체제를 더 이상 안정되게 유지할 수 없게 된다.

북한에게는 한국의 존재 자체가 체제위협 요소이다. 한국은 북한에게 단순한 외국이 아니다. 같은 주민, 같은 영토를 놓고 서로 단일 정통정부임을 다투는 배타적 투쟁 대상이다. 이런 상태에서는 북한주민들에게 한국의 체제는 북한체제의 대안(代案)적 체제로 되며 북한주민들이 북한 정부보다 한국 정부를 선호하게 되면 북한체제는 설 자리를 잃게 된다.

북한의 이상은 한국 정부를 제거하고 남한 지역의 영토와 주민을 흡수하여 '대안으로서의 한국'을 없애는 것이다. 차선의 방법은 한국과의 공존체제를 제도화하여 한국의 북한정치 개입을 제도적으로 차단하는 것이다.

북한은 분단 이후 지금까지 반세기 동안 한국 정부를 제거하는 정책을 펴왔다. 북한은 냉전시대에는 이 정책이 성공할 수 있다고 자신했다. 냉전 초기 전 세계가 소련이 지배하는 공산진영과 미국이 주도하던 '자유진영'으로 양분되고 두 진영 간에 극한적인 대결이 벌어지던 때에 소련의 제3세계에서의 진영 확대전략에 편승하면 소련의 강력한 지원을 받아 남한을 무력

직과 종교화된 사상체계를 뜻한다.

해방할 수 있다고 믿었기 때문이다. 6·25전쟁은 그 결과였다. 그러나 무력 해방 전략은 미국의 개입으로 저지되었다.

북한은 한때 프롤레타리아트의 국제 연대에 대하여 큰 희망을 가졌었다. 모든 나라에서 사회 구성원의 대부분을 차지하는 피압박 프롤레타리아트가 단결하면 공산정권 창출은 손쉽게 이루어질 수 있다고 믿었다. 그리고 제3 세계에서 공산혁명이 계속 성공하던 냉전 초기에는 북한은 세계 모든 국가 가 공산화되는 것은 불가피한 역사적 흐름이라 믿었다. 특히 북한은 한국 사회 구성원의 대다수를 차지하던 농민과 근로자들의 지지를 얻을 수 있다 고 확신하였다. 그래서 북한은 대남 공산혁명을 위해 전력을 쏟아부었다.

북한의 이러한 기대와 희망은 1989년 소련제국의 붕괴와 이에 따른 공산 진영의 해체로 깨어졌다. 동유럽 공산제국의 민주화는 북한에게 큰 충격을 주었다. 그리고 민주화 과정에서 민중들이 보여준 구 공산정권에 대한 분노의 폭발에 충격을 받은 북한 지도자들은 '역사의 흐름'이 북한의 기대와 다르다는 것을 확인하였다. 특히 루마니아에서 차우셰스쿠(Nicolae Ceausescu)가 처형된 과정을 보면서 김일성과 김정일은 큰 충격을 받았다.

냉전 종식과 더불어 구 공산진영국가들의 한국과의 수교와 관계개선이 이어지면서 북한은 더욱 큰 충격을 받았다. 북한과 가장 가깝던 중국이 1992년 한국과 수교하고 오랜 우방이던 몽골이 1990년 한국과 수교하였고 소련도 1990년 한국과 수교했다.

한국의 민주화와 경제성장도 북한에게는 큰 위협으로 다가왔다. 한국이 1980년대의 민주화 과정을 거쳐 전 세계에서 인정받는 민주국가로 발전하 고 꾸준한 산업화 노력으로 21세기에 들어서서는 세계 12위권의 경제대국 으로 성장하게 되면서부터는 한국 내의 민중들도 북한체제를 지지하리라 기 대할 수 없게 되었다. 주민의 식량문제도 해결할 수 없는 북한과 1인당 국민 소득 3만 달러를 바라보는 한국과의 체제대결은 북한의 완패로 끝난 셈이다.

북한은 한국과의 대결에서 오는 체제위협을 제거하기 위하여 1990년대로 부터 새로운 전략을 추진해오고 있다. 한국과의 공존체제를 제도화하여 북 한체제를 지켜내는 것과 더불어 대량살상무기를 개발하여 한국의 대북 정치

개입을 억지하는 전략이 새로운 선택이었다. 이에 덧붙여 북한체제를 선군정치라는 초강경 통제체제로 수호하면서 민주화된 한국정치에 직접 참여하여 한국 내에 친북정권을 창출하는 정치전에 힘을 쏟는 정책을 펴고 있다.

북한은 새로운 대남정책에서 어느 정도의 성공을 거두었다. 1998년 선거에서 북한에 우호적인 김대중 정부가 출현하고 다시 2003년에 더 우호적인 노무현 정부가 들어서면서 한국으로부터의 위협을 크게 덜 수 있었다. 2000년의 6·15선언, 2007년의 10·4공동선언은 북한으로서는 큰 성과라 자평할 수 있을 것이다.

북한의 대남정책은 그러나 순탄하게 전개되기 어려울 것이다. 북한에 대한 일방적 우호정책을 펴오던 열린우리당 정책에 반대해온 보수적 한나라당 이명박 후보가 2007년 12월 선거에서 530만 표차라는 압도적 지지로 대통령에 당선됨으로써 북한의 대남정책은 제동이 걸렸었다. 그리고 다시 5년 뒤인 2013년에 한국의 정통보수세력을 대표하는 박근혜 대통령 정부가 들어서면서 북한의 '선거를 통한 친북정권 창출의 꿈'은 멀어졌다. 다행히 2017년 진보정권이 다시 집권함으로써 북한에 우호적인 정부를 대하게 되었으나, 북한 전제정권을 경계하는 많은 한국 국민들이 있어 대남정치전은 쉽게 성과를 거두기 어려울 것이다.

북한체제의 안정성은 북한정권이 국제사회와 남쪽 국민들로부터 받는 위협을 어떻게 막아 내는가에 달려 있다. 앞으로 북한이 한국과의 관계를 어떻게 재조정하는가에 따라 체제위기와 체제안정이 갈리게 된다. 바로 이러한 역사적 분기점에서 김정은체제가 고민하고 있다.

【참고문헌】─────────────────────────────────

고성준 외 공저. 『전환기의 북한사회주의』. 서울: 대왕사, 1992.

사회과학원. 『계간사상』. 1997년 가을호. "특집 북한은 무너질 것인가." 1997.
이상우. 『우리가 바라는 통일』. 서울: 기파랑, 2007.
통일부 통일연구원. 『북한이해 2013』. 서울, 2013.

Bennett, Bruce W. *Preparing for the Possibility of a North Korean Collapse*. Santa Monica: RAND Corporation, 2013.
Lankov, Andrei. *The Real North Korea*. New York: Oxford University Press, 2013.

제14장

김정은 정권의 체제개혁 노력과 한계

1994년 김일성 사망 이후 북한체제 붕괴설이 국내외의 북한전문가들과 국민 일반에게 널리 퍼졌다. 특히 1997년부터 심각한 북한의 식량난이 알려지면서 북한의 경제적 파산이 곧 정치체제 붕괴로 발전하여 갈 것이라는 추리가 붕괴설의 핵심적 논리로 굳어갔다. 더구나 북한정권은 건국 이래 지금까지 북한경제의 어려움을 인정한 적이 없었는데 최근에 와서는 국제연합에 제출하는 자료에서 공식으로 북한의 경제적 낙후성을 인정하고 식량난도 시인하였으며 나아가서 국제사회에 식량원조를 공개적으로 요청하고 있어 북한의 경제적 파국은 이제 공인된 사실로 되었다.[1] 그리고 1997년에 들어서서 부쩍 늘어난 탈북자들의 증언을 들어보아도 북한의 경제는 이제 재생

---

1) 북한 정부가 1997년 5월에 유엔에 제출한 보고서에 의하면 1996년의 1인당 국민총생산은 239달러로 되어 있다. 이 통계대로라면 북한은 경제규모에서 한국의 80분의 1밖에 안 되는 셈이다. 한국은행이 추정한 북한의 2006년도 1인당 GDP는 1,108달러(한국 18,372달러)였다.

불능의 상태로 접어든 것으로 보인다.

북한은 이렇게 어려운 경제사정에서도 전력증강 계획은 계속하고 있고 전쟁위협도 종전보다 더 강화하고 있는가 하면 핵무기 개발계획도 지속하고 있다.

이러한 어려운 여건에서도 김일성을 승계한 김정일은 체제개혁의 의지를 전혀 보이지 않았다. 1994년 7월 8일 김일성이 사망한 이후에 발표한 김정일의 '논문'2)들을 보면 북한은 1인 지배의 전체주의를 지켜 나가고 사회주의 경제체제를 고수하겠다는 것을 계속 다짐하고 있다. 그리고 남한의 공산혁명을 통하여 통일을 이루겠다는 목표도 수정하지 않았다. 그리고 이러한 불변의 노선을 1998년 9월에 개정한 헌법에서도 그리고 김정일 사망 후 김정은체제가 들어선 후인 2013년, 2016년의 헌법에서도 재확인하고 있다. 김정은은 체제개혁을 생각하고 있을까?

북한체제 변화에 대한 논의들을 정리하여 보고 북한의 체제특성과 북한이 처한 내외여건을 검토하여 김정은이 시도하리라 여겨지는 체제변화를 전망해 보기로 한다.

1. 북한체제에서 무엇이 바뀔 수 있는가?

'북한의 변화'를 논할 때는 변화의 대상을 분명히 해둘 필요가 있다. 북한의 최고 통치자 김정은이 다른 사람으로 교체되는 변화도 중요한 변화이나 이것은 어디까지나 '지도자 교체'이지 그 자체가 북한체제를 변화시키는 것은 아니다. 김일성에서 김정일로 지도자가 교체되었으나 북한체제는 그대로

---

2) 김정일의 주요 논문들은 다음과 같다. "인민대중 중심의 우리식 사회주의는 필승불패이다(1991.5)", "사회주의에 대한 훼방은 허용될 수 없다(1993.1)", "사회주의는 과학이다(1994.11)", "혁명과 건설에서 주체성과 민족성을 고수할 데 대하여(1997.6.19)." 특히 끝의 논문에서 김정일은 주체적 사회주의체제와 수령 중심의 전체주의체제를 앞으로도 고수할 것을 선언하고 있다.

였고 다시 김정일이 김정은으로 교체되어도 체제의 근본 변화는 없었다. 북한의 현재의 통치집단이라 할 수 있는 '조선로동당'이 물러가고 다른 집단이 통치하는 상태에 이르면 이를 현 정권의 붕괴(regime collapse)로 볼 수 있을까? 그러나 교체되는 집단이 지금의 북한체제를 계승한다면 역시 '체제변화'라고는 할 수 없다. '체제변화(system change)', '체제붕괴(system collapse)'라고 하려면 북한체제의 특성을 이루는 요소의 변화가 일어나야 한다. 즉 체제자체가 다른 체제로 바뀌는 때라야 '체제변화'라 할 수 있다.

앞에서 설명한 것처럼(제4장) 북한정치체제는 아주 특이한 체제이다. 세계 어느 곳에서도 유사한 체제를 찾아볼 수 없는 독특한 체제이다. 앞에서 살펴본 바와 같이 외형상으로는 스탈린시대의 구소련과 유사한 구조를 가지고 있으면서도 그 작동원리는 오히려 문화혁명 때의 중국과 비슷하고, 천황을 신으로 모시던 군국주의 시대의 일본과도 많은 유사성을 가지고 있는가 하면 강한 민족주의적 요소를 갖춘 선민적(選民的) 전체주의라는 점에서는 나치스 독일과도 닮은 점이 많다. 그런가 하면 경제운용의 원리면에서는 조선조 초기의 시혜적(施惠的) 사회주의와도 상통하고, 지도자를 신격화하는 점에서는 제정일치시대의 신정체제(神政體制)나 유사종교집단과도 통하는 점이 많다. 그리고 통치자가 혈통에 따라 승계하는 북한체제는 왕조시대의 절대군주제와 흡사하다.

북한정치체제는 조선왕조 500년의 역사 속에서 형성된 전체주의 정치문화와 일제식민시대의 전제주의 식민통치에서 강화된 신민적(臣民的) 정치문화를 배경으로 소련점령군에 의해 도입된 소련식 소비에트 전체주의체제를 모형으로 만들어진 체제다. 그리고 중산층 이상의 주민이 모두 남쪽으로 떠난 지배계층의 공백의 상태에서 저항하지 못하는 무산자 계층을 주축으로 하는 인민들에게 덮어씌운 체제였다. 초기의 북한지배집단은 토착세력이 아닌 외부에서 들어온 집단이었으며 이들은 소련점령군, 중국의용군, 그리고 미국군과 한국군과의 접촉 이외에는 대외접촉을 가지지 못했던 외국인 공포증(xenophobia)적인 성향을 가진 사람들이었고 강한 배타적 의식을 가진 사람들이었음도 유의해야 한다. 이 점은 프랑스 유학생 중심의 지식인 집단이 이끌던 초기 중국 공산당 지배세력과 대조된다.

북한정치체제는 출발 초기부터 오늘에 이르기까지 계속 긴장 속에서 존속해 왔다. 적대적 국제환경과 한국과의 군사 긴장, 그리고 어려운 경제여건과 잠재적인 인민저항의 위험 등의 환경 속에서 체제를 유지하여 오는 동안 북한의 체제운영자들은 전투적이며 수세적인 심리상태에서 체제를 수호하는데 총력을 기울여 왔다. 그 결과로 북한체제는 인민의 복지향상이나 국가사회발전보다는 체제유지 자체에 역점을 두는 구조를 가지게 되었다. 그리고 바로 이러한 구조적 제약 때문에 변화하는 환경에 쉽게 적응할 수 있는 유연성을 가지지 못해 시대흐름과 단절되는 체제 화석화(化石化)의 경향을 갖게 되었다.

이러한 역사적 배경 속에서 북한체제는 시대착오적인 전체주의를 고수하는 집단주의체제, 교조적인 철저한 사회주의 경제체제, 지도자를 신격화하는 주체사상을 내세운 신정적 전제체제, 그리고 군이 지배하는 군정체제라는 특성을 가지게 되었다. 북한의 체제변화는 결국 이 네 가지 특성이 어떻게 변하는가를 검토함으로써 전망할 수 있을 것이다.

북한의 체제변화는 스스로의 판단과 결단으로 북한 통치집단이 위의 네가지 특성 중 일부 또는 전부를 고쳐나가는 자율적 개혁 즉 페레스트로이카(perestroika)를 하든가 불가항력적인 내외적 압력에 의하여 타의적으로 변화를 강요당하든지 하는 방법으로 이루어질 것이다. 북한당국 스스로가 개혁을 시도한다면 북한체제 중 어떤 것을 바꾸고 어떤 것을 유지하려 할 것인가? 그리고 만일 외압에 의하여 개혁을 수용한다면 어떤 것을 수용하고 어떤 것을 배격할 것인가? 결론부터 이야기한다면 북한은 스스로의 개혁이든 외압에 의한 개혁이든 1당 지배의 전체주의 전제정치체제는 고수할 것이나 사회주의 명령경제체제는 개혁하려 할 것이다.

1당 지배의 전체주의는 북한체제의 본질이므로 이것을 포기한다는 것은 곧 체제의 자폭을 의미하는 것이기 때문에 북한은 포기 못한다. 그러나 사회주의 명령경제는 '본질적'인 것이 아니기 때문에 개혁할 수도 있다. 정치체제, 경제체제, 대외 및 대남정책 등으로 나누어 차례로 살펴보기로 한다.

2. 정치개혁의 가능성

제4장에서 해설하였듯이 북한은 집단을 개인에 앞세우는 전체주의 국가이다. 전체주의체제는 전체주의 이념과 그 이념을 실천에 옮기는 1당 지배의 정치구조, 그리고 구성원의 사상적 획일성을 창출하고 유지시키는 통제제도로 구성된다. 이러한 구성요소에서의 근본적 변화가 있어야 북한정치는 체제변화를 한 것으로 볼 수 있다. 과연 북한지도자들은 스스로 또는 외압에 의하여 이런 변화를 시도 내지 수용하려 할 것인가? 기대하기 어렵다고 본다.

1) 지도이념

북한 헌법 제3조는 '조선민주주의인민공화국'은 "주체사상을 자기활동의 지침으로 삼는다"고 규정함으로써 전체주의 이념을 정식화한 주체사상을 공식 이데올로기로 한다는 것을 선언하고 있다.[3]

전체주의의 기초이념은 사회유기체설에 바탕을 두고 있다. 인간을 '사회적 존재(social being)'로 인식하고 인간은 오직 '인간사회'라는 집단의 일부로만 의미 있게 존재할 수 있다는 믿음에서 전체주의는 출발한다. 인간은 개별적으로 존재할 수 없으며 오직 하나의 집단생명체인 공동체의 부분으로만 존재한다면 "전체는 부분에 앞서야만 한다(The whole must necessarily be prior to the parts)"라는 아리스토텔레스 이래의 전체주의적 인간관이 사회구성원리의 기초가 되며 이에 따라 전체의 뜻에 개인이 무조건 따라야 하는 전제주의(autocracy)와 분리될 수 없게 된다. 주체사상은 이 점을 분명히 하고 있다. "로동계급은 수령과 당의 령도를 받음으로써만 정치적 생명

---

[3] 주체사상이 전체주의 이념을 정식화해 놓은 것임을 이해하기 위해서는 다음 글을 참조할 것. 황장엽, "위대한 수령님의 혁명사상은 주체의 사상, 리론, 방법의 전일적인 체계," 『근로자』 1979년 4월호, pp.26-27 및 이상우(李相禹), 『북한의 주체사상』(서울: 통일연수원, 1989).

을 지니게 된다"는 이른바 '수령론'을 주체사상의 주요 구성요소로 삼고 있
는 것은 바로 이런 논리의 연장에서다.[4]

북한 헌법 제10조는 전체인민의 사상적 통일을 위해 국가는 "온 사회를
동지적으로 결합된 하나의 집단으로 만들 것"을 선언하고 있으며 공민의 사
회생활의 기초는 집단주의이고 공민은 "조직과 집단을 귀중히 여기며 사회
와 인민을 위하여 몸바쳐야 한다"고 규정하고 있다(제81조).

북한은 이러한 전체주의 이념을 포기할 수 있을까? 어렵다고 본다. 북한
의 지도이념인 주체사상의 원조인 레닌주의에서는 사회주의라는 경제적 영
역에서의 전체주의를 실천해 나가는 과도적인 수단으로 정치적 전제주의를
정당화했었으나 북한은 주체사상을 정식화하는 과정에서 전체주의를 경제
적 정의실현을 위해서가 아니라 사회전체의 운영원리로 확대함으로써 지도
이념의 본질 요소로 삼았다. 레닌주의체제에서는 사회주의체제가 내외저항
없이 제대로 작동하는 단계가 되면 정치적 민주화를 수용할 수 있으나 북한
의 경우에는 전체주의가 본질화하였으므로 이를 어떤 경우도 포기할 수 없
게 되었다. 북한은 혁명에 의한 체제전환이 있기 전에는 전체주의이념을 포
기할 수 없게 되어 있다. 더구나 주체사상은 김일성의 이념이 되어 있어
"유훈"의 핵심이 되어있기 때문에 누구도 감히 고치려고 할 수 없다.

2011년 12월 김정일 사망 후 그 아들 김정은이 권력을 승계한 이후에
취한 일련의 조치들을 보면 김정은 시대에도 전체주의 이념은 불변의 지도
이념으로 고수되리라 판단할 수 있다. 김정은은 김일성에 이어 김정일을 신
격화하기 위하여 헌법을 세 차례 부분수정하였는데(2012년 4월, 2013년 4월
및 2016년 6월) 수정 헌법에서도 이념 부분은 모두 그대로 두었다. 뿐만 아니
라 2013년 4월에 열린 조선로동당 제5차 대표자회의에서는 40년 만에 당의
지도지침을 개정하여 새로 "당의 유일적 령도체계 확립의 10대 원칙"을 채택
하여 김일성 주체사상을 '천재적 사상이론'으로 높이고 "온 사회를 김일성-
김정일주의화 하기 위하여 몸 바쳐 투쟁"하기로 결의하였다.

---

4) 위의 책.

　김정은 시대에 들어서서도 김일성 주체사상이라는 전체주의 이념과 북한 통치체제는 불가분의 일체로 묶여 있어 체제개혁 없이는 전체주의 통치이념을 포기할 수 없게 되었다.

2) 1당 지배구조

　북한 헌법 제11조는 "조선민주주의인민공화국은 조선로동당의 영도 밑에 모든 활동을 진행한다"고 규정함으로써 북한정치구조는 1당 지배구조이며 당이 국가 위에 있음을 명시적으로 밝히고 있다. 그리고 주체사상의 수령론에서 "당의 영도는 본질에 있어서 수령의 영도이다"5)라고 규정함으로써 1인 지배의 전제정치구조임을 명시하고 있다.

　북한 전체주의 이념이 사회유기체설을 앞세운 절대주의 이념체계인 한 통치구조도 당연히 1인 지배의 전제정치가 될 수밖에 없다. 따라서 북한지도자들이 주체사상을 버리지 않는 한 1인 지배의 전제정치구조를 변경시킬 수 없는 것은 당연하다. 현재 북한에는 로동당 1당 지배체제를 민주주의로 분식하기 위하여 존치시킨 위성정당인 '천도교 청우당', '조선민주사회당' 등이 있으나 이것은 정당이 아니다. 지도이념이 하나인데 다원주의 다당제가 존재한다는 것은 모순이다. 북한은 1인 지배의 1당 전제정치구조를 앞으로도 계속 유지할 것이다.

　여기서 주목할 것은 통치권의 세습에 관한 문제다. 적어도 외형으로는 통치권을 통치자의 혈통에 따라 자식에게 계승시킨다는 규정은 어디에도 없다. 다만 새로 수정보완한 당의 "유일적 령도체계 확립의 10대 원칙"에 "우리 당과 혁명의 명맥을 백두의 혈통으로 영원히 이어나가며 …… 계승발전시키는 원칙"을 고수할 것을 다짐함으로써 혈통에 의한 통치권 승계를 당규로 확립하였을 뿐이다. 북한의 경우도 중국의 경우처럼 '1당지배 원칙'은 불가양의 이념지침이지만 통치자 승계는 체제변혁 없이도 포기할 수 있으리라 본다.

---

5) 앞의 책 참조.

3) 사상 및 행위통제

전체주의 전제정치체제의 특성 중 하나는 정부와 당에 의한 주민의 사상
및 행위통제이다. 사회구성원이 당에서 정해준 사상과 행위규범에 철저히
따르도록 유도하고 강제하여 모든 구성원이 한 가지 생각을 갖도록 만들어
야 사회가 '건강하게' 작동하기 때문에 주민의 통제는 필수적이다. 북한의
경우도 정교하게 마련된 통제제도와 기구를 마련하고 있다. 헌법에 "공민은
인민의 정치사상적 통일과 단결을 견결히 수호"할 의무를 가지고 있다(제81
조)고 규정하고 "공민에게 집단을 귀중히 여길 의무를 부과하고 있다"라고
선언하고 있다. 따라서 북한에서는 사회구성원은 '조선로동당의 주체사상'
에 어긋나는 어떠한 사상을 논의해도 안 되며(유일사상의 원칙), 전체의 이름
으로 결정한 당과 정부의 정책에 반하는 행동을 해서도 안 된다.

북한주민의 사상통제는 1차적으로 국가보위성(국무위원회 산하)와 인민보
안성(이전 사회안전성)에서 관리하며 실질적으로는 당의 조직지도부의 지시
를 받아 각급 당위원회에서 실시한다. 그리고 주민의 사상교육은 당의 선전
선동부가 담당하고 있으며 '조선직업총동맹', '김일성 사회주의 청년동맹(이
전의 사로청)', '조선 민주여성동맹(여맹)' 등에서 실시하며 각급 학교와 언론
매체를 교육수단으로 활용하고 있다.

북한과 같은 전체주의체제에서는 사상 및 행위통제체제가 무너지면 체제
자체가 무너지게 된다. 북한체제변화 예측에서는 따라서 사상 및 행위통제
체제의 작동상황의 검토가 중요한 요소가 된다. 과연 북한지도자들은 현재
의 통제체제를 유지할 수 있을까? 최악의 경제위기가 오지 않는 한 유지할
수 있으리라고 본다.

첫째로 북한은 이미 반세기 동안 외부와 차단된 상태에서 철저한 사상교
육을 실시하여 사회구성원의 의식 속에서 체제 운명과 자기 자신의 운명을
일치시키도록 하는데 성공하고 있다. 제한된 수의 귀순자와의 면접자료이기
는 하지만 이들의 증언으로 이를 확인할 수 있다.

둘째로 북한의 통제체제는 당원 320만이 2,000만의 주민을 통제하는 방

식으로 운영되고 있다. 당원 320만은 현존체제가 마련하여 주는 최상의 특권을 누리고 있다. 이들은 현존체제가 잔존하여야 자기들이 누리는 특권을 누릴 수 있다는 점에서 체제수호에 적극적이다. 경제적 위기로 많은 주민이 기근의 고통을 받더라도 당원계층에 대한 특권과 특전을 당이 마련하여 줄 수 있는 한 통제체제는 유지될 수 있다. 다만 경제적 어려움이 극한에 달하여 당원계층 자체가 빈곤에 허덕이게 되는 상태에 이르게 되면 이 통제체제는 해이해지게 된다.

셋째로 북한사회에는 체제불만을 가진 인민들을 결집하여 정치세력화시킬 수 있는 사회조직체가 존재하지 않기 때문에 불만을 가진 인민들의 체제저항운동을 기대할 수 없다. 동유럽 여러 나라에서처럼 반체제세력의 결집체 역할을 할 종교조직도 없으며 다민족국가에서처럼 소수민족의 결합체도 없고 사회운동조직도 없다. 따라서 북한에서는 '아래로부터의 혁명'은 기대하기 어렵다.

1990년대에 들어서서 급속히 악화되고 있는 식량사정이 북한체제의 붕괴로 이어지지 않을까 생각하는 북한전문가들이 많으나 북한의 경제위기가 정치위기로 이어지지는 않을 것이라고 보는 전문가가 더 많다. 그리고 그 판단의 근거는 대체로 위에서 열거한 것들과 같다.[6]

김정은 시대에 들어서서도 북한의 정치체제는 큰 변화를 겪지 않으리라고 본다. 스스로도 개혁하려 하지 않을 것이며 내부에서의 인민저항도 기대할 수 없고 또한 외부에서의 압력도 없을 것이기 때문이다. 북한은 1인 지배의 전체주의 전제정치체제를 계속 유지할 것이다. 북한은 다원주의 이념의 수용이나 다당제의 정치구조를 수용하지 않을 것이다.

---

6) 강인덕의 1997년 7월 15일 국방부자문회의에서의 발표문, "북한체제변화가 한국에 미치는 영향," 그리고 Marcus Noland, "Why North Korea Will Muddle Through," *Foreign Affairs*, Vol.76, No.4(July/August 1997), pp.105-118 등 참조. 강인덕은 "김정일 체제의 총로선은 '주체사상에 기초한 사회주의 혁명을 수행하고 전국적 범위에서 사회주의를 건설한다'는 선대(김일성 시대)의 총노선을 수정 없이 계승할 수밖에 없으며 1당 독재와 중앙집권적 명령경제체제는 변함없이 지속될 것이다"라고 예측했다.

4) 지도자 교체와 정권 교체

북한은 역사적 특수성과 구조적 특성으로 자체적으로 체제개혁을 할 수
없을 것이라는 것이 북한 전문가들의 공통된 견해다. 구소련은 고르바초프
(Mikhail Gorbachev)에 의하여 1985년 '20세기 최대 이변'이라고 하는 자체
체제개혁을 이루었다. 지배정당인 소련공산당 스스로 혁명을 단행한 것이
다. 소련은 글라스노스트(Glasnost)라는 개방과 페레스트로이카(Perestroika)
라고 하는 다원주의 정치체제 도입의 개혁을 단행하여 새로운 민주국가인
러시아로 다시 태어났다. 구소련 지배 아래에 있던 동유럽 공산국들을 해방
시켜주고 소련연방에 편입시켰던 중앙아시아의 다섯 공화국과 카프카스의
소수민족국가들도 독립시켜주며 다당제 민주주의 도입, 시장경제체제 도입으
로 러시아는 완전히 새로운 나라로 변신하였다. 체제개혁 이후 어려움이 있
었으나 21세기에 들어서면서 러시아는 새로운 강대국으로 자리 잡았다.

중국은 1978년의 이른바 '등소평 개혁(鄧小平改革)'으로 새로운 중국으로
변신하였다. 1당지배의 전제주의적 통치구조는 그대로 유지하고 있으나 경
제체제는 시장경제체제나 다름없는 수준으로 바꾸었다. 중국은 지속적인 고
도성장으로 개혁 30년 만에 풍요한 경제대국으로 성장하여 2010년 GDP
규모에서 일본을 제치고 국제사회에서 미국 다음으로 큰 영향력을 행사하고
있다.

소련과 중국의 길을 북한도 따라갈 수 있을까? 당장에는 어렵다고 본다.
두 가지 점에서 북한은 소련 및 중국과 여건이 다르기 때문이다.

첫째는 외부로부터의 체제위협의 유무이다. 소련과 중국은 민주개혁, 경
제개방, 시장경제체제수용을 한다고 했을 때 미국을 비롯한 국제사회의 모
든 주요 국가가 전폭적으로 환영하고 지원을 해줄 것이 분명하였고 체제
혼란을 틈타 자주권을 침해할 개입을 시도할 국가는 없었다. 그러나 북한의
경우는 한국의 존재를 의식하지 않을 수 없다. 한국과는 같은 영토, 같은
주민을 놓고 서로 정통정부임을 다투는 대립관계에 있기 때문에 개혁추진
과정에서 체제가 붕괴될 위험이 있기 때문이다. 통일 직전의 동독과 같은

처지에 놓이게 될 것이 분명하므로 북한으로서는 체제붕괴의 위험을 감수하고 체제개혁을 감행할 수는 없을 것이다.

둘째로 북한도 스탈린주의의 일당 지배체제의 공산국가이지만 소련과 중국처럼 당이라는 조직이 지배하는 통치체제가 아니라 김정은이라는 개인이 지배하는 체제여서 당차원의 개혁결정이 어렵게 되어 있다. 북한은 김일성을 신격화하여 김일성의 교리를 교조적으로 따르는 신정체제여서 그 누구도 신성(神性)을 가진 김일성의 권위를 넘을 수가 없다. 이 점은 구소련이나 중국과 다르다. 북한의 체제개혁은 체제 창설자인 김일성만이 개폐, 수정, 보완할 수 있는데 이미 김일성은 사망하여 개혁을 명할 수 없어 체제개혁의 길이 막혀 있다. 김일성을 승계한 김정일도 그리고 그의 아들 김정은도 김일성의 혈통이라는 특수 신분에 권위의 근거를 두고 있으므로 스스로 김일성의 권위를 무시할 수 없다. 따라서 북한은 스스로의 결정으로 체제를 개혁할 수 없게 되어 있다.

결국 북한의 체제개혁은 김정은이 어떤 형태로든지 현재의 지위에서 물러나는 지도자 교체가 이루어지거나 외부의 압력 또는 인민의 저항 등으로 현재의 지배세력, 즉 정권이 교체될 때라야 이루어질 수 있다. 그러나 현실적으로 지도자 교체나 정권교체를 기대하기 어렵다. 다만 장기적으로 볼 때 앞으로 10년 사이에는 어떤 변화가 있을 수 있다. 김정은은 아직도 젊어서 대를 이을 후계자가 없고 지배층 내의 권력투쟁 속에서 변화를 시도할 새로운 지도자가 출현할 가능성이 남아 있기 때문이다.

3. 경제개혁의 전망

1) 사회주의 계획경제의 틀

북한은 사회주의국가이다(헌법 제1조). 북한은 경제체제의 지배이념, 생산수단의 소유제도, 분배원칙, 그리고 운영체제 등 모든 영역에서 전형적인,

그리고 가장 완전한 사회주의체제를 고수하고 있는 세계 유일의 고전적 사회주의 국가이다.

사회주의 경제의 지배이념은 집단주의이다. 사회를 하나의 유기체로 전제하고 "하나는 전체를 위하여, 전체는 하나를 위하여"라는 집단주의 원칙(헌법 제63조)에 의하여 인민이 필요로 하는 물질적 기초를 모두가 함께 생산하여 나누어 쓴다는 것이 북한의 사회주의 정신이다. 각자는 능력에 따라 생산에 참가하고 사회 전체가 건강한 유기체로 작동하게 하기 위하여 구성원들이 맡은 바 임무를 원활히 수행할 수 있도록 직분에 따라 배분하는 경제체제가 사회주의 경제체제다.

사회주의 경제체제의 가장 두드러지는 특성은 소유제도에서 나타난다. 사회주의 경제체제에서는 생산수단은 집단소유를 원칙으로 한다. 북한에서는 현재 생산수단은 국가와 사회협동단체만이 소유하게 하고 있다(헌법 제20조). 사회주의 경제체제에서 분배는 모두 배급으로 이루어진다. 각자는 '공동체 내에서의 담당역할'에 따라 직위별로 정해진 배급을 받는다. 분배기준은 물론 국가가 결정한다.

사회주의 경제체제에서는 생산을 위한 자원배분, 생산량의 결정, 가격의 결정, 배분의 결정들은 모두 국가가 담당한다. 따라서 사회주의 경제체제는 국가의 계획경제일 수밖에 없다. 북한은 헌법에서 "인민경제는 계획경제"이며 "국가가 인민경제 발전계획을 세우고 실행한다"고 규정하고 있다(헌법 제34조).

북한은 이러한 체제를 운영하면서 지난 반세기를 살아왔다. 북한은 1970년대까지만 하더라도 이러한 중앙집권적 명령경제체제로 인민생활을 안정시킬 수 있었으며 지속적 경제성장을 할 수 있었다. 효율적인 정치동원체제를 이용하여 중공업 건설과 사회간접시설 확충 등에서 초기에는 한국을 앞지르는 성과를 거두었었다.

북한경제는 1980년대에 들어서서 어려움을 겪기 시작하였다. 특히 1990년대에 들어서서는 사회주의권 국가들의 시장경제체제 도입과 세계자본주의 경제권으로의 편입으로 북한은 국제협력체제에서 고립되었다. 내부적으로는 계획의 실패, 자원의 고갈, 기술의 상대적 낙후 등 여러 가지 원인으로 계획경제체제 자체의 작동이 위협을 받게 되었다. 원자재와 에너지 수급차질로 공장의 가동률이 하락하고 그 결과로 생산이 급격히 줄어들면서 배급제도가 와해되기 시작하였다.

2) 김정일 시대의 경제개혁 시도

북한은 1993년 12월 조선로동당 제6기 제21차 전원회의에서 제3차 7개년 계획(1987~93)의 실패를 공식으로 인정하고 3년간의 완충기를 두기로 한 이후 새로운 계획을 세우지 못하고 있다. 1991년 이래 경제성장률은 계속 마이너스를 기록했고(1991년 -5.1%, 92년 -7.7%, 93년 -4.2%, 94년 -1.8%, 95년 -4.6%, 96년 -3.7%, 97년 -6.8%, 98년 -1.1%), 그 결과로 1인당 GNI는 1991년 1,115달러에서 1998년에는 573달러로 하락하였다.[7] 김정일체제가 완성된 1998년 이후도 경제상태는 개선되지 못했다. 1인당 GNI는 1999년 718달러, 2000년 757달러, 2002년 762달러, 그리고 2006년에 1,108달러로 약간 향상되었다. 한국 등 외부지원이 있었기 때문이었다.

북한의 경제상태 악화는 구조적인 것이어서 시간이 간다고 개선될 수가 없었다. 특히 핵무기 개발을 강행하면서 국제적 경제제재를 받기 시작한 2009년 이후에는 외부지원의 중단으로 경제상태는 더욱 악화되었다. 경제성장률은 2009년 -0.9%, 2010년에는 -0.5%였으며 이에 따라 2010년의 1인당 GNI도 1,074달러에 머물렀다(그해 한국의 1인당 GNI는 20,562달러).

북한경제는 2011년 이래 광산물의 수출확대 등으로 약간 좋아졌다. 1인당 GNI는 2011년에 약 1,207달러, 2012년에는 약 1,218달러(한국은 각각 22,451달러와 22,708달러)로 높아졌다. 그러나 자원 수출의 한계가 있어 경제

---

7) 『문화일보』, 1997년 7월 8일자 제5면 "오늘의 북한: 김일성 사후 3년" 및 김연철, "북한의 경제정책과 개혁전망," 『삼성경제』 제62호(1997년 7월호), pp.40-45 참조. 여기서 인용한 1인당 GNI와 GDP 실질성장률은 한국은행 추계이다. 그리고 통계청, 『남북한 경제사회상 비교』(1999), p.43.

성장의 전망은 밝지 않다. 2012년의 경제성장률 1.3%(한국은행 추정)는 2010
년까지의 마이너스 성장에 비해서는 호전된 셈이나 경제상황은 개선되었다
고 하기에는 이르다.

북한은 국내 경제의 부진으로 수출능력이 급격히 하락하여 외화고갈이
격심해지고 있다. 1990년대 초반 6년간 북한은 연간 20억 달러 정도의 물자
를 해외에서 수입하였는데 이에 사용된 외화의 상당 부분은 재일 조선인총
연맹(조총련)의 헌금에서 충당하였다.8) 1998년 이후는 금강산관광사업 등으
로 한국에서 주로 외화를 공급하였고 모자라는 것은 불법 무기거래 등으로
보충하였다. 만일 이런 지표들이 사실이라면 북한경제는 이미 파국으로 들
어섰다고 보아도 된다.

북한 정부당국은 아직도 정치적 이유에서 사회주의 계획경제를 고수할
것을 다짐하고 있으나 이미 계획경제의 기본 틀이 흔들리는 현실에서 어떠
한 대응책을 마련하지 않을 수 없는 단계에 와 있다고 본다. 배급제도가
붕괴된 상태에서 암시장을 허용하지 않을 수 없으며 정부에서 원자재 공급
을 할 수 없는 상황에서 기업소별 독립채산제를 확대하지 않을 수 없었다.

북한은 이미 식량배급제가 사실상 붕괴된 상태에서 아사자가 속출하게
됨에 따라 자생적으로 출현한 '장마당'을 묵인할 수밖에 없었으며 2002년
7월 1일에 발표한 '경제관리개선조치(7·1조치)'로 이미 광범위하게 형성된
시장을 통한 지하경제를 묵인했다. 시장은 이제 북한 인민경제를 지탱하는
중요한 하나의 축이 되었으며 북한 정부는 2003년 3월 '내각조치 제24호'로
종합시장을 양성화했다.

북한은 이미 제한적이나마 시장경제체제를 도입하는 부분적 개혁정책을
시도하고 있다. 그 예가 농업에서의 분조도급제(分組都給制)의 강화이다. 북
한은 1994년부터 협동농장을 국영농장인 농업연합기업소로 개편하면서 한

---

8) Nicholas Eberstadt, "Financial Transfers from Japan To North Korea," *Asian Survey*, Vol.36, No.5(May 1996), pp.523-542. 일본 정부의 발표에 의하면 연간 6억 5천만 달러~8억 5천만 달러 정도 송금한 것으로 되어 있다.

편으로 작업단위의 최소단위인 분조에게 일정한 생산목표량을 초과한 생산
물에 대하여 자유처분권을 주는 분조도급제를 1996년부터 강화하기 시작하
였다. 분조의 규모를 지금까지의 10~25명에서 7~8명으로 줄이고 생산목표
량을 하향조정하고 초과분을 현물로 분조가 처분할 수 있도록 허용한 것이
다.[9] 이 조치는 비록 작은 것일지 모르나 북한의 경제개혁의 방향을 짐작하
게 한다는 점에서 주목할 만하다. 즉 북한은 사회주의체제의 핵심인 생산수
단의 소유에서는 사유를 허용하지 않고 공유를 고수하는 대신 분배구조개선
으로 생산의욕을 높이겠다는 것이다.

가장 의미있는 경제체제 개혁조치는 2002년 7월 1일에 단행한 7·1조치
였다. 이 조치를 통하여 시장을 공식화하고 식량배급제를 없앴으며 가격을
현실화하고 텃밭확대를 단행하였다. 그러나 큰 성과는 거두지 못했다(제9장
참조).

북한은 아직은 사회주의체제를 고수하려 하고 있지만 경제위기가 더 심
각해지면 중국이 "중국식 사회주의"라는 이름으로 사실상의 시장경제체제를
수용하였듯이 북한도 결국은 실질적인 시장경제 수용의 길로 들어서리라고
본다. 2012년에 발표된 6·28조치는 시장경제로의 전환신호라 보여진다.

북한이 사회주의 경제를 포기하는 것이 가능한가? 가능하다고 본다. 레닌
주의에서는 사회주의건설이 목적이고 1당 지배의 전제정치가 수단으로 되
어 있으나 북한 주체사상에서는 1인 독재체제가 본질이고 사회주의경제체
제 구축은 어떤 의미에서는 1인 독재의 정당화수단으로 되어 있기 때문에
북한지도자들은 1인 1당 지배체제를 유지하기 위하여 필요하다면 얼마든지
경제개혁은 할 수 있다고 본다. 만일 북한이 경제개혁을 시작한다면 결국
현재의 중국과 같은 상태가 될 것이다. 즉 정치는 1당 지배의 전제정치, 그
리고 경제체제는 '국가가 지도하는 시장경제체제'를 가진 특이한 나라가 될
것이다.

9) 북한농업개혁에 대하여는 다음 글을 참조할 것. 황동언, "북한의 농업개혁개방과 남북
한 협력방안," 『통일경제』 1997년 6월호, pp.70-87.

3) 김정은 시대의 경제개혁

김정은체제가 안정적으로 정착할 수 있으려면 경제개혁을 성공적으로 이루어야 한다. 김정은 제1위원장은 정권승계 후 처음 2년 동안은 통치 기반을 굳히기 위하여 정치기구 개편, 인적 쇄신 등에 주력하였다. 그러나 그 와중에서도 경제개혁의 기본 틀을 모두 마련하였다. 김정일 시대에 시작했던 7·1개혁을 더 심도 있게 추진하는 방안들이 마련되었다. 집단농장의 생산단위를 작은 단위로 나누어 농민의 노동 의욕을 높이기 위해 도입했던 분조도급제(分組都給制)는 분조의 단위를 가족단위로까지 줄임으로써 사실상 집단농장을 해체하는 조치를 취했다. 가족단위로 농사를 짓고 그중에서 70%를 자율처분하도록 하는 가족단위 생산책임제, 즉 승포(承包)제를 도입하였다. 또한 기업의 자율경영제도를 모든 기업으로 확대 적용하여 2014년부터 실시하기로 하였다. 농업과 공업에서의 이러한 과감한 개혁 조처가 성과를 거두려면 시장이 공인되어야 하고 활성화 되어야 한다. 북한은 시장제 활성화 계획도 실천에 옮기고 있다. 이미 소비의 70%를 차지하는 장마당을 합법화해 놓았다.

북한의 경제 회복을 가로막는 가장 큰 장애는 외화 부족과 기술 도입 통로의 부재이다. 김정은 정부는 기존의 경제특구 외에 새로 14개 경제개발구를 지정하였다. 중국이 개혁 초기에 선택했던 특구제도를 그대로 모방하여 외화와 기술 도입의 창구로 활용하려 하고 있다.

김정은체제의 경제개혁 노력을 경제·핵 병진정책, 경제특구 정책 중심으로 간단히 정리하고 경제개혁 시도에서 벌어진 장성택 숙청사건을 살펴본다.

(1) 경제·핵 병진정책

2013년 3월 31일 조선로동당 중앙위원회 전원회의에서 "경제건설과 핵무력 건설을 병진시킬데 대한 새로운 전략적 로선"을 결의하였다. 이 결의는 새로 출범한 김정은체제가 앞으로 나라를 이끌어 나갈 방향을 정하는 국가경영 지침이라는 데서 주목을 끌고 있다.

이 결의는 2013년 신년사에서 김정은이 강조한 경제개혁의 실천 지침인 셈이다. 김정은은 신년사에서 "경제강국 건설은…… 가장 중요한 과업"이며 "인민생활 향상에서 결정적 전환을 일으켜야 한다"고 강조하면서 과감한 경제체제 개혁을 주문했었다. '경제·핵 병진노선'은 그 답인 셈이다.

김정은에 앞서 김정일체제에서도 2002년 7·1조치를 취하는 등 경제개혁에 많은 노력을 쏟았으나 별로 성과를 거두지 못했다. 경제 기반이 약한 상태에서 과도한 군사비 지출을 지속해야 하고, 고농축우라늄 생산계획 노출로 형성된 제2차 핵위기로 국제연합이 앞장서서 대북경제 제재를 강화하여 북한은 경제개혁을 추진할 수 있는 조건을 갖출 수 없었다.

2013년에 발표한 경제·핵 병진정책은 이름과 달리 '경제개발'에 노력을 집중하겠다는 의지이다. 이제 '핵무기 보유국 지위'에 필요한 수준의 핵무기의 개발, 생산은 완료하였으므로 이 정도에서 자원을 국방에서 경제로 전환하자는 내용이다. 재래식 무력보다는 핵무기가 값싼 억지전력이고 핵무기는 최소한을 확보하면 더 이상 투자하지 않아도 '핵보유국 지위'는 유지되므로 이제 모든 역량을 경제개혁에 집중하겠다는 각오의 다짐이 2013년의 3·31 결의라고 볼 수 있다.

경제·핵 병진정책에서 제시하고 있는 과제들은 김정일 시대의 인민경제 발전계획과 크게 다르지 않다. 기초공업 육성을 강조하고 농업과 경공업 발전에서 '새로운 전환'을 이루어야 하고 이를 위해 '경제지도와 관리를 개선'해야 하고 무역을 다각화 하여야 한다는 점도 그대로다. 그러나 접근 방법에서는 그전보다 더 근본적이다.

조동호 교수는 경제관리 방법의 연구 완성, 관광지구개발 강조, 경제개발구 사업의 강조 등이 그전의 계획들과 다르다고 지적하면서 새 지침의 배경을 다음과 같이 요약하였다.[10]

첫째로, 김정은체제가 자리 잡기 위해서는 '새 시대의 지도자'라는 슬로건

10) 조동호, "경제·핵 병진노선의 의미와 김정은 시대의 경제정책 전망," 세종연구소, 『국가전략』 제19권 4호(서울: 2013), pp.34-56.

이 필요하기 때문에 가시적인 인민생활경제의 발전 모습을 보여주어야 한다.

둘째로, 강성대국 건설이 김정일의 꿈이었으므로 이 꿈이 김정은에게는 '유훈'이 되었다.

셋째로, 북한 시장과 주민의 요구를 무시할 수 없다. '고난의 10년' 기간 배급을 실시하지 못하던 때 발달한 지하경제가 이제는 북한경제의 일부로 굳어져서 이러한 지하경제의 거래시스템인 시장의 제도화는 불가피하다. 이미 북한주민들의 가계소득의 60% 이상이 '비공식 부문'에서의 소득이다.

넷째로, 중국의 개방 지원과 요구를 수용하지 않을 수 없다. 중국은 북한의 자원개발 등의 편의를 위하여 북한의 경제개방을 강하게 요구하고 있다.

북한은 개혁-개방을 위한 실험을 실시하고 있다. 농업에 중국식 승포(承包)제를 도입하는 조치와 기업의 자율경영제도 도입을 위해 북한은 2012년 6월 28일 이른바 6·28조치를 취했다. 농업에서는 협동농장의 생산량 중 70%를 농민에게 자유처분할 수 있도록 허용하여 생산 의욕을 높이는 실험을 실시하였고 기업소 중에서 300개를 선정하여 생산 계획, 원자재 확보, 생산량 결정, 판매의 모든 과정을 기업소 자율에 맡기는 조치를 취했었다. 그러나 아직 시장이 안정되게 작동하지 않아 기대만큼의 성과를 얻지 못했으나 개혁 방향을 주민들에게 주지시키는 데는 성공했다. 북한은 2014년부터 모든 기업소로 자율실험을 확대하고 있다.

(2) 경제개발구 확장

2013년 5월 29일 최고인민회의 상임위원회는 정령(政令)으로 '경제개발구법'을 제정하였다. 이 법에 따라 이제부터 중앙정부와 지방정부는 필요에 따라 특구를 지정할 수 있게 되었다. 그리고 정부 내에 '국가경제개발위원회'를 그리고 민간단체로 '조선경제개발협회'를 창설하여 경제개발구의 건설, 운영을 지원해주고 있다.

북한은 2002년 7·1조치를 시행할 당시 신의주와 개성, 금강산을 경제특구로 지정했으나 개성공단 이외에는 아직 가동되는 곳이 거의 없다. 북한은 2013년에 들어서서 14개의 경제개발구를 새로 지정했으나 외국 기업의 호응도는 극히 낮다. 법률의 정비, 정부 관련 기관의 적극적인 협조, 토지의 매매자유 보장, 통관 업무의 현대화 등 진출 외국 기업의 기업 활동이 제도적으로 보장되지 않는 한 북한이 기대하는 것만큼 외국 기업의 투자가 이루어지기 힘들어 보인다.

북한의 경제 개혁이 '시장화'로 방향을 잡으면서 사회 · 정치적 부작용도 많다. 오경섭 교수는 시장화의 부작용을 다음과 같이 예시한다.[11]

첫째로, 인민들이나 엘리트들이 물질적 욕구 충족을 위해 당에 의존하는 범위가 줄어들면서 당의 권위가 축소되었다. 당지배의 북한정치체제에서는 중요한 의미를 가진다.

둘째로, 사회계층 구조에 변화를 가져오고 있다. 그동안 이념과 성분에 의해 결정되던 사회계층이 경제력에 따라 결정되게 되면서 사회적 혼란이 예상된다.

셋째로, 지하경제가 주도하는 불투명한 시장화 현상에서 부패가 만연하고 있다. 부패가 만연하면 정치체제에도 위협이 된다.

넷째로, 인민들의 정치의식에도 큰 변화를 가져오고 있다. 교조적 이념을 주입하여 획일적으로 정치사회화 시켜 놓은 인민들이 다양한 사상에 노출되는 기회가 시장을 통하여 확산되고 있어 체제위협이 가중된다.

김정은체제의 안정적 정착은 추진하고 있는 경제개방 · 개혁의 성패에 달려 있으므로 김정은체제는 각종 부작용을 감수하고도 개혁 · 개방을 추진할 것이다.

(3) 〈12 · 12정변〉과 군의 저항

김정은의 정권 승계를 계기로 과감한 경제개혁 · 개방을 시도했던 국방위원회 부위원장 장성택의 계획은 김정일 시대 북한의 정치는 물론, 경제까지도 지배하던 인민군의 저항에 부딪혔다. 〈장성택 플랜〉에 불만을 가진 군은 2013년 12월 12일 장성택을 '김정은 유일지도체제'에 대한 도전자로 규정하

---

11) 오경섭, "북한시장의 형성과 발전," 세종연구소, 〈세종정책연구〉, 2013-22 참조.

고 국가안전보위부의 특설 군사재판을 거쳐 당일로 처형하였다. 이 〈12·12정변〉으로 장성택이 주도하던 경제개혁은 추진력을 잃었다.

〈장성택 플랜〉은 한마디로 중국이 권하는 개혁개방을 수용하여 시장경제 체제 도입, 경제특구를 통한 대외 개방을 단행하여 국제시장과 북한경제를 연계하여 새로운 경제성장의 계기를 마련하려는 것이었다. 일반 경제를 다루는 이른바 제1경제와 군이 별도로 운영하는 제2경제, 그리고 수령의 통치자금을 조성관리하는 제3경제를 통합하여 단일경제체제로 만들고, 그동안 비축했던 통치자금을 풀어 인민생활을 개선하고, 중국의 협력을 얻어 경제특구와 경제개발구를 통한 경제개방을 단행하자는 것이었다. 그리고 나아가 핵무기를 포기하여 미국과의 관계를 개선하고 국제사회의 제재를 벗어남으로써 새로운 인민공화국으로 변신해나가자는 원대한 계획을 구상했었다.

2010년까지 북한경제는 사실상 인민군이 주도하였다. 군사사업뿐만 아니라 수산업, 광업도 군에서 주도하고 무역의 상당 부분도 군에서 장악했고 지도자의 통치자금을 조성하는 제3경제의 무기 비밀거래까지도 군의 정찰총국에서 관장했었다.

이러한 비정상적인 경제운영체제를 고치기 위하여 장성택 등 당 핵심 지도자들이 김정일을 설득하여 하나씩 군의 경제적 주도권을 내각으로 돌리려는 조치를 취하기 시작하였고 2009년 11월에는 화폐개혁을 단행하여 '지하화' 되어 있던 비정상 경제운영체제를 개선하려 하였다. 그리고 2010년에는 정찰총국이 독점하고 있던 광물수출 사업도 군에서 내각으로 이관시키려 하였다.

2011년 12월 김정일 사망으로 군의 지도력이 약화된 때에 장성택 등 개혁세력은 군 고위층의 인사 개편을 유도하고 군이 장악했던 나진·선봉경제특구의 관리권과 수산업 등을 이관받았다. 나아가 2012년 4월 11일 제4차 당대표자회의를 열어 김정은을 국방위원회 제1위원장과 당 제1비서로 추대함과 동시에 장성택이 국방위원회 부위원장과 노동당 정치국 위원으로, 그리고 최룡해, 김원홍, 리명수 등이 국방위원과 당정치국 위원으로 권력 중심에 참여하여 정권의 주도력을 장악함과 동시에 "…… 경제사업에서 제기되

는 모든 문제를 내각에 집중시키고 내각의 통일적인 지휘에 따라 풀어나가
는 규률과 질서를 철저히 세운다"라는 내각 중심 경제운영원칙을 확립하는
데 성공하였다. 이 결정에 따라 5월 14일 김정은은 경제정책은 당 행정부가
주도하고 내각의 〈국가경제개발위원회〉가 중심이 되어 운영하도록 지시하
였다. 〈6·28경제지침〉은 이 결정을 구체화한 것이다.

이러한 순차적 경제개혁 정책에 대하여 인민군은 크게 반발하였고 이와
연관하여 7월 15일 리영호 총참모장이 해임되고 몇몇 고위 장성이 강등되는
등 군지휘부 개편이 이루어졌었다. 2013년 12월의 〈12·12정변〉은 그 연장
선상에서 일어난 사건이다.

김정은 정권의 안정화를 위한 경제개혁은 기득권 세력의 강한 반발로 순
탄하게 진행되지 못하고 있다. 이러한 저항을 이겨내고 〈장성택 없는 장
플랜〉을 성공적으로 진척시킬 수 있는가 여부로 김정은체제의 안정 여부가
결정될 것이다.

4. 외부환경과 체제개혁

안으로부터의 체제개혁 압력이 없다고 하더라도 북한은 외부에서 직접,
간접적 체제개혁압력을 끊임없이 받고 있다. 북한은 이 압력을 어떻게 이겨
나갈 것인가? 북한은 외압에 굴복할 것인가? 아니면 외부환경을 체제유지에
이용할 수 있을 것인가?

북한은 강대국에 둘러싸여 있는 작은 국가여서 외부환경이 국가존립에
결정적 영향을 미치는 그런 나라다. 2천4백만 명의 인구는 이웃 중국의 50
분의 1이며 중국 산동성의 4분의 1에 불과하다. 한국은행통계에 의하면 북
한의 2011년 GNI는 293억 달러로 세계 60위, 1인당 GNI는 1,204달러로
세계 110위의 후진국이다. 특히 북한은 현재 한반도의 유일 합법정부로서의
정통성을 놓고 극한적으로 대결하고 있는 한국과 비교할 때 국민총생산에서
38분의 1, 1인당 GNI에서 19분의 1에 불과하여 한국과의 관계에서 심각한

체제위협을 받고 있다. 북한은 구소련을 비롯하여 구공산권국가가 체제개혁
을 단행한 이후 사실상 유일한 레닌주의정권으로 남았다. 사회주의체제 원
리를 고수하고 있는 중화인민공화국의 후견을 받고 있을 뿐 온세계에서 고
립되어 있는 상태다. 그리고 전 세계적으로 번지는 자유민주주의의 보편화
흐름 속에서 홀로 시대역행적인 1인 지배의 신정체제를 고집함으로써[12] 국
제사회로부터 점점 더 고립되어 가고 있다. 그리고 민주화에 대한 국제사회
의 직간접 압력을 지속적으로 받고 있다.

이러한 외부환경 속에서 북한은 어떻게 적응하려 하고 있는가를 소개하
고 과연 북한이 체제고수에 성공할 수 있을지 검토하기로 한다.

1) 핵무기 보유로 자주권 확보

북한은 강대국 간의 경쟁을 최대한 이용하여 '외세에 의한 체제보전'을
시도하고 있다. 특히 미국과 중국사이에서 진행되고 있는 한반도에서의 영
향력우위 확보경쟁을 이용하여 중국과 미국의 지원을 확보하려 하고 있다.

냉전 종식 후의 동북아정세는 중국과 미국 간의 갈등, 중국과 일본 간의
패권경쟁에 의해 주도되고 있다. 미국은 냉전 이후의 대외정책지침을 참여
와 확대(engagement and enlargement) 전략체계에 담고 있다. 미국은 자유
민주주의 이념과 시장경제체제를 전 세계에 보급하여 미국이 주도하는 하나
의 세계적 차원의 평화질서를 구축한다는 원대한 계획 아래 세계 모든 지역

---

12) 1997년 7월 8일 김일성 사망 3주기를 계기로 북한은 김일성을 신격화하는 작업을
더욱 강화했으며 김일성을 신으로 하는 종교국가적 특성을 더욱 보강했다. 북한은
김일성 출생년인 1912년을 원년으로 하는 '주체년호'를 쓰기로 결정하였으며 김일성
출생일인 4월 15일을 '태양절'로 선포하였다. 그리고 1998년 개정헌법에서는 김일성
을 우상화하는 서문을 추가하고 여기서 김일성을 '영원한 주석'으로 규정하였다.
2011년 12월 김정일이 사망한 후에는 김일성에 이어 김정일도 함께 우상화하고 있
다. 헌법, 로동당의 유일사상지도원칙 등에서 김일성은 영원한 주석, 김정일은 영원
한 국방위원장으로 규정하고 함께 우상화하고 있으나 아직은 김일성에게만 신격(神
格)을 부여하고 있다.

에서의 군사적·정치적·경제적 지도권을 확보하려고 노력해왔다.[13] 구소련
이 다원주의 다당체제와 시장경제체제를 수용하고 북대서양동맹기구(NATO)
의 동유럽 확장을 인용(忍容)함으로써 이제 미국의 세계전략 전개에서 오직
중국만이 저항적 세력으로 남았을 뿐이다. 이에 따라 미국은 중국의 정치민주
화에 지속적 압력을 가하고 있다. 특히 2010년 이래 미국은 '아시아로의 회
귀(pivot to Asia)' 정책을 천명하고 대외정책의 중심을 아시아로 옮기고 있다.

중국은 1978년 덩샤오핑에 의해 시작된 개혁을 성공적으로 추진하기 위
하여 이른바 실용주의 외교정책을 내세워 미국, 일본 등 서방세계와의 교류
협력을 꾸준히 확대해왔다. 그리고 범세계적으로 자리 잡아가는 단일시장경
제체제에 참여하고 있다. 그러나 중국은 사회주의와 1당 지배체제의 정치체
제를 포기한 적이 없다.[14] "선 강대중국건설(先强大中國建設) 후 사회주의혁
명완성(後社會主義革命完成)"이라는 실용주의(實用主義)전략에 따라 강대중국
건설단계에서는 미국, 일본 등 서방세계와 경제적 협력을 하고 그리고 그
과정에서는 미국 등 서방국가와 되도록 정치, 군사적 충돌을 회피한다는 정

---

13) 클린턴 미 행정부가 제시한 개입확대전략은 ① 미국의 안전, ② 미국의 경제적 번영,
③ 민주주의의 확산의 세 가지 목표를 위하여 군사력 및 경제역량을 수단으로 적극적
으로 문제지역에 개입하겠다는 전략이다. 즉 전 세계를 자유시장경제와 민주주의를
존중하는 국가들의 공동체(the community of free market democracy)로 개조할
것을 목표로 세계 어느 곳에서나 군사, 경제, 외교적 개입을 하겠다는 전략이다. 이
전략을 담은 미 정부의 문건으로는 "A National Security Strategy of Engagement
and Enlargement"(Washington, D.C.: the White House, 1995)가 있다. 이 전략의
한반도에서의 적용에 대해서는 다음 글을 볼 것. 이상우, "대북한 개입-확대전략시
안," 『新亞細亞』 제10호(1997년 봄호), pp.24-33.

14) 덩샤오핑의 개혁은 어디까지나 중국공산혁명을 위한 것이지 공산주의의 포기가 아니
다. 덩샤오핑은 1978년에 개혁을 시작하면서 4개 원칙을 선언하였다. 덩(鄧小平)은
"堅持四項 基本原則"이라는 글에서 다음과 같이 선언하고 있다. "第一, 必須堅持社會
主義道路, 第二, 必須堅持無産階級專政, 第三, 必須堅持共産黨領導, 第四, 必須堅持馬
列主義·毛澤東思想." 결국 마르크스-레닌주의 이념도, 프롤레타리아트 계급독재도,
공산당 1당 독재도, 그리고 사회주의도 포기하지 않겠다는 이야기다. 덩샤오핑의 개
혁에 대해서는 다음 글을 참조할 것. 이상우, 『한국의 안보환경』 제2집(증보판)(서울:
서강대출판부, 1986), 제18장, "자리잡는 중국식 사회주의: 개혁의 향방과 의미," pp.
323-332.

책을 펴왔을 뿐이다. 따라서 중국은 미국의 정치민주화 압력에 굴복할 수 없는 것이다. 더구나 중국은 아시아는 중국의 영향력 지역으로 남아야 한다는 왕조시대부터 지켜온 중화사상(中華思想)을 고수하고 있어 미국의 아시아 진출을 수용하려 하지 않고 있다. 이런 이유로 중국과 미국은 서로 다른 구상을 가지고 있어 타협할 수 없는 갈등을 지속하고 있다. 이러한 중국과 미국의 갈등이 한반도 정책에 나타난 것이 '미-중 영향력 경쟁'이다.

미국과 중국 간 대결은 2013년 시진핑(習近平) 주석이 새로운 중국의 지도자로 등장하면서 더욱 격화되고 있다. 중국은 아편전쟁 이후 거의 200년간에 걸쳐 겪어온 수모를 떨쳐 버리고 강하고 번영하는 중국, 존경받는 중국으로 다시 일어나겠다는 오랜 꿈, 즉 중국몽(中國夢)을 가지고 있다. 그리고 힘을 축적하는 과정에서는 자세를 낮추었으나(韜光養晦) 2010년 GDP 규모에서 일본을 제치고 세계 제2위로 올라서면서부터는 강대국으로서의 목소리를 내기 시작하였으며(有所作爲), 2013년 7월 미·중 정상회담에서 중국은 미국에 당당하게 신형대국관계(新型大國關係)를 요청하였다. 중국은 1894년 이전의 국제사회에서의 중국의 지위를 회복한다는 국가 목표를 세우고 미국이 이를 수용해줄 것을 요구하고 있다. 이러한 미·중 두 강대국의 질서관리 체제가 형성되면 동아시아질서는 G2 지배시대로 들어가게 된다.

이러한 시대환경 변화에 대응하여 미국은 일본을 앞세워 중국을 견제하는 강화된 미·일 동맹체제를 구축하려 하고 있다.[15] 이런 구상에서 미국은 견제 대상이 아니면서 견제 대상국과 미국 사이에 놓여 있는 한반도에 개입 거점을 확보 유지하려 하고 있다. 미국이 남북한 모두가 미국에 의존하는 상태를 조성하여 한반도에서 배타적 영향력을 확보하려는 "두 개 한국을 기초로 한 한반도 안정정책"을 생각하고 있는 것은 미국의 원대한 정책을 이해한다면 당연한 귀결이라고 해야 할 것이다. 미국은 북한정권을 민주화 시킨 후 미국에 의존하게 만들고 나아가서 미국의 영향력으로 북한이 한국과

---

15) G2시대의 동아시아질서의 특성에 대하여는 다음 글을 볼 것. 이상우, "21세기 시대환경과 동아시아질서," 외교협회, 『외교』 2014년 1월호.

평화공존을 합의하게 만듦으로써 미국에 의한 한반도 안정체제를 구축하려 하고 있다.

중국은 미국과 미국의 동맹세력(한국)이 한반도 전체를 장악하고 중국의 국경선까지 진출하는 것은 용납하려고 하지 않는다. 중국은 경제협력의 필요에 의해 한국과 수교하였으나 북한과의 정치, 군사적 유대는 계속 강화하고 있다. 북한을 미국에 대한 완충지로 확보하기 위함이다. 이러한 계산에서 중국은 북한정권의 붕괴를 막고 친중적인 북한정권을 유지시키기 위하여 현재 '북한 지키기' 정책을 펴고 있다.

북한은 이러한 중국과 미국의 갈등 속에서 양측으로부터 '정권존속의 보장'을 얻어내고 또한 경제적 난국을 극복하는데 필요한 지원을 얻어내려고 하고 있다. 그리고 북한은 이러한 환경을 이용하여 체제개혁을 하지 않고 살아남을 수 있는 길을 찾고자 하고 있다. 중국은 꾸준히 북한에 대하여 식량과 에너지를 공급하고 있고[16] 미국은 1994년 10월 17일에 체결한 제네바협정을 통하여 북한에 대한 경제제재 완화, 200만 킬로와트의 경수로 방식의 핵발전소 건설, 그리고 발전소 완성까지 매년 50만 톤의 원유공급 등을 약속하였다(제2핵위기로 중단). 그리고 다시 1999년 12월 베를린 합의를 통하여 북한정권의 존속을 간접으로 지원 약속을 하였으나 북한의 핵무기 동결 협상이 답보 상태에 있어 제재 수단의 하나로 모든 경제 지원을 중단하고 있다.

현재와 같이 중국과 미국의 갈등이 지속되는 한 북한은 체제개혁을 하지 않고 살아남을 수 있는 길을 찾으려 할 것이다.

북한은 현재 미국과 중국 간의 동아시아 지배권 경쟁을 최대한 이용하여

---

16) 중국은 1995년 5월 '중조경제기술협정'을 체결하고 서기 2000년까지 식량, 원유, 석탄을 공급할 것을 약속하였다. 지금까지 알려진 지원내용은 다음과 같다(연간).
   • 식량: 중앙정부 50만 톤, 사교역(私交易) 30만 톤
   • 원유: 중앙정부 110만 톤(50% 무상, 50% 우호가격)
   • 석탄: 250만 톤(50% 무상, 50% 우호가격)
   세종연구소 정책과제보고서, "주변 4개국의 북한인식과 우리의 대응방향"(1997.6), pp.8-9 참조. 중국은 그 이후도 비슷한 수준으로 지원을 계속하고 있다.

핵보유국 지위를 인정받으려 노력하고 있다. 북한은 지난 20년 동안 핵동결 협정과 파기를 반복하면서 꾸준히 핵무기 개발을 지속하였다. 이제 북한은 핵폭탄 10개 정도(추정)를 이미 보유하게 되었고 이 폭탄으로 미국을 위협할 수 있는 장거리 유도탄 개발도 거의 마친 상태다. 미국이 국제연합을 동원하여 북한의 핵무기 개발 중단을 성사시키기 위한 경제제재를 여러 번 결의시켰으나 중국의 소극적 협조로 성과를 거두지 못하고 있다.

북한은 일단 핵무기 생산을 완료하고 핵억제력을 갖춘 후 핵무기 보유를 기정사실로 미국이 용인해 줄 것을 기대하고 있다. 핵무기 보유국으로 인정받게 되면 북한은 외국의 간섭에서 벗어나 자기들의 1인 지배체제를 지켜 나갈 수 있는 자주권을 확보하게 될 것으로 기대한다.

2) 정치전을 통한 통일 시도

북한은 '하나의 조선' 정책을 고수하고 있다. '전국적 범위(남한까지 포함하는 전한반도)에서의 사회주의 혁명완수'의 국가 목표도 고수하고 있다. 한국을 해방하여 통일을 완수함으로써 한국으로부터 오는 체제위협을 제거하겠다는 전략도 고수하고 있다.

북한은 총체적 국력에서 한국에 비해 열세임을 잘 안다. 그러나 북한은 한국사회가 다원주의 가치관을 앞세우는 느슨한 민주사회라는 점을 최대한으로 이용하여 한국 내에서의 정치투쟁에 직접 참여하여 승리함으로써 남반부 해방을 이룰 수 있다고 생각하고 있다.[17] 북한 사회를 엄격히 통제함으로써 남한의 개입을 막고 대신 한국 내의 정치투쟁에 적극적으로 참여하여 한국의 내부 붕괴가 일어날 때까지 기다리면 승리한다고 믿고 있다.[18] 북한은 전쟁위협을 끊임없이 가함으로써 한국 정부가 대북 강경책을 취할 수

---

[17] 북한의 대남통일정책구도에 대해서는 다음 글을 참조할 것. 이상우, 『함께 사는 통일』 (서울: 나남, 1995), 제11장 "남북한 통일정책의 논리구조 비교," pp. 229-256.
[18] 이런 전략 발상은 쑨쯔(孫子)의 발상을 빌려온 것이다. 쑨쯔는 다음과 같이 말하고 있다. "可勝在敵 不可勝在己. 先爲不可勝以待敵之可勝."

없도록 유도하고 남한 내의 정치갈등, 계층갈등을 이용하여 '통일전선전략'19)을 꾸준히 전개하면 승리의 기회가 온다고 믿고 있으며 그런 방식으로 '강한 한국'을 제거함으로써 북한의 체제위협을 제거한다는 구상을 하고 있다.

북한의 이러한 대남전략은 그동안 성공적으로 전개된 셈이다. 한국은 북한의 체제개혁을 요구하지도 못했고 북한체제 민주화를 위한 어떠한 적극적 정책도 펴보지 못했다. 그리고 압도적인 국력우위를 유지하면서도 북한의 전쟁위협에 굴복하여 대북한 유화정책을 펴왔을 뿐이다.

특히 2000년에는 김대중 정부와 6·15공동선언을, 그리고 2007년에는 노무현 정부와 10·4공동선언을 만들어 내는 데 성공했다. 이 두 개의 공동선언은 북한의 대남정책 성공의 상징이라 할 수 있다.

북한은 국제적으로 고립되어 있고 국내적으로는 경제적 곤경을 겪고 있다. 그리고 국력이 월등한 한국과 대결하고 있다. 이러한 악조건 속에서도 북한은 체제수호를 성공적으로 해오고 있다. 북한은 중국과 미국의 갈등이 지속되고 또한 한국이 대북한 유화정책을 유지하는 한 체제개혁의 압력은 피할 수 있을 것이며 따라서 외부압력에 의한 북한체제 개혁은 기대하기 어렵다고 본다.

2012년 공식출범한 김정은 정권도 이러한 생각으로 '핵·경제발전 병진정책'을 내세우고 정치전 중심의 대남 전략을 강화해 나가고 있다.

---

19) 통일전선전략이란 궁극적인 목표는 서로 달리하나 당면한 적을 타도하는 데는 같은 뜻을 가진 여러 세력을 규합하여 함께 투쟁을 벌이면 작은 힘으로도 큰 적을 타도할 수 있다는 생각을 레닌이 체계화해 놓은 전략이다. 독재정권과 투쟁하는 민주인사들과도 공산주의자들은 정권타도의 목표달성을 위하여 연합투쟁을 편다. 일단 독재정권이 타도되면 그 순간부터 다시 다른 세력과 연합하여 민주정부 타도 투쟁을 벌인다. 이와 같이 연속적으로 '공동적'을 타도해 나가게 되면 궁극에 가서 최종적 승리를 할 수 있다는 논리이다.

5. 부상하는 북한 인권문제

김정은체제가 새로 당면하게 될 국제사회로부터의 체제 도전 중에서 가장 방어하기 어려운 것이 인권문제다. 아마도 인권문제와 관련된 국제적 압력으로 체제개혁이 불가피해질지 모른다.

1) 탈냉전시대의 인권문제

20세기는 범세계적인 이념투쟁의 세기였다. 자유민주주의와 전체주의-전제주의 간의 투쟁의 세기였다. 파시즘, 나치즘, 일본 군국주의, 볼셰비즘, 마오이즘 등의 전체주의와 자유민주주의가 국가와 민족을 넘어서서 총력전으로 싸웠던 세기였다. 제2차 세계대전은 파시즘, 나치즘, 일본 군국주의에 대한 자유민주주의의 승리로 종결되었다. 그러나 전후에 바로 시작된 공산 전체주의-전제주의와 자유민주주의의 대결은 강대국 간의 열전이 없이 소규모 대리전과 정치, 경제, 외교전으로만 진행된 냉전이라는 특이한 형태의 세계대전이 되었다. 냉전의 두 진영의 종주국인 미국과 소련 모두가 전 세계의 인류 문명을 멸절시킬 수 있는 핵무기를 보유하고 있어 누구도 일방적 승리를 할 수 없는 상황이어서 '싸워야 할 충분한 이유가 있어도 싸울 수 없는 상태'가 되었고 그 결과로 열전(hot war)아닌 냉전(cold war) 형태로 투쟁할 수밖에 없었다.

냉전은 이념전쟁이었다. 자유민주주의와 공산 전체주의-전제주의 간의 싸움이었다. 두 이념의 갈등의 핵심은 바로 인권에 대한 인식차였다. 인권이란 개개인이 가져야 할 사람답게 살 수 있는 기본 권리, 즉 인간존엄성이 보장된 자유(freedom with dignity)를 누릴 수 있는 권리를 말한다. 모든 사람은 날 때부터 하늘로부터 이러한 권리를 부여받았으며 이 권리는 누구도 침해해서는 안 된다는 생각을 바탕으로 한 정치이념이 자유민주주의이다. 이에 반해서 인권은 개개인이 속한 집단이 준 권리이고 집단이익이 구성원 개개인의 이익에 우선하므로 집단의 결정에 따라서는 얼마든지 제한할 수 있다는 생각을 바탕으로 한 정치이념이 전체주의이다. 이 두 상반되는 생각 때문에 자유민주주의와 전체주의는 공존할 수 없게 된다. 자유민주주의에서는 인권은 인류 보편의 가치이므로 초국가적, 초주권적 가치로 생각하나 전체주의에서는 인권이란 소속 국가가 부여하는 권리이고 국가 주권으로 권리의 내용을 정하게 되는 권리여서 국권, 즉 개별 국가가 각각의 사정에 맞게 인정해주는 특수 가치이다. 이렇듯 인권문제는 곧 이념의 문제이고 이 이념을 기초로 구성된 정치체제 문제이다.

나치즘, 파시즘, 일본 군국주의에 대한 자유민주주의의 완전한 승리로 끝난 제2차 세계대전의 전후 질서정립 과정에서 탄생한 국제연합은 전쟁의 승리를 제도화하기 위하여 인권, 즉 인간의 기본 권리를 전후 질서의 지도 이념으로 선언했다. 1948년 12월 10일 국제연합은 총회에서 "세계인권공동선언"을 채택하여 회원국 모두가 존중해야 할 가치 기준으로 만들었다. 그리고 1966년에는 세계인권장전이라 할 3개의 인권관계 다자협약을 체결하였다. 1976년에 발효된 이 협약은 회원국이 기본 인권을 각국의 법으로 보장하도록 의무화하고 있으며 국제연합 내에 인권위원회를 상설 기관으로 설치하여 각국의 인권 위반 사항을 심의할 수 있게 하였다. 이와 같이 기본 인권은 이미 국제사회에서 보편 규범으로 자리 잡았다. 다만 냉전 동안 소련 등 공산진영국가들이 이를 지키지 않아 실효성이 약했을 뿐이었다. 1989년 공산진영의 붕괴로 거부 세력이 없어짐으로써 인권은 탈냉전 질서의 핵심 지도 이념이 되었다.

2) 미국의 변환 외교와 인권

탈냉전 질서 구축의 주역을 맡게 된 미국은 세계를 자유민주주의 국가들로 구성된 단일 공동체로 발전시키는 것을 목표로 외교적 노력을 펴고 있다. 구체적으로는 반민주국가를 민주화시켜 세계공동체에 참여시키는 이른바 전환외교(transformational diplomacy)를 펴고 있다. 북한을 비롯한 미얀마, 리비아, 이라크, 이란 등 몇 안 남은 전체주의-전제주의 국가를 독재체제의 전진기지(outpost of tyranny)로 규정하고 이들 나라의 민주화를 위한 개입 정책을 펴고 있다. 이른바 인도주의적 개입(humanitarian intervention)이란 이런 정책을 뜻한다.

인권문제는 이제 국제사회의 기본 질서의 하나로 자리 잡은 보편적 인권의 국제적 보장 문제로 되었다. 인권은 초국가적 보편가치이므로 주권 절대의 원칙을 넘어서는 내정간섭을 정당화하는 가치로 되었고 나아가서 모든 국가는 인권침해 국가의 국내정치에 개입하여 인권을 지켜주어야 하는 책임(R2P: responsibility to protect)을 지도록 하고 있다. 이런 국제적 인식에 따라 인권탄압국가에 대한 국제적 공동제재가 이루어지고 있다. 미국은 이러한 인권정책을 선도하고 있다.

미국은 2004년 상하 양원 합동회의에서 「북한 인권법」을 채택하였다. 이 법에 따라 부시 행정부는 북한 인권특사를 임명하여 북한 인권문제를 다루도록 하였고 매년 의회에 북한 인권 상태를 보고하고 있다. 또한 이 법은 북한에 대한 경제지원과 북한 인권 개선 노력을 연계하도록 행정부에 권고하고 있다. 이런 분위기 속에서 미의회 조사국(Congressional Research Service)에서 북한 인권 조사 보고서를 작성하여 의회에 보고하고 있고 최근에는 북한과의 외교관계 수립과 대북 경제제재 완화의 선결 조건으로 북한 인권 상황 개선을 제안하고 있다.

3) 북한 인권에 대한 국제적 압력

북한 인권에 대한 관심은 전 세계적으로 확산되고 있다. 전 세계에서 가장 심각한 인권 유린국가로 북한이 지목되고 있어서 국제사회에서의 북한 정부에 가해지는 인권보장체제의 개선 요구 압력도 높아지고 있다. 유럽연합(EU)의 의회에서는 2006년 6월 15일 북한 인권결의안을 채택하였으며 북한 탈북자의 증언을 청취하는 청문회도 열었다. 일본도 2006년 6월 "납치문제 기타 북조선에 의한 인권침해문제 대처에 관한 법률"을 제정하였다. 그 밖에 국제사면위원회(Amnesty International), 휴먼 라이트 워치(Human Right

Watch), 미국 북한인권위원회 등의 NGO에서도 적극적으로 북한 인권개선 운동을 펼치고 있다.

　　국제연합도 북한 인권문제 개선에 적극적으로 나서고 있다. 유엔 인권위원회는 2003년부터 2013년까지 11년 연속 북한 인권결의안을 채택하였고 2004년에는 유엔 북한 인권 특별보고관을 임명하여 북한 인권침해 실태를 보고하도록 하였다. 그리고 2005년부터는 유엔총회에서 매년 북한 인권결의안이 채택되고 있다. 이 결의안에서 국제연합은 북한 정부에 대하여 인권개선을 공개적으로 요구하고 있다.

〈참고자료 14-1〉 유엔 총회 북한인권결의안 60/173(2005)

* 인권고등판무관실 결의(2005년 11월)를 토대로 한 2005년 12월 16일자 제64차 총회 결의안 발췌. 해마다 채택되는 결의안의 본보기로 소개한다.

The General Assembly, …… express its concern at:

Continuing reports of systemic, widespread and grave violations of human rights in the Democratic People's Republic of Korean, including:

(i) Torture and other cruel, inhuman or degrading treatment or punishment, public executions, extrajudicial and arbitrary detention, the absence of due process and the rule of law, the imposition of the death penalty for political reasons, the existence of a large number of prison camps and the extensive use of force labour;

(ii) Sanctions imposed on citizens of the Democratic People's Republic of Korea who have been repatriated from abroad, such as treating their departure as treason, leading to punishments of internment, torture, cruel, inhuman or degrading treatment or the death penalty;

(ⅲ) All-pervasive and severe restrictions on the freedoms of thought, conscience, religion, opinion and expression, peaceful assembly and association, and on equal access to information and limitations imposed on every person who wishes to move freely within the country and travel abroad;

(ⅳ) Continuing violation of the human rights and fundamental freedoms of women, in particular the trafficking of women for the purpose of prostitution or forced marriage, forced abortions, and infanticide of children of repatriated mother, including in police detention centres and camps;

(ⅴ) Unresolved questions relating to the abduction of foreigners in the form of an enforced disappearance; ……

(이하 생략)

4) 국제 지원 획득의 제약

북한은 인권문제는 각국의 국내 문제이고 그 나라의 '국권(國權)'문제라고 주장하고 있다. 북한 인권에 대한 미국 등 외국의 간섭은 북한의 주권침해이고 국제연합 헌장이 명시한 주권 절대의 원칙과 내정불간섭 원칙에 위배되는 처사라고 반발하고 있다. 그러나 이제 인권은 초국가적 인류 보편가치로 인정받고 있고 국제질서의 일부가 된 기본 가치로 여겨지고 있기 때문에 또한, 인권문제는 국내 문제가 아닌 국제 문제로 자리 잡고 있어 북한의 반발은 설득력을 갖지 못하고 있다.

북한의 인권문제는 곧 북한의 체제문제이다. 북한이 전체주의-전제주의 체제를 개혁하여 체제 민주화를 이루기 전에는 해결할 수 없는 문제이다. 따라서 북한은 아무리 국제적 압력이 높아져도 인권 개선을 국제사회에서 인정받을 수준으로 이룰 수 없다. 인권문제는 이제 북한체제 존립 자체를 위협하는 문제가 되었다.

북한은 체제개혁을 할 수 없는 한 앞으로 인권 개선을 요구하는 점증하는 국제적 압력을 견뎌내야 한다. 그리고 인권문제 개선이 조건이 되는 국제적 협력을 얻을 수 없게 된다.

북한은 자기들의 전체주의-전제정치체제를 고수하면서 국제적 지원을 얻어 경제적 어려움을 이겨내고 나아가서 강성대국을 건설하려 하고 있다. 그러나 인권문제가 걸림돌이 되어 이러한 계획은 펼쳐나갈 수 없게 된다. 인권문제는 북한이 당면한 가장 어려운 문제이고 북한의 개혁 노력을 헛되게 하는 가장 심각한 걸림돌이 되고 있다.

6. 체체개혁의 한계

북한 지도자의 자세, 북한체제 내부의 정세, 그리고 외부정세 등 모두를 감안해 볼 때 북한은 결코 현존체제를 개혁하려 하지 않을 것이며 부분적인 정책조정과 경제영역에서의 부분적 시장경제체제 수용을 통하여 장기안정을 확보하려고 노력하리라 예상된다.

종교화된 절대주의 전제정치체제는 내부저항으로 붕괴하지 않는다. 북한은 김일성을 신으로 하는 신정체제(神政體制)를 튼튼하게 구축하여 놓았다. 북한의 신정체제에서 사제(司祭)의 지위에 있는 열성적인 당간부들은 체제가 주는 최대의 특혜를 누리는 계층으로 스스로 이러한 특혜를 버리게 되는 개혁은 추구하지 않을 것이며, 조직적 저항을 할 수 없는 인민들은 체제에 계속 순응할 것이다.

북한체제개혁에 가장 큰 관심을 가지고 있는 한국에 대해서는 지속적인
전쟁위협으로 한국민을 '전쟁인질'로 잡고 있는 한 한국 정부가 북한에 대해
서 체제위협행위를 못하도록 할 수 있을 것이다. 그리고 중국과 미국의 갈
등이 지속되는 한 북한은 중국과 미국에 의한 '북한 살리기' 정책을 이끌어
낼 수 있을 것이다.

북한은 그러나 경제개혁은 스스로 전개하리라고 본다. 현재의 명령적 사
회주의 계획경제로서는 인민의 물질적 풍요를 확보해줄 수 없을 뿐더러 한
국을 지속적으로 위협할 수 있는 군사력을 건설, 유지할 수 없음을 잘 알기
때문이다. 북한은 결국 중국식 또는 베트남식 개혁을 하려 할 것이다.[20]

북한은 '나진선봉' 특구를 과감히 개방하고 신의주경제특구를 창설하는
등 일련의 조치로 자본주의 시장경제와의 접촉창구로 만들어 필요한 자본과
기술의 도입을 시도하고 있다. 김정은체제가 시작되면서 북한은 경제특구
외에 14개의 경제개발구를 새로 지정했다. 그리고 미국과 수교하여 미국과
일본으로부터 경제재건에 필요한 자본과 기술도입의 길을 열려고 하고 있
다. 또한 개성공단, 금강산관광특구사업 등을 매개로 하여 한국의 기업과의
직접거래로 한국의 자본과 기술을 도입하려 노력하고 있다.[21]

---

20) 이러한 예상을 하는 대표적 학자로 Marcus Noland를 들 수 있다. 그의 글 "Why
North Korea Will Muddle Through(제13장 각주 2에서 소개한 글)"을 볼 것. 그러
나 반대되는 견해를 펴는 전문가도 많다. 대표적인 연구로 민주평화통일자문회의 편,
『북한 정세변화 가능성 분석』(서울, 1997)을 들 수 있다. 이 분석에서는 북한정권의
붕괴는 불가피한 것으로 단정하고 있다.

21) 1992년 이래 1996년 말까지 한국의 10개 기업(大宇, 高合, 韓一合纖, 國際商事, 녹십
자, 東洋시멘트, 東龍해운, 三星電子, 泰昌, 大宇電子)에서 총 18건 사업에 5,548만
달러 투자를 실시 또는 합의하였다. 한국 기업의 대북한 투자 및 교역 등에 대한 상세
한 내용에 대해서는 다음 글을 볼 것. 室岡鐵夫(무로오카 데츠오), "南北經濟交流 活
性化以後 1995-96年," 日本貿易振興會 海外經濟情報 センター 刊, 『北朝鮮の經濟と
貿易の展望』(東京, 1996), pp.91-116. 한국어 번역문은 『신아세아』 1997년 여름호,
pp.22-44에 실려 있음. 한국이 본격적으로 대북한 경제지원을 시작한 1995년부터
2007년까지 12년간 지원한 총액은 4,728억 원이다. 통일부 통계. 이러한 남북경제협력
은 2010년 3월 북한이 한국 해군함정 〈천안함〉을 폭침한 데 대하여 2010년 5월 24일
그 제재로 한국 정부가 5·24조치를 취하여 협력을 중단시켰다. 그리고 같은 해 11월

북한은 정부주도로 수출의존형 경제성장도 시도할 것이다. 1970년대의 한국이 성공적으로 추진했던 수출주도 경제성장을 답습하려 할 것이다. 북한지도자들은 잘 훈련된 북한의 노동자와 미국 및 일본의 자본과 기술을 결합하면 이러한 경제성장전략을 성공적으로 전개할 수 있으리라고 믿고 있다. 다만 가장 큰 걸림돌은 북한 인권문제의 부상으로 미국 등의 경제제재가 강화될 것이라는 점이다. 북한의 계획이 성공할지 못할지를 미리 예단할 수는 없다. 다만 북한이 이러한 방향으로 계획을 추진하고 있는 한 체제개혁 가능성은 희박하리라고 본다. 결국 당분간 한국은 적대적인 북한과 장기간 공존을 지속해야 한다는 점만은 분명하다.

【참고문헌】

고성준 외 공저. 『전환기의 북한사회주의』. 서울: 대왕사, 1992.
다께사다 히데시(武貞秀士). 『두려운 전략가 김정일』. 2000.
양운철. 『북한경제체제 이행의 비교연구』. 서울: 세종연구소, 2006.
최완규. 『북한은 어디로』. 제9장 "북한은 변화할 것인가?" 및 제10장 "기로에 선 북한사회주의." 마산: 경남대학교출판부, 1996.
통일부 통일연구원. 『북한이해 2013』. 서울, 2013.
황장엽. 『개인의 생명보다 귀중한 민족의 생명』 제3부 "개혁과 개방." 서울: 시대정신, 1999.

Henrickson, Thomas H., & Jongryn Mo (eds.). *North Korea After Kim Il Sung: Continuity or Change*. Stanford: Hoover Institution Press, 1997.
Hunter, Helen-Louise. *Kim Il-song's North Korea*. Westport: Praeger, 1999.

북한이 연평도를 표격하는 등 군사적 긴장을 높여 한국의 대북제재는 더욱 강화되었다. 북한 핵문제 해결이 진전되지 않아 당분간 재개는 어려우리라 생각된다.

Park, Han S. *North Korea: Ideology, Politics, Economy.* New York: Prentice-Hall, 1996.

Pollack, Jonathan. *No Exit: North Korea, Nuclear Weapons and International Security.* New York: Routledge, 2012의 한국어 역.『출구가 없다: 북한과 핵무기, 국제안보』. 서울: 아산정책연구원, 2012.

Reese, David. *The Prospects for North Korea's Survival.* Adelphi Paper No.323. London: IISS, 1998.

Suh, Dae-Sook & Chae-Jin Lee (eds.). *North Korea After Kim Il Sung.* London: Lynne Rienner, 1998.

小此木政夫 編.『金正日時代 の 北朝鮮』. 東京: 日本國際問題硏究所, 1999.

부 록

[부록 1-1]

행정구역 현황

〈2013년 말 기준〉

	인민위원회 소재지	비고
직할시/특별시		
평양직할시	평양	1946년 특별시, 1952년 직할시로
남포특별시	남포	1979년 직할시로 승격, 2010년 특별시로
나선특별시	나진	1993년 나진·선봉통합직할시로, 2010년 특별시로
도		
평안남도	평성시	
평안북도	신의주시	
함경남도	함흥시	
함경북도	청진시	1977년 청진직할시, 1985년 일반시로 격하
황해남도	해주시	옛 황해도의 재령강 서남부
황해북도	사리원시	옛 황해도의 재령강 동북부
자 강 도	강계시	옛 평안북도6군과 함남 장진군 일부
양 강 도	혜 산	옛 함남, 함북의 일부로 창설
강 원 도	원 산	옛 함남의 원산 이하와 강원도 북부
특구		
신의주특별행정구		2002년 9월 지정
금강산관광지구		2002년 11월 지정
개성공업지구/특급시		경기도 미수복지구를 '개성직할시'로 지정하였다가 2003년 특급시로 조정하고 그중 한국과 합의한 공단지역을 2002년 11월 특구인 '공업지구'로 지정

* 3직할시, 9도, 25시, 145군, 3개 특구

[부록 1-2]

행정구역 지도

〈2013년 말 기준〉

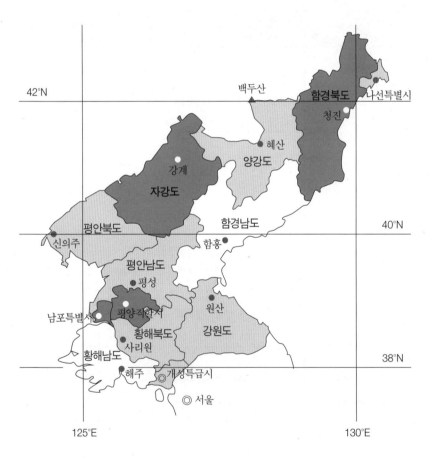

● 도인민위원회 소재지

[부록 2]

남북한의 주요사회경제지표

⟨2015년 기준⟩

항목	단위	한국	북한
1. 인구	1,000명	51,015	24,779
2. 명목GNI	한화(원)	1,567조 원	34조 5천억 원
3. 경제성장률	%	2.6	-1.1
4. 1인당 GNI	한화(원)	3,093만 원	139만 원
5. 무역총액	억 달러	9,633억 달러	62억 5천만 달러
수출액		5,267억 달러	27억 달러
6. 에너지산업			
원유도입량	천 배럴	1,026,107	3,885
발전량	억kWh	5,281	190
발전설비용량	천kW	97,649	7,427
7. 농수산물생산량			
식량작물	천M/T	4,846	4,512
쌀생산량	천M/T	4,327	2,016
수산물어획량	천M/T	3,342	931
8. 광물생산량			
석탄	천M/T	1,764	27,490
철광석	천M/T	445	4,906
9. 주요공산품			
자동차생산량	천대	4,556	3.5
선박건조량	천G/T	19,998	214
조강생산량	천M/T	69,670	1,079
시멘트생산량	천M/T	52,044	6,697

화학비료생산량	천M/T	1,982	528
화학섬유	천M/T	1,340	23
10. 사회간접자본			
철도총연장	km	3,874	5,304
고속도로	km	4,193	729
선박보유톤수	만G/T	4,650	100

* 자료: 통계청, 『북한 사회경제지표 2016』(2016)에서 전재

[부록 3]

조선로동당 조직

〈7차 전당대회(2016.5.6~9) 결과 기준〉

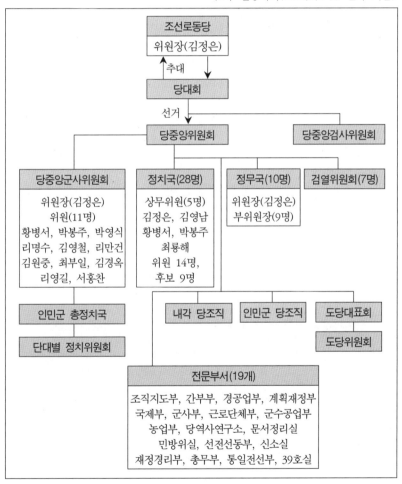

• 행정부가 있었으나 해체되었다
* 자료: 통일부, 『북한권력기구도 2017년판』을 참조하여 작성

정부 조직

〈최고인민회의 제13기 제4차 회의(2016.6.29) 개헌 내용 반영〉

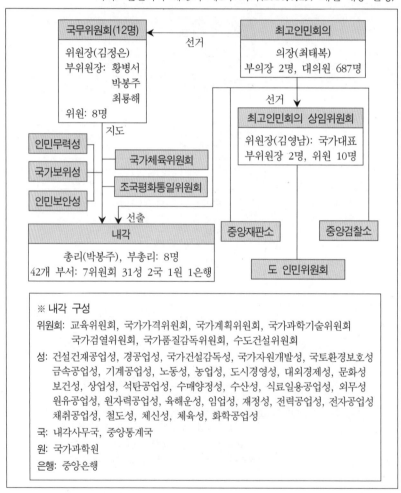

* 자료: 통일부, 『북한권력기구도 2017년판』 참조, 2016년 헌법개정내용을 반영했음

[부록 5]

주요외곽단체

〈2013년 기준〉

* 형식상 비정부조직으로 되어 있으나 로동당에서 관리하는 단체임

정당·대남

조선천도교 청우당
조선사회민주당
조국통일민주주의전선
반제민족민주전선
조국통일범민족연합 북측본부
조국통일범민족청년 학생연합 북측본부
민족화해협의회
단군민족통일협의회
조선평화옹호 전국민족위원회
재북평화통일촉진협의회
6·15공동선언실천 북측위원회

대 외

조선아시아태평양 평화위원회
조선대외문화연락위원회
세계인민들과의 연대성조선위원회
조선외교협회
조선아시아아프리카단결위원회
일제의 조선강점피해조사위원회

조선일본군위안부 및 강제연행피해자보상대책위원회
조선반핵평화위원회
조선인강제연행피해자유가족협회
아시아여성들과 연대하는 조선여성협회
조선유네스코 민족위원회
조선유엔식량 및 농업기구민족위원회
조선유엔개발계획 민족조정위원회
유엔아동기금 민족조정위원회
일본의 과거청산을 요구하는 국제연대협의회 조선위원회

사 회

김일성사회주의 청년동맹
조선직업총동맹
조선농업근로자동맹
조선민주여성동맹
조선적십자회
조선기자동맹
조선자연보호연맹
조선민주법률가협회
조선중앙변호사협회
조선학생위원회

종 교

조선카톨릭협회
조선그리스도교연맹
조선불교도연맹
조선천도교회
조선종교인협의회

학술체육

조선사회과학자협회

조선문학예술총동맹

조선과학기술총연맹

조선건축가동맹

조선역사학회

조선김일성화김정일화위원회

조선올림픽위원회

조선태권도위원회

* 통일부, 『북한권력기구도 2017』에서 전재

[부록 6]

북한 연표
(1945~2016)

1945. 8.15.   한반도 해방

8.21.   소련군 38도선 이북 진주, 평양에 사령부 설치

9.22.   김일성 소령 소련서 귀국, 평양 도착

10.10.   조선공산당 북조선분국 설치

11.19.   북조선 행정 10국(局) 발족

12.23~27   모스크바 3국(미국, 영국, 소련) 외상회의서 신탁 통치안
채택

1946. 2. 8.   북조선 임시 인민위원회 결성(위원장: 김일성)

3.20.   미소공동위원회 서울서 개최

8.28.   북조선 노동당 창립대회
(북조선 공산당과 신민당이 합당, 위원장: 김일성)

11.23.   남조선 로동당 창립

1947. 2.22.   북조선 인민위원회 결성(위원장: 김일성)

1947.11.14.   유엔총회, 유엔임시한국위원회 설치 및 전국적인
총선거 결의안 채택

1948. 2. 8.   인민군 창설(1978년에 창설 기념일을 1932년 4월 25일로
변경)

3.27.   북조선로동당 제2차 전당대회

8.15.   대한민국정부 수립

9. 9.   조선민주주의 인민공화국정부 수립

12.26.   소련군 철수

1949. 6.29.   주한미군 철수 완료

1949. 6.30.	남북한 노동당이 합당하여 조선노동당 결성 (위원장: 김일성)
1950. 6.25.	6·25전쟁 발발
10.25.	중국인민지원군, 6·25전쟁 참전
1953. 7.27.	6·25전쟁 휴전협정조인
10. 1.	한미상호방위조약조인
1954. 4.27.	한반도 평화통일을 위한 제네바 참전국 회의 개막
1955.12. 5.	박헌영 사형 판결
12.28.	김일성, "사상에서의 주체"를 주창한 연설
1956. 4.23~29	조선노동당 제3차 전당대회
1958. 8. 2.	농업협동화 완료
10.26.	중국인민지원군, 북한에서 전면철수
1960. 2. 5.	김일성 수상 '청산리정신, 청산리방법'을 제시
8.14.	김일성 수상, 남북한연방제 제안
1961. 7. 6.	조소 우호협력 상호원조조약체결
7.11.	조중 우호협력 상호원조조약체결
9.11~18	조선노동당 제4차 전당대회
12. 6.	김일성 수상, '대안사업체계' 확립
1962.12.10.	노동당중앙위 제4기 제5차 총회, '4대 군사노선' 채택
1964. 2.25.	3대 혁명역량론 발표

1965. 4.14.	인도네시아 알리아르함 사회과학원서 김일성 연설, "주체사상"을 체계화하여 발표
1965. 6.22.	한일협정체결
1968. 1.21.	북한 무장게릴라 서울 침입(청와대 습격사건)
1.23.	북한 해군, 미정보수집함 푸에블로호 나포
1969. 4.15.	북한 미정찰기 EC-121 격추
1970.11. 2~13	조선노동당 제5차 전당대회
1972. 5. 2~5	이후락 중앙정보부장 평양 방문
5.29~6.1	박성철 부수상 서울 방문
7. 4.	7·4남북공동성명 발표 '조국통일에 관한 3대 원칙' 합의
8.30.	제1차 남북적십자회담
10.12.	제1차 남북조절위원회 본회담
12.25~28	최고인민회의 제5기 제1차 회의 조선민주주의인민공화국 〈사회주의 헌법〉 채택 (국가주석: 김일성)
1973. 9. 4.	노동당중앙위원회 제5기 제7차 회의, 김정일을 당중앙위 서기로 선출
1976. 8.18.	판문점 미군장교 2명 살해 사건('도끼만행' 사건)
1977. 7.13.	북한, 휴전선 부근 비행중인 미헬기를 격추, 승무원 3명 사망
1979.10.26.	박정희 대통령 사망
1980.10.10~14	조선 노동당 제6차 전당대회 개최 김일성 총서기, '고려민주연방공화국' 창설 제안, 경제건설 80년대 10대전망 목표제시, 김정일이 처음으로 공식석상에 출현
10.14.	조선노동당 제6기 중앙위 제1차 총회개최

김일성 총서기 재선, 김정일 정치국 상무위원, 서기, 군사위원으로 선출

1981. 1.19. 조선민주당, '조선사회민주당'으로 개칭

1983.10. 9. 버마폭탄테러사건(아웅산 사건) 발생

1984. 1.10. 미국, 한국 및 북한과 3자 회담 제안

　　　9.29. 북한의 한국수해구호물자 인도(판문점)

1985. 5.27~30 제8차 남북적십자 본회담 서울서 개최

　　8.26~29 제9차 남북적십자 본회담 평양서 개최

　　12.2~5 제10차 남북적십자 본회담 서울서 개최

1987.11.29. 대한항공기 폭파 사건 발생(폭파범 김현희 체포)

1988. 8.19. 남북 국회회담 예비회담 개최(판문점): 남북직접대화는 85년 12월 적십자본회담이후 2년 8개월 만에 재개

1988. 9.17. 서울 올림픽 개막

　　10.18. 노태우 대통령이 제43차 UN총회 본회의 연설에서 남북한, 미·일·중·소 6자회담 제안

1989. 1. 1. 김일성 주석, 신년사에서 '남북정치협상회의' 개최 제안

　　1.16. 북한, 남북 고위급 회담에 동의, 차관급 예비회담 개최를 제안

　　5.11. 한국, 북한이 평안북도에 핵재처리공장을 건설 중이라고 보도

　　9.11. 노태우 대통령, '한민족공동체통일안' 발표

1990. 5.24. 최고인민회의 제9기 제1차 회의 개최(~26일) 김일성 국가주석 재선, 김정일 서기는 국방위원회 제1부위원장으로, 김일성주석이 시정연설에서 통일 전에도 남북한이 하나의 의석으로 국제연합에 가입해도 좋다고 표명

　　7.26. 남북고위급회담개최 합의, 회담의 명칭은 '북남고위급

회담'

9. 4.	제1차 남북고위급회담 참가를 위해 연형묵(延亨黙) 북한 정무원 총리 서울 방문, 회담은 5, 6일 양일 개최
9.30.	한국과 소련 국교수립
10.16.	강영훈 총리, 남북고위급 회담 제8차 회의를 위해 평양 방문, 회담은 17, 18일
12. 9.	평양민족음악단, 서울 '90년송년통일전통음악제' 참가
1991. 1.30.	일북 국교정상화를 위해 정부간 제1회 본회담 평양에서 개최(~31일)
4.28.	평양에서 남북 국회의원 회견
9.17.	제46차 국제연합 총회, 남북한 국제연합 동시 가입을 승인
11. 8.	노태우 대통령 '한반도 비핵화와 평화구축을 위한 선언' 발표
12.11.	제5차 남북고위급회담 개최
12.13.	'남북간의 화해와 불가침 및 협력교류에 관한 합의서' 채택
12.30.	북한, 함경북도 나진과 선봉에 '자유경제무역지대' 설치
1992. 1.21.	'비핵화공동선언' 남북 양방 최종 서명 문서 교환
2. 5.	북한 중앙인민위·최고인민회의 상설회의 연합회의 1월 20일에 채택된 '조선반도의 비핵화에 관한 공동선언' 승인
2.18.	김일성 주석, 남북간 합의서·비핵화 선언 비준서에 서명
2.19~20	제6차 남북고위급회담, 평양에서 개최 '남북간 화해와 불가침 및 협력 교류에 관한 합의서', '한반도의 비핵화에 관한 공동선언' 발효
1992. 5. 6~7	제7차 남북고위급회담. 서울에서 개최 양측 공동위 연락사무소 설치, 이산가족방문단의 교환

합의

5.18.	제7차 남북고위급회담의 합의에 따라 남북 쌍방이 군사공동위원회, 경제협력교류공동위원회, 사회문화협력교류공동위원회를 구성, 또 쌍방은 판문점에 남북연락사무소를 각각 설치하기로 합의(설치되지 않았음)
8.24.	중국과 한국 국교수립
9.16~17	제8차 남북고위급회담, 평양에서 개최(~17일)

1993. 4.7~9 최고인민회의 제9기 제5차 회의 열림(~9일)
'조국통일 위한 전민족대단결 10대강령'을 채택, 김정일을 국방위원장으로, 오진우 인민무력상을 국방위 제1부위원장으로 선출

7.19. 제네바에서 미북회담 종료
북한, IAEA와의 협의개시에 동의
미국이 북한에 발전을 위한 경수로 건설 지원 결정

1994. 4.28. 북한 외무성 성명, 미국에 "휴전협정을 대신한 평화보장체계 수립 교섭"을 제안

7. 8. 김일성 주석 사망(82세)

10.21. 미북 제네바 기본합의문에 서명

1995. 3. 9. '한반도에너지개발기구(KEDO)' 발족

6.10. 북한에 경수로를 제공하는 문제와 관련, 미북회담에서 '잠정적 합의' 달성

1995.12.15. 북한과 KEDO가 경수로 제공협정에 조인

1996. 1.17. 조선사회주의 노동청년동맹(사노청) 대표자 모임 개최, 사로청을 '김일성사회주의 청년동맹'으로 개칭

7.11. 북한과 KEDO, 경수로 제공사업에 관한 3가지 의정서에 정식 조인

9.18. 한국, 강릉에서 좌초된 북한 잠수함 발견

상륙한 승무원 1명 체포, 11명 집단 자살

11.19.   북한, 판문점연락사무소 폐쇄 통고

1997. 2.12.   황장엽 조선노동당 서기가 북경에서 한국으로 망명 신청

4.20.   황장엽 한국 입국

7. 8.   북한, 김일성주석이 출생한 1912년을 원년으로 하는
'주체연호'를 제정

9. 9.   북한, '주체연호' 사용 시작

10. 8.   김정일, 조선로동당 총서기 추대

12. 9.   4자회담 제1회 본회담이 제네바에서 개최. 6·25전쟁
당사자를 함께 모아 평화를 협의하는 것은 1953년 휴전
협정체결 이래 44년만임

1998. 6.22.   한국영해에서 북한잠수함 발견 포획

9. 5.   최고인민회의 제10기 제1차 회의에서 개정헌법 채택,
김영남 최고인민회의 상임위원장으로 선출됨

1998.11.18.   금강산 관광선 첫 출항

1999. 6.15.   서해 연평해전

2000. 4. 8.   남북정상회담 평양에서 갖기로 합의

2000. 6.15.   김정일-김대중 대통령 정상회담, 「6·15선언」 발표

2001. 1.   김정일 상해 방문

2002. 7. 1.   「7·1조치」 단행-배급제 철폐, 임금현실화, 시장허용

2002. 6.29.   제2차 연평대전

2002.10.   강석주 외교부 부부장 평양방문 중인 켈리 미국 국무부
차관보에 농축우라늄프로그램 시인

2003. 1.   영변 원자로 재가동

2003. 9.   박봉주 수상에 취임

2004. 4.   용천 철도 폭발사건-160명 사망

2004.12.	개성공단 개소
2005. 2.	외무성 핵무기 보유 공표
2005. 9.	식량배급제 재도입
2006. 7. 4.	대포동-2호 발사실험
2006.10.	첫 지하핵실험
2007. 2.	북핵문제 해결을 위한 6자회담에서 2·13합의 발표
2007.10. 2~4.	노무현-김정일 정상회담 「10·4선언」 발표
2007.10.17~22.	제16차 이산가족 상봉
2007.11.14~16.	남북 총리회담
2008. 2.25.	이명박 대통령, 취임사에서 '비핵개방 3000' 구상발표
2008. 7.11.	금강산 관광객 박왕자씨 총격피살, 관광 중단
2009. 1.30.	북한 조평통, 남북한 간의 모든 합의사항 무효화선언 아울러 「기본합의서」의 서해 해상군사경계선에 관한 조항의 폐기선언
2009. 2. 2.	인민군총참모부, 미국의 대북 적대시 정책을 버리지 않으면 핵무기 포기하지 않는다고 성명
2009. 4.	대포동-2 개량형 발사 북한 외무성, 핵실험, ICBM 발사실험, 핵연료 재처리 위협
2009. 5.25.	함북 풍계리에서 제2차 핵실험
2009. 6.13.	유엔안보리 대북제재결의 1874 채택
2009. 7.18.	김영남 최고인민회의 상임위원장, 6자회담 종말 주장
2009.10.12.	북한, 동해안에서 단거리미사일 5발 발사
2009.11. 3.	북한, 8,000개 폐연료봉 재처리 완료 발표
2009.11.10.	대청해전(NLL침범 북해군함정 격퇴)
2009.12. 4.	북한, 화폐개혁 단행(100원을 1원으로)

2009.12.18.	유엔총회 '북한인권 결의안' 채택
2010. 3.26.	한국해군 초계함 〈천안함〉 북한 잠수함 어뢰에 피격 침몰
2010. 4. 8.	북한, 금강산지구내 부동산 동결, 관리인 추방
2010. 5.24.	이명박 대통령, 「5·24조치」 발표
	남북교역, 방북, 신규투자, 대북지원 모두 보류
2010. 5.25.	북한, 남측과 모든 관계 단절 선언
2010. 9.28.	김정은, 김경희에 대장계급 부여
	조선로동당 당대표자회의 개최
	김정일 로동당 총비서 추대, 로동당규약 개정
2010.10.10.	황장엽 사망
2010.11.20.	미국 지그프리트 해커 박사 방북시 우라늄 농축시설 목격했다고 발표
2010.11.23.	북, 연평도에 무차별 포격 감행
2010.12.26.	북·중 나진항 개발 협약, 중국 부두 50년 사용권 확보
2011. 1. 1.	경공업 발전으로 인민생활 향상, 강성대국 건설로 정책 전환 발표
2011. 4. 8.	북한, 현대측과 맺은 금강산관광협약 중 독점권 조항 무효화 선언
2011. 6. 9.	'황금평·위화도경제지구' 지정
2011.12.17.	김정일 국방위원장 사망
2012. 2.23~24.	제3차 미국-북한회담 북경에서 개최
2012. 2.29.	북한 외부성 제3차 미-북회담 결과 공표
	−미국은 문화, 교육, 체육 분야 인적교류 확대조치 취하기로
	−미국은 24만 톤 영양식품을 북한에 제공
	−북한은 회담 진행되는 기간 핵실험, 장거리 미사일 발사, 영변 우라늄 농축활동을 중지하고 IAEA 감시

　　　　　　　허용하기로 함

2012. 3.22.	유엔 인권이사회 북한인권결의안 채택
2012. 4. 1.	미국의회조사국(CRS)에서 1995년 이래 대북한 원조액 누계가 13억 1천175만 달러였다고 보고
2012. 4. 6.	김정은, 김정일을 '영원한 총비서'로 모시자고 담화 발표
2012. 4.11.	제4차 노동당대표자회의 개최 김정은을 정치국 상무위원, 중앙군사위원회 위원장으로 추대
2012. 4.13.	광명성 3호를 평안북도 철산군에서 발사
2012. 4.13.	최고인민회의 제12기 5차회의 개최 김정일을 '영원한 국방위원장'으로, 김정은을 국방위원회 제1위원장으로 추대
2012. 4.13.	미국, 북한의 광명성 3호 발사에 대한 보복으로 식량지원 중단 발표
2012. 4.16.	유엔 안전보장이사회, 북한 미사일 발사를 규탄하는 의장성명 채택
2012. 7.18.	김정은에 '공화국 원수' 칭호 수여
2012. 9.25.	최고인민회의 제12기 제6차회의 개최 의무교육기간 11년에서 12년으로 연장 결정
2012.11.28.	유엔 총회 제3위원회, 북한인권결의안 채택
2012.12.12.	광명성-3 2호기(은하3호) 발사
2012.12.20.	유엔 총회 본 회의 북한인권결의안 채택
2013. 1.23.	유엔 안보리 대북제재결의 2087호 채택
2013. 2.12.	북한 제3차 핵실험을 풍계리에서 실시
2013. 3. 8.	유엔 안보리, 대북제재결의 2094호 채택
2013. 3. 8.	조평통, 3월 11일자로 휴전협정 무효화 선언
2013. 3.22.	유엔 인권이사회, 북한인권결의 채택

2013. 3.31.   당중앙위원회, '경제·핵무력 병진노선' 채택

2013. 4. 1.   최고인민회의 제12기 제7차 회의 개최
헌법 일부 수정

2013. 4. 2.   영변 5MW 흑연감속로 재가동 선언

2013. 4. 3.   북한, 개성공단 출경 차단

2013. 4. 8.   개성공업지구 종업원 전부 철수

2013. 5.22.   최룡해 총정치국장 방중

2013. 8.12.   북한, '당의 유일적 영도체계 확립의 10대 원칙'을
39년 만에 개정 채택

2013. 8.14.   개성공단 정상화 합의

2013.11.19.   유엔 총회, 북한인권결의안 채택

2013.11.21.   13개 '경제개발구'와 1개 '특수경제지대' 설치 정령 발표

2013.12.12.   국가안전보위부, 장성택 사형 집행 발표

2013.12.18.   유엔총회 '북한인권결의안' 합의 채택

2014. 1.16   북한 국방위 상호 비방, 적대 행위 전면 중단 제의

2014. 1.24   북한, 이산가족 상봉 제의

2014. 2.20   금강산에서 이산가족 상봉

2014. 2.24   북한 경비정 NLL 세 차례 침범

2014. 2.27   북한 탄도탄 4발 발사

2014. 3.28   박근혜 대통령 '드레스덴 구상' 발표

2014. 4. 9   김정은, 최고인민회의 제13기 제1차 회의에서
국방위원회 제1위원장으로 재추대

2014. 4.12   북한 '드레스덴 구상'을 '흡수통일' 논리라 비난

2014. 6.19   북한, 내각총리에 최영건 임명

2014. 6.25   북한, 인민무력부장으로 현영철 임명

2014. 6.29   북한 단거리 미사일 2발 발사

2014. 7. 9~30   북한 단거리 유도탄 4차 발사

2014. 9. 1~6   북한 단거리 유도탄 2차 발사

2014. 9.25	최고인민회의 제13기 제2차 회의 개최
2014. 9.28	북한 이수용 외무상 유엔총회 연설에서 '핵보유' 강조
2014.10. 4	북한 고위층(황병서 총정치국장, 최룡해, 김양건)
~5	인천아시아게임 폐막식 참석
2014.10.19	파주 부근 DMZ에서 총격전
2014.11.27	경제 개선 대책 '530조치' 지시
2014.12. 4	노동당 행정부 해체, 당 조직부 7과로 흡수
2014.12.29	정부, 북측에 당국간 대화 제의
2015. 1. 1	남북한 정부, 동시에 '남북 당국간 대화' 개최 시사
2015. 4. 9	최고인민회의 제13기 제3차 회의 개최, 국방위원 교체
2015. 8. 4	DMZ 지뢰도발사건 발생
2015. 8. 5	이희호 여사 방북
2015. 8.15	표준시간을 GMT +9를 GMT +8시간30분으로 변경
2015. 8.22	남북 당국자 접촉
2015. 9. 7	남북 적십자간 실무자회의
2015.10.20	금강산에서 제20차 이산가족 상봉
2015.12.11	남북 당국자간 회담
2015.12.29	통일전선부장 김양건 사망
2016. 1. 6	제4차 핵실험
2016. 2.10	개성공단 전면 중단
2016. 3. 2	한국 국회 「북한인권법」 통과
2016. 4.12	북한 해외식당 여종업원 집단 탈북
2016. 5. 6	노동당 제7차 전당대회 개막
2016. 6.22	화성-10(무수단) 발사 실험
2016. 6.29	최고인민회의 제13기 제4차 회의를 열고 김정은을 국무위원회 위원장으로 추대
2016. 7. 6	미국 북한 제재 대상 발표
2016. 9. 9	풍계리에서 제5차 핵실험

[부록 7]

북핵-미사일 개발 일지
(1959~2016)

1959.11. 9.	북한과 구소련 원자력 협정 체결
1962.11. 1.	IRT-2000형 연구용 원자로 구소련의 지원하 착공
1965.11. 6.	IRT-2000형 연구용 원자로 가동(열출력 2MW)
1964.11. 9.	북한 IAEA 가입
1980.11. 7.	5MWe 실험용 원자로 자체기술로 착공('86 완공)
1983.11.	고성능 폭발실험 실시(이후 70여 회 실시)
1984. 4.	스커드-B 미사일 첫 실험
1985.11. 5.	50MWe 원자로(영변) 착공('95 완공목표)
1985.11.	재처리 시설(방사화학실험실) 착공('89 가동)
1985.12.12.	북한 NPT 가입
1986. 5.	스커드-C 첫 실험
1986.11.10.	5MWe 원자로 가동
1987.11. 2.	북한 제2원자로 시험 가동 성공
1988.	스커드-B, C 작전배치
1989.11.	200MWe 원자로 착공(태천)
1991.12.31.	제3차 남북판문점회담 '**한반도 비핵화에 관한 공동선언**' 채택
1992. 1.30.	**북한 IAEA와 핵안전협정** 서명
1992. 5.26.	제1차 IAEA 대북한 임시사찰(6.5까지)
1993. 2.25.	IAEA 정기이사회, 대북한 특별사찰 수락 촉구 결의 채택
1993. 3.12.	북한, 핵확산금지조약(NPT) 탈퇴선언
1993. 3.18.	IAEA 특별이사회, 대북한 결의안 채택
1993. 4. 1.	IAEA 특별이사회, 북한의 안전조치 협정 불이행의 유엔 안보리 보고 결의 채택, NPT 기탁국(미, 영, 러) 공동성명 발표―대북한 NPT 탈퇴 선언 철회 및 동 조약과 안전조치 협정상 의무 이행 촉구
1993. 5.	노동미사일 발사 성공

1993. 5.10~14.	IAEA 사찰단 방북, 안전조치 장비 교체 및 정비 실시
1993. 5.11.	**유엔안보리, 대북결의안(825호)** 채택―북한에 NPT 탈퇴철회 재고 및 NPT 준수 촉구
1993. 6.12.	3차 북·미 고위급 회담에서 북한 NPT 탈퇴유보
1993. 8. 4.	IAEA 사찰단 방북, 북 영변핵 폐기시설 사찰 거부, 제한적인 사찰
1993. 9.13.	미 하원, 대북 무역·금융제재 결의안 채택
1993.10. 1.	IAEA 제37차 총회, 핵안전협정의 완전한 이행 촉구 대북결의안 채택
1993.12.29.	북·미, 뉴욕 추가접촉서 핵사찰 수용합의
1994. 3. 1~15.	IAEA 사찰단 북한 핵사찰
1994. 6.10.	IAEA, 북한 제재 결의안 채택
1994. 6.13.	북한 IAEA 공식탈퇴선언
1994. 6.16	미국, 유엔 안보리에 대북제재 결의안 초안 제시. 1단계-무기금 수와 문화 기술 과학 교육교류금지 2단계-국제 금융거래중단
1994.10.21.	**제네바 합의문** 체결
1994.11. 1.	북한 핵동결 선언
1995. 3. 9.	**한반도에너지개발기구(KEDO) 설립에 관한 협정** 체결
1995. 5.19~6.13.	북·미 1천MW 경수로2기 제공합의
1996. 4.27.	5MWe 폐연료봉 봉인작업(canning) 개시
1998.	노동미사일 작전배치
1998. 8.31.	대포동-1호 시험발사
2000. 6.15.	**6·15남북공동선언**
2001. 9.25.	제45차 IAEA 총회, 핵안전협정 준수 촉구 대북 결의안 채택
2002. 1.29.	부시 미상하양원 합동회의에서 '악의 축' 발언
2002. 3. 9.	LA Times 등 주요 언론, 1월 미 국방부가 의회에 제출한 '핵태세 검토보고서(NPR)' 보도(핵무기 사용대상 국가에 북한 등 7개국 포함)
2002. 3.13.	북한, 미국의 핵태세 검토보고서(NPR)에 반발, 미국과의 모든 합의 재검토
2002. 9.16.	도널드 럼스펠드, 북한을 '세계 최악의 대량살상무기개발확산국' 으로 지목하고 북한의 핵무기 보유 주장
2002.10.17.	켈리 특사, '북 핵개발 계획 시인' 발표

2002.11.30.	IAEA 이사회, 북한 핵개발 포기·사찰 수용 결의안 채택
2002.12.22.	북한 영변 폐연료봉 저장시설 봉인 제거, 감시카메라 무력화
2002.12.25.	북한, 연료봉 재장전
2002.12.28.	북한 IAEA 사찰관 추방
2003. 1.10.	북한 핵확산금지조약(NPT) 탈퇴 선언. IAEA 안전조치협정 탈퇴
2003. 8.27.	베이징 6자회담 개최
2003.11.21.	KEDO 집행이사회, 경수로 건설 중단 공식 결정
2004. 2.25~28.	제2차 6자회담 개최
2004. 2.28.	제2차 6자회담 의장성명서 채택
2004. 4.28.	미, "북핵 최소8개로 추정" 발표
2004. 6.23~26.	3차 6자회담 개최, 미국 '북핵 5단계 해법' 제시, 북한 '미, 보상 수용시 핵동결 폐지' 발표, 의장성명 발표
2004.11.12.	북 조평통, 핵억제력 강화 주장
2005. 4.14.	**61차 유엔인권위원회 북한인권결의안 채택**
2005. 5.11.	북한 외무성, "폐연료봉 인출 작업 완료" 발표
2005. 7. 9.	김계관-힐 베이징 접촉, 7월 마지막 주 6자회담 재개에 합의
2005. 7.26.	제4차 6자회담 베이징에서 공식 개막
2005. 8. 7.	6자회담 휴회 결정
2005. 9.19.	6개국 전체회의 개최, **북의 '모든 핵무기와 현존 핵계획 포기'** 등을 골자로 하는 **공동성명** 채택
2006. 6. 1.	KEDO 이사회 경수로 사업 공식 종료 선언
2006. 7. 5.	북한 단·중·장거리 미사일 6발 발사
2006. 7.16.	**유엔안보리 북한 미사일 발사에 관한 결의안 1695호 채택**
2006.10.15.	**유엔 안보리, 유엔헌장 7장 41조에 따른 대북재재 조치를 담은 결의 1718호 채택**
2007.	무수단 미사일 작전배치
2007. 2. 8~13.	3단계 제5차 6자회담 개최, **'9·19공동성명 이행을 위한 초기조치'** 합의문서 채택
2007. 6.21.	크리스토퍼 힐 미 국무부 차관보 북한 방문
2007. 6.28.	IAEA 실무단 영변 핵시설 방문
2007. 7.18~19.	북핵 6자 수석대표회담 개최
2007. 8.16~18.	6자회담 제2차 비핵화실무그룹회의

2007.10. 4.	노무현 대통령, 김정일 평양서 '정상선언'
2007.10. 9.	북한 핵실험
2009. 4.	대포동-2 개량형 발사실험
2009. 5.25.	제2차 핵실험
2009. 5.26.	단거리미사일 3발 발사실험
2009. 5.27.	단거리미사일 2발 발사실험
2009. 5.29.	북한 외무성 '핵실험은 자위적 조치' 성명
2009. 6.12.	유엔안보리 대북제재결의안 제1874호 채택
2009. 6.13.	북한 외무성 우라늄 농축작업 착수, 플루토늄 전량 무기화 발표
2009. 7.	노동미사일 발사실험
2010. 7. 2.	단거리미사일 4발 발사실험
2010. 7. 4.	노동미사일, SCUD 7발 발사
2010. 7.16.	유엔안보리 제재결의 1874 제재대상 확정
2010.10.12.	단거리미사일 5발 발사
2010.11. 3.	조평통 "폐연료봉 8,000개 재처리 완료" 성명
2010.11.12.	미국 지그프리트 해커 박사 초청, 우라늄 농축시설 공개
2011.12.17.	김정일 국방위원장 사망
2012. 1.11.	단거리미사일 3발 발사실험
2012. 2.23.	북경서 제3차 미·북 고위급회담
2012. 2.29.	미·북 회담 내용 공개, 우라늄농축 중단 등 비핵화 사전조치 약속, 그 대가로 미국이 대북 영양지원 합의(2·29합의)
2012. 3.26.	핵안보정상회의 서울서 개최
2012. 4.13.	은하3호(대포동-2 개량형) 발사
2012. 4.16.	유엔안보리 미사일발사 규탄 의장성명
2012. 5. 3.	유엔안보리 핵실험 자제 촉구 공동성명
2012. 5.30.	북한 개정헌법 전문에 '핵보유국' 명시
2012.12.	북한 은하3호 발사
2013. 2.10	동해안에서 KN-02 발사
2013. 2.12	제3차 핵실험
2013. 3.15	동해안에서 KN-02 2발 발사
2013. 5.19	이동식 발사체 이용 단거리 유도탄 1발 발사

2013. 5.20	KN-02 (지대지)단거리 유도탄 2발 발사
2013. 9.17	동창리에서 장거리 로켓 엔진 실험
2014. 2.27	안변군 깃대령에서 단거리 미사일 4발 발사
2014. 3. 3	깃대령에서 스커드-C 2발 발사
2014. 3.26	노동미사일 2발 발사
2014. 7. 2	KN-09 2발 발사
2014. 7. 9	스커드-C 2발 서해안에서 동해로 발사
2014. 7.13	사거리 500km 스커드계열 2발 발사
2014. 9. 6	신형 전술 미사일(사거리 170km) 발사 실험
2015. 2. 6	함대함 미사일 4발 발사
2015. 2. 8	동해에서 단거리 미사일 5발 발사
2015. 3. 2	서해에서 동해로 단거리 탄도탄 2발 발사
2015. 3.12	동해에서 지대공 미사일 7기 발사
2015. 4. 3	서해에서 남쪽으로 단거리 미사일 4발 발사
2015. 4. 7	평원군에서 단거리 미사일 2발 발사
2015. 5. 9	신포 인근에서 북극성-1 시험 발사
2015. 6.14	동해에서 단거리 미사일 3발 발사
2016. 1. 6	제4차 핵실험
2016. 2. 7	동창리에서 장거리 미사일 발사(광명성 4호)
2016. 3. 3	동해로 단거리 미사일 6발 발사
2016. 3.10	동해로 단거리 미사일 2발 발사
2016. 4.15	동해로 무수단 미사일 1발 발사
2016. 4.23	신포에서 SLBM 시험 발사
2016. 4.28	원산에서 무수단 2발 발사
2016. 5.31	원산에서 무수단 1발 발사
2016. 6.22	원산에서 무수단 2발 발사
2016. 6.23	화성-10 시험 발사
2016. 7. 9	신포에서 SLBM 1발 발사
2016. 7.19	동해에서 스커드 1, 노동 2발 발사
2016. 8. 3	동해에서 노동 2발 발사
2016. 8.24	신포에서 SLBM 발사 실험

2016. 9. 5	동해상에서 탄도탄 3발 발사
2016. 9. 9	제5차 핵실험
2016.10.15	평북에서 무수단 1발 발사
2016.10.20	평북에서 무수단 1발 발사

* 참고 사항(1)
주요미사일 사정거리(km)
SCUD-B 300, SCUD-D 500, 노동 1,300, 무수단 3,000 이상

* 참고 사항(2)
UN안보리 대북제재 결의
2006. 7.15 제1695호
2006.10.14 제1718호
2009. 6.12 제1874호
2013. 1.22 제2087호
2013. 3. 7 제2094호
2016. 3. 2 제2270호
2016.11.30 제2321호

* 참고 사항(3)

> ▎ 미사일 명칭
>
> • KN-01: 신형 지대함 미사일, 최대 사거리 160km, 금성 1호
> • KN-02: 고체 로켓을 사용하는 사거리 140km의 단거리 미사일, 화성 11호
> • KN-03: 스커드 B, 북한명 화성 5호, 사거리 300km
> • KN-04: 스커드 C, 북한명 화성 6호, 사거리 500km
> • KN-05: 노동 미사일, 북한명 화성 7호, 사거리 1,300km
> • KN-06: 신형 지대공 미사일, 북한 명 번개 5호, 북한판 S-300패트리엇
>   - 최대 사거리 150km, 요격 고도는 30km
> • KN-07: 무수단 미사일, IRBM, 북한명 화성 10호, 최대 사거리 3,500~4,000km
>   - 고도 1,413.6km, 비행 400km(2016.6.22)
>   * 대포동 1호: 2,500km(화성 8호), 대포동 2호: 6,700km(화성 9호)
> • KN-08: 사거리가 미국 본토에 이르는 ICBM, 화성 13호
> • KN-09: 신형 대구경 300mm 방사포
>   - 최대 사거리 200km, 계룡대 등이 사정권
> • KN-10: 스커드 ER, 사거리 1,000km(2017.3.6)
> • KN-11: SLBM, 북한명 북극성 1호(2016.8.24), 600km 고도, 400km 비행
> • KN-14: KN-08의 개량형, 화성 14호
> • KN-15: 북극성 2형, 사거리 2,000km 정도 추정(2017.2.12/5.21)
> • KN-17: 화성 12호, 대함/대지 탄도탄 미사일, 5,000km로 추정(2017.5.14)
>
> ※ 성신여대 김열수 교수 작성 자료(2017)

* 참고 사항(4)

	북한명	속도(마하)	발사대	연료	탄두중량(Kg)
스커드	화성 5, 6호	5	TEL	액체	1,000/700
스커드ER		10	TEL	액체	500
노동	화성 7호	8	TEL	액체	700
무수단	화성 10호	10~15	TEL	액체	650
KN-17	화성 12호	15~24	고정	액체	500~1,000
SLBM	북극성 1	10	잠수함	고체	650~1,000
KN-15	북극성 2	10	궤도	고체	650 이상
KN-08	화성 13호	24(추정)	TEL	액체	650
KN-14	화성 14호	24(추정)	TEL	액체	650

▌ 북한 미사일 성능

사드는 마하 7~8배 속도, 정면으로 날아오는 탄도미사일에 대해선 마하 14까지 대응
 - 11차례 시험은 모두 스커드와 노동에 요격 집중
SM-3의 속도는 마하 8~10

※ 성신여대 김열수 교수 작성 자료(2017)

* 출처: 허문영 외, 『한반도 비핵화와 평화체제 구축전략』(서울: 통일연구원, 2007), pp.
    261-272서 발췌; 2008~2011 일지는 『국방백서 2010』과 『국방백서 2012』에서
    2013~2016은 『국방백서 2016』에서 발췌

[부록 8]

북한 사회주의헌법

2016년 6월 29일 최고인민회의 제13기 제4차회의에서 수정보충

서 문

조선민주주의인민공화국은 위대한 김일성동지와 김정일동지의 사상과 령도를 구현한 주체의 사회주의조국이다.

위대한 김일성동지는 조선민주주의인민공화국의 창건자이시며 사회주의조선의 시조이시다.

김일성동지께서는 영생불멸의 주체사상을 창시하시고 그 기치밑에 항일혁명투쟁을 조직령도하시여 영광스러운 혁명전통을 마련하시고 조국광복의 력사적위업을 이룩하시였으며 정치, 경제, 문화, 군사분야에서 자주독립국가건설의 튼튼한 토대를 닦은데 기초하여 조선민주주의인민공화국을 창건하시였다.

김일성동지께서는 주체적인 혁명로선을 내놓으시고 여러 단계의 사회혁명과 건설사업을 현명하게 령도하시여 공화국을 인민대중중심의 사회주의나라로, 자주, 자립, 자위의 사회주의국가로 강화발전시키시였다.

김일성동지께서는 국가건설과 국가활동의 근본원칙을 밝히시고 가장 우월한 국가사회제도와 정치방식, 사회관리체계와 관리방법을 확립하시였으며 사회주의조국의 부강번영과 주체혁명위업의 계승완성을 위한 확고한 토

대를 마련하시였다.

위대한 김정일동지는 김일성동지의 사상과 위업을 받들어 우리 공화국을 김일성동지의 국가로 강화발전시키시고 민족의 존엄과 국력을 최상의 경지에 올려세우신 절세의 애국자, 사회주의조선의 수호자이시다.

김정일동지께서는 김일성동지께서 창시하신 영생불멸의 주체사상, 선군사상을 전면적으로 심화발전시키시고 자주시대의 지도사상으로 빛내이시였으며 주체의 혁명전통을 견결히 옹호고수하시고 순결하게 계승발전시키시여 조선혁명의 명맥을 굳건히 이어놓으시였다.

김정일동지께서는 세계사회주의체계의 붕괴와 제국주의련합세력의 악랄한 반공화국압살공세속에서 선군정치로 김일성동지의 고귀한 유산인 사회주의전취물을 영예롭게 수호하시고 우리 조국을 불패의 정치사상강국, 핵보유국, 무적의 군사강국으로 전변시키시였으며 사회주의강국건설의 휘황한 대통로를 열어놓으시였다.

김일성동지와 김정일동지께서는 ≪이민위천≫을 좌우명으로 삼으시여 언제나 인민들과 함께 계시고 인민을 위하여 한평생을 바치시였으며 숭고한 인덕정치로 인민들을 보살피시고 이끄시여 온 사회를 일심단결된 하나의 대가정으로 전변시키시였다.

위대한 김일성동지와 김정일동지는 민족의 태양이시며 조국통일의 구성이시다.

김일성동지와 김정일동지께서는 나라의 통일을 민족지상의 과업으로 내세우시고 그 실현을 위하여 온갖 로고와 심혈을 다 바치시였다.

김일성동지와 김정일동지께서는 공화국을 조국통일의 강유력한 보루로 다지시는 한편 조국통일의 근본원칙과 방도를 제시하시고 조국통일운동을 전민족적인 운동으로 발전시키시여 온 민족의 단합된 힘으로 조국통일위업을 성취하기 위한 길을 열어놓으시였다.

위대한 김일성동지와 김정일동지께서는 조선민주주의인민공화국의 대외정책의 기본리념을 밝히시고 그에 기초하여 나라의 대외관계를 확대발전시키시였으며 공화국의 국제적권위를 높이 떨치게 하시였다.

김일성동지와 김정일동지는 세계정치의 원로로서 자주의 새 시대를 개척하시고 사회주의운동과 쁠럭불가담운동의 강화발전을 위하여, 세계평화와 인민들사이의 친선을 위하여 정력적으로 활동하시였으며 인류의 자주위업에 불멸의 공헌을 하시였다.

김일성동지와 김정일동지는 사상리론과 령도예술의 천재이시고 백전백승의 강철의 령장이시였으며 위대한 혁명가, 정치가이시고 위대한 인간이시였다.

김일성동지와 김정일동지의 위대한 사상과 령도업적은 조선혁명의 만년재보이고 조선민주주의인민공화국의 륭성번영을 위한 기본담보이며 김일성동지와 김정일동지께서 생전의 모습으로 계시는 금수산태양궁전은 수령영생의 대기념비이며 전체 조선민족의 존엄의 상징이고 영원한 성지이다.

조선민주주의인민공화국과 조선인민은 위대한 김일성동지와 김정일동지를 주체조선의 영원한 수령으로 높이 모시고 조선로동당의 령도밑에 김일성동지와 김정일동지의 사상과 업적을 옹호고수하고 계승발전시켜 주체혁명위업을 끝까지 완성하여나갈것이다.

조선민주주의인민공화국 사회주의헌법은 위대한 김일성동지와 김정일동지의 주체적인 국가건설사상과 국가건설업적을 법화한 김일성-김정일헌법이다.

제1장 정 치

제1조: 조선민주주의인민공화국은 전체 조선인민의 리익을 대표하는 자주적인 사회주의국가이다.

제2조: 조선민주주의인민공화국은 제국주의침략자들을 반대하며 조국의 광복과 인민의 자유와 행복을 실현하기 위한 영광스러운 혁명투쟁에서 이룩한 빛나는 전통을 이어받은 혁명적인 국가이다.

제3조: 조선민주주의인민공화국은 사람중심의 세계관이며 인민대중의 자

주성을 실현하기 위한 혁명사상인 주체사상, 선군사상을 자기 활동의
지도적지침으로 삼는다.

제4조: 조선민주주의인민공화국의 주권은 로동자, 농민, 군인, 근로인테
리를 비롯한 근로인민에게 있다. 근로인민은 자기의 대표기관인 최고
인민회의와 지방 각급 인민회의를 통하여 주권을 행사한다.

제5조: 조선민주주의인민공화국에서 모든 국가기관들은 민주주의중앙집
권제원칙에 의하여 조직되고 운영된다.

제6조: 군인민회의로부터 최고인민회의에 이르기까지의 각급 주권기관은
일반적, 평등적, 직접적원칙에 의하여 비밀투표로 선거한다.

제7조: 각급 주권기관의 대의원은 선거자들과 밀접한 련계를 가지며 자기
사업에 대하여 선거자들앞에 책임진다. 선거자들은 자기가 선거한 대
의원이 신임을 잃은 경우에 언제든지 소환할수 있다.

제8조: 조선민주주의인민공화국의 사회제도는 근로인민대중이 모든것의
주인으로 되고있으며 사회의 모든것이 근로인민대중을 위하여 복무하
는 사람중심의 사회제도이다. 국가는 착취와 압박에서 해방되어 국가
와 사회의 주인으로 된 로동자, 농민, 군인, 근로인테리를 비롯한 근로
인민의 리익을 옹호하며 인권을 존중하고 보호한다.

제9조: 조선민주주의인민공화국은 북반부에서 인민정권을 강화하고 사상,
기술, 문화의 3대혁명을 힘있게 벌려 사회주의의 완전한 승리를 이룩하
며 자주, 평화통일, 민족대단결의 원칙에서 조국통일을 실현하기 위하
여 투쟁한다.

제10조: 조선민주주의인민공화국은 로동계급이 령도하는 로농동맹에 기
초한 전체 인민의 정치사상적통일에 의거한다. 국가는 사상혁명을 강
화하여 사회의 모든 성원들을 혁명화, 로동계급화하며 온 사회를 동지
적으로 결합된 하나의 집단으로 만든다.

제11조: 조선민주주의인민공화국은 조선로동당의 령도밑에 모든 활동을
진행한다.

제12조: 국가는 계급로선을 견지하며 인민민주주의독재를 강화하여 내외

적대분자들의 파괴책동으로부터 인민주권과 사회주의제도를 굳건히 보위한다.

제13조: 국가는 군중로선을 구현하며 모든 사업에서 우가 아래를 도와주고 대중속에 들어가 문제해결의 방도를 찾으며 정치사업, 사람과의 사업을 앞세워 대중의 자각적열성을 불러일으키는 청산리정신, 청산리방법을 관철한다.

제14조: 국가는 3대혁명붉은기쟁취운동을 비롯한 대중운동을 힘있게 벌려 사회주의건설을 최대한으로 다그친다.

제15조: 조선민주주의인민공화국은 해외에 있는 조선동포들의 민주주의적민족권리와 국제법에서 공인된 합법적권리와 리익을 옹호한다.

제16조: 조선민주주의인민공화국은 자기 령역안에 있는 다른 나라 사람의 합법적권리와 리익을 보장한다.

제17조: 자주, 평화, 친선은 조선민주주의인민공화국의 대외정책의 기본리념이며 대외활동원칙이다. 국가는 우리 나라를 우호적으로 대하는 모든 나라들과 완전한 평등과 자주성, 호상존중과 내정불간섭, 호혜의 원칙에서 국가적 또는 정치, 경제, 문화적관계를 맺는다. 국가는 자주성을 옹호하는 세계인민들과 단결하며 온갖 형태의 침략과 내정간섭을 반대하고 나라의 자주권과 민족적, 계급적해방을 실현하기 위한 모든 나라 인민들의 투쟁을 적극 지지성원한다.

제18조: 조선민주주의인민공화국의 법은 근로인민의 의사와 리익의 반영이며 국가관리의 기본무기이다. 법에 대한 존중과 엄격한 준수집행은 모든 기관, 기업소, 단체와 공민에게 있어서 의무적이다. 국가는 사회주의법률제도를 완비하고 사회주의법무생활을 강화한다.

제2장 경 제

제19조: 조선민주주의인민공화국은 사회주의적생산관계와 자립적민족경

제의 토대에 의거한다.

제20조: 조선민주주의인민공화국에서 생산수단은 국가와 사회협동단체가 소유한다.

제21조: 국가소유는 전체 인민의 소유이다. 국가소유권의 대상에는 제한이 없다. 나라의 모든 자연부원, 철도, 항공운수, 체신기관과 중요공장, 기업소, 항만, 은행은 국가만이 소유한다. 국가는 나라의 경제발전에서 주도적역할을 하는 국가소유를 우선적으로 보호하며 장성시킨다.

제22조: 사회협동단체소유는 해당 단체에 들어있는 근로자들의 집단적소유이다. 토지, 농기계, 배, 중소공장, 기업소 같은것은 사회협동단체가 소유할수 있다. 국가는 사회협동단체소유를 보호한다.

제23조: 국가는 농민들의 사상의식과 기술문화수준을 높이고 협동적소유에 대한 전인민적소유의 지도적역할을 높이는 방향에서 두 소유를 유기적으로 결합시키며 협동경리에 대한 지도와 관리를 개선하여 사회주의적협동경리제도를 공고발전시키며 협동단체에 들어있는 전체 성원들의 자원적의사에 따라 협동단체소유를 점차 전인민적소유로 전환시킨다.

제24조: 개인소유는 공민들의 개인적이며 소비적인 목적을 위한 소유이다. 개인소유는 로동에 의한 사회주의분배와 국가와 사회의 추가적혜택으로 이루어진다. 터밭경리를 비롯한 개인부업경리에서 나오는 생산물과 그밖의 합법적인 경리활동을 통하여 얻은 수입도 개인소유에 속한다. 국가는 개인소유를 보호하며 그에 대한 상속권을 법적으로 보장한다.

제25조: 조선민주주의인민공화국은 인민들의 물질문화생활을 끊임없이 높이는것을 자기 활동의 최고원칙으로 삼는다. 세금이 없어진 우리 나라에서 늘어나는 사회의 물질적부는 전적으로 근로자들의 복리증진에 돌려진다. 국가는 모든 근로자들에게 먹고 입고 쓰고 살수 있는 온갖 조건을 마련하여준다.

제26조: 조선민주주의인민공화국에 마련된 자립적민족경제는 인민의 행복한 사회주의생활과 조국의 륭성번영을 위한 튼튼한 밑천이다. 국가는 사회주의자립적민족경제건설로선을 틀어쥐고 인민경제의 주체화,

현대화, 과학화를 다그쳐 인민경제를 고도로 발전된 주체적인 경제로
만들며 완전한 사회주의사회에 맞는 물질기술적토대를 쌓기 위하여 투
쟁한다.

제27조: 기술혁명은 사회주의경제를 발전시키기 위한 기본고리이다. 국
가는 언제나 기술발전문제를 첫자리에 놓고 모든 경제활동을 진행하며
과학기술발전과 인민경제의 기술개조를 다그치고 대중적기술혁신운동
을 힘있게 벌려 근로자들을 어렵고 힘든 로동에서 해방하며 육체로동과
정신로동의 차이를 줄여나간다.

제28조: 국가는 도시와 농촌의 차이, 로동계급과 농민의 계급적차이를 없
애기 위하여 농촌기술혁명을 다그쳐 농업을 공업화, 현대화하며 군의
역할을 높이고 농촌에 대한 지도와 방조를 강화한다. 국가는 협동농장
의 생산시설과 농촌문화주택을 국가부담으로 건설하여준다.

제29조: 사회주의는 근로대중의 창조적로동에 의하여 건설된다. 조선민
주주의인민공화국에서 로동은 착취와 압박에서 해방된 근로자들의 자
주적이며 창조적인 로동이다. 국가는 실업을 모르는 우리 근로자들의
로동이 보다 즐거운것으로, 사회와 집단과 자신을 위하여 자각적열성과
창발성을 내여 일하는 보람찬것으로 되게 한다.

제30조: 근로자들의 하루로동시간은 8시간이다. 국가는 로동의 힘든 정도
와 특수한 조건에 따라 하루로동시간을 이보다 짧게 정한다. 국가는 로
동조직을 잘하고 로동규률을 강화하여 로동시간을 완전히 리용하도록
한다.

제31조: 조선민주주의인민공화국에서 공민이 로동하는 나이는 16살부터
이다. 국가는 로동하는 나이에 이르지 못한 소년들의 로동을 금지한다.

제32조: 국가는 사회주의경제에 대한 지도와 관리에서 정치적지도와 경
제기술적지도, 국가의 통일적지도와 매개 단위의 창발성, 유일적지휘와
민주주의, 정치도덕적자극과 물질적자극을 옳게 결합시키는 원칙을 확
고히 견지한다.

제33조: 국가는 생산자대중의 집체적힘에 의거하여 경제를 과학적으로,

합리적으로 관리운영하는 사회주의경제관리형태인 대안의 사업체계와
농촌경리를 기업적방법으로 지도하는 농업지도체계에 의하여 경제를
지도관리한다. 국가는 경제관리에서 대안의 사업체계의 요구에 맞게
독립채산제를 실시하며 원가, 가격, 수익성 같은 경제적공간을 옳게 리
용하도록 한다.

제34조: 조선민주주의인민공화국의 인민경제는 계획경제이다. 국가는 사
회주의경제발전법칙에 따라 축적과 소비의 균형을 옳게 잡으며 경제건
설을 다그치고 인민생활을 끊임없이 높이며 국방력을 강화할수 있도록
인민경제발전계획을 세우고 실행한다. 국가는 계획의 일원화, 세부화를
실현하여 생산장성의 높은 속도와 인민경제의 균형적발전을 보장한다.

제35조: 조선민주주의인민공화국은 인민경제발전계획에 따르는 국가예산
을 편성하여 집행한다. 국가는 모든 부문에서 증산과 절약투쟁을 강화
하고 재정통제를 엄격히 실시하여 국가축적을 체계적으로 늘이며 사회
주의적소유를 확대발전시킨다.

제36조: 조선민주주의인민공화국에서 대외무역은 국가기관, 기업소, 사회
협동단체가 한다. 국가는 완전한 평등과 호혜의 원칙에서 대외무역을
발전시킨다.

제37조: 국가는 우리 나라 기관, 기업소, 단체와 다른 나라 법인 또는 개
인들과의 기업합영과 합작, 특수경제지대에서의 여러가지 기업창설운
영을 장려한다.

제38조: 국가는 자립적민족경제를 보호하기 위하여 관세정책을 실시한다.

제3장 문 화

제39조: 조선민주주의인민공화국에서 개화발전하고있는 사회주의적문화
는 근로자들의 창조적능력을 높이며 건전한 문화정서적수요를 충족시
키는데 이바지한다.

제40조: 조선민주주의인민공화국은 문화혁명을 철저히 수행하여 모든 사
람들을 자연과 사회에 대한 깊은 지식과 높은 문화기술수준을 가진 사
회주의건설자로 만들며 온 사회를 인테리화한다.

제41조: 조선민주주의인민공화국은 사회주의근로자들을 위하여 복무하는
참다운 인민적이며 혁명적인 문화를 건설한다. 국가는 사회주의적민족
문화건설에서 제국주의의 문화적침투와 복고주의적경향을 반대하며 민
족문화유산을 보호하고 사회주의현실에 맞게 계승발전시킨다.

제42조: 국가는 모든 분야에서 낡은 사회의 생활양식을 없애고 새로운 사
회주의적생활양식을 전면적으로 확립한다.

제43조: 국가는 사회주의교육학의 원리를 구현하여 후대들을 사회와 인
민을 위하여 투쟁하는 견결한 혁명가로, 지덕체를 갖춘 주체형의 새 인
간으로 키운다.

제44조: 국가는 인민교육사업과 민족간부양성사업을 다른 모든 사업에
앞세우며 일반교육과 기술교육, 교육과 생산로동을 밀접히 결합시킨다.

제45조: 국가는 1년동안의 학교전의무교육을 포함한 전반적12년제의무교
육을 현대과학기술발전추세와 사회주의건설의 현실적요구에 맞게 높은
수준에서 발전시킨다.

제46조: 국가는 학업을 전문으로 하는 교육체계와 일하면서 공부하는 여
러가지 형태의 교육체계를 발전시키며 기술교육과 사회과학, 기초과학
교육의 과학리론수준을 높여 유능한 기술자, 전문가들을 키워낸다.

제47조: 국가는 모든 학생들을 무료로 공부시키며 대학과 전문학교학생
들에게는 장학금을 준다.

제48조: 국가는 사회교육을 강화하며 모든 근로자들이 학습할수 있는 온
갖 조건을 보장한다.

제49조: 국가는 학령전어린이들을 탁아소와 유치원에서 국가와 사회의
부담으로 키워준다.

제50조: 국가는 과학연구사업에서 주체를 세우며 선진과학기술을 적극
받아들이고 새로운 과학기술분야를 개척하여 나라의 과학기술을 세계

적수준에 올려세운다.

제51조: 국가는 과학기술발전계획을 바로세우고 철저히 수행하는 규률을 세우며 과학자, 기술자들과 생산자들의 창조적협조를 강화하도록 한다.

제52조: 국가는 민족적형식에 사회주의적내용을 담은 주체적이며 혁명적인 문학예술을 발전시킨다. 국가는 창작가, 예술인들이 사상예술성이 높은 작품을 많이 창작하며 광범한 대중이 문예활동에 널리 참가하도록 한다.

제53조: 국가는 정신적으로, 육체적으로 끊임없이 발전하려는 사람들의 요구에 맞게 현대적인 문화시설들을 충분히 갖추어주어 모든 근로자들이 사회주의적문화정서생활을 마음껏 누리도록 한다.

제54조: 국가는 우리 말을 온갖 형태의 민족어말살정책으로부터 지켜내며 그것을 현대의 요구에 맞게 발전시킨다.

제55조: 국가는 체육을 대중화, 생활화하여 전체 인민을 로동과 국방에 튼튼히 준비시키며 우리 나라 실정과 현대체육기술발전추세에 맞게 체육기술을 발전시킨다.

제56조: 국가는 전반적무상치료제를 공고발전시키며 의사담당구역제와 예방의학제도를 강화하여 사람들의 생명을 보호하며 근로자들의 건강을 증진시킨다.

제57조: 국가는 생산에 앞서 환경보호대책을 세우며 자연환경을 보존, 조성하고 환경오염을 방지하여 인민들에게 문화위생적인 생활환경과 로동조건을 마련하여준다.

제4장 국 방

제58조: 조선민주주의인민공화국은 전인민적, 전국가적방위체계에 의거한다.

제59조: 조선민주주의인민공화국 무장력의 사명은 선군혁명로선을 관철

하여 혁명의 수뇌부를 보위하고 근로인민의 리익을 옹호하며 외래침략
으로부터 사회주의제도와 혁명의 전취물, 조국의 자유와 독립, 평화를
지키는데 있다.

제60조: 국가는 군대와 인민을 정치사상적으로 무장시키는 기초우에서
전군간부화, 전군현대화, 전민무장화, 전국요새화를 기본내용으로 하는
자위적군사로선을 관철한다.

제61조: 국가는 군대안에서 혁명적령군체계와 군풍을 확립하고 군사규률
과 군중규률을 강화하며 관병일치, 군정배합, 군민일치의 고상한 전통
적미풍을 높이 발양하도록 한다.

제5장 공민의 기본권리와 의무

제62조: 조선민주주의인민공화국 공민이 되는 조건은 국적에 관한 법으
로 규정한다. 공민은 거주지에 관계없이 조선민주주의인민공화국의 보
호를 받는다.

제63조: 조선민주주의인민공화국에서 공민의 권리와 의무는 ≪하나는 전
체를 위하여, 전체는 하나를 위하여≫라는 집단주의원칙에 기초한다.

제64조: 국가는 모든 공민에게 참다운 민주주의적권리와 자유, 행복한 물
질문화생활을 실질적으로 보장한다. 조선민주주의인민공화국에서 공민
의 권리와 자유는 사회주의제도의 공고발전과 함께 더욱 확대된다.

제65조: 공민은 국가사회생활의 모든 분야에서 누구나 다같은 권리를 가
진다.

제66조: 17살이상의 모든 공민은 성별, 민족별, 직업, 거주기간, 재산과
지식정도, 당별, 정견, 신앙에 관계없이 선거할 권리와 선거받을 권리를
가진다. 군대에 복무하는 공민도 선거할 권리와 선거받을 권리를 가진
다. 재판소의 판결에 의하여 선거할 권리를 빼앗긴자, 정신병자는 선거
할 권리와 선거받을 권리를 가지지 못한다.

제67조: 공민은 언론, 출판, 집회, 시위와 결사의 자유를 가진다. 국가는 민주주의적정당, 사회단체의 자유로운 활동조건을 보장한다.

제68조: 공민은 신앙의 자유를 가진다. 이 권리는 종교건물을 짓거나 종교의식 같은것을 허용하는것으로 보장된다. 종교를 외세를 끌어들이거나 국가사회질서를 해치는데 리용할수 없다.

제69조: 공민은 신소와 청원을 할수 있다. 국가는 신소와 청원을 법이 정한데 따라 공정하게 심의처리하도록 한다.

제70조: 공민은 로동에 대한 권리를 가진다. 로동능력있는 모든 공민은 희망과 재능에 따라 직업을 선택하며 안정된 일자리와 로동조건을 보장받는다. 공민은 능력에 따라 일하며 로동의 량과 질에 따라 분배를 받는다.

제71조: 공민은 휴식에 대한 권리를 가진다. 이 권리는 로동시간제, 공휴일제, 유급휴가제, 국가비용에 의한 정휴양제, 계속 늘어나는 여러가지 문화시설들에 의하여 보장된다.

제72조: 공민은 무상으로 치료받을 권리를 가지며 나이많거나 병 또는 불구로 로동능력을 잃은 사람, 돌볼 사람이 없는 늙은이와 어린이는 물질적방조를 받을 권리를 가진다. 이 권리는 무상치료제, 계속 늘어나는 병원, 료양소를 비롯한 의료시설, 국가사회보험과 사회보장제에 의하여 보장된다.

제73조: 공민은 교육을 받을 권리를 가진다. 이 권리는 선진적인 교육제도와 국가의 인민적인 교육시책에 의하여 보장된다.

제74조: 공민은 과학과 문학예술활동의 자유를 가진다. 국가는 발명가와 창의고안자에게 배려를 돌린다. 저작권과 발명권, 특허권은 법적으로 보호한다.

제75조: 공민은 거주, 려행의 자유를 가진다.

제76조: 혁명투사, 혁명렬사가족, 애국렬사가족, 인민군후방가족, 영예군인은 국가와 사회의 특별한 보호를 받는다.

제77조: 녀자는 남자와 똑같은 사회적지위와 권리를 가진다. 국가는 산전

산후휴가의 보장, 여러 어린이를 가진 어머니를 위한 로동시간의 단축, 산원, 탁아소와 유치원망의 확장, 그밖의 시책을 통하여 어머니와 어린이를 특별히 보호한다. 국가는 녀성들이 사회에 진출할 온갖 조건을 지어준다.

제78조: 결혼과 가정은 국가의 보호를 받는다. 국가는 사회의 기층생활단위인 가정을 공고히 하는데 깊은 관심을 돌린다.

제79조: 공민은 인신과 주택의 불가침, 서신의 비밀을 보장받는다. 법에 근거하지 않고는 공민을 구속하거나 체포할수 없으며 살림집을 수색할 수 없다.

제80조: 조선민주주의인민공화국은 평화와 민주주의, 민족적독립과 사회주의를 위하여, 과학, 문화활동의 자유를 위하여 투쟁하다가 망명하여온 다른 나라 사람을 보호한다.

제81조: 공민은 인민의 정치사상적통일과 단결을 견결히 수호하여야 한다. 공민은 조직과 집단을 귀중히 여기며 사회와 인민을 위하여 몸바쳐 일하는 기풍을 높이 발휘하여야 한다.

제82조: 공민은 국가의 법과 사회주의적생활규범을 지키며 조선민주주의인민공화국의 공민된 영예와 존엄을 고수하여야 한다.

제83조: 로동은 공민의 신성한 의무이며 영예이다. 공민은 로동에 자각적으로 성실히 참가하며 로동규률과 로동시간을 엄격히 지켜야 한다.

제84조: 공민은 국가재산과 사회협동단체재산을 아끼고 사랑하며 온갖 탐오랑비현상을 반대하여 투쟁하며 나라살림살이를 주인답게 알뜰히 하여야 한다. 국가와 사회협동단체재산은 신성불가침이다.

제85조: 공민은 언제나 혁명적경각성을 높이며 국가의 안전을 위하여 몸바쳐 투쟁하여야 한다.

제86조: 조국보위는 공민의 최대의 의무이며 영예이다. 공민은 조국을 보위하여야 하며 법이 정한데 따라 군대에 복무하여야 한다.

제6장 국가기구

제1절 최고인민회의

제87조: 최고인민회의는 조선민주주의인민공화국의 최고주권기관이다.

제88조: 최고인민회의는 립법권을 행사한다. 최고인민회의 휴회중에는 최고인민회의 상임위원회도 립법권을 행사할수 있다.

제89조: 최고인민회의는 일반적, 평등적, 직접적선거원칙에 의하여 비밀투표로 선거된 대의원들로 구성한다.

제90조: 최고인민회의 임기는 5년으로 한다. 최고인민회의 새 선거는 최고인민회의 임기가 끝나기 전에 최고인민회의 상임위원회의 결정에 따라 진행한다. 불가피한 사정으로 선거를 하지 못할 경우에는 선거를 할 때까지 그 임기를 연장한다.

제91조: 최고인민회의는 다음과 같은 권한을 가진다. 헌법을 수정, 보충한다.

부문법을 제정 또는 수정, 보충한다.

최고인민회의 휴회중에 최고인민회의 상임위원회가 채택한 중요부문법을 승인한다.

국가의 대내외정책의 기본원칙을 세운다.

조선민주주의인민공화국 국무위원회 위원장을 선거 또는 소환한다.

최고인민회의 상임위원회 위원장을 선거 또는 소환한다.

조선민주주의인민공화국 국무위원회 위원장의 제의에 의하여 국무위원회 부위원장, 위원들을 선거 또는 소환한다.

최고인민회의 상임위원회 부위원장, 명예부위원장, 서기장, 위원들을 선거 또는 소환한다.

내각총리를 선거 또는 소환한다.

내각총리의 제의에 의하여 내각 부총리, 위원장, 상, 그밖의 내각성원들을 임명한다.

중앙검찰소 소장을 임명 또는 해임한다.

중앙재판소 소장을 선거 또는 소환한다.

최고인민회의 부문위원회 위원장, 부위원장, 위원들을 선거 또는 소환한다.

국가의 인민경제발전계획과 그 실행정형에 관한 보고를 심의하고 승인한다.

국가예산과 그 집행정형에 관한 보고를 심의하고 승인한다.

필요에 따라 내각과 중앙기관들의 사업정형을 보고받고 대책을 세운다.

최고인민회의에 제기되는 조약의 비준, 폐기를 결정한다.

제92조: 최고인민회의는 정기회의와 림시회의를 가진다. 정기회의는 1년에 1~2차 최고인민회의 상임위원회가 소집한다. 림시회의는 최고인민회의 상임위원회가 필요하다고 인정할 때 또는 대의원전원의 3분의 1이상의 요청이 있을 때에 소집한다.

제93조: 최고인민회의는 대의원전원의 3분의 2이상이 참석하여야 성립된다.

제94조: 최고인민회의는 의장과 부의장을 선거한다. 의장은 회의를 사회한다.

제95조: 최고인민회의에서 토의할 의안은 조선민주주의인민공화국 국무위원회 위원장, 국무위원회, 최고인민회의 상임위원회, 내각과 최고인민회의 부문위원회가 제출한다. 대의원들도 의안을 제출할수 있다.

제96조: 최고인민회의 매기 제1차회의는 대의원자격심사위원회를 선거하고 그 위원회가 제출한 보고에 근거하여 대의원자격을 확인하는 결정을 채택한다.

제97조: 최고인민회의는 법령과 결정을 낸다. 최고인민회의가 내는 법령과 결정은 거수가결의 방법으로 그 회의에 참석한 대의원의 반수이상이 찬성하여야 채택된다. 헌법은 최고인민회의 대의원전원의 3분의 2이상이 찬성하여야 수정, 보충된다.

제98조: 최고인민회의는 법제위원회, 예산위원회 같은 부문위원회를 둔다. 최고인민회의 부문위원회는 위원장, 부위원장, 위원들로 구성한다.

최고인민회의 부문위원회는 최고인민회의사업을 도와 국가의 정책안과
법안을 작성하거나 심의하며 그 집행을 위한 대책을 세운다. 최고인민
회의 부문위원회는 최고인민회의 휴회중에 최고인민회의 상임위원회의
지도밑에 사업한다.

제99조: 최고인민회의 대의원은 불가침권을 보장받는다. 최고인민회의
대의원은 현행범인 경우를 제외하고는 최고인민회의, 그 휴회중에 최고
인민회의 상임위원회의 승인없이 체포하거나 형사처벌을 할수 없다.

제2절 조선민주주의인민공화국 국무위원회 위원장

제100조: 조선민주주의인민공화국 국무위원회 위원장은 조선민주주의인
민공화국의 최고령도자이다.

제101조: 조선민주주의인민공화국 국무위원회 위원장의 임기는 최고인민
회의 임기와 같다.

제102조: 조선민주주의인민공화국 국무위원회 위원장은 조선민주주의인
민공화국 전반적무력의 최고사령관으로 되며 국가의 일체 무력을 지휘
통솔한다.

제103조: 조선민주주의인민공화국 국무위원회 위원장은 다음과 같은 임
무와 권한을 가진다.

국가의 전반사업을 지도한다.

국무위원회사업을 직접 지도한다.

국가의 중요간부를 임명 또는 해임한다.

다른 나라와 맺은 중요조약을 비준 또는 폐기한다.

특사권을 행사한다.

나라의 비상사태와 전시상태, 동원령을 선포한다.

전시에 국가방위위원회를 조직지도한다.

제104조: 조선민주주의인민공화국 국무위원회 위원장은 명령을 낸다.

제105조: 조선민주주의인민공화국 국무위원회 위원장은 자기 사업에 대

하여 최고인민회의앞에 책임진다.

제3절　국무위원회

제106조: 국무위원회는 국가주권의 최고정책적지도기관이다.

제107조: 국무위원회는 위원장, 부위원장, 위원들로 구성한다.

제108조: 국무위원회 임기는 최고인민회의 임기와 같다.

제109조: 국무위원회는 다음과 같은 임무와 권한을 가진다.

　국방건설사업을 비롯한 국가의 중요정책을 토의결정한다.

　조선민주주의인민공화국 국무위원회 위원장 명령, 국무위원회 결정, 지시집행정형을 감독하고 대책을 세운다.

　조선민주주의인민공화국 국무위원회 위원장 명령, 국무위원회 결정, 지시에 어긋나는 국가기관의 결정, 지시를 폐지한다.

제110조: 국무위원회는 결정, 지시를 낸다.

제111조: 국무위원회는 자기 사업에 대하여 최고인민회의앞에 책임진다.

제4절　최고인민회의 상임위원회

제112조: 최고인민회의 상임위원회는 최고인민회의 휴회중의 최고주권기관이다.

제113조: 최고인민회의 상임위원회는 위원장, 부위원장, 서기장, 위원들로 구성한다.

제114조: 최고인민회의 상임위원회는 약간명의 명예부위원장을 둘수 있다. 최고인민회의 상임위원회 명예부위원장은 최고인민회의 대의원가운데서 오랜 기간 국가건설사업에 참가하여 특출한 기여를 한 일군이 될수 있다.

제115조: 최고인민회의 상임위원회 임기는 최고인민회의 임기와 같다. 최고인민회의 상임위원회는 최고인민회의 임기가 끝난 후에도 새 상임위

원회가 선거될 때까지 자기 임무를 계속 수행한다.

제116조: 최고인민회의 상임위원회는 다음과 같은 임무와 권한을 가진다.

최고인민회의를 소집한다.

최고인민회의 휴회중에 제기된 새로운 부문법안과 규정안, 현행부문법과 규정의 수정, 보충안을 심의채택하며 채택실시하는 중요부문법을 다음번 최고인민회의의 승인을 받는다.

불가피한 사정으로 최고인민회의 휴회기간에 제기되는 국가의 인민경제발전계획, 국가예산과 그 조절안을 심의하고 승인한다.

헌법과 현행부문법, 규정을 해석한다.

국가기관들의 법준수집행을 감독하고 대책을 세운다.

헌법, 최고인민회의 법령, 결정, 조선민주주의인민공화국 국무위원회 위원장 명령, 국무위원회 결정, 지시, 최고인민회의 상임위원회 정령, 결정, 지시에 어긋나는 국가기관의 결정, 지시를 폐지하며 지방인민회의의 그릇된 결정집행을 정지시킨다.

최고인민회의 대의원선거를 위한 사업을 하며 지방인민회의 대의원선거사업을 조직한다.

최고인민회의 대의원들과의 사업을 한다.

최고인민회의 부문위원회와의 사업을 한다.

내각 위원회, 성을 내오거나 없앤다.

최고인민회의 휴회중에 내각총리의 제의에 의하여 부총리, 위원장, 상, 그밖의 내각성원들을 임명 또는 해임한다.

최고인민회의 상임위원회 부문위원회 성원들을 임명 또는 해임한다.

중앙재판소 판사, 인민참심원을 선거 또는 소환한다.

다른 나라와 맺은 조약을 비준 또는 폐기한다.

다른 나라에 주재하는 외교대표의 임명 또는 소환을 결정하고 발표한다.

훈장과 메달, 명예칭호, 외교직급을 제정하며 훈장과 메달, 명예칭호를 수여한다.

대사권을 행사한다.

행정단위와 행정구역을 내오거나 고친다.

다른 나라 국회, 국제의회기구들과의 사업을 비롯한 대외사업을 한다.

제117조: 최고인민회의 상임위원회 위원장은 상임위원회사업을 조직지도 한다.

최고인민회의 상임위원회 위원장은 국가를 대표하며 다른 나라 사신의 신임장, 소환장을 접수한다.

제118조: 최고인민회의 상임위원회는 전원회의와 상무회의를 가진다. 전 원회의는 위원전원으로 구성하며 상무회의는 위원장, 부위원장, 서기장 들로 구성한다.

제119조: 최고인민회의 상임위원회 전원회의는 상임위원회의 임무와 권 한을 실현하는데서 나서는 중요한 문제들을 토의결정한다.

상무회의는 전원회의에서 위임한 문제들을 토의결정한다.

제120조: 최고인민회의 상임위원회는 정령과 결정, 지시를 낸다.

제121조: 최고인민회의 상임위원회는 자기 사업을 돕는 부문위원회를 둘 수 있다.

제122조: 최고인민회의 상임위원회는 자기 사업에 대하여 최고인민회의 앞에 책임진다.

제5절 내 각

제123조: 내각은 국가주권의 행정적집행기관이며 전반적국가관리기관이다.

제124조: 내각은 총리, 부총리, 위원장, 상과 그밖에 필요한 성원들로 구 성한다. 내각의 임기는 최고인민회의 임기와 같다.

제125조: 내각은 다음과 같은 임무와 권한을 가진다.

국가의 정책을 집행하기 위한 대책을 세운다.

헌법과 부문법에 기초하여 국가관리와 관련한 규정을 제정 또는 수정, 보충한다.

내각의 위원회, 성, 내각직속기관, 지방인민위원회의 사업을 지도한다.

내각직속기관, 중요행정경제기관, 기업소를 내오거나 없애며 국가관리
기구를 개선하기 위한 대책을 세운다.

국가의 인민경제발전계획을 작성하며 그 실행대책을 세운다.

국가예산을 편성하며 그 집행대책을 세운다.

공업, 농업, 건설, 운수, 체신, 상업, 무역, 국토관리, 도시경영, 교육,
과학, 문화, 보건, 체육, 로동행정, 환경보호, 관광, 그밖의 여러 부문의
사업을 조직집행한다.

화폐와 은행제도를 공고히 하기 위한 대책을 세운다.

국가관리질서를 세우기 위한 검열, 통제사업을 한다.

사회질서유지, 국가 및 사회협동단체의 소유와 리익의 보호, 공민의 권
리보장을 위한 대책을 세운다.

다른 나라와 조약을 맺으며 대외사업을 한다.

내각 결정, 지시에 어긋나는 행정경제기관의 결정, 지시를 폐지한다.

제126조: 내각총리는 내각사업을 조직지도한다. 내각총리는 조선민주주
의인민공화국 정부를 대표한다.

제127조: 내각은 전원회의와 상무회의를 가진다. 내각전원회의는 내각성
원전원으로 구성하며 상무회의는 총리, 부총리와 그밖에 총리가 임명하
는 내각성원들로 구성한다.

제128조: 내각전원회의는 행정경제사업에서 나서는 새롭고 중요한 문제
들을 토의결정한다. 상무회의는 내각전원회의에서 위임한 문제들을 토
의결정한다.

제129조: 내각은 결정과 지시를 낸다.

제130조: 내각은 자기 사업을 돕는 비상설부문위원회를 둘수 있다.

제131조: 내각은 자기 사업에 대하여 최고인민회의와 그 휴회중에 최고인
민회의 상임위원회앞에 책임진다.

제132조: 새로 선거된 내각총리는 내각성원들을 대표하여 최고인민회의
에서 선서를 한다.

제133조: 내각 위원회, 성은 내각의 부문별집행기관이며 중앙의 부문별관

리기관이다.

제134조: 내각 위원회, 성은 내각의 지도밑에 해당 부문의 사업을 통일적
    으로 장악하고 지도관리한다.

제135조: 내각 위원회, 성은 위원회회의와 간부회의를 운영한다.

위원회, 성 위원회회의와 간부회의에서는 내각 결정, 지시집행대책과 그
밖의 중요한 문제들을 토의결정한다.

제136조: 내각 위원회, 성은 지시를 낸다.

제6절 지방인민회의

제137조: 도(직할시), 시(구역), 군인민회의는 지방주권기관이다.

제138조: 지방인민회의는 일반적, 평등적, 직접적선거원칙에 의하여 비밀
    투표로 선거된 대의원들로 구성한다.

제139조: 도(직할시), 시(구역), 군인민회의 임기는 4년으로 한다. 지방인
    민회의 새 선거는 지방인민회의 임기가 끝나기 전에 해당 지방인민위원
    회의 결정에 따라 진행한다. 불가피한 사정으로 선거를 하지 못할 경우
    에는 선거를 할 때까지 그 임기를 연장한다.

제140조: 지방인민회의는 다음과 같은 임무와 권한을 가진다.

지방의 인민경제발전계획과 그 실행정형에 대한 보고를 심의하고 승인
한다.

지방예산과 그 집행에 대한 보고를 심의하고 승인한다.

해당 지역에서 국가의 법을 집행하기 위한 대책을 세운다.

해당 인민위원회 위원장, 부위원장, 사무장, 위원들을 선거 또는 소환한다.

해당 재판소의 판사, 인민참심원을 선거 또는 소환한다.

해당 인민위원회와 하급인민회의, 인민위원회의 그릇된 결정, 지시를
폐지한다.

제141조: 지방인민회의는 정기회의와 림시회의를 가진다. 정기회의는 1
    년에 1~2차 해당 인민위원회가 소집한다. 림시회의는 해당 인민위원회

가 필요하다고 인정할 때 또는 대의원전원의 3분의 1이상의 요청이 있을 때 소집한다.

제142조: 지방인민회의는 대의원전원의 3분의 2이상이 참석하여야 성립된다.

제143조: 지방인민회의는 의장을 선거한다. 의장은 회의를 사회한다.

제144조: 지방인민회의는 결정을 낸다.

제7절 지방인민위원회

제145조: 도(직할시), 시(구역), 군인민위원회는 해당 인민회의 휴회중의 지방주권기관이며 해당 지방주권의 행정적집행기관이다.

제146조: 지방인민위원회는 위원장, 부위원장, 사무장, 위원들로 구성한다. 지방인민위원회 임기는 해당 인민회의 임기와 같다.

제147조: 지방인민위원회는 다음과 같은 임무와 권한을 가진다.

인민회의를 소집한다.

인민회의 대의원선거를 위한 사업을 한다.

인민회의 대의원들과의 사업을 한다.

해당 지방인민회의, 상급인민위원회 결정, 지시와 최고인민회의 법령, 결정, 조선민주주의인민공화국 국무위원회 위원장 명령, 국무위원회 결정, 지시, 최고인민회의 상임위원회 정령, 결정, 지시, 내각과 내각 위원회, 성의 결정, 지시를 집행한다.

해당 지방의 모든 행정사업을 조직집행한다.

지방의 인민경제발전계획을 작성하며 그 실행대책을 세운다.

지방예산을 편성하며 그 집행대책을 세운다.

해당 지방의 사회질서유지, 국가 및 사회협동단체의 소유와 리익의 보호, 공민의 권리보장을 위한 대책을 세운다.

해당 지방에서 국가관리질서를 세우기 위한 검열, 통제사업을 한다.

하급인민위원회사업을 지도한다.

하급인민위원회의 그릇된 결정, 지시를 폐지하며 하급인민회의의 그릇
된 결정의 집행을 정지시킨다.

제148조: 지방인민위원회는 전원회의와 상무회의를 가진다. 지방인민위
원회 전원회의는 위원전원으로 구성하며 상무회의는 위원장, 부위원장,
사무장들로 구성한다.

제149조: 지방인민위원회 전원회의는 자기의 임무와 권한을 실현하는데
서 나서는 중요한 문제들을 토의결정한다. 상무회의는 전원회의가 위
임한 문제들을 토의결정한다.

제150조: 지방인민위원회는 결정과 지시를 낸다.

제151조: 지방인민위원회는 자기 사업을 돕는 비상설부문위원회를 둘수
있다.

제152조: 지방인민위원회는 자기 사업에 대하여 해당 인민회의앞에 책임
진다.

지방인민위원회는 상급인민위원회와 내각, 최고인민회의 상임위원회에
복종한다.

제8절 검찰소와 재판소

제153조: 검찰사업은 중앙검찰소, 도(직할시), 시(구역), 군검찰소와 특별
검찰소가 한다.

제154조: 중앙검찰소 소장의 임기는 최고인민회의 임기와 같다.

제155조: 검사는 중앙검찰소가 임명 또는 해임한다.

제156조: 검찰소는 다음과 같은 임무를 수행한다.

기관, 기업소, 단체와 공민들이 국가의 법을 정확히 지키는가를 감시한다.
국가기관의 결정, 지시가 헌법, 최고인민회의 법령, 결정, 조선민주주의
인민공화국 국무위원회 위원장 명령, 국무위원회 결정, 지시, 최고인민
회의 상임위원회 정령, 결정, 지시, 내각 결정, 지시에 어긋나지 않는가
를 감시한다.

범죄자를 비롯한 법위반자를 적발하고 법적책임을 추궁하는것을 통하여 조선민주주의인민공화국의 주권과 사회주의제도, 국가와 사회협동단체재산, 인민의 헌법적권리와 생명재산을 보호한다.

제157조: 검찰사업은 중앙검찰소가 통일적으로 지도하며 모든 검찰소는 상급검찰소와 중앙검찰소에 복종한다.

제158조: 중앙검찰소는 자기 사업에 대하여 최고인민회의와 그 휴회중에 최고인민회의 상임위원회앞에 책임진다.

제159조: 재판은 중앙재판소, 도(직할시)재판소, 시(구역), 군인민재판소와 특별재판소가 한다. 판결은 조선민주주의인민공화국의 이름으로 선고한다.

제160조: 중앙재판소 소장의 임기는 최고인민회의 임기와 같다. 중앙재판소, 도(직할시)재판소, 시(구역), 군인민재판소의 판사, 인민참심원의 임기는 해당 인민회의 임기와 같다.

제161조: 특별재판소의 소장과 판사는 중앙재판소가 임명 또는 해임한다. 특별재판소의 인민참심원은 해당 군무자회의 또는 종업원회의에서 선거한다.

제162조: 재판소는 다음과 같은 임무를 수행한다.

재판활동을 통하여 조선민주주의인민공화국의 주권과 사회주의제도, 국가와 사회협동단체재산, 인민의 헌법적권리와 생명재산을 보호한다.

모든 기관, 기업소, 단체와 공민들이 국가의 법을 정확히 지키고 계급적원쑤들과 온갖 법위반자들을 반대하여 적극 투쟁하도록 한다.

재산에 대한 판결, 판정을 집행하며 공증사업을 한다.

제163조: 재판은 판사 1명과 인민참심원 2명으로 구성된 재판소가 한다. 특별한 경우에는 판사 3명으로 구성하여 할수 있다.

제164조: 재판은 공개하며 피소자의 변호권을 보장한다. 법이 정한데 따라 재판을 공개하지 않을수 있다.

제165조: 재판은 조선말로 한다. 다른 나라 사람들은 재판에서 자기 나라 말을 할수 있다.

제166조: 재판소는 재판에서 독자적이며 재판활동을 법에 의거하여 수행한다.

제167조: 중앙재판소는 조선민주주의인민공화국의 최고재판기관이다. 중앙재판소는 모든 재판소의 재판사업을 감독한다.

제168조: 중앙재판소는 자기 사업에 대하여 최고인민회의와 그 휴회중에 최고인민회의 상임위원회앞에 책임진다.

제7장 국장, 국기, 국가, 수도

제169조: 조선민주주의인민공화국의 국장은 ≪조선민주주의인민공화국≫이라고 쓴 붉은 띠로 땋아올려 감은 벼이삭의 타원형테두리안에 웅장한 수력발전소가 있고 그우에 혁명의 성산 백두산과 찬연히 빛나는 붉은 오각별이 있다.

제170조: 조선민주주의인민공화국의 국기는 기발의 가운데에 넓은 붉은 폭이 있고 그 아래우에 가는 흰폭이 있으며 그 다음에 푸른 폭이 있고 붉은 폭의 기대달린쪽 흰 동그라미안에 붉은 오각별이 있다. 기발의 세로와 가로의 비는 1 : 2이다.

제171조: 조선민주주의인민공화국의 국가는 ≪애국가≫이다.

제172조: 조선민주주의인민공화국의 수도는 평양이다.

조선로동당규약 서문
(2016.5. 제7차 당대회)

조선로동당은 위대한 김일성-김정일주의당이다.

위대한 김일성동지는 조선로동당의 창건자이시고 영원한 수령이시다.

위대한 김일성동지는 영생불멸의 주체사상을 창시하시고 항일혁명의 불길속에서 마련하신 당창건의 조직사상적기초와 빛나는 혁명전통에 토대하여 영광스러운 조선로동당을 창건하시였으며 조선로동당을 사상의지적으로 통일단결되고 높은 조직성과 규율성을 지닌 강철의 당으로, 인민대중의 절대적인 지지와 신회를 받는 위력한 당으로, 주체혁명의 대를 굳건히 이어나가는 불패의 당으로 강화발전시키시였다.

위대한 김일성동지는 혁명무력과 인민정권을 창건하시고 혁명의 주체적력량을 비상히 강화하시였으며 항일혁명투쟁과 조국해방전쟁, 민주주의혁명과 사회주의혁명을 승리에로 이끄시여 민족해방, 계급해방의 력사적위업을 이룩하시고 사회주의건설을 힘있게 다그쳐 이 땅우에 자주, 자립, 자위로 위용떨치는 인민대중중심의 사회주의 나라를 일떠세우시였으며 조국통일과 인류자주위업수행에 불멸의 공헌을 하시였다.

위대한 김정일동지는 조선로동당의 상징이시고 영원한 수반이시다.

위대한 김정일동지는 주체사상을 자주시대의 위대한 지도사상으로 심화발전시키시고 조선로동당을 유일사상체계와 유일적령도체계가 확고히 선 사상적순결체, 조직적전일체로 건설하시였으며 인민대중과 혼연일체를 이루고 인민대중의 운명을 책임지고 보살피는 어머니당으로, 높은 령도예술을 지닌 로숙하고 세련된 당으로, 령도의 계승성을 확고히 보장한 전도양양한 당으로 강화 발전시키시였다.

위대한 김정일동지는 온 사회의 김일성주의화를 당의 최고강령으로 내세우시고 혁명과 건설의 모든 분야에서 기적과 변혁의 새 력사를 창조하시였으며 선군의 기치높이 나라와 민족의 자주권을 굳건히 수호하시고 김일성조선을 일심단결된 정치사상강국 무적의 군사강국으로 일떠세우시였으며 조국땅우에 강성번영의 일대 전성기를 펼치시고 조국통일과 세계의 자주화위업수행에서 전환적국면을 열어놓으시였다.

위대한 김일성동지와 김정일동지는 천재적인 예지와 비범한 령도력, 불굴의 의지와 인민에대한 열렬한 사랑을 지니시고 한평생을 오로지 당의 강화발전과 인민의 행복을 위하여 모든 것을 다 바치신 탁월한 사상리론가, 걸출한 령도자, 인민의 자애로운 어버이이시다.

조선로동당은 위대한 김일성동지와 김정일동지의 성스러운 혁명생애와 고귀한 업적을 천추만대에 빛내여나갈것이며 김일성 동지와 김정일동지의 거룩한 존함은 조선로동당과 더불어 영구불멸할 것이다.

경애하는 김정은 동지는 조선로동당을 위대한 김일성동지와 김정일동지의 당으로 강화발전시키시고 주체혁명을 최후승리에로 이끄시는 조선로동당과 조선인민의 위대한 령도자이시다.

경애하는 김정은동지는 위대한 김일성-김정일주의를 당과 혁명의 영원한 지도사상으로 내세우시고 조선로동당을 하나의 사상으로 일색화된 사상과 신념의 결정체로, 강철같은 통일단결을 실현하고 칼날같은 기강을 확립한 최정예부대로 건설하시였으며 비상한 조직력과 특출한 령도적수완을 지닌 존엄높고 권위있는 당으로, 인민의 리익을 최우선, 절대시하며 인민을 위하여 멸사복무하는 당으로 강화발전시키시였다.

경애하는 김정은동지는 위대한 김일성동지와 김정일동지의 유훈관철에로 전당, 전군, 전민을 불러일으키시고 자주, 선군, 사회주의의 기치높이 천만군민의 일심단결과 자위적인 전쟁억제력을 더욱 강화하시여 백두산대국의 존엄과 위력을 만방에 떨치시였으며 과학기술에 의거한 자강력으로 세기적인 비약과 혁신을 일으켜나가는 창조와 건설의 대번영기, 강성국가건설의 최전성기를 열어놓으시였다.

조선로동당은 위대한 김일성동지와 김정일동지를 영원히 높이 모시고 경애하는 김정은동지를 중심으로 하여 조직사상적으로 공고하게 결합된 로동계급과 근로인민대중의 핵심부대, 전위부대이다.

조선로동당은 위대한 김일성-김정일주의를 유일한 지도사상으로 하는 주체형의 혁명적당이다.

조선로동당은 위대한 김일성-김정일주의를 당건설과 당활동의 출발점으로, 당의 조직사상적 공고화를 기초로, 혁명과 건설을 령도하는데서 지도적지침으로 한다.

조선로동당은 위대한 김일성동지와 김정일동지께서 이룩하신 주체의 혁명전통을 고수하고 계승발전시키며 당건설과 당활동의 초석으로 삼는다.

조선로동당은 로동자, 농민 지식인을 비롯한 근로인민대중속에 깊이 뿌리박고 그들가운데서 사회주의위업의 승리를 위하여 몸바쳐싸우는 선진투사들로 조직한 로동계급의 혁명적당, 근로인민대중의 대중적당이다.

조선로동당은 조선민족과 조선인민의 리익을 대표한다.

조선로동당은 근로인민대중의 모든 정치조직들가운데서 가장 높은 형태의 정치조직이며 정치, 군사, 경제, 문화를 비롯한 모든 분야를 통일적으로 이끌어나가는 사회의 령도적정치조직이며 혁명의 참모부, 조선인민의 모든 승리의 조직자이며 향도자이다.

조선로동당은 위대한 김일성동지와 김정일동지의 위업, 주체혁명위업의 승리를 위하여 투쟁한다.

조선로동당의 당면목적은 공화국북반부에서 사회주의강성국가를 건설하며 전국적범위에서 민족해방민주주의혁명의 과업을 수행하는데 있으며 최종목적은 온 사회를 김일성-김정일주의화하여 인민대중의 자주성을 완전히 실현하는데 있다.

조선로동당은 당안에 사상과 령도의 유일성을 보장하고 당이 인민대중과 혼연일체를 이루며 당건설에서 계승성을 보장하는 것을 당건설의 기본원칙으로 한다.

조선로동당은 위대한 김일성동지와 김정일동지의 유훈을 생명선을 틀어쥐고 끝까지 관철하며 김일성동지와 김정일동지의 혁명사상과 업적을 견결히 옹호고수하고 끝없이 빛내여 나간다.

조선로동당은 당의 유일적령도체계를 세우는 사업을 주선으로 틀어쥐고 당대렬을 수령결사옹위의 전위대로 꾸리며 경애하는 김정은동지를 중심으로 하는 당과 군대와 인민의 일심단결을 백방으로 강화하고 그 위력을 높이 발양시켜 나간다.

조선로동당은 위대성교양, 김정일애국주의교양, 신념교양, 반제계급교양, 도덕교양을 기본으로하여 김일성-김정일주의교양을 강화하며 자본주의사상, 봉건유교사상, 수정주의, 교조주의, 사대주의를 비롯한 온갖 반동적, 기회주의적사상조류들을 반대배격하며 로동계급적원칙, 맑스-레닌주의의 혁명적원칙을 견지한다.

조선로동당은 당건설과 당활동을 인민대중 제일주의로 일관시키고 계급로선과 군중로선을 철저히 관철하여 당과 혁명의 계급진지를 굳건히 다지며 인민의 리익을 옹호하고 인민을 위하여 멸사복무하며 인민대중의 운명을 책임지고 돌보는 어머니당으로서의 본분을 다해나간다.

조선로동당은 사람과의 사업을 당사업의 기본으로 한다.

조선로동당은 사상을 기본으로 틀어쥐고 인민대중의 정신력을 발동하여 모든 문제를 풀어나간다.

조선로동당은 항일유격대식사업방법, 주체의사업방법을 구현한다.

조선로동당은 혁명과 건설에 대한 령도에서 자주, 선군, 사회주의의 로선과 원칙을 일관하게 틀어쥐고나가며 주체성과 민족성을 고수한다.

조선로동당은 선군정치를 사회주의 기본정치 방식으로 확립하고 선군의 기치밑에 혁명과 건설을 령도한다.

조선로동당은 인민정권을 강화하고 사상, 기술, 문화의 3대혁명을 힘있게 다그치는 것을 사회주의건설의 총로선으로 틀어쥐고나간다.

조선로동당은 혁명대오를 정치사상적으로 튼튼히 꾸리고 인민대중중심의 사회주의제도를 공고발전시키며 경제건설과 핵무력건설의 병진로선을 틀어쥐고 과학기술발전을 확고히 앞세우면서 나라의 방위력을 철벽으로 다지고 사회주의경제강국, 문명국건설을 다그쳐나간다.

조선로동당은 청년운동을 강화하는 것을 당과 국가의 최대의 중대사, 혁명의 전략적요구로 내세우고 청년들을 당의 후비대, 척후대, 익측부대로 튼튼히 키우며 근로단체들의 역할을 높여 광범한 군중을 당의 두리에 묶어세우며 사회주의강성국가건설을 위한 투쟁에로 조직동원한다.

조선로동당은 전 조선의 애국적민주력량과의 통일전선을 강화한다.

조선로동당은 남조선에서 미제의 침략무력을 몰아내고 온갖 외세의 지배와 간섭을 끝장내며 일본군국주의의 재침책동을 짓부시며 사회의 민주화와 생존의 권리를 위한 남조선인민들의 투쟁을 적극 지지성원하며 우리 민족끼리 힘을 합쳐 자주, 평화통일, 민족대단결의 원칙에서 조국을 통일하고 나라와 민족의 통일적발전을 이룩하기 위하여 투쟁한다.

조선로동당은 자주, 평화, 친선을 대외정책의 기본리념으로 하여 반제자주력량과의 련대성을 강화하고 다른 나라들과의 선린우호관계를 발전시키며 제국주의의 침략과 전쟁책동을 반대하고 세계의 자주화와 평화를 위하여, 세계사회주의운동의 발전을 위하여 투쟁한다.

[부록 10]

당의 유일적 령도체계 확립의 10대 원칙
(2013년 8월 조선로동당 당대표대회서 채택)

　　우리는 위대한 김일성동지와 김정일동지를 변함없이 높이 받들어 모시고 김일성-김정일주의기치따라 주체혁명위업, 선군혁명위업을 빛나게 계승완성해나가는 력사적시대에 살며 투쟁하고 있다.

　　우리 인민이 수천년 력사에서 처음으로 맞이하고 높이 모신 위대한 김일성동지와 김정일동지는 천재적사상리론과 탁월한 령도로 자주의 새 시대를 개척하시고 혁명과 건설을 승리의 한길로 전진시키시여 주체혁명위업완성을 위한 만년초석을 쌓으신 우리당과 인민의 영원한 수령이시며 주체의 태양이시다.

　　위대한 김일성동지와 김정일동지는 자주시대의 지도사상을 마련하시고 빛내이신 탁월한 사상리론가이시다.

　　김일성동지께서는 인류사상사에서 가장 높고 빛나는 자리를 차지하는 영생불멸의 주체사상을 창시하시여 인민대중이 자기 운명의 주인으로서 자기 운명을 자주적으로, 창조적으로 개척해나가는 혁명의 새로운 길을 열어 놓으시였다.

　　김정일동지께서는 정력적인 사상리론활동으로 주체사상을 전면적으로 체계화하시고 주체사상과 선군사상을 발전풍부화하시여 자주시대의 완성된 지도사상으로 빛을 뿌리게 하시였다.

　　위대한 김일성동지와 김정일동지는 거창한 혁명실천으로 조국과 혁명, 시대와 력사앞에 불멸의 업적을 쌓아올리신 걸출한 정치가, 창조와 건설의 영재이시다.

김일성동지께서는 영광스러운 조선로동당과 조선민주주의인민공화국, 불패의 조선인민군을 창건하심으로써 주체혁명위업의 승리적전진과 완성을 위한 가장 위력한 정치적무기를 마련하시였다.

위대한 김일성동지와 김정일동지께서는 우리당과 국가, 군대를 현명하게 이끄시여 자주시대 당건설과 국가건설, 혁명무력건설의 빛나는 모범을 창조하시고 우리 인민을 자주적인민으로 키우시여 혁명의 주체를 비상히 강화하시였다.

위대한 김일성동지와 김정일동지는 인민대중중심의 주체의 사회주의를 건설하시여 사회주의발전의 가장 옳바른 길을 개척하시고 우리 조국의 존엄과 위력을 만방에 떨치시였다.

김일성동지와 김정일동지께서는 두단계의 사회혁명을 빛나게 수행하시고 사회주의건설을 다그쳐 이땅우에 착취와 압박이 없고 인민이 모든것의 주인이 되고 모든것이 인민을 위하여 복무하는 가장 우월한 우리식 사회주의를 일떠세우시였으며 세계적인 정치적동란속에서 주체의 사회주의를 믿음직하게 수호하고 더욱 강화발전시키시였다. 위대한 수령님과 장군님의 현명한 령도에 의하여 우리 나라는 수령, 당, 대중이 일심단결되고 핵무력을 중추로 하는 무적의 군사력과 튼튼한 자립경제를 가진 사회주의 강국으로 위력을 떨치게 되였다.

위대한 김일성동지와 김정일동지는 총대로 우리 혁명을 개척하시고 백승의 한길로 이끌어오신 탁월한 군사전략가이시며 강철의 령장이시다. 김일성동지께서는 주체적인 군사사상과 뛰여난 지략으로 강대한 두 제국주의를 때려부시고 우리 조국과 인민의 존엄과 영예를 빛내이시였으며 김정일동지께서는 독창적인 선군혁명령도로 인민군대를 필승불패의 혁명무력으로 강화발전시키시고 치렬한 반미대결전에서 련전련승을 이룩하시였다.

위대한 김일성동지와 김정일동지는 조국통일과 인류의 자주위업에 한평생을 바치신 조국통일의 구성이시며 세계혁명의 탁월한 령도자이시다. 위대한 수령님과 장군님께서는 정력적인 활동으로 조국통일의 앞길에 밝은 전망을 열어놓으시였으며 세계자주화위업실현에 불멸의 공헌을 하시였다.

위대한 김일성동지와 김정일동지는 오로지 조국과 혁명, 인민을 위하여 자신의 모든것을 다 바치신 절세의 애국자, 위대한 혁명가, 인민의 자애로운 어버이이시다.

위대한 김일성동지와 김정일동지는 주체조선의 영상으로 영원히 우리 인민과 함께 계시며 수령님과 장군님께서 쌓아올리신 크나큰 혁명업적은 력사와 더불어 영원불멸할 것이다.

위대한 김일성동지와 김정일동지를 변함없이 높이 모시고 받들어나갈 때 우리 나라는 영원한 태양의 나라로 온 세계에 찬연한 빛을 뿌릴것이며 우리 조국의 앞날은 끝없이 밝고 창창할것이다.

우리는 위대한 김일성동지와 김정일동지를 영원히 높이 모시고 충정을 다 바치며 당의 령도밑에 김일성-김정일주의위업을 끝까지 계승완성하기 위하여 다음과 같은 당의 유일적령도체계확립의 10대원칙을 철저히 지켜야 한다.

1. 온사회를 김일성-김정일주의화하기 위하여 몸바쳐 투쟁하여야 한다.

온사회를 김일성-김정일주의화하는 것은 우리 당의 최고강령이며 당의 유일적령도체계를 세우는 사업의 총적목표이다.

1) 위대한 김일성-김정일주의를 우리당과 혁명의 영원한 지도사상으로 확고히 틀어쥐고나가야 한다.
2) 위대한 김일성동지께서 창건하시고 김일성동지와 김정일동지께서 령도하여오신 우리 당과 국가, 군대를 영원히 김일성, 김정일동지의 당과 국가, 군대로 강화발전시켜나가야 한다.
3) 위대한 김일성동지께서 세우시고 수령님과 장군님께서 빛내여주신 가장 우월한 우리의 사회주의제도를 튼튼히 보위하고 공고발전시키기 위하여 헌신적으로 투쟁하여야 한다.
4) 주체사상의 기치, 자주의기치를 높이 들고 조국통일과 혁명의 전국적 승리를 위하여 주체혁명위업의 완성을 위하여 적극 투쟁하여야 한다.

5) 전세계에서의 주체사상의 승리를 위하여 끝까지 싸워나가야 한다.

2. 위대한 김일성동지와 김정일동지를 우리당과 인민의 영원한 수령으로 주체의 태양으로 높이 받들어 모셔야 한다.

위대한 김일성동지와 김정일동지를 우리당과 인민의 영원한 수령으로, 주체의 태양으로 높이 받들어 모시는것은 수령님의 후손, 장군님의 전사, 제자들의 가장 숭고한 의무이며 위대한 수령님과 장군님을 영원히 높이 받들어 모시는 여기에 김일성민족, 김정일조선의 무궁한 번영이 있다.

1) 위대한 김일성동지를 우리혁명의 영원한 수령으로, 공화국의 영원한 주석으로 높이 받들어모셔야 한다.
2) 위대한 김정일동지를 조선로동당의 영원한 총비서로, 우리공화국의 영원한 국방위원회 위원장으로 높이 받들어 모셔야 한다.
3) 위대한 김일성동지와 김정일동지께서 영생의 모습으로 계시는 금수산태양궁전을 영원한 태양의 성지로 훌륭히 꾸리고 결사보위하여야 한다.
4) ≪위대한 김일성동지와 김정일동지는 영원히 우리와 함께 계신다.≫는 신념의 구호를 높이 들고 언제나 수령님과 장군님의 태양의 모습을 심장속에 간직하고 살며 투쟁하여야 한다.
5) 위대한 김일성동지와 김정일동지께서 쌓아올리신 불멸의 혁명업적을 견결히 옹호고수하고 길이 빛내여 나가야 한다.

3. 위대한 김일성동지와 김정일동지의 권위, 당의 권위를 절대화하며 결사옹위하여야 한다.

위대한 김일성동지와 김정일동지의 권위, 당의 권위를 절대화하며 결사옹위하는 것은 우리 혁명의 지상의 요구이며 우리 군대와 인민의 혁명적의지이다.

1) 위대한 김일성동지, 김정일동지와 우리 당밖에는 그 누구도 모른다는

확고한 관점과 립장을 가져야 한다.

2) 위대한 김일성동지와 김정일동지의 권위, 당의 권위와 위대성을 견결히 옹호하며 내외에 널리 선전하여야 한다.

3) 위대한 김일성동지와 김정일동지의 권위, 당의 권위를 훼손시키려는 자그마한 요소도 절대로 용화묵과하지 말고 비상사건화하여 비타협적인 투쟁을 벌리며 온갖 계급적원쑤들의 공격과 비난으로부터 수령님과 장군님의 권위, 당의 권위를 백방으로 옹호하여야 한다.

4) 백두산절세위인들의 초상화, 석고상, 동상, 초상휘장, 영상을 모신 출판선전물, 현지교시판과 말씀판, 영생탑, 당의 기본구호들을 정중히 모시고 철저히 보위하여야 한다.

5) 백두산절세위인들의 위대한 혁명력사와 투쟁업적이 깃들어 있는 혁명전적지와 혁명사적지, 혁명사적비와 표식비, 혁명박물관과 혁명사적관, 김일성-김정일주의연구실을 정중히 꾸리고 잘 관리하며 철저히 보위하여야 한다.

6) 위대한 김일성동지, 김정일동지와 당의 령도업적이 깃들어 있는 단위들을 잘 꾸리고 령도업적을 빛내이기 위한 사업을 잘해나가야 한다.

4. 위대한 김일성동지와 김정일동지의 혁명사상과 그 구현인 당의 로선과 정책으로 철저히 무장하여야 한다.

위대한 김일성동지와 김정일동지의 혁명사상과 그 구현인 당의 로선과 정책으로 철저히 무장하는것은 참다운 김일성-김정일주의자가 되기위한 가장 중요한 요구이며 주체혁명위업, 선군혁명위업의 승리를 위한 선결조건이다.

1) 위대한 김일성-김정일주의를 자기의 뼈와 살로, 확고부동한 신념으로 만들어야 한다.

2) 위대한 김일성동지의 교시와 김정일동지의 말씀, 당의 로선과 정책을 사업과 생활의 지침으로, 선조로 삼으며 그것을 자로 하여 모든것을 재여보고 언제 어디서나 그 요구대로 사고하고 행동하여야 한다.

3) 위대한 김일성동지와 김정일동지의 로작과 당문헌, 백두산절세위인들
   의 혁명력사를 체계적으로, 전면적으로 깊이 연구체득하여야 한다.
4) 위대한 김일성-김정일주의로 무장하기 위한 학습회, 강연회를 비롯한
   집체학습에 빠짐없이 성실히 참가하고 학습을 생활화, 습성화하며 학
   습을 게을리하거나 방해하는 현상을 반대하여 적극 투쟁하여야 한다.
5) 당문헌전달침투체계를 철저히 세우고 당의 사상과 로선, 방침을 제때
   에 정확히 전달침투하여야 하며 외곡전달하거나 자기 말로 전달하는
   일이 없어야 한다.
6) 보고, 토론, 강연을 하거나 출판물에 실릴 글을 쓸 때에는 언제나 수령
   님의 교시와 장군님의 말씀, 당문헌을 정중히 인용하고 그에 기초하여
   내용을 전개하며 그와 어긋나게 말하거나 글을 쓰는 일이 없어야 한다.
7) 당의 방침과 지시를 개별적간부들의 지시와 엄격히 구별하며 개별적
   간부들의 지시에 대하여서는 당의 방침과 지시에 맞는가 맞지않는가
   를 다져보고 원칙적으로 대하며 개별적간부들의 발언내용을 ≪결론≫
   이요, ≪지시≫요 하면서 조직적으로 전달하거나 집체적으로 토의하
   는 일이 없어야 한다.
8) 우리 당의 혁명사상, 당의 로선과 정책에 대하여 시비중상하거나 반대
   하는 반당적인 행위에 대하여서는 추호도 융화묵과하지 말아야 하며
   부르죠아사상, 사대주의사상을 비롯한 온갖 반당적, 반혁명적사상조류
   를 반대하여 날카롭게 투쟁하며 김일성-김정일주의의 진리성과 순결
   성을 철저히 고수하여야 한다.

**5. 위대한 김일성동지와 김정일동지의 유훈, 당의 로선과 방침관철에서
   무조건성의 원칙을 철저히 지켜야 한다.**

위대한 수령님과 장군님의 유훈, 당의 로선과 방침을 무조건 철저히 관철
하는것은 당과 수령에 대한 충실성의 기본요구이며 사회주의강성국가건설
의 승리를 위한 결정적조건이다.

1) 위대한 수령님과 장군님의 유훈, 당의 로선과 방침, 지시를 곧 법으로, 지상의 명령으로 여기고 사소한 리유와 구실도 없이 무한한 헌신성과 희생성을 발휘하여 무조건 철저히 관철하여야 한다.

2) 위대한 수령님과 장군님의 유훈, 당의 로선과 방침, 지시를 관철하기 위한 창발적의견들을 충분히 제기하며 일단 당에서 결론한 문제에 대해서는 한치의 드팀도 없이 제때에 정확히 집행하여야 한다.

3) 당의 로선과 방침, 지시를 즉시에 접수하고 집행대책을 세우며 조직정치사업을 짜고들어 즉시에 집행하고 보고하는 결사관철의 기풍을 세워야 한다.

4) 당의 로선과 방침, 지시집행정형을 정상적으로 총화하고 재포치하는 사업을 끊임없이 심화시켜 당의 로선과 방침, 지시를 중도반단함이 없이 끝까지 관철하여야 한다.

5) 당문헌과 방침, 지시를 말로만 접수하고 그 집행을 태공하는 현상, 당정책집행에서 무책임하고 주인답지 못한 태도, 요령주의, 보신주의, 패배주의를 비롯한 온갖 불건전한 현상을 반대하며 적극 투쟁하여야 한다.

6. 령도자를 중심으로 하는 전당의 사상의지적통일과 혁명적단결을 백방으로 강화하여야 한다.

령도자를 중심으로 하는 강철같은 통일단결은 당의 생명이고 불패의 힘의 원천이며 혁명승리의 확고한 담보이다.

1) 령도자를 중심으로 하는 전당의 사상의지적통일과 혁명적단결을 눈동자와 같이 지키고 더욱 튼튼히 다져나가야 한다.

2) 당과 수령에 대한 충실성에 기초하여 혁명적동지애를 높이 발양하며 온사회를 령도자와 사상과 뜻과 정을 같이하는 하나의 대가정으로 만들어야 한다.

3) 당과 수령에 대한 충실성을 척도로 하여 모든 사람들을 평가하고 원칙

적으로 대하며 당에 불충실하고 당의 유일적령도체계와 어긋나게 행
동하는 사람에 대해서는 직위와 공로에 관계없이 날카로운 투쟁을 벌
려야 한다.

4) 개별적간부들에 대한 환상, 아부아첨, 우상화를 배격하며 개별적간부
들의 직권에 눌리워 맹종맹동하거나 비원칙적으로 행동하는 현상을
철저히 없애야 한다.

5) 당의 통일단결을 파괴하고 좀먹는 종파주의, 지방주의, 가족주의를 비
롯한 온갖 반당적요소와 동상이몽, 양봉음위하는 현상을 반대하여 견
결히 투쟁하여야 한다.

**7. 위대한 김일성동지와 김정일동지를 따라배워 고상한 정신도덕적풍모와
혁명적사업방법, 인민적작풍을 지녀야 한다.**

위대한 김일성동지와 김정일동지께서 지니신 숭고한 사상정신적풍모와
혁명적사업방법, 인민적사업작풍을 따라배우는것은 모든 일군들과 당원들
과 근로자들의 신성한 의무이며 수령님식, 장군님식으로 사업하고 생활하기
위한 필수적요구이다.

1) 당과 혁명, 조국과 인민의 리익을 첫자리에 놓고 그것을 위하여 모든
것을 다 바쳐 투쟁하는 높은 당성, 혁명성, 인민성을 지녀야 한다.

2) 당적, 계급적, 사회주의적원칙을 철저히 지키며 필승의 신념과 락관을
가지고 주체혁명의 한길로 억세게 싸워나가야 한다.

3) 혁명의 주인다운 태도를 가지고 자력갱생, 간고분투의 혁명정신을 높
이 발휘하며 로쇠와 침체, 안일과 해이, 소극과 보수를 배격하고 왕성
한 투지와 정열에 넘쳐 전투적으로 살며 모든 사업을 대담하고 통이
크게 벌려 나가야 한다.

4) 창조적이고 진취적인 사업태도를 가지고 사업에서 높은 창발성을 발
휘하며 이신작칙의 혁명적기풍을 발휘하여 어렵고 힘든 일의 앞장에
서 돌파구를 열어나가야 한다.

5) 수령님식, 장군님식인민관을 지니고 언제나 인민대중과 생사고락을 같이하며 무슨 일에서나 인민들의 편의를 최우선, 절대시하는 원칙을 견지하여야 한다.

6) 사업과 생활에서 언제나 겸손하고 청렴결백하며 고상한 도덕품성을 소유하여야 한다.

7) 세도와 관료주의, 주관주의, 형식주의, 본위주의를 비롯한 낡은 사업방법과 작풍을 철저히 없애야 한다.

8. 당과 수령이 안겨준 정치적생명을 귀중히 간직하며 당의 신임과 배려에 높은 정치적자각과 사업실적으로 보답하여야 한다.

당과 수령이 안겨준 정치적생명을 지닌것은 혁명전사의 가장 큰 영예이며 당과 수령의 신임과 배려에 높은 정치적자각과 사업실적으로 보답하는 여기에 고귀한 정치적생명을 빛내여나가는 참된 길이 있다.

1) 정치적생명을 제일생명으로 여기고 생의 마지막순간까지 정치적신념과 혁명적지조를 굽히지 말며 정치적생명을 끝없이 빛내이기 위하여 몸과 마음을 다 바쳐야 한다.

2) 높은 조직관념을 가지고 조직생활에 지각적으로 참가하며 조직의 결정과 위임분공을 제때에 수행하며 집단주의정신을 높이 발휘하여야 한다.

3) 정치조직생활총화에 성실히 참가하여 자기의 사업과 생활을 높은 정치사상적수준에서 검토총화하며 비판의 방법으로 사상투쟁을 벌리고 사상투쟁을 통하여 혁명적으로 단련하고 끊임없이 개조해나가야 한다.

4) 김정일애국주의를 소중히 간직하고 혁명과업수행에 투신하며 혁명적실천과정을 통하여 혁명화를 다그쳐야 한다.

5) 가장 고귀한 정치적생명을 안겨준 당의 정치적신임에 사업실적으로 보답하기 위하여 혁명적열의를 높이 발휘하여 정치리론수준과 기술실무수준을 끊임없이 높여 당에서 맡겨준 혁명임무를 언제나 훌륭히 수

행하여야 한다.

9. 당의 유일적령도밑에 전당, 전국, 전군이 하나와 같이 움직이는 강한 조직규률을 세워야 한다.

당의 유일적령도밑에 전당, 전국, 전군이 하나와 같이 움직이는 강한 조직규률을 세우는것은 당의 유일적령도체계확립의 중요한 요구이며 주체혁명위업, 선군혁명위업의 승리를 위한 결정적담보이다.

1) 위대한 김일성-김정일주의를 유일한 지도적지침으로 하여 혁명과 건설을 수행하며 당의 유일적령도밑에 전당, 전국, 전군이 하나와 같이 움직이는 엄격한 체계를 세워야 한다.
2) 모든 사업을 당의 유일적령도밑에 조직진행하며 정책적문제들은 당중앙의 결론에 의해서만 처리하는 강한 혁명적질서와 규률을 세워야 한다.
3) 모든 부문, 모든 단위에서 혁명투쟁과 건설사업에 대한 당의 령도를 확고히 보장하며 모든 기관들과 일군들은 당에 철저히 의거하고 당의 지도밑에 모든 사업을 조직집행해나가야 한다.
4) 당중앙의 구상과 의도를 실현하기 위한 당과 국가의 결정, 지시를 정확히 집행하여야 하며 그것을 그릇되게 해석하고 변경시키거나 그 집행을 태공하는 현상과 강하게 투쟁하며 국가의 법규범과 규정들을 엄격히 지켜야 한다.
5) 개별적간부들이 당, 정권기관 및 근로단체들의 조직적인 회의를 자의대로 소집하거나 회의에서 당의 의도에 맞지 않게 ≪결론≫하며 조직적인 승인없이 당의 구호를 마음대로 떼거나 만들어 붙이며 사회적운동을 위한 조직을 내오는것과 같은 비조직적인 현상들을 허용하지 말아야 한다.
6) 개별적간부들이 월권행위를 하거나 직권을 탐용하는것과 같은 온갖 비원칙적인 현상을 반대하여 적극 투쟁하여야 한다.
7) 당에 대한 충실성과 실력을 기본척도로 하여 간부들을 평가하고 선발

배치하여야 하며 친척, 친우, 동향, 동창, 사제관계와 같은 정실, 안면 관계, 돈과 물건에 따라 간부문제를 처리하거나 개별적간부들이 제멋 대로 간부들을 등용, 해임, 처벌하는 행위에 대하여서는 묵과하지 말고 강하게 투쟁하며 간부사업에서 당적원칙과 제정된 질서를 철저히 지켜야 한다.

8) 당, 국가, 군사비밀을 엄격히 지키며 비밀을 루설하는 현상을 반대하여 날카롭게 투쟁하여야 한다.

9) 당의 유일적령도체계에 어긋나는 비조직적이며 무규률적인 현상에 대하여서는 큰 문제이건 작은 문제이건 제때에 당중앙위원회에 이르기까지 각급 당조직에 보고하여야 한다.

10. 위대한 김일성동지께서 개척하시고 김일성동지와 김정일동지께서 이끌어오신 주체혁명위업, 선군혁명위업을 대를 이어 끝까지 계승완성하여야 한다.

위대한 김일성동지께서 개척하시고 수령님과 장군님께서 이끌어오신 주체혁명위업, 선군혁명위업을 대를 이어 끝까지 계승완성하는 것은 우리 당의 드팀없는 의지이며 모든 일군들과 당원들과 근로자들의 숭고한 의무이다.

1) 당의 유일적령도체계를 세우는 사업을 끊임없이 심화시키며 대를 이어 계속해나가야 한다.

2) 우리 당과 혁명의 명맥을 백두의 혈통으로 영원히 이어나가며 주체의 혁명전통을 끊임없이 계승발전시키고 그 순결성을 철저히 고수하여야 한다.

3) 당의 유일적령도체계를 세우는데 저해를 주는 사소한 현상과 요소에 대해서도 묵과하지 말고 견결히 투쟁하여야 한다.

4) 자신뿐아니라 온 가족과 후대들도 위대한 수령님과 장군님을 영원한 주체의 태양으로 높이 받들어모시고 당의 유일적령도에 끝없이 충실하도록 하여야 한다.

5) 당중앙을 목숨으로 사수하며 영원히 우리당과 생사운명을 같이하여

야 한다.

모든 일군들과 당원들과 근로자들은 당의 유일적령도체계를 철저히 세워 위대한 김일성동지와 김정일동지를 우리당과 인민의 영원한 수령으로 높이 모시고 당의 령도따라 자주의 길, 선군의 길, 사회주의길로 힘차게 나아 감으로써 백두에서 개척된 주체혁명위업, 선군혁명위업을 끝까지 완성하여야 한다.

남북합의 주요 문건

1) 남북 사이의 화해와 불가침 및 교류·협력에 관한 합의서
(1991.12.13)

남과 북은 분단된 조국의 평화적 통일을 염원하는 온 겨레의 뜻을 따라 7·4남북공동성명에서 천명된 조국통일 3대원칙을 재확인하고 정치군사적 대결상태를 해소하여 민족적 화해를 이룩하고 무력에 의한 침략과 충돌을 막고 긴장완화와 평화를 보장하며 다각적인 교류·협력을 실현하여 민족 공동의 이익과 번영을 도모하며 쌍방 사이의 관계가 나라와 나라 사이의 관계가 아닌 통일을 지향하는 과정에서 잠정적으로 형성되는 특수관계라는 것을 인정하고 평화통일을 성취하기 위한 공동의 노력을 경주할 것을 다짐하면서 다음과 같이 합의하였다.

제1장 남북 화해

제1조 남과 북은 서로 상대방의 체제를 인정하고 존중한다.
제2조 남과 북은 상대방의 내부문제에 간섭하지 아니한다.
제3조 남과 북은 상대방에 대한 비방·중상을 하지 아니한다.
제4조 남과 북은 상대방을 파괴·전복하려는 일체 행위를 하지아니한다.

제5조 남과 북은 현 정전상태를 남북 사이의 공고한 평화상태로 전환시키
　　기 위하여 공동으로 노력하며 이러한 평화상태가 이룩될 때까지 현 군
　　사정전협정을 준수한다.

제6조 남과 북은 국제무대에서 대결과 경쟁을 중지하고 서로 협력하며
　　민족의 존엄과 이익을 위하여 공동으로 노력한다.

제7조 남과 북은 서로의 긴밀한 연락과 협의를 위하여 이 합의서 발효
　　후 3개월 안에 남북연락사무소를 설치·운영한다.

제8조 남과 북은 이 합의서 발효 후 1개월 안에 본회담 테두리 안에서
　　남북정치분과위원회를 구성하여 남북 화해에 관한 합의의 이행과 준수
　　를 위한 구체적 대책을 협의한다.

제2장 남북불가침

제9조 남과 북은 상대방에 대하여 무력을 사용하지 않으며 상대방을 무력
　　으로 침략하지 아니한다.

제10조 남과 북은 의견대립과 분쟁문제들을 대화와 협상을 통하여 평화
　　적으로 해결한다.

제11조 남과 북의 불가침 경계선과 구역은 1953년 7월 27일자 군사정전
　　에 관한 협정에 규정된 군사분계선과 지금까지 쌍방이 관할하여 온 구
　　역으로 한다.

제12조 남과 북은 불가침의 이행과 보장을 위하여 이 합의서 발효 후 3개
　　월 안에 남북군사공동위원회를 구성·운영한다. 남북군사공동위원회에
　　서는 대규모 부대이동과 군사연습의 통보 및 통제문제, 비무장지대의
　　평화적 이용문제, 군인사 교류 및 정보교환문제, 대량살상무기와 공격
　　능력의 제거를 비롯한 단계적 군축실현문제, 검증문제 등 군사적 신뢰
　　조성과 군축을 실현하기 위한 문제를 협의·추진한다.

제13조 남과 북은 우발적인 무력충돌과 그 확대를 방지하기 위하여 쌍방

군사당국자 사이의 직통전화를 설치·운영한다.

제14조 남과 북은 이 합의서 발효 후 1개월 안에 본회담 테두리 안에서 남북군사분과위원회를 구성하여 불가침에 관한 합의의 이행과 준수 및 군사적 대결상태를 해소하기 위한 구체적 대책을 협의한다.

제3장 남북 교류·협력

제15조 남과 북은 민족경제의 통일적이며 균형적인 발전과 민족전체의 복리 향상을 도모하기 위하여 자원의 공동개발, 민족내부교류로서의 물자교류, 합작투자 등 경제교류와 협력을 실시한다.

제16조 남과 북은 과학·기술, 교육, 분화·예술, 보건, 체육. 환경과 신문, 라디오, 텔레비전 및 출판물을 비롯한 출판·보도 등 여러 분야에서 교류와 협력을 실시한다.

제17조 남과 북은 민족구성원들의 자유로운 왕래와 접촉을 실현한다.

제18조 남과 북은 흩어진 가족·친척들의 자유로운 서신거래와 왕래와 상봉 및 방문을 실시하고 자유의사에 의한 재결합을 실현하며, 기타 인도적으로 해결할 문제에 대한 대책을 강구한다.

제19조 남과 북은 끊어진 철도와 도로를 연결하고 해로, 항로를 개설한다.

제20조 남과 북은 우편과 전기통신교류에 필요한 시설을 설치·연결하며, 우편·전기통신 교류의 비밀을 보장한다.

제21조 남과 북은 국제무대에서 경제와 문화 등 여러 분야에서 서로 협력하며 대외에 공동으로 진출한다.

제22조 남과 북은 경제와 문화 등 각 분야의 교류와 협력을 실현하기 위한 합의의 이행을 위하여 이 합의서 발효 후 3개월 안에 남북경제교류·협력공동위원회를 비롯한 부문별 공동위원회를 구성·운영한다.

제23조 남과 북은 이 합의서 발효 후 1개월 안에 본회담 테두리 안에서 남북교류·협력분과위원회를 구성하여 남북교류·협력에 관한 합의의

이행과 준수를 위한 구체적 대책을 협의한다.

제4장 수정 및 발효

제24조 이 합의서는 쌍방의 합의에 의하여 수정 보충할 수 있다.
제25조 이 합의서는 남과 북이 각기 발효에 필요한 절차를 거쳐 문본을
서로 교환한 날부터 효력을 발생한다.

1991년 12월 13일

남북고위급회담	북남고위급회담
남측대표단 수석대표	북측대표단 단장
대한민국	조선민주주의인민공화국
국무총리 정원식	정무원 총리 연형묵

2) 6·15남북공동선언

(2000.6.15)

조국의 평화적 통일을 염원하는 온 겨레의 숭고한 뜻에 따라 대한민국 김대중 대통령과 조선민주주의인민공화국 김정일 국방위원장은 2000년 6월 13일부터 6월 15일까지 평양에서 역사적인 상봉을 하였으며 정상회담을 가졌다.

남북정상들은 분단 역사상 처음으로 열린 이번 상봉과 회담이 서로 이해를 증진시키고 남북관계를 발전시키며 평화통일을 실현하는데 중대한 의의를 가진다고 평가하고 다음과 같이 선언한다.

1. 남과 북은 나라의 통일문제를 그 주인인 우리 민족끼리 서로 힘을 합쳐 자주적으로 해결해 나가기로 하였다.

2. 남과 북은 나라의 통일을 위한 남측의 연합제 안과 북측의 낮은 단계의 연방제 안이 서로 공통성이 있다고 인정하고 앞으로 이 방향에서 통일을 지향시켜 나가기로 하였다.

3. 남과 북은 올해 8·15에 즈음하여 흩어진 가족, 친척 방문단을 교환하며, 비전향 장기수 문제를 해결하는 등 인도적 문제를 조속히 풀어 나가기로 하였다.

4. 남과 북은 경제협력을 통하여 민족경제를 균형적으로 발전시키고, 사회, 문화, 체육, 보건, 환경 등 제반분야의 협력과 교류를 활성화하여 서로의 신뢰를 다져 나가기로 하였다.

5. 남과 북은 이상과 같은 합의사항을 조속히 실천에 옮기기 위하여 빠른 시일 안에 당국 사이의 대화를 개최하기로 하였다.

김대중 대통령은 김정일 국방위원장이 서울을 방문하도록 정중히 초청하였으며, 김정일 국방위원장은 앞으로 적절한 시기에 서울을 방문하기로 하였다.

2000년 6월 15일

대 한 민 국　　　조선민주주의인민공화국
대 통 령　　　국 방 위 원 장
김 대 중　　　김 정 일

3) 10 · 4남북공동선언문
남북관계 발전과 평화번영을 위한 선언
(2007.10.4)

대한민국 노무현 대통령과 조선민주주의인민공화국 김정일 국방위원장 사이의 합의에 따라 노무현 대통령이 2007년 10월 2일부터 4일까지 평양을 방문하였다.

방문기간중 역사적인 상봉과 회담들이 있었다.

상봉과 회담에서는 6 · 15공동선언의 정신을 재확인하고 남북관계발전과 한반도 평화, 민족공동의 번영과 통일을 실현하는데 따른 제반 문제들을 허심탄회하게 협의하였다.

쌍방은 우리민족끼리 뜻과 힘을 합치면 민족번영의 시대, 자주통일의 새 시대를 열어 나갈수 있다는 확신을 표명하면서 6 · 15공동선언에 기초하여 남북관계를 확대 · 발전시켜 나가기 위하여 다음과 같이 선언한다.

1. 남과 북은 6 · 15공동선언을 고수하고 적극 구현해 나간다.

남과 북은 우리민족끼리 정신에 따라 통일문제를 자주적으로 해결해 나가며 민족의 존엄과 이익을 중시하고 모든 것을 이에 지향시켜 나가기로 하였다.

남과 북은 6 · 15공동선언을 변함없이 이행해 나가려는 의지를 반영하여 6월 15일을 기념하는 방안을 강구하기로 하였다.

2. 남과 북은 사상과 제도의 차이를 초월하여 남북관계를 상호존중과 신뢰 관계로 확고히 전환시켜 나가기로 하였다.

남과 북은 내부문제에 간섭하지 않으며 남북관계 문제들을 화해와 협력, 통일에 부합되게 해결해 나가기로 하였다.

남과 북은 남북관계를 통일 지향적으로 발전시켜 나가기 위하여 각기 법률적·제도적 장치들을 정비해 나가기로 하였다.

남과 북은 남북관계 확대와 발전을 위한 문제들을 민족의 염원에 맞게 해결하기 위해 양측 의회 등 각 분야의 대화와 접촉을 적극 추진해 나가기로 하였다.

3. 남과 북은 군사적 적대관계를 종식시키고 한반도에서 긴장완화와 평화를 보장하기 위해 긴밀히 협력하기로 하였다.

남과 북은 서로 적대시하지 않고 군사적 긴장을 완화하며 분쟁문제들을 대화와 협상을 통하여 해결하기로 하였다.

남과 북은 한반도에서 어떤 전쟁도 반대하며 불가침의무를 확고히 준수하기로 하였다.

남과 북은 서해에서의 우발적 충돌방지를 위해 공동어로수역을 지정하고 이 수역을 평화수역으로 만들기 위한 방안과 각종 협력사업에 대한 군사적 보장조치 문제 등 군사적 신뢰구축조치를 협의하기 위하여 남측 국방부 장관과 북측 인민무력부 부장간 회담을 금년 11월중에 평양에서 개최하기로 하였다.

4. 남과 북은 현 정전체제를 종식시키고 항구적인 평화체제를 구축해 나

가야 한다는데 인식을 같이하고 직접 관련된 3자 또는 4자 정상들이 한반도지역에서 만나 종전을 선언하는 문제를 추진하기 위해 협력해 나가기로 하였다.

남과 북은 한반도 핵문제 해결을 위해 6자회담 「9·19공동성명」과 「2·13합의」가 순조롭게 이행되도록 공동으로 노력하기로 하였다.

5. 남과 북은 민족경제의 균형적 발전과 공동의 번영을 위해 경제협력사업을 공리공영과 유무상통의 원칙에서 적극 활성화하고 지속적으로 확대 발전시켜 나가기로 하였다.

남과 북은 경제협력을 위한 투자를 장려하고 기반시설 확충과 자원개발을 적극 추진하며 민족내부협력사업의 특수성에 맞게 각종 우대조건과 특혜를 우선적으로 부여하기로 하였다.

남과 북은 해주지역과 주변해역을 포괄하는 「서해평화협력특별지대」를 설치하고 공동어로구역과 평화수역 설정, 경제특구건설과 해주항 활용, 민간선박의 해주직항로 통과, 한강하구 공동이용 등을 적극 추진해 나가기로 하였다.

남과 북은 개성공업지구 1단계 건설을 빠른 시일안에 완공하고 2단계 개발에 착수하며 문산-봉동간 철도화물수송을 시작하고, 통행·통신·통관 문제를 비롯한 제반 제도적 보장조치들을 조속히 완비해 나가기로 하였다.

남과 북은 개성-신의주 철도와 개성-평양 고속도로를 공동으로 이용하기 위해 개보수 문제를 협의·추진해 가기로 하였다.

남과 북은 안변과 남포에 조선협력단지를 건설하며 농업, 보건의료, 환경보호 등 여러 분야에서의 협력사업을 진행해 나가기로 하였다.

남과 북은 남북 경제협력사업의 원활한 추진을 위해 현재의 「남북경제협력추진위원회」를 부총리급 「남북경제협력공동위원회」로 격상하기로 하였다.

6. 남과 북은 민족의 유구한 역사와 우수한 문화를 빛내기 위해 역사, 언어, 교육, 과학기술, 문화예술, 체육 등 사회문화 분야의 교류와 협력을 발전시켜 나가기로 하였다.

남과 북은 백두산관광을 실시하며 이를 위해 백두산-서울 직항로를 개설하기로 하였다.

남과 북은 2008년 북경 올림픽경기대회에 남북응원단이 경의선 열차를 처음으로 이용하여 참가하기로 하였다.

7. 남과 북은 인도주의 협력사업을 적극 추진해 나가기로 하였다.

남과 북은 흩어진 가족과 친척들의 상봉을 확대하며 영상 편지 교환사업을 추진하기로 하였다.

이를 위해 금강산면회소가 완공되는데 따라 쌍방 대표를 상주시키고 흩어진 가족과 친척의 상봉을 상시적으로 진행하기로 하였다.

남과 북은 자연재해를 비롯하여 재난이 발생하는 경우 동포애와 인도주의, 상부상조의 원칙에 따라 적극 협력해 나가기로 하였다.

8. 남과 북은 국제무대에서 민족의 이익과 해외 동포들의 권리와 이익을 위한 협력을 강화해 나가기로 하였다.

남과 북은 이 선언의 이행을 위하여 남북총리회담을 개최하기로 하고, 제
1차회의를 금년 11월중 서울에서 갖기로 하였다.

남과 북은 남북관계 발전을 위해 정상들이 수시로 만나 현안 문제들을
협의하기로 하였다.

2007년 10월 4일
평 양

대 한 민 국   조선민주주의인민공화국
대   통   령   국 방 위 원 장
노   무   현   김   정   일

색 인

• 인명

지은이 소개

❖ **이상우(李相禹, Rhee Sang-Woo)**

1961년 서울대학교 법과대학 행정학과를 졸업하고, 같은 대학교의 대학원에서 국제법을 전공하여 이한기(李漢基) 교수의 지도로 "少數民族保護와 국제연합의 〈인권규약안〉에 관한 연구"라는 논문으로 1965년 법학 석사학위를 받았다. 그 후 미국 국무성의 East-West Center 장학생으로 선발되어 University of Hawaii에 유학하여 1971년에 R. J. Rummel 교수의 지도로 "Communist China's Foreign Behavior: An Application of Social Field Theory Model II"라는 논문으로 정치학 박사학위를 취득하였다. 이어 하와이 대학부설 연구소인 The Dimensionality of Nations Project의 Associate Director로 2년간 일했다.

1973년 귀국 후 경희대에서 3년 반, 서강대에서 27년간 정치학 교수로 봉직하였고 2003년부터 4년간 翰林大學校에서 총장으로 일했다.

이상우 교수는 교직에 있는 동안 미국 George Washington대학교, Princeton 대학교, Hawaii의 East-West Center, 그리고 대만의 國立政治大學과 일본의 慶應대학의 방문교수를 역임하였고, 현재 西江大學校 명예교수직과 (社)新亞細亞研究所 소장직을 맡고 있다.

주요 저서로는 『한국의 안보환경』 제1권, 제2권, *Security and Unifications of Korea*, 『함께 사는 통일』, 『럼멜의 자유주의 평화이론』, 『국제관계이론』, 『국제정치학강의』, 『북한정치』, 『21세기 동아시아와 한국』 제1집, 제2집, 『새로 쓴 우리들의 대한민국』, 『정치학개론』, 『살며 지켜본 대한민국 70년사』 등이 있다.